Lk 7,17

HISTOIRE

DU

COMTÉ DE PONTHIEU.

Abbeville. — Typographie JEUNET, rue Saint-Gilles, 108

HISTOIRE
D'ABBEVILLE
ET
DU COMTÉ DE PONTHIEU
Jusqu'en 1789

Par F.-C. LOUANDRE

Correspondant du ministère de l'instruction publique pour les travaux historiques.

> L'histoire de la contrée, de la province, de la ville natale, est la seule où notre âme s'attache par un intérêt patriotique ; les autres peuvent nous sembler curieuses, instructives, dignes d'admiration, mais elles ne touchent point de cette manière.
>
> Aug. THIERRY. *Lettres sur l'Histoire de France*.

TOME PREMIER

PARIS

Joubert, rue des Grès, 14 | J. Labitte, quai Voltaire, 3

ABBEVILLE

T. JEUNET, Imprimeur-Editeur, rue Saint-Gilles, 108

MVCCCXLIV
1845

« Il serait à désirer, a dit Nicole dans ses pensées, qu'on ne considérât les premières éditions des livres que comme des essais informes, que ceux qui en sont les auteurs proposent aux personnes de lettres pour en apprendre leurs sentiments ; et qu'ensuite, sur les différentes vues que leur donneraient ces différentes personnes, ils y travaillassent tout de nouveau pour mettre leurs ouvrages dans la perfection où ils sont capables de les porter. »

Cette remarque, qui devrait servir de règle dans tous les travaux de l'esprit, s'applique surtout aux livres d'érudition, et je la rapporte ici pour expliquer le motif qui m'a fait entreprendre de nouvelles recherches sur notre histoire locale. Les documents qui conservent la mémoire des évènements et des hommes sont tellement dispersés, tellement incomplets et quelquefois tellement contradictoires, que, lors même qu'on se renferme dans un cercle restreint, on reconnait vite qu'une vie tout entière d'études et de recherches suffit à peine pour éclairer ce passé qui nous émeut et nous attache par son obscurité même. Le hasard, autant que l'étude, met quelquefois en lumière des faits oubliés sur les lieux où ils se sont accomplis ; et, depuis la publication de mon premier travail, d'obligeantes communications, le classement des archives locales, le dépouillement exécuté par mon fils des diverses collections relatives à l'histoire de Picardie, qui sont conservées dans les bibliothèques de la capitale ; les nombreuses publications historiques qui ont été faites récemment, m'avaient fourni tous les matériaux d'un supplément qui n'eût pas formé moins d'un volume : mais il fallait scinder les faits en les isolant dans un ouvrage séparé, et, par cela même, affaiblir l'intérêt. J'étais loin d'ailleurs de me dissimuler les imperfections de *l'Histoire d'Abbeville et de son arrondissement*, et j'ai cédé volontiers aux conseils des personnes savantes qui veulent bien s'intéresser à mes recherches, en refondant l'ouvrage tout entier. Dans le travail que je publie aujourd'hui, j'ai donné une plus large part aux localités secondaires, villes, bourgs ou villages qui se trouvaient compris au moyen-âge dans le comté de Ponthieu. J'ai étendu à toute la circonscription de ce fief le récit des évènements, et, en suivant de plus près les textes, en procédant sur tous les documents par voie d'analyse exacte, j'ai élucidé, complété dans le détail, l'histoire politique et militaire. Tout ce qui se rattache aux institutions municipales, à la féodalité, à la jurisprudence, à l'organisation ecclésiastique, au commerce, aux mœurs et aux usages, peut être considéré comme un travail entièrement neuf; enfin, j'ai cherché à approfondir, autant qu'il était en moi, et toujours au point de vue de l'érudition locale, toutes les questions qui ont appelé la curiosité de la science moderne. Heureux, si par la simple exposition des faits, j'ai pu rendre fidèlement quelques traits de la physionomie du passé, et faire connaître, autant que me l'a permis la lettre morte des documents, un pays que j'aime et qui a été l'unique et constant objet de mes études !

Qu'il me soit permis, avant de terminer, d'exprimer ma vive et sincère reconnaissance aux personnes qui m'ont aidé, soit par leurs conseils, soit par la communication de divers documents. Un écrivain illustre, dont le nom est grand dans la science, M. Augustin Thierry, a bien voulu indiquer des additions et des corrections importantes. M. Charles Henneguier, de Montreuil, qui s'est occupé spécialement de cette ville, m'a donné avec une rare obligeance des renseignements d'autant plus précieux que les archives municipales de Montreuil ont disparu. Les collections relatives au pays, rassemblées par M. Delignières de Bommy, m'ont été du plus grand secours. Je remercie également messieurs Félix Cordier, président honoraire du tribunal civil; Baillon, de Belleval, Decaïeu de Vadicourt, membres du conseil municipal; Capet, maire de Crécy; de Cormette, membre du conseil d'arrondissement; Hecquet d'Orval, François Traullé, Siffait, juge de paix; Th. Wallois, maire de Saint-Valery; Cantrelle, receveur de l'hospice de Saint-Riquier.

M. le comte de Boubers-Abbeville, M. Charles

Labitte, professeur-suppléant au collége de France ; M. Adolphe Duchalais, employé au cabinet des médailles ; M. Guessard, ancien élève de l'Ecole des Chartes; messieurs Martial et Jules Delpit, notre compatriote, M. Chabaille, M. Buteux, membre du conseil-général de la Somme, et M. Bernard de la Fortelle, ancien maire de Melun, ont aussi bien voulu me fournir, soit des notes, soit des indications. Si mon travail a le mérite de l'exactitude, je me plais à reconnaître qu'il le devra surtout à ce concours bienveillant.

ERRATA

Page 7, ligne 18 ; d'armure, *lisez* d'armures.
   11, *note* 3 ; supprimez les parenthèses.
   37, — 2 ; Ragnaharii, *lisez* Ragnacharii.
   55, ligne 23 ; dissentions, *lisez* dissensions.
   60, — 25 ; usufructaire, *lisez* usufructuaire.
   68, — 5 ; dirigaens, *lisez* dirigeant.
   69, — 10 ; bernadins, *lisez* bernardins.
   76, — 14 ; deux fasces, *lisez* trois fasces.
   127, — 9 ; série, *lisez* férie.
   149, — 5 ; avert, *lisez* averti.
   160, — 13 ; bâton, *lisez* fouet.
   200, — 27 ; ibid., *lisez* D. Grenier.
   216, — 10 ; enimportants, *lisez* importants ; suite, *lisez* ensuite.
   332, — 9 ; montagards, *lisez* montagnards.
   240, — 12 ; par la folie, *lisez* par folie.
   347, — 19 ; reçurent sépulture, *lisez* la sépulture.
   273, — 27 ; près, *lisez* dans.
   287, — 22 ; Monflières, *lisez* Mouflières.
   198, — 14 ; de mort, *lisez* du mort.

HISTOIRE
D'ABBEVILLE
ET
DU COMTÉ DE PONTHIEU.

LIVRE PREMIER.

CHAPITRE I.

Géographie ancienne. — Époque gauloise. — Époque gallo-romaine.

La région de la basse Picardie qui se trouve comprise entre la Bresle et la Canche, l'Océan et l'Amiénois, et qui répond dans les circonscriptions modernes à l'arrondissement d'Abbeville et à une partie des arrondissements de Montreuil et de Doullens, est désignée du VIe siècle au XIIIe sous les noms latins de *pagus Pontivus* (1), *Pontium*, *Ponticum*, *provincia Pontiva* (2), et sous les noms romans de *Pontiu* (3) *et Pontif* (4). C'est le comté de Ponthieu, le plus ancien fief héréditaire du royaume des Francs (5). Dom Grenier a cherché l'étymologie du nom de Ponthieu dans le mot *Pontes* de l'itinéraire d'Antonin, le village de Ponches sur l'Authie, à trente-six milles d'Amiens, trente-neuf milles de Boulogne, où les Romains avaient construit un pont pour la grande chaussée de l'Empire (6); Cenalis, évêque d'Avranches (7), le géographe Orthelius et le P. Ignace dans la multitude de ponts, *a multitudine pontium*, élevés par les habitants au milieu des marais et sur les nombreux cours d'eau du pays; d'autres savants enfin dans le mot latin *pontus*, qui peut signifier, par ex-

---

(1) Acta SS. Ord. S. Bened. Venetiis, 1733, t. II, p. 297 et 543. C'est cette édition qui sera citée dans le cours de notre travail.

(2) Ibid. t. II, p. 179.

(3) Rer. gallic. et francic. script., t. VI, p. 580.

(4) En Some en Pontif arrivèrent. *(Wace, Rou, v. 268.)*

(5) La plupart des pays ou *pagi* ayant constitué des comtés de même nom et presque toujours de même étendue, la division par comtés, sans abolir la division par pays, la remplaça très-souvent ou fut en usage concurremment avec elle. Le *pagus* formait d'ordinaire une subdivision diocésaine telle que l'archidiaconé ou le doyenné, et lui donnait son nom. (M. Guérard, Cartul. de St.-Père de Chartres, prolég. VII et VIII.)

(6) Biblioth. du roi, Départ. des mss. fonds St.-Germain. mss. de dom Grenier, 21e paquet, n° 1 v° Authie.

(7) Historia gallica, 1581, in-f°, lib. II, § 3.

tension, contrée située au bord de la mer (1); mais ce ne sont là que des conjectures. Il est difficile de déterminer exactement à quel peuple de la Gaule septentrionale, mentionné par les géographes ou les historiens de l'antiquité, il faut rattacher la filiation des habitants du Ponthieu. Sanson croit reconnaître en eux les *Britanni*, qui abordèrent les premiers en Angleterre et s'y multiplièrent au point de donner leur nom à l'île entière (2). Sanson prétend qu'Abbeville est le chef-lieu de leur nation, l'antique *Britannia*, l'une des plus florissantes villes des Gaules suivant Pythéas, et dont le père de Scipion l'Africain aurait demandé des nouvelles aux députés de Marseille. Mais on sait que Pythéas, ce navigateur phocéen qui, vers le milieu du IVe siècle avant Jésus-Christ, s'aventura sur les pas des Phéniciens dans l'Océan, n'a souvent raconté que des fables. Sanson se trompe lourdement d'ailleurs en soutenant que Pythéas fut contemporain de P. Scipion, consul l'an 218 avant notre ère; il a été induit en erreur par un passage de Polybe dont il n'a pas pris le sens, et son opinion n'a pas été admise (3).

(1) D'après l'auteur d'une savante dissertation sur le *Portus Itius*, ce port aurait été situé entre la Canche et l'Authie, et le nom de Ponthieu serait la traduction de *Pontus Itius*, mot à mot *Pont Itieu*, et par contraction Ponthieu. (Dissert. sur le *Portus Itius*, par M. Morel de Campennelle, dans les Mém. de la soc. d'émul. d'Abbev., 1834-35, p. 31.)

(2) Britannia ou rech. de l'antiquité d'Abbeville, 1636, in-8°, p. 56.

(3) Cf. Dict. de Bayle, aux mots Abbeville et Pythéas.— Mém. de l'acad. des inscrip., 1re série, t. XIX, p. 147 et suiv.

Malbrancq (1) place dans la Morinie toute la partie du comté de Ponthieu comprise entre la Somme et l'Authie, et il la borne à l'est par une ligne droite tirée de Picquigny à Doullens. Sur la carte générale qui se trouve en tête du premier volume de cet annaliste, Abbeville est désigné par ce signe : *Castellum cum Vico* (2). La Somme, dans cette même carte, est nommée et avec raison *Phrudis*, d'après Ptolémée, et, en effet, « les mesures anciennes ramenées à leur valeur intrinsèque et appliquées sur la carte moderne, en suivant les côtes depuis l'embouchure de la Seine jusqu'à Ault, et ensuite l'ancien rivage tracé par les collines de Brutelles jusqu'à Saint-Valery, font reconnaître le fleuve *Phrudis* dans la Somme. L'ancien nom de ce fleuve paraît s'être conservé dans celui de Froise, village placé au milieu des marais du Marquenterre (3). »

Mais Malbrancq, et après lui Dom Devienne (4) et Devérité (5) se sont trompés en disant que le comté de Ponthieu appartenait au territoire des Morins. Ptolémée (6) distingue positivement les *Morini* des *Ambiani*

---

(1) De Morinis. 1639, in-4°, t. I, p. 6.

(2) Le chef-lieu de chacun des *pagi* dont se composait la cité, portait le nom de *Castrum*. Au VIe siècle, *castellum* signifiait un petit bourg fortifié. (M. Ampère. hist. littér. avant le XIIe siècle, t. II, p. 337.)

(3) Mém. de l'acad. des inscript., nouv. série, t. I, p. 149.

(4) Hist. d'Artois. 1785-87 in-8°, t. I, p. 15.

(5) Hist. du Comté de Ponthieu, 1767, in-12, t. I, *xxxj* et suiv.

(6) Liv. II.

(dont la capitale était Amiens). Pline (1), descendant du Nord au Sud, en partant de l'Escaut, nomme d'abord les *Menapii* (2), puis les *Morini* et les *Oromansaci* (3); ensuite les *Britanni*, les *Ambiani* et les *Bellovaci* (4). D'Anville distingue également les *Ambiani* des *Morini*, et il les sépare par le cours de l'Authie. Ainsi, d'après les textes que nous venons de citer, et suivant l'opinion des plus célèbres géographes modernes, les *Ambiani* habitaient cette partie de la Picardie que l'on appelle aujourd'hui le département de la Somme, et occupaient avec les Atrebates (5) et les Bellovaques la subdivision de la Gaule Belgique que l'on désignait sous le nom de *Belgium* (6). Nous ferons remarquer aussi que « la plupart des divisions diocésaines de la France représentaient encore assez fidèlement, sous Louis XVI, les divisions civiles de la Gaule sous les Romains (7). » Il faut donc placer le Ponthieu dans la cité des *Ambiani*, représentée par l'ancien diocèse d'Amiens. Quant aux *Britanni*, que d'Anville marque dans le Ponthieu, le P. Hardouin et

(1) Liv. IV.
(2) Peuple de la Gueldre du duché de Clèves, etc.
(3) Peuple du Boulonnais et du territoire de Térouanne, de Saint-Omer, etc.
(4) Peuple du Beauvoisis.
(5) Les habitants de l'Artois.
(6) Voy. index géographique des commentaires de César. Lemaire, class. latins, t. XXXIII, p. 182.
(7) M. Guérard, Loc. cit. VII.—Walckenaer, Géog. anc. desGaules, 1839, in-8°, t. 1er, p. 430 en suiv.

Dom Grenier les placent entre la Canche et la Somme, avec cette restriction que peut-être, dit ce dernier, ils ne passaient pas l'Authie, et il révoque complètement l'opinion de Sanson et de Labbe (1). Dans une ordonnance de 835, relative au partage de l'Empire, Louis-le-Débonnaire cède à Pépin, roi d'Aquitaine, l'Amiénois et le Ponthieu jusqu'à la mer, *Ambianensis et Pontium usque in mare* (2), et à Louis, roi de Bavière, le Boulonnais et le Quentovic ; et comme la Canche formait et forme encore la limite du Boulonnais, on est en droit de conclure que le Ponthieu s'étendait jusqu'à cette rivière.

Adrien de Valois, au mot *Augusta* (3), cite un passage de la vie de Saint-Sauve, évêque d'Amiens, où il est question d'*Augusta, villa Ambianorum in pago vinemaco posita*, que Théodoric, roi des Francs, donne à Saint-Sauve.

Ces *Ambiani*, dont César admirait le courage, prirent part au dernier effort tenté par les Gaulois pour secouer le joug romain ; mais la cause de la liberté fut perdue, et César, pour prévenir de nouvelles révoltes, s'établit dans le *Belgium* avec trois légions. Depuis la conquête romaine jusqu'à l'invasion des Francs, le Ponthieu resta sous la domination des empereurs. An-

---

(1) Pharus Galliæ antiquæ, 1644, in-12.
(2) Rer. gall. et franc. script., t. VI, p. 413.
(3) Le village d'Aouste près la ville d'Eu, suivant les uns, et le bourg d'Ault, selon d'autres.

tonin, Marc-Aurèle, Constantin, Gratien, Valentinien et plusieurs autres Césars résidèrent à Amiens. On trouve à Liercourt, sur les monts de Caubert et à Saint-Valery, de vastes camps retranchés destinés sans doute à défendre les rives de la Somme contre les attaques des Belges septentrionaux et à protéger les transports des vivres et des munitions que les Romains effectuaient généralement par la voie des rivières.

Le camp situé sur la côte de Liercourt est surtout remarquable par son étendue et sa conservation, la force de son assiette et l'élévation de ses remparts. Il comprend 46 hectares 20 centiares, près de 182 arpents romains, et, suivant M. d'Allonville, il aurait pu renfermer quatre légions à la fois avec la cavalerie, l'infanterie légère et les équipages. Le camp prétorien, marqué par une enceinte circulaire de trente mètres en tous sens, est placé dans le bois de Duncq. Des fouilles y ont fait découvrir des fragments d'armure et une médaille de Marc-Aurèle. On pense que ce camp doit être attribué à Jules César, et qu'il a servi à contenir l'armée que ce grand homme conduisit contre les Bellovaques et leurs alliés, dans la huitième et dernière campagne de la guerre des Gaules (1).

Le retranchement de dix pieds de hauteur environ, qui existe sur les monts de Caubert, est coupé par une ouverture appelée vulgairement *Cren de porte*, et dé-

(1) Cf. Dissert. sur les camps romains du départ. de la Somme, par M. d'Allonville, 1828, in-4°.

signé sous ce nom dans un acte de 1283, qui a pour objet les bornes de la banlieue d'Abbeville.

Le camp, que le retranchement divise en deux sections, occupe une vaste étendue. Il est placé, comme la majeure partie des camps romains, à la pointe d'un angle que forment deux vallées entre elles, l'une sèche et l'autre garnie d'eau. L'étendue de la section qui touche au faubourg Rouvroy est de 127 arpents. Il n'est pas aussi facile de déterminer celle de la seconde section vers Caubert, parce qu'elle a subi des altérations que la première ne pouvait éprouver. Ajoutons, comme une chose digne de remarque et comme un autre témoignage de la présence des troupes romaines sur ce point culminant, qu'il y avait jadis à l'extrémité du faubourg de Rouvroy, à cinquante marches du rideau du camp, une ancienne porte appelée *Porte de Rome* (1), et que le nom de ce monument s'est conservé sur les lieux jusqu'à nos jours. Le pont qui en était voisin se nomme encore *Pont de Rome*.

L'établissement romain, situé près de Saint-Valery, s'étend depuis la falaise du cap Hornu jusqu'à la ferme de Rossigny. Il dominait aussi la Somme et formait une espèce de presqu'île fortifiée par des marais et des falaises. Un lieu de sépulture indique que ce poste militaire fut long-temps occupé.

Les Romains, pour établir une communication entre les Amiénois et les peuples du pays de Caux, avaient

---

(1) Voir le plan figuré d'Abbeville, par Robert Cordier, 1653.

construit deux ponts sur la Bresle, à Gamaches, et ces deux passages sont encore indiqués, dit Dom Grenier, par des vestiges de chaussée.

Une grande quantité de débris antiques ont été découverts dans les campagnes et même dans l'intérieur des villes. Nous citerons, parmi les monuments celtiques les plus remarquables, les buttes funèbres connues sous le nom de tombelles. Ces buttes, en forme de petites montagnes circulaires, ont dû nécessairement disparaître par l'effet de la culture. Cependant on en connaît encore plusieurs, notamment trois près de Port, une autre dans ce village, trois entre Noyelles et Philibeaucourt, une entre Bonnel et Ponthoile, plusieurs dans le bois de Vron, dans la forêt de Cantâtre, dans les bois de Vironchaux, beaucoup dans la forêt de Crécy. Ces buttes ont attiré avec raison l'attention des archéologues. Elles rappellent d'une part les monticules de terre que les Germains élevaient sur leurs morts, *sepulchrum cespes erigit* (1), et les rites funèbres des nations de l'Asie et de l'Europe septentrionale, aux époques historiques les plus reculées (2). Legrand d'Aussy, qui a mentionné les collines funéraires de Noyelles, fait remarquer que l'absence d'objets en métal dans ces collines prouve qu'à l'époque où elles furent élevées les Gaulois n'étaient point encore sortis

---

(1) Tacitus, De mor. germ. cap. 27.
(2) Legrand d'Aussy, Mém. sur les anc. sépultures nationales, dans les Mém. de l'institut, Sciences morales et politiques, an VII, t. II, p. 411.

de l'état sauvage. On y a trouvé des haches et des flèches en cailloux aiguisés. Les haches étaient dépourvues de leurs hampes et les flèches de leurs tiges, mais sans aucun doute elles y avaient été déposées entières et en état de servir. Les tombelles de Port, dont une porte le nom de Martimont, Mont de Mars, contenaient des urnes et des boîtes de bois pleines d'ossements brûlés d'hommes et de chevaux, et à côté de chaque urne, un silex taillé en arme offensive. L'un de ces silex représentait un petit sceptre surmonté d'une tête de coq, oiseau consacré à Mars. La tombe de Drucat contenait aussi des ossements brûlés. Ces ossements étaient placés sur des lits de silex plats, recouverts d'écorces d'arbres et accompagnés de petits silex taillés en pointe de flèche (1).

La butte de Saint-Ouen, près de Noyelles-sur-Mer, renfermait un grand nombre de têtes humaines séparées du tronc et disposées en une sorte de cône (2). La tombelle de Crécy fut fouillée en 1787 (3). On y trouva deux sarcophages composés de plusieurs pièces en argile cuite, et dont chacun contenait un squelette entier, mais aucun vestige de feu, point d'urnes funéraires, point de charbons. Les deux morts avaient été ensevelis

---

(1) Notice sur les tombes de l'arrondissement d'Abbeville, par M. Traullé, 1823, in-8°.

(2) Mém. de la soc. roy. d'émul. d'Abbeville, 1838-40, p. 275.

(3) Il existe entre Conchil et Waben un monticule funèbre, nommé le *Mont d'Hère*, qui n'a jamais été exploré. La tradition en fait la tombe d'un général romain.

vêtus ; on ajoute même que l'un d'eux portait au doigt un anneau de cuivre et que son vêtement était attaché avec une agrafe du même métal (1).

On a aussi trouvé à Port cinquante-et-un vases celtiques. Ces vases étaient placés dans la terre à une profondeur d'un mètre environ, et disposés par groupes de trois à six. Ils renfermaient des ossements humains calcinés et des os d'animaux, parmi lesquels on a reconnu des os de souris, de taupes, de musaraignes, de rats d'eau et de lérots. Près de chaque groupe de vases étaient des os de chevreuils, de sangliers, de bœufs et de moutons ; mais la présence d'un morceau de fer ayant la forme d'un clou, et l'absence de tout instrument en pierre assigne à ces débris funèbres une antiquité moins reculée que celle des tombes de Port (2).

Nous mentionnerons encore la curieuse pirogue celtique découverte en 1834 dans le marais d'Estrebœuf, près de Saint-Valery. Cette pirogue, faite avec le tronc d'un chêne de 30 pieds de longueur et de 20 pouces de largeur moyenne, ne présente sur ses bords ni trous ni échancrures qui aient pu servir soit à passer, soit à attacher des cordages ; mais l'emplacement d'un mât est indiqué dans le fond de la barque (3).

---

(1) Magasin encyclop., t. IV, p. 329.
(2) Ces vases ont été recueillis et décrits par M. Hecquet d'Orval. Cf. Mém. de la soc. d'émul. d'Abbev., 1838-40, p. 285.
(3) Ibid, 1834-35. p. 81. Voir sur une pirogue déterrée à Paris en 1806, et faite aussi d'un seul tronc d'arbre (Mém. de l'acad. des inscrip., nouv. série, t. V, p. 91).

Les haches de pierre sont en grand nombre dans les tourbières et dans les plaines du Ponthieu. Ces haches, dit Mongez, ont été trouvées dans tant de contrées diverses et dans des sépultures si différentes, qu'il a été jusqu'ici très-difficile de décider avec certitude quel fut le peuple qui s'en est servi le premier ou le dernier ; car si l'on s'en rapporte à un poème francique qu'on croit avoir été composé au VIII° siècle de l'ère chrétienne, les deux héros de ce poème sont encore armés de haches de cette espèce, qui sont désignées sous le nom de *staimbort*, formé de *staim* (aujourd'hui *stein*), pierre, et de *bort, bart et bard*, hache de pierre (1).

On a découvert à Abbeville, dans la tourbe, en creusant les fossés de la Portelette, une assez grande quantité de haches ; quelques unes étaient encore munies de leurs gaînes en corne de cerf et de leurs manches en bois (2).

Une épée gauloise en fer, trouvée à Long (3) et des meules à bras de quartz-agate-brèche, autrement de pouding, découvertes aussi dans les environs d'Abbeville (4), ont donné lieu à de savantes dissertations.

---

(1) Mém. de l'acad. des inscrip., nouv. série, t. V, p. 71.
(2) Ces haches ont été recueillies par M. Boucher de Perthes. Cf. Mém. de la soc. d'émul. d'Abbev. 1834-35, p. 94.—Ibid. 1836-37, p. 224.
(3) Cf. Mém. de l'institut (littér. et beaux-arts), fruct. an VII. t. V, p. 517.
(4) Ibid. (Classe d'hist. et de littér. ancien.) t. III, p. 441.

Ces petites meules, d'un pied environ de diamètre, et pesant chacune cinquante livres, ont dû servir aux Gaulois, dit Mongez, ou à ces essaims de Francs qui, pendant le IVe et le Ve siècle, firent si souvent des incursions dans les Gaules, surtout dans la Belgique ; mais le travail des tourbières en a fait déterrer d'autres attribuées aux Romains, qui se servirent également, on le sait, de petits moulins à bras. Trois épées de bronze, trouvées près d'Abbeville, et d'autres armes découvertes dans les attérissements de la Somme, et que Mongez a fait aussi connaître dans plusieurs mémoires des recueils de l'institut (1), doivent être mises au nombre des débris antiques les plus curieux recueillis dans le Ponthieu.

C'est encore à l'époque gallo-romaine et aux premiers siècles de la monarchie française qu'appartiennent les cercueils de pierre que l'on a déterrés au XVe siècle à Abbeville, sur la place Saint-Pierre, et de nos jours à Sailly-Brai, à Martainneville, à Buigny-l'Abbé, etc.

Les territoires d'Abbeville et de Montreuil sont traversés de l'est au nord par la grande route romaine, dite aujourd'hui *chaussée Brunehaut*, qui allait de Lyon à Boulogne-sur-Mer, en passant par Amiens et qui, d'après le témoignage de Strabon, fut construite par ordre d'Auguste en continuation de l'une de celles qui, de Rome, conduisaient dans les Gaules.

---

(1) Ibid. Classe de littér. et des beaux-arts, fruct. an VII, t. V, p. 496.

Près d'Estrées-les-Crécy cette route se bifurquait : l'embranchement le plus méridional conduisait au passage de la Somme à Abbeville et traversait la ville d'Eu. Entre ces deux villes, le nom de l'ancienne chaussée subsiste encore à Saint-Marc-la-Cauchie (1).

Les monuments de l'antiquité romaine sont nombreux dans le Ponthieu. On y trouve des médailles de toute espèce, des vases en terre rouge, grise et noire, des figurines, des ex-voto, etc.

Deux belles amphores et un groupe en bronze d'une admirable exécution, représentant le combat d'Hercule et d'Antée (2) ont été trouvés à Bellifontaine, à Long et à Cocquerel ; M. de Caylus a fait graver dans son recueil d'antiquités (3) un buste de Cybèle de six pouces de hauteur environ, déterré à Tours en Vimeu. « Ce buste, dit le savant archéologue, est le plus beau et le mieux dessiné que j'aie vu de fabrique romaine.... L'air de tête ne peut être plus agréable ni les cheveux mieux traités. La coiffure indique de quelle façon les tours flanquaient et défendaient autrefois les murailles et les portes. » — Une mosaïque a été découverte, il y a peu de temps encore, sur le terrain de l'ancienne abbaye de Sery ; on y a aussi déterré des vases et de très-belles tuiles à rebords, mais on a tout brisé.

A Abbeville on a trouvé des médailles carthaginoises et un grand nombre de médailles de Postume sur

(1) Mém. de l'acad. des inscript., t. XIX, p. 638.
(2) Cf. Mém. de la soc. d'émul. d'Abb., 1834-35, p. 71.
(3) T. V, pl. CXI.

l'emplacement de l'ancienne porte Comtesse, dans un vase de terre, au milieu d'un mur extrêmement épais, près duquel on découvrit des restes de vieilles tours profondément enterrées ; des médailles de Claude, de Trajan, de Commode, de Caracalla, de Constantin, de Constance et du Bas-Empire ; des pierres sur lesquelles étaient sculptés divers attributs constatant l'existence d'un monument expiatoire, et un très-beau vase qui a dû servir dans un therme.

L'incurie avait longtemps laissé disperser la plupart des monuments antiques découverts dans le pays ; aujourd'hui, un musée public a été ouvert à Abbeville, et les précieux débris que le hasard fera découvrir encore ne seront plus, nous l'espérons, perdus comme par le passé.

CHAPITRE II.

Invasions frankes. — Etablissement des conquérants germains dans le Ponthieu. — Histoire chronologique des premiers comtes.

Les barbares qui s'étaient établis en de-cà du Rhin, dès les premières années du Ve siècle, ne tardèrent point à s'avancer jusqu'à la Somme, qui formait alors la barrière de l'Empire dans la Gaule septentrionale. Les Romains se fortifièrent le long de ce fleuve et en gardèrent les passages (1), mais sans pouvoir arrêter les invasions.

Saint-Jérôme, dans une lettre écrite vers l'an 409, parle en ces termes de l'apparition des barbares dans l'Amiénois : *Ambiani, Atrebati extremique hominum Morini... Translati in Germaniam* (2). « Du Rhin à la Somme, dit M. Aug. Thierry, les invasions sans cesse renouvelées pendant près d'un siècle, furent

(1) Mém. de l'acad. des inscript., t. X, p. 446.
(2) S. Hieronymi opera omnia, lut. par. 1623, in-f°, t. I, p. 96.

désastreuses sans mesure, et les bandes de Francs incendiant, dévastant, prenant des terres chacune à part, se cantonnèrent une à une sans offrir aux indigènes ni capitulation, ni merci (1). » Vers 437, Clodion s'empara de Cambrai ; malgré la défaite que lui fit éprouver Aétius, il étendit ses conquêtes jusqu'à la Somme, et, en 445, il établit le siège de son empire à Amiens, où il mourut. Sous le règne de Mérovée, son successeur, Attila, ravagea Beauvais, Amiens, Arras, toute la région du nord qui avait été comprise sous le nom de seconde Belgique.

> Et jàm, terrificis diffuderat Attila turmis
> In campos se, Belga, tuos........

dit Sidoine-Appollinaire en parlant de cette invasion. Attila, sans aucun doute, aura poussé des partis dans le Ponthieu.

A Mérovée succéda Childéric, qui continua, dit-on, d'habiter Amiens comme ses prédécesseurs, mais on sait peu de chose de tous ces chefs barbares. Un d'eux, Ragnacaire, établit à Cambrai le siège d'un nouveau royaume qui s'étendait aussi jusqu'à la Somme. Clovis, voulant devenir seul maître de la Gaule, forma le projet de s'emparer de ses états, le défit dans une bataille et le tua d'un coup de hache. Après la mort de Clovis, ses fils divisèrent entre eux la France. Clotaire eut en partage le royaume de Soissons, et l'on prétend qu'il investit Alcaire, fils du roi de Cambrai

(1) Récits des temps méroving., 1840, t. 1er, p. 216.

assassiné par Clovis, du gouvernement des côtes maritimes depuis la Seine jusqu'à l'Escaut. Alcaire s'intitula *Dux Franciæ maritimæ seu Ponticæ*; fixa le siège de son gouvernement à Centule, aujourd'hui Saint-Riquier, et y établit un palais.

Après Alcaire paraît Aymeric, comte de Boulogne, qui avait épousé en secondes noces la veuve de Ragnacaire. Ce nouveau duc ou comte de la France maritime faisait, dit-on, sa résidence à Port-le-Grand, qui était alors une petite ville, comme le rapporte encore la tradition (1); mais ces données ne sont pas certaines. Aymeric n'administrait peut-être qu'en sous-ordre une partie de la province : Saint-Honoré, évêque d'Amiens, était son fils.

On trouve dans la vie de Saint-Josse (2) le nom d'un autre duc, Haymon, qui résidait à Maïoc, près du Crotoy (3). Ce duc y reçut Saint-Josse dans son château, le chargea de desservir sa chapelle, et fit construire, en 625, près de Montreuil-sur-Mer, un monastère qui depuis porta le nom du saint.

Saint-Fursy, que le Ponthieu compte ainsi que Saint-Josse au nombre de ses apôtres, passait à Maïoc, lorsqu'il entendit de grands gémissements dans la maison du duc Haymon, dont le fils unique venait de mourir. L'homme de Dieu, dit la légende, s'offrit pour

---

(1) Malbrancq, p, 337.— Hist. des Mayeurs d'Abbeville, p. 26.
(2) Rer. gallic. et franc. scrip., t. III, p. 520 et 539.
(3) Maïoc n'est plus aujourd'hui qu'un hameau.

garder le corps pendant la nuit. Au point du jour, Haymon vint, avec sa femme et une foule nombreuse qui se lamentait, dans la demeure où priait le saint homme; ils trouvèrent le fils du duc vivant, chantant et priant Dieu avec le saint qui l'avait rendu à la vie. Alors, Haymon joyeux, glorifiant Dieu, lui donna un domaine du nom de *Macerias* (1), et le supplia de ne jamais s'éloigner de lui.

Haymon, suivant les chroniques, eut pour successeur Drochtric et Walbert. Drochtric, ayant voulu s'assurer si le corps de Saint-Josse s'était conservé sans se corrompre, fit ouvrir son tombeau et y ayant porté ses regards, il s'écria : Ah! Saint-Josse! Aussitôt il devint sourd et muet, et, jusqu'à sa mort, il éprouva une grande faiblesse dans toutes les parties de son corps. La femme de ce duc, effrayée du malheur de son mari, éleva ses gémissements vers Dieu, et pour le salut de son âme, donna à Saint-Josse les deux villages de Crespiniac et de Netreville (2), *Crispiniacum, Netrevilla.*

Walbert ou Waldeberck, frère de Saint-Faron de Meaux, neveu du duc Haymon et petit-fils d'un chef sicambre de la race royale, à qui Clovis avait

---

(1) Bollandus pense que c'était un château situé sur l'Authie au dessous de Doullens. Ce lieu fut plus tard, en s'accroissant, divisé en deux villages, dont l'un, appelé Mascroëles (Méscrolles), et l'autre, Forhem ou Forshem, en teuton la maison de Fursy, *Fursei domus*, aujourd'hui Frohen. (Rer. gall. et franc. script., t. III, p. 539.)

(2) Orderic vital. Collect. Guizot, t. XXVI, p. 128.

donné des domaines dans le Ponthieu, naquit vers la fin du VIe siècle à Nanteuil-le-Haudouin, dans la Brie suivant d'autres. Il embrassa' la profession des armes où l'appelait sa naissance et commanda dans le Ponthieu. Après s'y être distingué par sa valeur, son équité et de nombreux bienfaits envers les pauvres, il se retira dans le cloître de Luxeuil dont il devint abbé. On le plaça bientôt au rang des saints, et son culte ne tarda pas à se répandre sur les bords de la Somme, dans le Valois et dans la Brie, où le peuple l'invoquait sous les noms de Saint-Gaubert et de Saint-Vaubert (1).

Walbert, qui était aussi comte de Ternois et d'Arques, près Saint-Omer, ayant été guéri miraculeusement par Saint-Bertin d'une grave blessure, avait, en 668, fait don à l'abbaye de Sithiu du village d'Arques et de tout le comté qui en dépendait (2).

Un autre duc ou comte de Ponthieu gouvernait cette province en même temps qu'Haymon et Walbert. Ipérius et Malbrancq le nomment Sigefroi. Il était mari de Sainte-Berthe, et frère d'Erchinoald, maire du palais de Clovis II. Sigefroi, selon Malbrancq, aurait battu, dans les environs d'Hesdin, à Blangy, les Huns qui étaient débarqués à Etaples, et qui ravageaient le

---

(1) Carlier, Hist. du Duché de Valois, 1764, in-4°, t. 1er, p. 67.— Baillet, Vies des Saints, au 2 mai. — Mém. concernant l'anc. état de la ville de Luxeuil, bibliot. de l'Arsénal Ms. franc. hist., f° 303, in-4°.—Hennebert, Hist. d'Artois, 1786-89, in-8°, t. 1er, p. 264.

(2) M. Guérard, Cartul. de l'abbaye de St-Bertin, pages XXXV et 27.

Ponthieu et la Morinie (1); mais comment concilier l'existence simultanée de ces comtes? « Quelques uns, dit Ducange, établissent deux contrées qui portaient le nom de Ponthieu ; l'une tirant vers la mer, et l'autre vers Amiens et Doullens, et disent qu'Haymon et Walbert étaient seigneurs de la première, et Sigefroi de la seconde (2). » Tout ce qui concerne ces comtes est incertain, et Ducange l'avoue lui-même. Les noms de leurs successeurs, pendant plus d'un siècle, ne sont même pas connus (3).

Suivant les uns, les comtes de Ponthieu n'étaient alors que de simples officiers amovibles à la volonté du prince ; suivant les autres ils possédaient déjà leur charge à titre héréditaire (4). La question est maintenant jugée. L'hérédité du comté de Ponthieu date de 696 ; c'est le plus ancien des fiefs héréditaires (5); mais nous ignorons quel fut le premier feudataire qui en jouit à ce titre ; car les actes de Sainte-Berthe attestent que Sigefroi mourut en 675, et son successeur est inconnu.

---

(1) Loc. cit., Lib. III, cap. 28.
(2) Ducange, Hist. Ms. des comtes de Montreuil et de Ponthieu, liv. 1er.
(3) Malbrancq, t. II, p. 312, donne un tableau chronologique des comtes de Ponthieu et de leurs alliances ; mais les assertions de cet historien sont fort souvent sujettes à contradiction.
(4) Ducange, Loc. cit.—F. Rumet, chron. Ms. du pays de Ponthieu, liv. 1er.
(5) Art de vérifier les dates, édit. de Saint-Allais, in-8°, t. XII, p. 317.

Les rois de la première race possédaient à Crécy un palais (1), où Clotaire III confirma le 1ᵉʳ février 662 un échange entre Mommolin, évêque de Soissons, et Bertin, abbé de Sithiu. Childebert III, le 8 avril 709, y tint une assemblée (2) pour l'adjudication de deux métairies, situées dans le comté de Talou (3), qui s'étendait depuis la Bresle jusqu'au territoire d'Arques. Il existe encore à Crécy de vastes fondations que l'on croit être les derniers vestiges de cette maison royale dans laquelle Leudesius, maire du palais de Théodoric, poursuivi par Ebroin, le tyran de la Neustrie, vint se réfugier après avoir été contraint de lui abandonner les trésors du roi. Ebroin étant arrivé dans le palais de Crécy, « Promit artificieusement, dit Frédégaire, fidélité à Leudesius qu'il trompa, l'engageant à se rendre à un plaid où ils se mettraient d'accord et feraient la paix ; mais Ebroin agissant en fraude, comme c'était sa coutume, tendit des embûches à Leudesius, le tua, et, ayant rétabli le roi Théodoric, il rentra lui-même très-adroitement dans son pouvoir (4). »

---

(1) Le palais de Crécy existait encore en 743.
(2) Rer. gallic. scrip., t. IV, p. 644, 683. — Ibid, t. II, p. 450 ; t. III, p. 305.
(3) *Talaucium*, d'où provient le nom de Talance qui fut donné au pont sur lequel il fallait passer pour aller d'Abbeville dans cette partie de la Normandie.
(4) Frédégaire, Coll. Guizot, t. II, p. 233.

CHAPITRE III.

Origines du christianisme. — Prédications des apôtres du Ponthieu. — Légendes chrétiennes. — Miracles.

On ne saurait déterminer l'époque à laquelle le christianisme fut annoncé pour la première fois dans le Ponthieu. Les apôtres de la foi nouvelle s'attachèrent d'abord chez les *Ambiani*, comme dans les autres provinces des Gaules, à soumettre à l'évangile la principale cité. Dès l'an 301, Saint-Firmin, si l'on prend à la lettre les récits légendaires, prêche le christianisme dans Amiens. Saint-Firmin le confesseur, vers 346, bâtit dans cette ville la première église de la Picardie. Ces deux évêques ont peut-être porté leur action apostolique jusque dans le Ponthieu ; mais aucun monument ne constate que Saint-Fuscien, Saint-Victoric et Saint-Gentien entre autres, y soient venus prêcher comme on l'a dit (1). Au surplus, tout atteste que dans les

(1) Voy. Hist. ecclés. d'Abbeville, 1646, in-4°, p. 19.

dernières années du VIe siècle, et même dans le siècle suivant, les missionnaires trouvaient encore des populations à convertir.

L'œuvre du prosélytisme s'accomplissait lentement et non sans danger. Saint-Germain l'Ecossais, qui avait été baptisé par Saint-Germain d'Auxerre, reçut la couronne du martyre, le 2 mai 480, sur les bords de la Bresle (1), dans un lieu qui depuis porta son nom (2).

Saint-Honoré, huitième évêque d'Amiens, natif du village de Port, travailla, pendant les trente-six années de son épiscopat, au triomphe de la religion chrétienne dans le pays qui l'avait vu naître; et les missionnaires de l'église irlandaise secondèrent également, dans le Ponthieu, les progrès du christianisme (3). En effet, pour l'Irlande, pour l'Angleterre elle-même qui avaient reçu leur foi de la civilisation grecque, la seconde

(1) Lenain de Tillemont, Mém. pour servir à l'hist. ecclésiastique, 2e édit., in-4o, t. XV, p. 28.

(2) Saint-Germain-sur-Bresle. — On représente ordinairement un dragon à plusieurs têtes à côté de Saint-Germain; les légendaires expliquent ainsi l'origine de cet emblème. « Un serpent à sept têtes, de prodigieuse grandeur, ravageait le Vimeu, et avait récemment étouffé un enfant. Le saint en ayant été instruit se fit conduire à l'entrée de la caverne où se retirait le monstre, le fit aussitôt mourir, puis levant les yeux au ciel, ressuscita l'enfant au grand étonnement des spectateurs qui se convertirent à la foi, au nombre de plus de six cents. » (Vie de Saint-Germain, par P. Cauchin, Ms. de la bibliothèque d'Amiens.)

(3) Chron. Centulense, ap. d'Achery, Spicil., 1723, in-fo, t. II, p. 292.

Belgique était un pays barbare ; et les Bretons, les Irlandais, que tentaient les périls de l'apostolat, devaient y rencontrer pendant longtemps encore, comme dit la légende, des païens cruels attachés au culte du démon (1).

Les apôtres, les saints du Ponthieu appartiennent la plupart à la Grande-Bretagne. C'est Saint-Milleford ou Miniford, évêque régionnaire d'Hybernie, qui vient au VIIe siècle se fixer comme domestique chez un colon du Ponthieu ; c'est Saint-Condé ou mieux Saint-Condède, prêtre et ermite, et disciple de Saint-Lambert, qui se retire, vers 667, dans les bois aux environs de Leucone (2), et qui fonde ensuite à Fontenelle une église dédiée à Saint-Valery ; c'est Frichor et Caïdoc, formés à l'école austère et mystique de Saint-Colomban ; c'est Saint-Colomban lui-même, qui, en traversant la France de l'ouest à l'est avec douze compagnons, s'arrête à Centule (3) ; c'est l'anglo-saxon Wilfrid, le grand

(1) Parmi les guerriers de Clovis, il y en eut un grand nombre (trois mille selon quelques témoignages), qui, mécontents de la conversion de leur chef, et n'en voulant pas être les témoins, se retirèrent derrière la Somme, païens comme ils étaient venus, et passèrent, à ce qu'il semble, au service de Ragnacaire, chef de la tribu franke, de Cambrai. (M. Fauriel, Hist. de la Gaule mérid. sous les conquérants germains, t. II, p. 39.)

(2) Saint-Condède était débarqué d'Angleterre dans la Gaule, *in loco qui vocatur fontana Walarici*. D'après les Bénédictins ce lieu est Saint-Valery-sur-Somme et non Saint-Valery-en-Caux, comme d'autres l'ont pensé. (V. Acta, SS. ord. S. Bened., t. II, p. 826.)

(3) Malbrancq, Loc. cit., t. I, p. 258.

Saint-Boniface, l'apôtre de l'Allemagne, qui débarque et séjourne avec ses disciples à Quentovic, à l'embouchure de la Canche (1) ; c'est Saint-Fursy qui, chassé de l'Angleterre par les invasions, passe une première fois dans le Ponthieu, s'arrête à Maïoc chez le duc Haymon (2), et revient quelques années plus tard mourir à Mézerolles, le 16 janvier 650, après avoir fondé le monastère de Lagny, près de Péronne. Le peuple du Ponthieu qui, à son premier passage, s'était pressé sur ses pas en en baisant la trace (3), se rassembla encore pour honorer ses restes ; mais le cadavre sacré, que l'hagiographe appelle une *perle précieuse,* excita presque une querelle à main armée entre le duc Haimon et le maire du palais Erchenoald. Haymon, accompagné du peuple, du clergé et des vierges, se disposait à enlever le corps de Fursy et à l'inhumer sur ses terres, lorsqu'Erchenoald en réclama la possession, alléguant que le saint avait vécu dans le monastère de Lagny, situé sur ses domaines : « Rends-moi mon moine, dit-il à Haymon. — Le moine est à moi, répondit celui-ci, et la preuve c'est qu'il a ressuscité

---

(1) « Ostia fluminis quod dicitur Cuent, omni jam expertes periculo naufragii, aspiciunt, et ad aridam sospites terram perveniunt. Sed et castra metati in Cuentauvic, donec superveniens se collegarum multitudo congregasset. » (Servati Lupi opera, Parisiis, 1664, in-8°, p. 349.)

(2) Vid. supra, p. 18.

(3) Populi vociferantes post eum osculantes ejus vestigia. (Acta SS. Ord. s. Bened., Sæc. II, p. 297.)

mon premier né. » Peu s'en fallut que les deux barbares, habitués à en appeler en toute chose à la force, n'en vinssent aux mains ; mais l'innocence inspirée d'un enfant termina pacifiquement la querelle, et les reliques du saint furent transférées à Péronne.

Saint-Mauguille, disciple de Saint-Fursy, se retira vers le même temps dans le monastère de Saint-Riquier; puis aux abords de l'Authie, à Monstrelet, *Monstroledus,* retraite sauvage, « entourée de forêts sombres, d'eaux et de marais inaccessibles. » Saint-Vulgan, évêque de Douvres, qui avait connu Saint-Mauguille en Angleterre, vint le rejoindre dans sa solitude et mourut près de lui, en 685 environ (1). Ainsi l'Irlande, cette île des saints, qui avait donné tant d'hommes éminents à l'apostolat dans la Gaule entière, avait aussi donné au Ponthieu la plupart de ses premiers missionnaires, de ses premiers moines, de ses premiers ermites. La traversée de l'Angleterre se faisait souvent alors par Quentovic ; c'était la voie ordinairement suivie pour aller à Rome (2); et cette circonstance explique la

(1) Ibid., t. VI, p. 548 et suiv.—Baillet, Vies des Saints, au 30 mai.
(2) Via rectissima ad sedem apostolicam. (V. Rer. gall. et franc. script., t. III, p. 601.—Annal. Ord. S. Bened., t. I, p. 539.)--On a dit que le port de Quentovic était situé dans les garennes d'Etaples, où l'on a découvert, il y a peu de temps, les restes d'une *villa* romaine. Mais M. Charles Henneguier, de Montreuil, qui a fait de savantes recherches sur l'histoire de son pays, pense que c'est dans la commune de Caloterie, aux hameaux de Valencendres et de Vis-ès-Marets (autrefois Wis), dans le Ponthieu, qu'il faut chercher ce que la terre recouvre des débris du Quentovic. On ne peut guère effleurer le sol de ces

fréquente apparition des apôtres irlandais sur les côtes de la Picardie.

Le grec Saint-Théodore, compatriote de Saint-Paul, appelé, vers 669, par le pape Grégoire-le-Grand, au siége de Cantorbéry, choisit également Quentovic pour le lieu de son embarquement ; mais, fatigué par la maladie, il s'arrête quelque temps dans ce port avec Saint-Adrien l'Africain, abbé de Niridan, près de Naples, qui devait l'aider à rallumer la foi en Angleterre, et Saint-Benoît Biscop, abbé de Cantorbéry, qui les accompagnait en qualité d'interprète.

Dans les premières années du VIe siècle et la première moitié du VIIe, qui forme en quelque sorte dans le Ponthieu la limite entre le culte gallo-romain et le christianisme, on trouve encore au premier rang des hommes apostoliques Saint-Valery et Saint-Riquier.

Saint-Valery, dont le nom latin est *Gualaricus*, naquit en Auvergne vers le milieu du VIe siècle (1). Sa

---

hameaux sans trouver des ossements, des poteries gallo-romaines et d'autres objets antiques. On y a aussi découvert sous la tourbe, à six pieds de profondeur, un reste d'aqueduc ; et, ce qui est remarquable, c'est la tradition conservée par les habitants de Vis-ès-Marets d'un marché considérable et d'une grande destruction pendant un de ces marchés. Ne retrouve-t-on pas là Quentovic détruite un jour de foire ? (Cf. M. Harbaville, Mémorial historiq. du Pas-de-Calais, t. II, p. 106 et suiv.)

(1) La vie de Saint-Valery a été écrite, vers l'an 660, par Raimbert, abbé du monastère de ce nom, qui pouvait avoir été instruit par Saint-Valery lui-même d'une partie des faits qu'il rapporte, ou du moins les avoir appris des disciples du saint. Un autre moine, au

vocation pour les choses saintes se déclara de bonne heure. Il se retira tout enfant dans un monastère, et son père essaya vainement de le ramener à sa famille. Après avoir vécu quelque temps de la vie cénobitique, il se rendit à Luxeuil, dont Saint-Colomban était abbé, et, quand Thierry II, à l'instigation de Brunehaut, eut expulsé le missionnaire irlandais avec tous ses disciples, Valery, aidé de Saint-Eustase, réédifia le couvent. Comme tous les moines de la primitive église, Valery devait unir les travaux actifs de l'apostolat au repos de la vie contemplative. Il sortit donc de Luxeuil et se rendit dans l'Amiénois. Arrivé là il demanda au roi Clotaire un terrain écarté pour y résider, et ce prince, du consentement de Berchonde, évêque d'Amiens, lui accorda un lieu convenable à la vie solitaire et à l'habitation des moines. Ce lieu était *Leucone*. C'était là que l'évêque Berchonde se retirait aux jours du carême, pour se livrer à la contemplation. « De cette retraite, dit l'auteur de la vie du saint, on voit la mer et un fleuve tiède, la Somme abondante en poissons (1). »

De pieux compagnons se réunirent autour de Saint-Valery, construisirent des cellules séparées de la sienne, et trouvèrent leur subsistance dans les aumônes du roi. Telle fut l'origine de l'abbaye de Saint-Valery, vers 613 environ, trois ans après l'expulsion de Saint-

VIIIe siècle, retoucha le travail de Raimbert et l'abrégea.— Cf. Hist. litt. de la France, par les Bénéd., t. II, p. 70.
(1) Acta, SS. Ord. S. Bened., t. II, p. 76.

Colomban du monastère de Luxeuil. Saint-Valery, usé par le jeûne, l'extase et les travaux apostoliques, se dirigea un jour vers un arbre entouré de ronces, au pied duquel il avait coutume de faire ses prières, et, fichant deux bâtons dans la terre, il désigna une place de la longueur de son corps et dit à ses disciples : « Lorsque par la volonté de Dieu je m'exilerai de ce monde, c'est là qu'il faudra m'ensevelir. » Le dimanche suivant il mourut, et ses moines l'inhumèrent au pied de cet arbre consacré désormais par le souvenir de sa prière de chaque jour et les reliques des saints que le bienheureux Berchonde suspendait à ses branches. Quelque temps après sa mort (622), Blimont, son disciple (1), quitta le monastère de Bobio, dans la Lombardie, et se rendit à Leucone pour visiter le tombeau du saint ; mais déjà le monastère que Saint-Valery avait fondé était désert ; les moines, poursuivis dans leur solitude par la foule qui venait implorer des miracles, avaient cherché ailleurs une retraite moins troublée. Blimont demanda au roi Clotaire et à Berchonde la permission de repeupler le monastère. Clotaire seconda ses pieuses intentions, et bientôt Blimont, élevé lui-même à la dignité d'abbé, acheva l'œuvre sainte commencée par Saint-Valery ; et, fidèle aux traditions des ardents missionnaires de Banchor et de Luxeuil, il

---

(1) Saint-Blimont était originaire des bords de l'Oise, *Isara* ou *Isera*, ancien nom de cette rivière. (V. Longueval, Hist. de l'Eglise gallic., in-4°, t. III, p. 439.)

combattit les rites païens et détruisit les idoles. Mais ces idoles, quelles étaient-elles ? Etaient-ce les dieux du polythéisme romain ou ceux du fétichisme gaulois ? Tout porte à croire que le peuple des campagnes était resté fidèle au culte national de la Gaule, quels qu'aient été les efforts de la conquête romaine pour en effacer les traces. En effet, les arbres, les bois et les fontaines attiraient encore au VIIe siècle l'adoration publique dans le Ponthieu. Quand l'évêque Berchonde, quand Saint-Riquier suspendent des reliques aux arbres, c'est en quelque sorte pour purifier, pour consacrer l'idole ; c'est pour profiter, en faveur du culte nouveau, des habitudes de l'ancienne croyance. On se prosternera devant les reliques des saints sous le même arbre où l'on avait sans doute coupé le gui, comme on s'agenouillait dans le temple païen changé en église chrétienne. L'idole que Saint-Valery détruit auprès du bourg d'Ault, sur les bords de la rivière d'Auve (1), c'est encore un tronc d'arbre, une souche, *stips,* représentant diverses figures, et honoré comme un Dieu par les gens du pays ; et quand ces païens, éclairés par les instructions du saint, ont embrassé le christianisme ; quand ils bâtissent une église en l'honneur de Saint-Valery, c'est encore auprès d'un lieu consacré par le culte qu'ils viennent d'abjurer, c'est auprès d'une fontaine (2). [Aucune distinction n'est établie entre les

(1) Juxta Auvæ fluvium. (Acta SS. ord. S. Bened., t. II, p. 78.)
(2) Des églises ou des chapelles dédiées à Saint-Valery s'élèvent

croyances qui devaient se rencontrer dans le Ponthieu au VIIe siècle. Le polythéisme romain, les cultes gaulois et la mythologie du Nord importée par les invasions, se mêlent et se confondent ici, comme par toute la France, dans le récit des écrivains légendaires. Le caractère distinctif de ces Dieux si divers s'efface sous une appellation commune : idoles ou démons.

Quand Saint-Loup, relégué par Clotaire à Ancennes, village du Vimeu (1), y fut conduit par un chef franc nommé Boson Landégésile, les gens du pays qu'il convertit à la foi, Boson qu'il baptise avec plusieurs soldats de l'armée barbare, sont désignés par le même nom : *païens*. Saint-Loup crut, dit Fleury, être envoyé de Dieu pour les convertir, ce qui le consola de son exil (2).

---

dans toutes les principales vallées du littoral depuis la Somme jusqu'à la Seine. Fécamp avait, avant la révolution, une vieille paroisse sous son patronage. Saint-Valery-en-Caux lui doit son nom. Graincourt, à la naissance du vallon de Berneval, lui voue un culte particulier : tous les habitants portent le nom de Valery. Fontaine-la-Malet, près d'Harfleur, Etretat, Anneville, Saint-Valery-sous-Bures et d'autres localités lui ont aussi consacré des églises, et, à l'embouchure de la Bresle, près de la ville d'Eu, on trouve encore l'église de Pons, siège d'un pélerinage célèbre, et d'une fontaine miraculeuse où la tradition veut que le saint se soit reposé. Ne seraient-ce point là les traces d'une mission faite sur les côtes de la Normandie, par cet apôtre du Ponthieu ? (Voy. Revue de Rouen, 5 mai 1842, p. 228 et suiv.)

(1) In pago quodam Neustriæ nuncupante Vinemaco.., Andesagina super fluvium Auciam ubi erant templa fanatica a Decurionibus culta. (Voy. Rer. gall. et franc. scrip., t. III, p. 491.)

(2) Hist. ecclés., Livre XXXVII, p. 16.

Dans les dernières années du VIe siècle, la ville de Centule (1) donna à l'église un homme que « personne n'avait surpassé en miracles depuis les apôtres (2). » Saint-Riquier était né pauvre suivant les uns ; selon d'autres, il était fils d'Alcaire, comte de Ponthieu, et son origine se rattacherait alors à celle des rois Mérovingiens ; mais cette illustration est contestée. On ne sait rien des premiers temps de sa vie jusqu'au moment où deux prêtres irlandais, Caydoc et Frichor, vinrent prêcher la foi dans le Ponthieu. Les habitants des campagnes, gens de mœurs rudes, que surprenaient les

---

(1) Villa Centula provinciæ Pontivæ. (Acta SS. Ord. S. Bened., t. II, p. 179.) Ailleurs Centule est appelée Vicus Centulus.

(2) Acta Sanct., t. II, p. 178. — Alcuin écrivit à Centule même la vie de Saint-Riquier; il en dédia la préface à Charlemagne, auquel il donne le titre d'Auguste, ce qui prouve qu'il ne l'entreprit qu'après l'an 800. Cette vie, avec un livre de miracles, avait déjà été écrite antérieurement à Alcuin en style barbare, ce qui veut dire sans doute en langue tudesque. On pense que le célèbre Paschase Radbert a également travaillé à une vie de Saint-Riquier, mais les recherches les plus attentives n'ont pu faire découvrir aux Bénédictins cette production du célèbre moine de Corbie.—Une autre vie de Saint-Riquier a été écrite en vers au XIe siècle, par Angelramne, abbé du monastère de ce nom ; c'est un poëme en quatre livres. Le premier reproduit la vie composée par Alcuin ; les deuxième et troisième livres contiennent les miracles du saint ; le quatrième, la translation de ses reliques. (Cf. Acta SS. Ord. S. Bened., t. II, p. 185, et seq.) — Hariulfe, moine de Centule, a laissé aussi une vie du même saint, et un moine anonyme de Corbie y a fait des interpolations. (Ibid, p. 189. — D'Achery, Spicileg., in-f°, t. II, p. 293-300.) — Les miracles de Saint-Riquier ont été rapportés en deux livres, vers l'an 860, par un moine anonyme de Centule. — (V. ibid., p. 201.)

doctrines nouvelles, avaient mal accueilli les missionnaires. Ils voulurent même les expulser du pays; mais Riquier leur donna un asile dans sa maison, et les pieux irlandais payèrent l'hospitalité qui leur était offerte en initiant leur hôte aux mystères chrétiens. Riquier, docile à la foi, grandit rapidement en vertus et se livra avec ferveur aux plus austères pratiques. Il ne mangeait, pendant la semaine, que le dimanche et le jeudi, et ne prenait, dans ses rares repas, que du pain d'orge mêlé de cendre et de l'eau mêlée de larmes. Bientôt prêtre et moine, Riquier accomplit saintement les devoirs de cette double dignité; il prêcha, pria, se macéra. Comme Saint-Eucher, il s'occupait à la fois de la lecture et du travail des mains; comme Saint-Césaire il cherchait, pour les consoler, les douleurs les plus obscures, et telle était l'ardeur de sa charité, qu'il embrassait comme des frères ceux qu'avaient atteint la lèpre et l'éléphantiasis. Un jour qu'il s'était embarqué pour aller prêcher en Angleterre, il se rappela, lorsqu'il fut à quelque distance des côtes, qu'il avait laissé dans la Gaule plusieurs serfs non affranchis, *aliquos juris sui sub servitute* (1). Frappé de douleur, il dit à ses disciples : Nous avons laissé plusieurs des nôtres en servage dans notre patrie, tandis que nous allons dans la Grande Bretagne pour délivrer des étrangers; je sais que ces malheureux vont bientôt mourir : hâtez-vous donc, montez sur un navire et

(1) Acta SS. ord. S. Bened., t. II, p. 181.

rendez-leur la liberté. L'ordre fut accompli, et dans ce fait qui révèle la charité attentive du saint, se révèle aussi le rôle et l'esprit de l'église dans ses premiers temps. En plaçant ainsi l'affranchissement des personnes au rang des bonnes œuvres, elle tendait à faire disparaître les dernières traces de l'esclavage antique, et préparait de loin en quelque sorte l'affranchissement des communes.

Après avoir terminé son apostolat dans la Bretagne, Riquier revint dans le Ponthieu et fonda, dit Hariulfe, un monastère au lieu même où il était né, afin de créer, avec la grâce de Dieu, des héritiers pour le ciel à l'endroit même où lui-même avait été engendré à la vie de ce monde. Il choisit ses premiers moines parmi les gens de la province et les captifs qu'il avait rachetés. Bientôt plusieurs Francs distingués par leur noblesse se rangèrent au joug de sa règle. Dagobert, qui avait besoin de pardon, alla le trouver afin de se recommander à ses prières. Moins sévère que Saint-Ambroise, qui avait refusé le baiser de paix à Maxime, Saint-Riquier, qui savait l'assassinat de Bernulfe, l'oncle maternel du roi, et le meurtre des Bulgares, lui donna néanmoins sa bénédiction après l'avoir averti « que celui qui est sujet n'est comptable que de lui-même ; mais que celui qui est chef est comptable de tous. » Le roi écouta ses remontrances sévères avec docilité et invita Riquier à venir prendre un repas chez lui. Le saint homme ne vit dans cette invitation qu'une occasion de prêcher, car il prêchait partout, même le long des chemins, quand il voyageait monté sur son âne, et souvent même il rentrait de maison en maison pour annoncer l'Evangile. Il s'assit donc à la table du roi, « et pendant tout un jour et une nuit, dans les joies du repas, il servit aux convives les viandes salutaires de la parole de Dieu (1). »

Dagobert, charmé de ses discours, se prit pour lui d'une vive affection, et lui donna sur ses revenus un luminaire pour son église. La faveur du roi, l'éclat des vertus du saint, l'avaient signalé à la foule dans l'obscurité de sa retraite, et, pour échapper à cette foule qui troublait sa méditation, il résolut de vivre en ermite. Gislemar, chrétien fervent, et Mauronte, gardien des forêts du roi, lui donnèrent un manoir dans les bois de Crécy, et ce fut là qu'il acheva sa vie dans la prière et les saints désirs de la mort, après avoir confié le soin de son monastère à Ocialde, qui en fut le deuxième abbé.

Comme tous les hommes éminents en piété, il eut une vision qui lui révéla le jour suprême, et il dit à Sigobard, son unique compagnon : Mon fils, je vais mourir ; je verrai bientôt le roi que j'ai toujours souhaité, ce roi mon soutien. Prépare une enveloppe dans laquelle mon corps se conserve jusqu'au jour où la corruption mortelle se changera en une incorruptible immortalité. Sois disposé toi-même, ô mon fils, quand tu verras ton heure dernière s'approcher ! Que le Sau-

(1) Ibid., t. II, p. 183.

veur me soit miséricordieux ; il m'a consolé dans ce monde, qu'il me donne la vie éternelle ! (1) A ces paroles du maître, le disciple fondit en larmes et obéit. « Il prit un tronc d'arbre, le creusa, l'adapta aux formes corporelles de Riquier, et, pleurant sur le corps et le cercueil, il remplit presque de ses larmes amères les vides que les membres du saint laissaient dans le sarcophage. » Pendant les apprêts de ces tristes funérailles, Riquier, qui gardait à peine le dernier souffle, priait et chantait, et le 6 des calendes de mai, vers l'an 645, il rendit l'âme au milieu d'actions de grâces et de saintes paroles.

Son disciple Sigobard le déposa dans la tombe, au lieu même qu'il avait désigné. Peu de temps après les frères du monastère de Centule vinrent avec l'abbé Ocialde, successeur du saint, enlever le corps de Riquier, et ils le déposèrent dans leur église, que le saint lui-même avait dédiée à la Vierge et à Saint-Pierre.

On compte encore parmi les saints du Ponthieu Saint-Wulphy, patron de la ville de Rue, né en cette ville, au VIe siècle, et l'un des disciples de Saint-Riquier, qui vécut en ermite près de Regnière-Ecluse (2), au milieu des bois, et y mourut le 7 juin, l'an 630 environ (3).

---

(1) Ibid., p. 184.
(2) Ragnacharii-Sclusa ; Malbrancq, dit que ce nom vient du séjour de Ragnacaire, roi de Cambrai.
(3) La vie toute légendaire de Saint-Wulphy, n'offre aucun élément

Saint-Salve, vulgairement Saint-Saulve, réside à Aoust-Marais, *Augusta*, ou plutôt le Bourg-d'Ault, qui lui fut donné par l'un des rois du nom de Thierry (1), et fonde à Montreuil un monastère qu'il consacre à la Vierge et à Saint-Pierre, et qu'il sanctifie par les œuvres de sa charité. Il le quitte à regret pour aller occuper le siége épiscopal d'Amiens où l'appellent tous les vœux.

Saint-Josse, fils de Judicaël, roi des Bretons-Armoricains, ayant renoncé à la couronne pour pratiquer les vertus chrétiennes, quitta le monastère de Laumelmon, où il faisait ses études, et s'étant mis en route pour Rome, il fut amené dans le Ponthieu par des circonstances que les hagiographes n'ont point expliquées. Le duc Haymon, le même qui avait accueilli Saint-Fursy, retint Saint-Josse à son passage, le chargea de répandre l'instruction spirituelle et lui donna une chapelle qu'il desservit avec soin pendant sept ans (2) ; mais

---

pour l'histoire. On la trouve dans Malbrancq, De Morinis, t. II, p. 31-37 ; mais les faits probables tiennent peu de place dans le récit de cet auteur. (Voy. Vie de Saint-Wulphy, par le P. Simon Martin, Paris, 1636, in-12. — Hist. ecclésiastique d'Abbeville, in-4°, p. 423, 499.)

(1) Si ce prince était Thierry II, roi de Bourgogne, comme le croyent les Bénédictins, et non pas Thierry (III), fils de Clovis II, roi de Neustrie, comme d'autres l'ont pensé, Saint-Saulve aurait prêché l'évangile dans le Ponthieu avant Saint-Valery et Saint-Riquier.

(2) On trouve dans les Acta SS. Ord. S. Bened., t. II, p. 541, une vie de Saint-Josse rédigée par un anonyme vers le milieu du VIIIe siécle. Cette vie fut retouchée vers la fin du Xe par le moine Isambart, et augmentée de l'histoire de la translation du saint. Orderic Vital l'a

Saint-Josse, épris de la vie solitaire, se retira dans un lieu fertile, *locus luculentus*, à Brahic, *Braiocum*, Labroye d'après Malbrancq, et suivant d'autres à *Radic*, Ray, dans le Marquenterre. Il y demeura huit ans avec un disciple nommé Vulmer, et bientôt voulant une retraite encore plus profonde, il alla s'établir d'abord à *Runiao*, où il bâtit un oratoire en l'honneur de Saint-Martin, et ensuite dans une forêt située au bord de la mer, entre la Canche et l'Authie, où il construisit deux autres oratoires dédiés aux apôtres.

Saint-Josse s'éloigna quelque temps du Ponthieu pour aller chercher des reliques à Rome, et pendant son absence le duc Haymon fit réédifier en pierres solides les deux oratoires que le saint avait construits en bois; c'était là sans doute un grand acte de munificence. A son retour de Rome, Saint-Josse reçut encore du duc Haymon divers bienfaits, et mourut dans sa retraite vers l'an 667. Dès lors le christianisme a pris droit de cité

---

reproduite dans son histoire de Normandie. Au commencement du XIe siècle, Florent, abbé de Saint-Josse, composa un abrégé des deux biographies écrites par l'anonyme du VIIIe siècle et le moine Isambart, et y ajouta quelques miracles opérés de son temps. Florent adresse son ouvrage à tous les fidèles, mais particulièrement à tous les confrères de Saint-Josse répandus en France et en Allemagne, ce qui témoigne que le culte de ce saint avait dès lors formé une de ces confréries, qui depuis devinrent si nombreuses. (Hist. littéraire de la France, t. VII, p. 234 et suiv.) — Vie de Saint-Josse, avec des observations historiques sur les abbayes de Saint-Josse-sur-Mer et de Saint-Josse de Dommartin, par L. Abelly, Paris, 1666, in-12.

dans le Ponthieu par des églises, par des monastères que les invasions barbares vont bientôt détruire, mais qui chaque fois se relèveront de leurs ruines. Au VIIe siècle on comptait à Saint-Valery, à Saint-Riquier, à Montreuil, à Saint-Josse, à Forêt-Montier, cinq abbayes d'hommes déjà florissantes, et à Port un monastère de femmes. Sur le tombeau des apôtres du Ponthieu et dans les lieux consacrés par le sang des martyrs, à Leucone, à Centule, à Mézerolles, à Monstrelet, dans le Marquenterre, à la Bouvaque près Abbeville, à Saint-Germain-sur-Bresle, à Dourier, etc., s'élevaient aussi dans le même temps des oratoires et des chapelles.

Les noms des saints personnages qui avaient conquis le pays au christianisme remplacèrent les noms que la conquête romaine avait imposés aux villes ou bourgades gauloises : Centule s'appela Saint-Riquier, Leucone Saint-Valery ; ce fut là le baptême de la cité.

La légende nous a servi de guide dans le récit qu'on vient de lire : dans ce récit se rencontre sans doute plus d'un fait dont une rigoureuse critique pourrait contester la stricte exactitude ; mais nous avons pensé qu'il importait de retracer l'avènement du christianisme dans nos contrées en cherchant à conserver autant que possible le caractère des seuls monuments qui en ont transmis la mémoire. Si, dans la légende, l'évènement le plus simple se traduit presque toujours en miracle, il faut reconnaître que la vérité historique se cache, facile encore à découvrir, sous les récits des hagiographes. Dans ce qui précède, nous avons cherché, autant qu'il est en nous, à dégager les faits réels. Voici maintenant la part exclusive du merveilleux, car le merveilleux lui-même peut faire comprendre le véritable rôle, la puissance qu'une piété naïve et sincère attribuait aux saints qui fondèrent dans nos contrées une société nouvelle.

Il se rencontre dans les légendes de Saint-Josse, de Saint-Riquier et de Saint-Valery des puérilités qui forment un singulier contraste avec la poésie souvent élevée de ces récits primitifs. Ainsi, dans la vie de Saint-Josse, un aigle enlève au saint onze poules et finit par emporter son coq lui-même. Le saint se met en prières et fait le signe de la croix, l'aigle redescend aussitôt et meurt à ses pieds après lui avoir rendu son coq sain et sauf. Dans une autre circonstance, Saint-Josse guérit un possédé qui voulait manger un homme. Saint-Milleford, décapité, porte comme Saint-Denis sa tête dans ses mains. Saint-Valery détruit par sa seule présence les vers qui rongeaient les légumes du jardin de Luxeuil. Il fait sortir un serpent d'un flacon qu'on lui envoyait à l'heure de son repas, pour punir un enfant qui avait tenté de lui dérober ce flacon. Saint-Riquier, surpris par une neige tellement fine qu'elle traversait le toit des habitations, se place au milieu d'un fossé, et, durant toute une nuit, il n'est pas atteint par un seul flocon de cette neige. Du reste, dans un autre ordre de récits, les savantes remarques de M. Guizot sur la littérature légendaire s'appliquent avec une rigoureuse exactitude aux vies des saints du Ponthieu, et le savant historien a même choisi la vie de Saint-Valery comme offrant l'un des types les plus saillants de cette sorte de légende, qui pouvait presque seule, à une époque de barbarie, satisfaire aux besoins de la nature morale de l'homme et le transporter par la fiction hors d'une société désordonnée et corrompue, et lui rendre cet idéal qui manquait à sa vie (1).

Voici ce que M. Guizot a cité dans la vie de Saint-Valery, entre bien des faits du même genre : « Comme cet ami de Dieu revenait à pied d'un certain lieu dit *Caldis* (Cayeux) à son monastère, dans la saison de l'hiver, il arriva, qu'à cause de l'excessive rigueur du froid, il s'arrêta pour se chauffer....dans la demeure d'un certain prêtre. Celui-ci et ses compagnons, qui auraient dû traiter avec grand respect un tel hôte, commencèrent au contraire à tenir audacieusement, avec le juge du lieu, des propos luxurieux où il était question de femmes. Fidèle à sa coutume de poser toujours sur les plaies corrompues et hideuses le salutaire remède de la parole divine, il essaya de les réprimer, disant : « Mes fils, n'avez-vous pas vu dans l'Evangile qu'au jour du jugement nous aurons à rendre compte de toute parole vaine ? » Mais eux, méprisant son avertissement, s'abandonnèrent de plus en plus à des propos grossiers et impudiques, car la bouche parle de l'abondance du cœur. Pour lui alors : « J'ai voulu, à cause du froid, chauffer un peu à votre feu mon corps

---

(1) Hist. de la civilisation en France, 1829, in-8°, t. II, p. 151.

fatigué ; mais vos coupables discours me forcent à m'éloigner tout glacé encore ; » et il sortit de la maison après avoir secoué la poussière de ses pieds et menacé les coupables d'un châtiment terrible (1). » Nous nous abstenons de rapporter ici quelle fut l'étrange punition du prêtre.

C'est encore par des miracles que la légende témoignera de sa charité, qui s'étendait aux animaux eux-mêmes, parce qu'ils sont les créatures de Dieu. « Il y avait tant de douceur et de bonté dans l'âme de Saint-Valery, dit l'auteur de la vie du saint, que les petits oiseaux venaient souvent sans crainte prendre leur nourriture dans le creux de sa main. Ils oubliaient alors leur caractère sauvage et se laissaient caresser doucement. Les moines, en s'approchant de l'abbé, s'étonnaient de voir tant d'oiseaux l'entourer en volant : « Mes enfants, leur disait Valery, ne leur faisons pas de mal ; mais laissons-les se rassasier de nos miettes. » Quand les frères s'étaient éloignés, les oiseaux revenaient aussitôt, pressés comme un nuage ; le saint les laissait, comme de coutume, manger dans sa main, et, après leur avoir donné une abondante pâture, il les renvoyait dans leur nid (2). »

Des récits du même genre se retrouvent dans la vie de plusieurs saints. Quand Saint-Colomban passait dans les bois, les écureuils descendaient des arbres pour le

---

(1) Ibid., t. II, p. 163.
(2) Acta SS. Ord. S. Bened., t. II, p. 88.

caresser, et Saint-Josse donnait à manger à de petits poissons dans le creux de sa main.

Les criminels eux-mêmes trouvaient toujours Saint-Valery disposé à la pitié. Citons encore un miracle.

Un jour, passant à *Gualimago* (1), où le comte Sigobard présidait le *mallum* (2), Valery aperçut de loin un condamné qui venait d'être accroché au chevalet. Il se dirigea vers l'instrument du supplice, et, malgré l'opposition du bourreau, il s'empara du cadavre, l'étendit sur la terre, posa sa face sur sa face, et le ressuscita. Mais le juge irrité ordonna de nouveau de suspendre le condamné au gibet. « Tu persistes donc, s'écrie alors Valery, à tuer celui que la puissance de Dieu a sauvé ; mais à moins que tu ne me fasses mourir avec lui, tu ne l'arracheras pas de mes mains. Si tu dédaignes de m'entendre, moi qui ne suis qu'un faible serviteur du Christ ; sache que le créateur du monde est partout et qu'il ne méprise point ceux qui l'invoquent. » Ces paroles courageuses effrayèrent le juge, et il ordonna de délivrer le coupable qui depuis vécut long-temps (3).

---

(1) Gamaches, suivant Dom Grenier, et non pas Wailly, comme le dit Longueval, dans son Histoire de l'église gallic., t. III, p. 439.

(2) On appelait ainsi l'assemblée des hommes libres, où l'offenseur, sur l'assignation de l'offensé, paraissait devant les juges. L'audience se tenait en plein champ ou dans les places publiques. (Cf. M. Guizot, Hist. de la civilis. en France, t. Ier, p. 350.)

(3) Les louanges de Saint-Valery ont été célébrées en vers latins par Adrien Blondin, prieur de l'abbaye de Saint-Valery. Voici le

La légende nous peint Saint-Riquier comme Saint-Valery, animé d'une charité fervente, de ce zèle pour le rachat des esclaves, de cette bonté qui, dans quelques hommes de la primitive église, avait acquis toute la puissance d'une passion. Des captifs enchaînés traversaient un jour la grande place qui se trouvait auprès de l'église de Saint-Riquier : « Délivrez-nous, saint homme, » crièrent-ils en approchant du temple, et leurs chaînes furent à l'instant brisées. On rapporte de Saint-Eloy plusieurs miracles de ce genre, et c'est la traduction merveilleuse de ce fait bien réel que les fers des captifs tombaient devant Saint-Riquier.

Les noms de Saint-Valery, de Saint-Riquier et d'autres apôtres du Ponthieu se rattachent dans les premiers temps à tous les souvenirs historiques de la province ; l'action qu'ils ont exercée sur leur siècle se perpétue après leur mort. On attribue à leurs restes la puissance de guérir, et Saint-Josse est devenu, dans les dernières années du XIe siècle, *le médecin Josse* (1). Mais ces reliques, qui vont enrichir les monastères et les églises, qui attireront chaque année au tombeau de Saint-Riquier une somme de présents équivalente à près de deux

---

titre de ce panégyrique : Versus panegyrici in laudem et gloriam SS. Æternitatis candidatorum Walarici, Blithmundi, Vulganci, Sevoldi et Riohberti, quorum reliquiæ in regio S. Walarici, monasterio servantur, per dominum Adrianum Blondin, etc. Rothomagi, Le Boulanger, 1554, in-4°.

(1) Orderic Vital, collect. Guizot, t. XXVI, n. 131.

millions de notre monnaie (1), ces reliques deviendront aussi une source de guerres entre les plus puissants feudataires de l'empire des Francs, et tout ce merveilleux de la légende, ces translations que les annalistes ont mises au rang des plus grands évènements de leur siècle, ces querelles barbares pour de pieux débris, forment en quelque sorte l'âge héroïque du christianisme dans le Ponthieu.

(1) M. de Chateaubriand, Etudes historiques, 1832, in-8·, t. III, p. 61.

CHAPITRE IV.

Invasions normandes. — Administration du Ponthieu sous Charlemagne. — Voyages de l'empereur à Saint-Riquier. — Description de cette ville, de son abbaye et de ses églises. — Écoles monastiques. — Les abbés-comtes. — Angilbert. — Nithard. — Polyptique de l'abbaye de Saint-Riquier. — Ravages des Normands.

Les hommes du Nord, qui depuis longues années portaient le ravage sur les côtes de la Picardie, cessèrent de s'y montrer quand la Gaule appauvrie n'offrit plus d'aliment à leur cupidité. Mais lorsque Charlemagne eut ramené les richesses et l'abondance, les pirates reparurent. L'empereur, pour s'opposer à leurs invasions, conféra le gouvernement militaire du littoral, depuis l'Escaut jusqu'à la Seine, à son gendre Angilbert, comte-abbé de Saint-Riquier, c'est-à-dire défenseur de ce monastère, car on sait qu'il existait alors dans chaque abbaye un ou plusieurs officiers qui commandaient à la guerre les vassaux des moines et défendaient leurs terres. Ces officiers, qui portaient le titre d'abbés, et dans la suite celui d'*avoués*, de *défenseurs* (1), étaient choisis parmi les feudataires les plus illustres et quelquefois parmi les religieux eux-mêmes. « Si l'on s'étonne, dit Hariulfe (2) en parlant de l'un de ces abbés-comtes, pourquoi le gouverneur du monastère de Saint-Riquier a été à la fois abbé et comte, nous rapporterons le motif que les hommes les plus anciens en donnent. Dans ce temps, avec la permission de Dieu, et en expiation des péchés du peuple chrétien, la cruelle nation Danoise et d'autres peuples barbares, envahissaient souvent le pays des Francs et s'efforçaient d'enlever la puissance aux rois eux-mêmes et aux grands, et de les mettre à mort. Le Ponthieu, le Vimeu et les petites provinces de ce genre n'avaient que rarement des châteaux, d'autres moyens de défense, et plus souvent elles n'en avaient aucun ; et de la sorte elles offraient aux ennemis un libre chemin dans le cœur de

(1) V. Ducange, gloss. v°. advocatus.
(2) Hariulfe, né dans le Ponthieu, entra fort jeune dans l'abbaye de Centule et y prononça ses vœux. A peine avait-il fini ses études, qu'il se vit chargé de l'histoire de ce monastère, déjà commencée par un de ses confrères nommé Saxo-Valdus. Les recherches que ce travail exigeait l'occupèrent plusieurs années, et l'ouvrage ne reçut la dernière main qu'en 1088. Cette chronique, qui commence l'an 625, est non seulement intéressante pour l'histoire de l'abbaye, mais on y trouve des détails importants pour l'Histoire de France, et surtout en ce qui concerne le Ponthieu. Elle a été continuée jusqu'en 1673, par un prieur de Saint-Riquier, D. Cotron, dont le Ms., in-f°, se trouve à la bibliothèque du roi, fonds Saint-Germain.—Hariulfe, élu en 1105, abbé d'Aldembork, au territoire de Bruges, vivait encore en 1143. (Cf. Hist. littér. de la France, t. XII, p. 204 et suiv.)

la France…..Lorsque la rage des barbares, aussi grande que la rage des chiens, par ses apparitions fréquentes, frappait la Gaule des maux les plus graves, il fut décidé par les rois et les grands de la France (*visum est regibus Francorum et optimatibus*) que l'abbé de Saint-Riquier, qui avait une grande gloire et un grand nom, serait chargé du soin de s'opposer à ce fléau ; car dans ce lieu saint habitaient des hommes qui, par l'immensité de leurs biens et le grand nombre de leurs alliances parmi les chevaliers, pouvaient entreprendre des choses grandes et notables ; car on s'honorait et on se réjouissait surtout dans le royaume des Francs d'avoir un membre de sa famille dans le monastère de Saint-Riquier. C'est pour cette raison que nos abbés étaient en même temps comtes. Ils brillaient par d'illustres alliances, et, observateurs fidèles de nos règles, ils étaient sous l'œil de Dieu même à la tête des armées (1). »

Angilbert, l'un des principaux conseillers de Charlemagne, seconda les vues de ce prince en arrêtant les ravages des pirates, et en fondant à Saint-Riquier une école « où les enfants des rois, des ducs et des comtes, disent les auteurs de l'Histoire littéraire de la France (2), recevaient anciennement leur première éducation. Jérémie, depuis archevêque de Sens, et Nithard, cet historien si connu, furent entre autres de ce nombre (3). »

---

(1) D'Achery, Spicil., 1723, in-f°, t. II, p. 316.
(2) T. IV, p. 16.
(3) « Dès le temps de Saint-Valery, il y avait une école dans son

L'enseignement de cette école, comme celui de l'école de Tours organisé par Alcuin, comprenait alors les sept arts libéraux. L'école monastique de Saint-Riquier subit cependant une décadence assez rapide ; vers la fin du Xe siècle elle fut rétablie par l'abbé Ingelard. Cet abbé « y éleva plusieurs sujets qui furent jugés dignes de gouverner d'autres abbayes. Attentif à leur avancement dans les sciences, il les envoyait quelquefois fréquenter les autres écoles qui avaient le plus de réputation. Angelramne ou Ingelramne, qui fut de ce nombre, en ayant parcouru quelques unes, s'arrêta à celle de Chartres, où il se perfectionna dans la grammaire, la musique et la dialectique. L'évêque Fulbert, sous lequel il étudia, le regardait comme un de ses principaux disciples.

« De retour à Saint-Riquier, Angelramne y enseigna ce qu'il avait appris ailleurs. Il semble même qu'il ne discontinua point de le faire après qu'il en fut devenu abbé. Le soin qu'on prit alors de l'éducation de la jeunesse dans ce monastère porta plusieurs seigneurs à y envoyer leurs enfants. Entre ceux-ci l'on connaît nommément Gui, depuis évêque d'Amiens, qui a mérité une place entre les poètes de son temps, et Drogon, évêque de Térouane dans la suite. Angelramne,

---

monastère ouverte à la jeunesse du pays, et l'on remarque que Saint-Valery voulait qu'on y usât plutôt de douceur envers les enfants, que de châtiments et de manières dures et impérieuses. » (Hist. littér., t. III, p. 440.)

qui fut lui-même un des poètes les plus laborieux, donna une partie de son attention à enrichir la bibliothèque de sa maison. Il en fit renouveler les anciens livres et transcrire ceux qui y manquaient, travail qui fut heureusement continué par Gervin Ier du nom, qui succéda à Angelramne, en 1045. Ce pieux et savant abbé, qui est honoré comme saint, avait un goût particulier pour les écrits des Pères grecs. Il en acquit plusieurs qu'il prit soin de faire copier. S'étant ensuite rendu moine à Saint-Vanne... il emmena avec lui à Saint-Riquier Guarin et Regneguard, deux moines de Saint-Vanne, distingués par leur piété et leur savoir. Il eut pour successeur, en 1075, un autre Gervin son neveu.... homme éloquent, qui fut ensuite évêque d'Amiens, mais par des voies illégitimes. Sous cet abbé, Anscher, qui lui succéda dans cette dignité en 1098, et Hariulfe.... embrassèrent la vie monastique dans la même abbaye. Anscher était aussi homme de lettres (1), et a laissé des productions de sa plume. Si Saint-Bernard, fondateur et premier abbé de Tyron, l'un des grands prédicateurs de son temps, ne fut pas instruit dans les lettres à Saint-Riquier, sous l'abbé Gervin II, il faudra dire qu'il y avait alors une école à Abbeville, lieu de sa naissance (2) ».

L'école de Saint-Riquier jouissait donc encore d'une juste célébrité dans le cours du XIe siècle.

---

(1) Cf. Hist. littér. de la France, t. XI, p. 614.
(2) Ibid. t. VII, p. 92, 93.

Angilbert avait également réuni dans le monastère de ce nom une bibliothèque de 256 volumes dont Hariulfe nous a conservé le catalogue. Les écrits chrétiens y étaient en majorité ; mais on y trouvait aussi divers ouvrages de l'antiquité païenne, entre autres : les Eglogues de Virgile, la Rhétorique de Cicéron, l'*Historia Homeri*, c'est-à-dire, le récit attribué à Dictys de Crète et à Darès le phrygien ; des exemplaires de Pline-le-Jeune et de Suétone ; des livres de droit romain et de médecine ; Priscien, Donat, la Cosmographie d'Ethicus, les Fables d'Aviénus, etc. (1). Il ne reste de cette bibliothèque, véritable trésor de science dans ces temps barbares, qu'un seul volume : c'est un évangéliaire, petit in-f°, écrit en lettres d'or sur vélin pourpre, qui fut donné par Charlemagne à l'abbé-comte Saint-Angilbert, et que l'on peut voir encore à la bibliothèque d'Abbeville.

Angilbert avait fait construire sur les plus vastes proportions les bâtiments de son abbaye. Le cloître était disposé en triangle ; à chaque angle s'élevait une église, l'une consacrée à Saint-Riquier, l'autre à la Vierge, la troisième à Saint-Benoit. Chaque église était desservie par cent moines et trente-trois enfants de chœur. Trois autres petites églises, dédiées aux archanges Michel, Gabriel et Raphaël, étaient placées auprès des trois portes du monastère ; et le nombre trois, inscrit sur les autels, sur les candelabres, rappelait

---

(1) V. d'Achery, Loc. cit., t. II, p. 310.

partout le mystère de la Trinité. Il n'y a pas ailleurs, dit M. Didron, un monastère affectant ainsi la forme symbolique du triangle (1).

Charlemagne avait mis, pour ces travaux, le trésor impérial à la disposition d'Angilbert, qui profita de ses missions diplomatiques auprès du pape pour se procurer en Italie du marbre, des modèles et divers objets précieux, qu'il fit parvenir par mer à Abbeville, et de là à Centule.

Hariulfe raconte que, pendant que l'on construisait ces églises, une des plus belles colonnes rapportées de Rome fut brisée, et qu'un ange, pendant la nuit, descendit du ciel pour en réunir les fragments en la touchant du doigt.

La principale basilique, sous l'invocation du Sauveur et de Saint-Riquier, était enrichie de statues, de bas-reliefs, de mosaïques, de deux autels de la plus grande richesse et de reliquaires d'or et d'argent (2). Angilbert avait fait inscrire au sommet de la tour des vers latins, composés par lui-même, et dont voici la traduction :

« Dieu tout puissant, qui gouvernes le ciel et la terre; Dieu qui es toujours et partout, jette du haut de ton trône un coup d'œil sur tes serviteurs, et, roi clément, viens à leur aide. Donne la paix aux

---

(1) Hist. de Dieu, p. 39 et 531.
(2) M. D'Aligre, abbé commandataire de Saint-Riquier, a fait graver, d'après un ancien manuscrit, une vue du monastère bâti par Charlemagne. On la trouve dans les Acta SS. Ord. S. Bened., t. V., p. 106.

princes, le repos aux sujets ; repousse les menaces de l'ennemi (c'est là sans doute une allusion aux invasions barbares) ; étouffe les guerres sanglantes. Que le faîte resplendissant de ce temple que je t'ai élevé te soit agréable, ô mon Dieu! C'est avec l'aide de l'empereur Charles que je l'ai construit : répands donc sur son règne les joies de tes bénédictions, et daigne exaucer les prières qui te seront adressées dans ce lieu (1). »

Charlemagne « altéré du désir de voir les os sacrés de Saint-Riquier, qu'il croyait, ainsi que ceux des autres hommes, réduits en poussière, » les fit exhumer cent soixante ans après que le saint eut quitté le monde, trouva ce corps parfaitement conservé, et, pour que cela ne parût point fabuleux, le fit placer dans une châsse d'or sur laquelle on grava des inscriptions qui sont reproduites dans les Actes des saints de l'ordre de Saint-Benoît (2).

La dédicace des trois églises de Centule fut célébrée par l'archevêque de Rouen, l'évêque de Beauvais et dix autres grands dignitaires ecclésiastiques qui en consacrèrent les douze autels. On accourut de toutes les provinces voisines ; et, en mémoire de cette solennité, on pria longtemps, dans le cloître de Saint-Riquier, pour Charlemagne et pour sa race.

Occupé tout à la fois de la religion et du salut de l'empire, ce grand homme visita Saint-Riquier en 782 et 793 ; il revint encore à Centule l'an 800 pour y

---

(1) D'Achery, Spicil., t. II, p. 303.
(2) T. II, p. 187 et 188.

solenniser les fêtes de Pâques, et veiller à la défense de la côte inquiétée par les pirates normands. Ce fut dans un de ces voyages, qu'à la prière d'Angilbert, il fit écrire par Alcuin, qui l'accompagnait, la vie de Saint-Riquier.

Angilbert, abandonnant les vanités du siècle pour se consacrer à Dieu, se fit religieux à Centule où il mourut le 18 février 814. Harnid et Nithard, ses fils, lui succèdèrent dans le gouvernement des côtes maritimes que leurs ancêtres, issus de race royale, avaient possédé dès le VIIe siècle. Ces deux princes terminèrent dans l'abbaye les travaux commencés par leur père.

La destinée d'Harnid est inconnue. Quant à Nithard, il servit fidèlement Louis-le-Débonnaire, et, après sa mort, il demeura constamment attaché à Charles-le-Chauve. Nithard combattit plus d'une fois pour sa cause, se signala particulièrement à la bataille de Fontenay, et mit tout en œuvre pour faire cesser la guerre civile entre Charles, Lothaire et Louis-le-Germanique ; mais ses efforts furent impuissants, et, dégoûté du monde, il prit l'habit de moine à Saint-Riquier. On ne sait de Nithard que ce qu'il en raconte lui-même dans son Histoire des dissentions des fils de Louis-le-Débonnaire (1). Les traditions du pays rapportent qu'il fut tué en 858 ou 859, en repoussant une invasion sur les côtes du Ponthieu. « Au milieu du onzième siècle, dit

---

(1) Cf. Hist. littér. de la France, t. V, p. 204.— Rer. gall. et franc. script., t. VII, p. 10.

M. Guizot (1), Gervin, abbé de Saint-Riquier, fit faire des fouilles sous le portique de cette abbaye, dans l'espoir de découvrir le corps d'Angilbert. Ses recherches furent infructueuses ; mais il retrouva le corps de Nithard, qu'on reconnut, dit le chroniqueur Hariulfe, à la blessure qu'il avait reçue à la tête dans le combat où il fut tué par les Normands. D. Rivet affirme que Nithard ne pouvait être abbé ni moine, puisqu'il avait péri les armes à la main. Cet argument est atténué par plus d'un exemple, et il ne serait pas impossible que Nithard, abbé de Saint-Riquier, se fût ressouvenu dans l'occasion, qu'il avait jadis, sur ce même rivage, repoussé, en qualité de comte, les invasions des Normands. » Et en effet, Hariulfe dit positivement que Nithard fut investi du double titre de comte et d'abbé, et qu'il porta les armes sans quitter toutefois l'observance de la règle (2).

En 829, Louis-le-Débonnaire entra dans le Ponthieu, vint prier dans l'église de Saint-Riquier, et confirma par un diplôme la donation des métairies du monastère de ce nom. En 831, il revint à Centule, fit un voyage à Saint-Valery au mois d'avril, et se fit donner le dénombrement des biens que possédaient alors les religieux de Saint-Riquier. Les fragments de ce travail exécuté par les soins d'Héric, abbé de Centule (3), et

(1) Mém. relatifs à l'Hist. de France, t. III, p. 431.
(2) D'Achery, Spicil., t. II, p. 316.
(3) Héric eut pour successeur Hélisachar, archi-chancelier de France, qui mourut en 837. Hariulfe mentionne après lui Ricbodon,

consignés dans Mabillon (1), nous apprennent d'une manière précise ce que c'était qu'une ville de France au IXe siècle.

« Dans la ville de Saint-Riquier, propriété des moines, il y avait deux mille cinq cents manses de séculiers (2). Chaque manse payait douze deniers, trois setiers de froment, d'avoine et de fèves, quatre poules et trente œufs. Quatre moulins devaient six cents muids de grain mêlé, huit porcs et douze vaches. Le marché, chaque semaine, fournissait quarante sous d'or (3), et le péage vingt sous d'or. Treize fours produisaient chacun par an dix sous d'or, 300 pains et 30 gâteaux dans le temps des litanies. La cure de St-Michel donnait un revenu de 500 sous d'or, distribués en aumônes par les frères de l'abbaye. Le casuel des enterrements des pauvres et des étrangers était évalué, année courante, à 100 sous d'or également distribués en aumônes. L'abbé partageait chaque jour aux mendiants 5 sous d'or ; il nourrissait 300 pauvres, 150 veuves et 60 clercs. Les mariages

---

petit-fils de Charlemagne, qui périt dans une bataille livrée auprès de Toulouse, entre l'armée de Charles-le-Chauve et celle de Pépin d'Aquitaine, en 844. Vient ensuite l'abbé Louis, cousin germain et archi-chancelier de Charles-le-Chauve ; mais ces abbés, environnés d'une cour qui rivalisait de luxe avec celle des rois, et qui portaient indistinctement le casque et la mitre, n'ont pas été placés par les auteurs de l'Art de vérifier les dates sur la liste des abbés-comtes.

(1) Annal., Ord. S. Bened., 1703-1739, in-f°, t. II, p. 333.

(2) La manse comprenait une certaine étendue de terres, avec une habitation et les autres bâtiments nécessaires à l'agriculture.

(3) Le sou d'or pouvait valoir 12 fr. de notre monnaie.

rapportaient annuellement 20 livres d'argent pesant, et le jugement des procès 68 livres.

» La rue des Marchands devait à l'abbaye, chaque année, une pièce de tapisserie de la valeur de 100 sous d'or, et la rue des Ouvriers en Fer, tout le ferrement nécessaire à l'abbaye ; la rue des Fabricants de Boucliers était chargée de fournir les couvertures de livres ; elle reliait ces livres et les cousait, ce qu'on estimait 30 sous d'or. La rue des Selliers fournissait des selles à l'abbé et aux frères ; la rue des Boulangers délivrait 100 pains hebdomadaires ; la rue des Écuyers était exempte de toute charge ; la rue des Cordonniers munissait de souliers les valets et les cuisiniers de l'abbaye ; la rue des Bouchers était taxée chaque année à 15 setiers de graisse ; la rue des Foulons confectionnait les sommiers de laine pour les moines, et la rue des Pelletiers les peaux qui leur étaient nécessaires ; la rue des Vignerons donnait par semaine 16 setiers de vin et un d'huile ; la rue des Cabaretiers 30 setiers de cervoise (bière) par jour ; la rue des Cent dix *Milites* (1) devait entretenir pour chacun d'eux un cheval, un bouclier, une épée, une lance et les autres armes.

» La chapelle des nobles octroyait chaque année 12 livres d'encens et de parfums ; les quatre chapelles du

---

(1) Chevaliers et officiers, à la fois nobles et serfs, en ce qu'ils devaient des offices plutôt que des services, et qu'ils étaient placés dans la dépendance personnelle d'un seigneur. (M. Guérard, Cartulaire de Saint-Père de Chartres, Prolég. XXXII.)

commun peuple (*populi vulgaris*) payaient 100 livres de cire et trois d'encens.... (1). »

Les propriétés de l'abbaye de Saint-Riquier, comme celles des nobles et des autres abbayes, étaient formées de grands domaines nommés *villæ*, lesquels se divisaient en manoirs ou manses, *mansus* (2), dont l'étendue variait depuis deux arpents jusqu'à vingt. Au nombre de ces grands domaines on remarque : Buniacus (Buigny-l'abbé), Drusiacus (Drugy), Nova-Villa (Neuville-lès-Saint-Riquier), Gaspennæ (Gapennes), Guibrantium (Yvrench), Haidulphicurtis (Eaucourt), Vales (Vaulx) (3), Curticella (Courcelles), Buxudis (Bussu), Nialla (Noyelles-en-Chaussée), Civinocurtis (Chevincourt) (4), Crux (La Motte-Croix-au-Bailly), Rochonis-Mons (Roquemont, lieu voisin d'Hiermont), Sidrudis (Sorrus, près Montreuil), Maris (Mers), Ingoaldi-Curtis (Yaucourt-Bussu), Alteia, Concilio, Langradus, Bagardas (5).

Dans ces villages se trouvaient quelques vassaux de Saint-Riquier qui possédaient des terres à titre de bénéfices militaires. On voit de plus 13 autres villages sans aucun

---

(1) M. de Châteaubriand, Etudes historiques, 1832, in-8°, t. III, p. 59. — Cette traduction diffère en quelques points des textes que nous avons sous les yeux. Nous présumons que l'auteur aura puisé à d'autres sources.

(2) Mém. de l'acad. des inscrip. (nouvel. série), t. VIII, p. 585.

(3) Canton d'Auxi-le-Château.

(4) Arrondissement de Compiègne.

(5) Lieux dont on ignore aujourd'hui le nom et la position.

mélange de fief ou de toute autre puissance (1), et ces villages, dit Hariulfe, sont moins des villages que des villes; en voici la liste : Abbatisvilla (Abbeville), Durcaptum (Drucat), Foreste-Monasterium (Forêt-Montiers), Majocch (Maïoc), Tulino (Tully), Sanctus Medardus (Domart), Alliacus (Ailly-le-Haut-Clocher), Longavilla (Longvillers), Altivillaris (Hautvillers), Valerias (Valloires), Rebellis-Mons, Pontias, Altisgnico (2).

Le dénombrement des églises, des villes, villages, métairies et terres dépendants de Saint-Riquier présente aussi les noms de cent chevaliers attachés au monastère, lesquels chevaliers devaient, avec d'autres vassaux, servir l'abbé sur terre, sur mer, sur tous les points du comté où besoin en était (3), et lui composer aux fêtes de Noël, de Pâques et de la Pentecôte une cour presque royale.

Lors des *grandes litanies* (le jour des Rogations), les processions des *sept églises voisines de Saint-Riquier* se réunissaient devant celle du monastère et s'arrêtaient sur le parvis pour y prier devant la *Sainte-Nativité*. Pendant ce temps, les hommes se plaçaient au nord et

---

(1) C'était le domaine de Saint-Riquier, celui que l'abbaye possédait en propre et qu'elle n'avait donné ni en bénéfice, ni en censive, ni en aucun autre titre usufructaire. C'était la terre salique de ses enfants. (Cf. Bibl. de l'Ecole des chartes, t. III, p. 121.)

(2) Lieux inconnus ; ces temps sont tellement loin de nous qu'on ignore la situation d'un grand nombre de localités mentionnées dans les actes.

(3) D'Achery, spicil., t. II, p. 311.

les femmes au midi, et tout le monde restait en oraison jusqu'à ce que les moines sortissent de leur couvent. On les voyait bientôt s'avancer sept par sept, car s'ils avaient été deux par deux ou trois par trois, ils auraient couvert l'espace d'un mille. Cette foule de moines était précédée de clercs portant des vases d'eau bénite, des croix, des vases d'encens; de prêtres portant des reliques; de diacres, de sous-diacres, d'acolytes, d'exorcistes, de lecteurs, de bédeaux, tous au nombre de sept, nombre mystique du reste, comme on le sait. Venaient ensuite par sept encore le reste des moines et sept enfants portant des torches; les gentilshommes et les grandes dames; les sept croix des *églises du dehors;* les enfants de l'école du monastère; les jeunes filles habiles à chanter; *les hommes et les femmes honorables* de l'église; puis les vieillards et les infirmes, rangés par sept comme tous les autres assistants et marchant à pied; mais ceux qui ne pouvaient suivre étaient à cheval. On s'avançait ainsi dans la voie publique en chantant les trois symboles de Constantinople, de Saint-Athanase et des apôtres; puis l'oraison dominicale et les litanies française, italienne et romaine. A ces litanies succédait le *Te Deum*, et on chantait ensuite la messe. « Je crains, dit Mabillon en rapportant ces détails, d'être accusé de petitesse; mais ils m'ont paru si extraordinaires que les lecteurs justes me pardonneront, je l'espère (1).

(1) Annal. Ord. S. Bened., t. II, p. 332.

A cette époque les enfants de Louis-le-Débonnaire, armés contre leur père, se disputaient l'Empire (1). Leurs fatales divisions favorisèrent les entreprises des Normands. Le 6 décembre 842, ils surprirent le port de Quentovic, l'un des plus fréquentés de la Gaule. C'était pendant la tenue d'une foire considérable : ils enlevèrent un immense butin et se retirèrent après avoir massacré une partie des habitants et des étrangers que le commerce y avait attirés. Quentovic, déjà connu sous la première race (2) par son importance et ses richesses, existait encore en 854 ; mais il est probable que sa destruction fut opérée peu de temps après.

Enhardis par la faible résistance que les Francs dégénérés osaient à peine leur opposer, les barbares reparurent, en 844, dans le Ponthieu, et y portèrent de nouveau l'incendie et la mort. Les abbayes de Saint-

(1) Elisachar, abbé de Saint-Riquier, qui exerçait auprès de Louis-le-Débonnaire les fonctions d'archi-chancelier, fonctions presqu'aussi éminentes que celles d'archi-chapelain, et donnant une prise plus immédiate sur les affaires publiques, était l'un des chefs du parti qui voulait détrôner Louis. Elisachar fut exilé avec ceux qui avaient servi la cause de Lothaire. Cet abbé de Saint-Riquier, disciple d'Alcuin, était intime ami de Saint-Benoit d'Aniane. Agobard, avec lequel il avait conféré sur les affaires de l'église, a fait son éloge, et Fréculfe lui a dédié le 7e livre de sa chronique. Elisachar, qui touche, on le voit, aux grands hommes et aux grandes choses de son temps, avait été abbé de Jumiège et de Saint-Maximin de Trèves. (Cf. M. Fauriel. —Hist. de la Gaule méridionale, etc., t. IV, p. 103.)

(2) Vid. Supra, p. 27.

Josse-sur-Mer et de Saint-Saulve de Montreuil furent entièrement détruites pendant cette invasion. L'année suivante on transporta à Sithiu (Saint-Omer) les corps de Saint-Valery, de Saint-Riquier et de Sainte-Austreberthe, et on les déposa dans des souterrains.

Rodolphe, frère de l'impératrice Judith, succéda vers l'an 853 à Nithard, comme abbé-comte et abbé-moine, et se distingua par des actions d'éclat; mais la chronique ne nous en fait connaître aucune. Nous y voyons seulement que, lorsque ce prince eut cessé de vivre (1), on porta son corps avec la plus grande pompe dans tous les lieux soumis à sa domination. Il eut pour successeur, en 859, Helgaud, moine de Saint-Riquier, fils de Nithard, suivant les uns, et petit-fils d'Harnid selon d'autres. Ce nouvel abbé-comte essaya en vain d'arrêter les hommes du Nord, qui, sous la conduite d'un chef nommé Wéland, mirent au pillage le monastère de Saint-Valery, et brûlèrent celui de Saint-Riquier, après avoir contraint les moines à s'enfuir avec le corps de leur fondateur et le trésor de leur église (2). Les Normands pénétrèrent jusqu'à Amiens, dévastèrent cette ville et vinrent s'établir dans une île de la basse-Somme, sur l'emplacement actuel d'Abbeville. Charles-le-Chauve, qui n'osait pas les combattre, sollicita le secours de leur chef contre une autre bande

---

(1) Avant l'an 859, le 6 janvier, suivant le nécrologe de Saint-Riquier.

(2) Rer. gall. et franc. script.,t. VII, p. 75 et 362.

de pirates qui s'était établie sur la Seine. Wéland n'y consentit qu'en exigeant du faible monarque 3,000 livres pesant de bon argent (225,000 fr.) de notre monnaie (1). Charles accepta ces conditions, et leva, pour solder le tribut, un impôt sur les églises, les propriétaires, les marchands et les manoirs même des pauvres; mais les ressources étaient tellement affaiblies qu'il ne put compléter la somme. Pendant ce temps, Wéland tenta sans succès une expédition en Angleterre; mais une autre troupe se joignit à lui dans la traversée et il revint avec une flotte de 200 navires. Cependant, à raison du retard qu'il avait éprouvé, il exigea non plus 3,000, mais 5,000 livres d'argent et des vivres en abondance. Lorsque Charles eut rempli les engagements pris envers les barbares, ils quittèrent la Somme avec leur flotte et se montrèrent fidèles au traité en allant attaquer leurs compatriotes cantonnés dans l'île d'Oissel, à deux lieues de Rouen.

L'abbaye de Port, bâtie près du tombeau de Saint-Honoré peu de temps après la mort de cet évêque et consacrée par le séjour qu'y fit Sainte-Austreberthe, n'échappa point à la rapacité des hommes du nord, qui trouvaient dans le pillage des cloîtres une source de richesses immenses; mais moins heureuse que les autres abbayes du voisinage, elle ne se releva point de ses ruines.

Helgaud 1er mourut vers l'an 864, après avoir

(1) Mém. de l'acad. des inscrip., t. XX, p. 115.

dressé pour les peuples soumis à son pouvoir des coutumes ou réglements-généraux qu'on observait encore 200 ans plus tard, mais dont il n'est resté aucun monument écrit. Il laissa un fils, Herluin, qui lui succéda, et une fille nommée Berthe, femme d'Hernequin, en faveur duquel il détacha le Boulonnais du Ponthieu pour en faire un comté particulier, et une autre fille nommée Florence.

Abbeville se trouvant mentionné pour la première fois dans le cours du siècle dont nous retraçons l'histoire, nous croyons devoir, avant de pousser plus loin, parler ici de son origine et de celle des autres villes, bourgs et villages du comté de Ponthieu, et faire aussi la description de l'état physique de ce même comté, d'après les plus anciens monuments de son histoire.

CHAPITRE V.

§ I. — État physique du pays depuis le VIIIe siècle jusqu'au XIIe.

L'auteur de la vie de Saint-Valery, qui écrivait au VIIIe siècle, dit en parlant du Ponthieu : « C'est un pays agréable et fertile, couvert de beaux arbres qui donnent des fruits et environné de forêts. » (1) Hariulfe, qui vivait au XIe siècle, est un peu plus explicite : « Le Ponthieu, dit-il, est arrosé par de nombreux cours d'eau et planté de forêts. Ses pâturages, ses terres riches en productions de toutes sortes, nourrissent un nombreux bétail (2), et le passage des marchandises, et les voitures rapportent au fisc des droits élevés. Les habitants sont propres à la guerre et d'un naturel

---

(1) Act. SS. Ord. S. Bened., sœc. II, p. 76.
(2) Au Xe siècle on labourait avec des bœufs dans le Ponthieu ; ces animaux y étaient communs. Le comte Gui ayant fait, en 1067, une restitution à l'abbaye de Saint-Riquier, les religieux lui en donnèrent cinquante en présent.

belliqueux. Le Ponthieu, il est vrai, n'a point de cités, excepté quelques stations fortifiées ; mais plusieurs de ses villages eux-mêmes (*Oppida*) peuvent être regardés comme des villes (1). »

Quels étaient ces villages? Il serait difficile de résoudre cette question d'une manière satisfaisante, car les renseignements sont fort incomplets. Toutes les origines sont couvertes d'une profonde obscurité, et, parmi les noms de lieux qui sont arrivés jusqu'à nous, on ne peut distinguer la simple habitation rurale, la manse, du village ou de la station fortifiée. Antérieurement au VIIe siècle il n'est fait aucune mention des localités actuellement existantes ; mais du VIIe au XIIe on voit paraître un grand nombre de nos villages sous des noms latins ou francs, dont le nom moderne est souvent l'exacte traduction. On en trouvera plus loin le tableau. Occupons nous d'abord de la topographie.

La plus vaste des forêts du Ponthieu était celle de Crécy, qui s'étendait d'un côté, depuis la Somme jusqu'à l'Authie, de l'autre, depuis la forêt de Vicogne *Windiconia* (2) jusqu'au Marquenterre. Un diplôme de Charlemagne, de l'an 797 ne la distingue que par la dénomination générale de forêt (3). Mais le capitulaire de Charles-le-Chauve, de l'an 877, lui donne le nom de Crécy, et la met au rang des domaines où le

---

(1) Chron. Centul., ap. d'Achery, spicil., t. II, p. 311.
(2) Cf., Mém. de la société des antiq. de Picardie, t. IV, p. 282.
(3) Rer. gal. script., t. V, p. 759.

prince Louis ne peut chasser qu'en passant, et le plus rapidement possible. Sous Dagobert elle appartenait au roi, et un seigneur de la cour, nommé Mauronte, en était *forestier*. Les Romains avaient commencé à l'éclaircir à l'est, en dirigeans la grande voie militaire d'Amiens au village de Ponches sur l'Authie, et à l'ouest, par la continuation de la chaussée qui venait du Beauvoisis et qui devait cotoyer la Manche jusqu'à Boulogne. Aux XIe et XIIe siècles il est fait mention des forêts du Crotoy, d'Ailly, de Sery et de Mons-Boubers ; de Guaden, laquelle s'étendait depuis Forêt-l'Abbaye jusqu'à Abbeville ; de Cantâtre, *Cantastrum*, *Campus-Ater*, ou plutôt *Cantii-Atrium* (1); de Vron, entre la Maye et l'embouchure de l'Authie. Il est également fait mention du bois de *Rouenden* ou *Roundel*, dépendant de la forêt de Crécy ; de Bruile, près de l'enceinte d'Abbeville, qui était au XIIe siècle le parc des comtes de Ponthieu ; du Sénéchal, peu éloigné de ce parc ; de Saint-Nicolas, voisin du *grand* et *petit bois* de la commune d'Abbeville, lesquels contenaient encore en 1310, deux cent vingt-trois journaux, et de plusieurs autres bois qui ont entièrement disparu.

Il y a tout lieu de croire que la population s'était portée surtout le long des grandes voies romaines qui traversaient le pays et sur le parcours des vallées. L'intérieur des terres ne commença à se peupler

---

(1) Les derniers restes de cette forêt ont été récemment défrichés.

qu'après les défrichements opérés par les moines, car dans le Ponthieu, comme sur d'autres points de la France, ce furent les disciples de l'Ordre de Saint-Benoit qui portèrent les premiers la hache dans les restes de ces forêts gauloises que la civilisation romaine avait respectées. Au VIIe siècle, les bénédictins de Saint-Valery, de Saint-Josse, de Saint-Riquier, de Saint-Saulve de Montreuil et de Forêt-Montier défrichèrent en partie les bois qui avoisinaient leurs monastères. Crécy fut exploitée par les bernadins de Balance, transportés à Valoires, et Cantâtre par les religieux de Saint-Pierre et les frères du Val de Buigny. Ces bois, à une époque encore assez rapprochée, étaient peuplés de loups (1), de renards, de cerfs et de chevreuils (2). Telles sont les seules indications bien

---

(1) Les officiers municipaux d'Abbeville payaient chaque année une petite somme aux veneurs et sergents de la forêt de Crécy et aux veneurs de plusieurs nobles, pour les engager à redoubler de vigilance contre les loups, afin que *iceux leux ne foissent dommages aux boines gens du pays* et aux bourgeois qui avaient *bestes à laines* : mais malgré les piéges et de fréquentes battues, ces animaux féroces qu'on amorçait avec des chevaux, couraient par troupes, se jetaient dans les villages et pénétraient même dans les villes, qui avaient souvent peine à les repousser. Ils infestaient tellement les routes que le chapelain de l'Hôtel-Dieu, qui allait dire la messe à Saint-Nicolas-des-Essarts, était obligé de se faire accompagner par des dogues pour se défendre contre leurs attaques ou contre les voleurs.

(2) Au XVIIe siècle il y avait encore dans la forêt de Crécy des cerfs d'une force vraiment extraordinaire. L'un de ces animaux ayant été attaqué, dans cette forêt, par le duc d'Angoulême, comte de Ponthieu, en fit deux fois le tour, passa l'Authie, et ne put être atteint

insuffisantes, mais du moins précises, qui soient arrivées jusqu'à nous sur l'état physique du pays à ces époques reculées. Au delà de ces détails, on ne rencontre que des conjectures.

Nous n'aborderons point ici la question toujours douteuse des étymologies ; nous nous bornerons à indiquer les divers villages, bourgs (1) et villes encore existants aujourd'hui, selon qu'ils sont mentionnés pour la première fois du VIIe au XIIe siècle, dans les diplômes, chartes et autres monuments historiques, et à donner sommairement quelques indications sur l'origine des plus importants.

que dans le Boulonnais. Il s'y défendit encore de telle sorte qu'il blessa un des piqueurs, en abattit un autre, et que tous les chasseurs furent obligés de l'attaquer avec précaution, et à la faveur des arbres. Il avait le plus beau corsage et la plus belle tête qu'on pût voir. Le duc d'Angoulême dit qu'on n'en avait jamais rencontré qui eussent fait une plus belle course que celle-là, car elle dura plus de sept heures. Il y a peu de forêts, dit Selincourt, où les cerfs aient de semblables forces. (Voy. le Parfait Chasseur, Paris, 1683, in-12.)

(1) Nous renvoyons ceux de nos lecteurs qui voudraient étudier dans le plus grand détail les origines des villes de Picardie au travail publié par M. Labourt dans les Mém. de la soc. des antiq. de Picardie, t. IV. L'auteur de cet excellent travail nous parait s'être approché de la vérité aussi près qu'il est possible en semblable matière. Nous renvoyons également aux Recherches sur la Topographie du Ponthieu, qui ont paru dans les Mém. de la soc. d'émulation d'Abbeville, années 1838-40, p. 296.

§ II. — Origine des villes, bourgs et villages.

SAINT-RIQUIER.

Cette ville, on le sait, s'appela primitivement Centule. Elle est mentionnée pour la première fois en 590, à l'occasion du passage de Saint-Colomban dans le Ponthieu. On a dit, et nous avons dit nous même que le nom de Centule provenait de ses cent tours :

Turribus a centum, Centula nomen habet.

On pourrait croire, d'après ce vers, que Centule était au premier rang des villes importantes du nord, dès l'origine de la monarchie française ; mais il y a lieu de croire que le vers que nous venons de citer est tout simplement l'œuvre de quelque moine qui cherchait au moyen-âge à faire à sa ville, une illustration dans le genre de celle que Pierre Leloyer faisait au XVIe siècle, au village de l'Anjou, dans lequel il était né. Il est plus raisonnable de penser que Saint-Riquier, avant la fondation de l'abbaye n'était qu'un bourg, *Vicus Centulus*, qui a dû son accroissement au monastère, et qui s'est rapidement élevé au rang des villes, grâce aux immunités ecclésiastiques (1).

Sous Charlemagne, Saint-Riquier comptait 2,500 maisons et 14,000 habitants ; mais cette circonstance peut s'expliquer, selon nous, d'une manière satisfai-

(1) Cf. Mém. de la soc. des antiq. de Picardie, t. IV, p. 241.

sante par l'agglomération rapide de la population autour du monastère fondé par les Bénédictins. Hariulfe nous apprend que les dépendances les plus éloignées de Saint-Riquier étaient plutôt des cités que des villages, attendu que les habitants s'y trouvaient, grâce au patronage de l'abbaye, à l'abri de toute violence (1). S'il en était ainsi pour des domaines éloignés, la population devait, à plus forte raison, se serrer autour d'un monastère qui avait pour sa défense les hommes les plus experts au métier des armes; dans lequel les grands du royaume venaient chercher l'instruction, les pèlerins de toutes les contrées de l'Europe implorer des miracles, et où les malheureux étaient toujours certains de recevoir les secours dont la charité monastique se montrait prodigue dans ces temps de souffrance et de barbarie. Saint-Riquier, comme Abbeville, serait donc alors d'origine ecclésiastique. En 1210, cette ville est désignée dans les titres de son Hôtel-Dieu, sous le nom de *Castrum*.

La ville de Saint-Riquier portait *d'azur semé de fleurs de lis d'or, au chef d'argent.*

MONTREUIL.

Le nom primitif de cette ville est *Bragum* ou *Braium*, ce qui semble être le mot celtique *Bray* (marais),

---

(1) Chron. Centul., ap. d'Achery, spicil., t. II, p. 311.

latinisé, et indiquer par conséquent que les premières habitations de Montreuil étaient situées dans la vallée de la Canche ; mais suivant d'autres récits, on appelait *Bragum, Bragaw*, le château qui existait à Montreuil lorsque les Romains envahirent la contrée. Assiégé et pris par César, ce château s'appela *Wimaw, Wimax*. Ces assertions ne sont appuyées d'aucun témoignage authentique; mais la tradition parle d'un arc de triomphe qui aurait été bâti à Montreuil par les armées de l'empereur Claude et dont les derniers vestiges se seraient conservés dans une petite chapelle du nom de *Jésus flagellé*, qui existait encore sur la place de Saint-Saulve avant la révolution de 1789. On disait aussi qu'une tour octogone de l'église Notre-Dame était de construction romaine et qu'elle avait autrefois servi de phare(1).

Certes, il faut être circonspect à l'égard des traditions, mais la chétive bourgade qui existait au IXe siècle sur l'emplacement actuel de Montreuil, peut très-bien être les restes des anciens établissements qui auront survécu aux dévastations des barbares ; rien

(1) Les anciens documents assurent, dit M. Harbaville, que dans les siècles voisins de l'ère vulgaire, la baie d'Etaples se prolongeait jusqu'à Montreuil et formait sous cette ville un port naturel dont le bassin avait à peu près la largeur de la vallée de la Canche, c'est-à-dire environ 600 mètres.... Cette rivière, quoique plus resserrée au VIIe siècle, était encore alors beaucoup plus large qu'aujourd'hui, car les monuments de Sainte-Berthe nous apprennent qu'on y naviguait à la voile en 694. (Mémorial historiq. du Pas-de-Calais, t. II, p. 154, 156.)

de plus probable. Les environs de cette ville sont semés de débris antiques, et l'on ne saurait douter que la civilisation romaine n'ait régné sur ces bords.

L'existence d'un château qu'Hariulfe désigne sous le nom de *Castrum Regium*, se rattache également aux plus anciens souvenirs de Montreuil; mais on ne sait rien de précis sur l'origine de cette forteresse. Il paraît certain cependant que le comte de Ponthieu, Helgaud Ier, vers l'an 850, construisit une muraille autour des habitations qui se trouvaient sur la montagne au sud-est du château. La ville, ainsi renouvelée, renferma dans son enceinte le monastère de Saint-Saulve, qui avait été transféré du bourg d'Ault (1).

Tels sont les faits qui paraissent prouvés. Quant au nom de Montreuil, *Monstrolium*, *Monasteriolum*, *Monsterolum*, etc., il provient évidemment du monastère de Saint-Saulve, *Monasterium*.

Hugues Capet ayant retiré Montreuil des mains du comte de Ponthieu, son gendre, dont il aurait pu craindre la trop grande puissance, cette ville devint l'un des domaines des premiers rois de la troisième race (2). Ils y possédaient un palais que D. Michel Germain a compris dans le catalogue des anciens palais de nos rois. Ces rois y avaient aussi un atelier monétaire. On a des deniers tout-à-fait nouveaux frappés à Montreuil-sur-mer. Il y a très peu de temps on ne connaissait

---

(1) Wastelain, Descrip. de la Gaule Belgique, 1741, in-4°.
(2) Rer. gall. script., t. XI, préf. cxlix.

aucune pièce royale de Montreuil antérieure à Philippe-Auguste ; maintenant on en connait une série presque complète, à commencer, suivant les uns, par le roi Robert en y comprenant peut-être son fils, Henri Ier, et quatre différentes dues à des rois portant le nom de Louis (1); mais, selon d'autres, les monnaies de Robert et de Henri Ier n'ont pas été retrouvées ; celles qu'on leur attribue sont des deniers de Philippe Ier et de Louis VI. Il y avait encore à Montreuil, en 1339, un hôtel de monnaie dont le prevôt se nommait *Bernard Poncin* (2). Voilà pour l'histoire, voyons main-

---

(1) Mém. de la soc. des antiq. de Picardie, t. IV, p. *xxv*.

(2) L'atelier monétaire de Montreuil était en activité dès le commencement de la seconde race. Une charte extraite du cartulaire de Saint-Magloire de Paris et citée par Leblanc à l'article de Pepin (*Traité des monnoies de france* 1690, *p.* 91), porte que le roi de France, Henri Ier donne à ce monastère tout le revenu qu'il tirait *do Marino portu Masterioli Castri*, excepté la dîme de la monnaie qu'il avait déjà accordée à d'autres. Ce texte désigne certainement Montreuil-sur-Mer ; mais on ignore ce qu'il faut entendre par cette dîme. Est-ce le bénéfice net qu'on retirait de la fabrication des espèces ? Est-ce la dîme simplement ? C'est ce que nous laissons à examiner. Quoiqu'il en soit, il parait résulter de cet acte que le profit de la monnaie de Montreuil n'appartenait pas au roi de France, et cependant malgré cela la monnaie de cette ville, sur laquelle on remarque un édifice, porte toujours un nom royal. Ce type mérite de fixer l'attention. Charlemagne, Louis-le-Débonnaire et presque tous les rois de la seconde race, frappèrent des deniers où est empreint un temple tétrastyle, symbole de la religion chrétienne. Ceux de Louis-le-Débonnaire, en certains endroits qu'il est fort difficile de déterminer, furent calqués servilement jusqu'au XIIIe sièlc. Mais en d'autres lieux, spécialement à Dreux et à Montreuil, ce type emprunta les formes de l'architecture gothique.

tenant la légende. — On a dit sérieusement qu'une espèce de cyclope, qui habitait les environs de Doullens dont il faisait un *val de douleur,* avait été forcé par César de quitter la contrée qu'il désolait depuis longtemps, et que ce monstre, qui n'avait qu'un œil, s'étant retiré dans le château de *Braium,* lui avait donné son nom : *Monstre-œil.*

Adrien de Valois avait trouvé une autre étymologie, non pas au nom de Montreuil, mais au nom primitif de *Braium, Bragum.* Il dit que le nom *Bragum* vient de l'espèce de chiens de chasse, appelés en allemand *Brachen,* ou en français *Braques,* qui étaient fort en usage dans les forêts du pays.

Les armoiries de Montreuil sont *d'or à deux fasces d'azur, au chef d'azur, chargé de fleurs de lis d'or.*

ABBEVILLE.

A la première apparition des Romains, les habitants du pays se réfugièrent, dit le père Ignace (1), dans une île formée par la Somme, sur l'emplacement actuel d'Abbéville. Cette île devint pour eux un lieu de défense fortifié par la nature et par des palissades, un

---

Il faut donc considérer l'édifice empreint sur les pièces de Montreuil comme le symbole du christianisme, à moins que cet édifice ne soit une allusion au nom de la ville. Le type du tournois n'a pas d'autre origine ; c'est la figure allégorique du temple de Saint-Martin.

(1) Hist. ecclés. d'Abbeville, 1646, in-4°, p. 3.

Oppidum, dans lequel ils construisirent des huttes et qu'on appela *refuge*. Le même auteur ajoute que l'île et sa forteresse de bois capitulèrent bientôt et que ce lieu fut désigné plus tard sous le nom de *Cloye*, parce que les habitants, à la suite d'une inondation de la mer, ne purent y rentrer qu'en couvrant de terre des claies d'osier. Ces assertions ne sont appuyées d'aucun monument authentique ; mais la première est vraisemblable et devait être mentionnée, car la plupart des villes ont commencé ainsi sous la protection d'un château.

L'opinion la plus généralement adoptée, celle qui a pour elle une tradition constante et suivie, c'est qu'il existait primitivement dans l'île dont nous venons de parler, un lieu de retraite fortifié comme à Paris, dans l'île de Notre-Dame. La rue Saint-Vulfran, située au centre de cette île, a porté jusqu'au XVIe siècle le nom de *Cauchie du Castel*. L'église de Notre-Dame-du-Chastel, qui était située sur le même terrain, et la grande rue de ce nom, rappellent encore l'existence de cette forteresse. Vander-Haër (1) prouve qu'un très-grand nombre de villes doivent leur origine à des forteresses de cette espèce, autour desquelles les indigènes venaient bâtir leurs demeures, et chercher un abri contre les attaques de leurs ennemis. Les antiquités

---

(1) Savant écrivain à qui l'on doit un ouvrage fort estimé, qui a pour titre : Les chastelains de Lille, leur ancien estat, office et famille etc., 1611, in-4°.

trouvées dans l'intérieur d'Abbeville, attestent qu'il y existait des habitations pendant la période romaine, mais si ces habitations avaient formé une ville de quelque importance, l'histoire n'eût pas manqué de la mentionner. Il est probable que les premiers barbares détruisirent tous les établissements romains et gallo-romains de la contrée.

Le premier document où le nom d'Abbeville se trouve cité est la chronique de Saint-Riquier par Hariulfe, qui le met au nombre des domaines que possédait ce monastère en 831 (1). La dénomination latine d'Abbeville, *Abbatis-Villa,* ville de l'abbé, appuye cette assertion (2), et prouve en outre qu'Abbeville est une cité du moyen-âge.

Il est impossible de combler le vide qui existe dans nos annales jusqu'au moment où la chronique de Saint-Riquier fournit quelques détails sur Abbeville. Cependant on a lieu de croire qu'à l'exemple des Romains qui fortifièrent les embouchures des fleuves, lors des expéditions des Saxons dans les Gaules, Angilbert aura fait élever à Abbeville un château dans la crainte que la baie de Somme n'offrît aux barbares du nord un lieu de débarquement sûr et commode. Le nom d'Abbeville ne détruit pas cette conjecture

---

(1) Vid. sup., p. 60.
(2) Le village d'Abbeville-Saint-Lucien, près Beauvais, fut ainsi nommé parce qu'il appartenait à l'abbé de Saint-Lucien.

puisqu'Angilbert était tout à la fois chef militaire et abbé.

Malgré l'assertion d'Hariulfe, on a prétendu que cette ville ne fut jamais soumise aux moines de Saint-Riquier ; on a objecté qu'ils y auraient laissé des traces de leur domination ; que non seulement ils ne jouissaient d'aucun droit seigneurial dans l'île où les premières limites d'Abbeville furent enclavées, mais qu'ils ne prélevaient pas même la moindre censive dans l'étendue des autres quartiers. On a remarqué aussi que les comtes de Ponthieu, dans le XIIIe siècle, ne tenaient pas leur fief des moines, mais du roi de France, et l'on a présenté ces circonstances comme décisives ; mais nous verrons plus loin, d'après l'autorité d'Hariulfe, que Hugues Capet prit Abbeville aux moines de Saint-Riquier, et qu'il y établit Hugues, son gendre, en qualité de gouverneur militaire. Quels droits pouvait alors conserver le monastère dans un domaine qu'il ne possédait plus, soit qu'on le lui ait pris de vive force, soit qu'il l'ait volontairement cédé pour la construction d'une forteresse qui devait le protéger ? (1)

Nous ne rapporterons pas ici les différents systèmes qu'on a formés sur le nom et sur l'origine de la capitale du Ponthieu et sur ses premiers possesseurs, car le champ des conjectures est trop vaste pour qu'il ne soit pas facile de s'y égarer. Il nous paraît plus raison-

---

(1) Cf. Mém. de la soc. des antiq. de Picardie, t. IV, p. 369.

nable de s'en rapporter au seul auteur qui puisse fournir des renseignements à cet égard, mais si l'on rejette son témoignage, il faut renoncer à chercher, d'après les documents positifs, quelques lumières sur l'origine d'Abbeville. Il n'y a plus que ténèbres au delà du onzième siècle (1).

LE CROTOY.

Les antiquités romaines, tuiles à crochets, faîtières, fragments de poterie et médailles qu'on retrouve en grand nombre aux environs du Crotoy, attestent qu'un établissement important existait, dès la domination des empereurs, sur l'emplacement de cette forteresse célèbre du moyen-âge, qui n'est plus aujourd'hui qu'une chétive bourgade. On a voulu voir dans le Crotoy, le *Caracotinum* de l'itinéraire d'Antonin (2), ou le *Quartensis locus* de la Notice de l'Empire; mais ces assertions ont été contestées.

Si le nom du Crotoy se compose, comme on l'a dit, de deux locutions gauloises qui désignent une élévation, une espèce de promontoire au milieu de la mer, ou des maisons bâties sur une colline, cela prouverait que ce lieu était habité à l'époque celtique, mais ne donne

---

(1) Sur les armoiries d'Abbeville, voyez plus loin le § intitulé : Comté de Ponthieu.

(2) Cette ville était située où est aujourd'hui Harfleur. (Voy. Mém. de l'acad. des inscript. Hist., t. XIV, p. 168, et t. XXI, p. 224.)

rait aucun éclaircissement sur la ville primitive. Malbrancq dit avoir lu dans le polyptique de Sainte-Austreberthe que le Crotoy s'appelait *Crotoya, Creta*, en 663 ; mais les assertions de Malbrancq sont souvent fort constestables. Le polyptique de Sainte-Austreberthe étant perdu on ne peut arriver à aucune vérification. Il est donc impossible, pour la saine critique historique, de présenter sur l'origine du Crotoy, des renseignements précis.

Suivant une tradition recueillie par D. Grenier, la ville du Crotoy, ou du moins une grande partie de cette ville s'étendait autrefois beaucoup plus au nord, jusques et y compris la chapelle de Saint-Pierre, qui est à deux portées de fusil des débris de l'enceinte du moyen-âge. Cette chapelle, dit le savant bénédictin, était l'église principale, et les curés y prennent possession de leur titre. On m'a assuré, ajoute-t-il, que cet ancien Crotoy avait été détruit par une inondation de la mer (2).

Le Crotoy portait *bandé d'azur et d'or de six pièces*.

SAINT-VALERY.

Dans une charte de Dagobert, portant donation aux religieux de cette ville d'un lieu nommé *Rotherii-Villa*,

---

(2) M. Labourt croit reconnaître dans le Crotoy la *Britannia* que Sanson avait placée à Abbeville, et il a très-savamment disserté pour faire prévaloir son opinion. (Cf. Mém. de la soc. roy. d'émul. d'Abbev., années 1838-1843.)

Routheauville, on lit : *Dagobertus Dei gratia rex....*
Cenobites S. Walarici cui antecessor meus Montem
Leuconum, *supra mare situm concesserat locum....*
Il est évident, d'après cette phrase, que le lieu nommé
Leuconum sous Dagobert, et depuis Saint-Valery,
n'était point une ville à l'époque où Leucone fut cédé
aux bénédictins par Clotaire II. On y a constaté l'existence d'un établissement romain ; mais ce n'était qu'un
simple poste militaire.

Les étymologistes ont assigné différentes origines au
nom de Leucone. Suivant les uns, il vient du grec
Leucos, *Naus*, qui signifient *blanc* et *vaisseau*, et par
extension, *lieu blanc où s'assemblent des vaisseaux*.
Selon les autres, il dérive de *Luc*, *Luy*, forêt en celtique,
et de *Neac*, qui, dans l'idiôme breton, veut dire
montagne, *élévation*; mais ce qui est plus certain,
c'est qu'à l'époque où les bénédictins vinrent s'établir
à Saint-Valery, le point de la côte où ils élevèrent leur
monastère avait été jusqu'alors inhabité, couvert de
forêts, et que ce monastère devint bientôt le point
central d'une agglomération d'habitants qui donna
naissance à la ville. L'avantage si précieux d'y trouver
un port, engagea, dit M. Labourt, les seigneurs du
Vimeu à en faire leur résidence, et Saint-Valery devint
la ville que nous voyons aujourd'hui.

L'historien des miracles de Saint-Valery, qui écrivait
au XIe siècle, nous apprend que la Ferté (1), partie

---

(1) Acta SS. Ord. S. Bened., sœc. V, p. 550.

basse de cette ville, existait de son temps. La haute ville, à la même époque, avait des portes et une enceinte (1).

La ville de Saint-Valery porte *d'azur au navire d'or, au chef d'azur, chargé de trois fleurs de lis d'or, et à la bordure componée d'argent et de gueules.*

RUE.

L'origine de Rue n'est pas plus connue que celle du Crotoy. Cluvier a dit que cette ville était le *Duroicoregum* de la table Théodosienne, et Adrien de Valois partage cette opinion; mais d'Anville a victorieusement combattu ces érudits, et il a démontré que c'est à Dourier qu'aboutissait la grande voie romaine de Lyon à Boulogne dont il reste encore des vestiges. On a prétendu d'autre part que Rue avait eu pour fondateur un comte de Ponthieu, qui, l'ayant fait bâtir en l'honneur du Saint Esprit, à une époque qu'on ne désigne pas, l'aurait appelée Rue du mot hébreu *Rua* qui signifie en effet *Esprit*. Cette assertion n'est justifiée par aucune autorité plausible.

D'après les actes de Saint-Vulphy, ce saint aurait été curé de Rue au VIIe siècle. Les nombreux débris romains enfouis sur le territoire de Rue, attestent que, bien antérieurement à Saint-Vulphy, des établissements d'une certaine importance avaient existé sur le même

(1) Il existe aux archives de la couronne, domaine du comte d'Artois, carton 25, divers titres concernant la ville de Saint-Valery.

emplacement ; mais quelques ruines éparses et quelques médailles ne suffisent pas pour reconstruire l'histoire d'une cité, et ce n'est que lors de l'affranchissement communal qu'on peut se former quelque idée de cette ville qui était alors un port assez fréquenté, comme le témoigne le droit de vingt sous que le comte de Ponthieu s'était réservé sur chaque navire qui viendrait y jeter l'ancre, et qui dut sans doute encore une grande partie de sa prospérité aux pélerins qu'attirait dans ses murs son crucifix miraculeux.

Les armoiries de la ville de Rue sont *d'azur à trois lettres d'or*, RUE, *posées 2 et 1, et au chef semé de France*.

WABEN.

Waben, *Wabanum, Wamben, Waubain, Waban*. « Ce nom, dit M. Harbaville (1), vient des mots celtiques *wa* (*vallis*), et *ben* (*caput, origo*) ; littéralement tête ou commencement de la vallée ; étymologie que justifie la situation du lieu. »

Waben existait dès l'an 988 et occupait au moyen-âge, après Abbeville, le premier rang dans le Ponthieu. Maintenant éloigné de l'Authie de près de 1,000 toises, Waben avait, au XIIe siècle, un port et un chateau où le comte Guillaume III demeurait en 1199, et dont les vestiges ont disparu il y a peu d'années. Cette ville, depuis long-temps réduite à l'état de village, était

(1) Loc. cit., t. II, p. 166.

encore considérable en 1350, et son commerce d'une certaine importance, puisqu'il y avait un change de monnaie.

CRÉCY.

Ce bourg, dont l'existence est constatée dès 630 (1), possédait alors une de « ces immenses fermes où les rois francs tenaient leur cour et qu'ils préféraient aux plus belles villes de la Gaule (2). » Ce domaine fut usurpé sans doute, comme la plupart des domaines de la couronne, et maintenu entre les mains des comtes de Ponthieu, à la suite d'événements restés inconnus, car ces comtes, au XIIe siècle, résidaient quelquefois à Crécy, dans une maison qui pouvait être cet ancien palais royal dont il ne reste plus de vestiges.

DOMART.

Domart, *Sanctus-Medardus*, est cité pour la première fois dans la chronique de Saint-Riquier, par Hariulfe, qui le met au nombre des possessions de ce monastère en 831. *Immédiat à l'abbaye de Centule et aussi libre qu'une cité*, Domart fut enlevé aux moines par Hugues-Capet, qui le fit murer et fortifier. En 1174, Bernard de Saint-Valery y construisit un château dont il ne reste plus qu'une tour ; et c'est tout ce que l'on

---

(1) Vid. supra, p. 22.
(2) M. Aug. Thierry. — Voir sur les palais royaux de cette époque les Récits des temps mérovingiens, 1840, t. 1er, p. 315.

sait de ce bourg, qui paraît avoir eu, comme on le voit, une certaine importance.

HIERMONT.

Hiermont, nommé aussi Mont-Sacré, *Sacer-Mons*, Hurrimermont, maintenant simple village, fut autrefois ville assez importante. Son enceinte fortifiée, garnie de tours, de forme ovale très-régulière (1), était percée de trois portes, l'une conduisant à Saint-Riquier, l'autre à Auxy, la troisième à l'église paroissiale, située sur la banlieue et près de laquelle était un cimetière public. Cette église, désignée sous le nom de Notre Dame de Manastre, *Manium atrium,* demeure des mânes, était l'une des plus anciennes du pays, puisqu'elle aurait été fondée, dit-on, l'an 980 (2). Hiermont renfermait dans ses murs, quatorze rues et on en comptait quinze dans ses faubourgs. Il y avait aux XIIe et XIIIe siècles, un hôtel-de-ville et des halles, une grande et belle église dédiée à Saint-Jean-Baptiste, un petit hospice pour les malades, dont le maire et les échevins avaient l'administration, et deux châteaux redoutables, l'un bâti sur un monticule, au centre de la ville, par Jean de Ponthieu, comte d'Aumale, et qui fut détruit lors

(1) Voir le plan figuré d'Hiermont dans l'histoire des mayeurs d'Abbeville, p. 91.
(2) Hist. chronol. et politiq. de la ville et châtellenie d'Hiermont, par M^e. Goddé, prêtre. Cette histoire Ms. a été rédigée en 1738, d'après le trésor littéral de l'Echevinage et de l'église d'Hiermont.

de l'insurrection de la Jacquerie; l'autre construit en 1412 et ruiné en 1636 par les Espagnols.

Les armes d'Hiermont étaient *d'azur au cavalier armé, casqué et cuirassé d'argent, tenant à la main droite une lance appointée d'un petit pavillon de sinople voltigeant, au cheval d'or, bardé d'argent, terrassé d'or.*

OISEMONT.

On prétend que le nom de ce bourg provient de celui du dieu principal des Celtes, *Heu, Heus,* vulgairement traduit en latin par *Esus*, le Dieu de la guerre chez ces peuples belliqueux, qui lui sacrifiaient des victimes humaines, et qui l'auraient principalement invoqué à Oisemont, *Esi-mons,* bâti sur une colline qui fait face à la Normandie. Il est difficile de ne pas rapprocher *Esus* des *Ases*, dieux de la mythologie scandinave, dont le culte a pu, durant les invasions barbares, être transporté dans le Ponthieu; mais cette appellation, *Ase,* et le nom d'*Esia,* qu'un ancien auteur donne, dit-on, à l'Oisc (1), suffisent-ils pour démontrer l'exactitude de cette étymologie ? Nous laissons au lecteur le soin de juger.

GAMACHES.

Ce bourg est mentionné pour la première fois sous le nom de *Gualimago, Walimago,* dans la vie de

(1) Voir les anciens almanachs de Picardie.

Saint-Valery, écrite au VIIIe siècle. La chronique de Fontenelle, qui date de la même époque, qualifie ce lieu de *villa pulcherrima*. — Gamaches, ceint d'une muraille dont il restait encore des traces au dernier siècle, possédait une forteresse entourée de fossés remplis d'eau, au centre de laquelle s'élevait un donjon bâti en grès, dans des proportions peu communes, et renommé dans le pays parce qu'il servait d'asile en temps de guerre aux populations voisines. Au-dessous de ce donjon, qu'on appelait la *Tour Bise,* et qui avait été bâti dans le XIe siècle par Bernard II, seigneur de Saint-Valery et de Gamaches, on remarquait un souterrain d'une *hauteur surprenante*, qui servait d'arsenal. Ce château, détruit par les Anglais au au commencement du XVIe siècle, renfermait une église collégiale érigée en 1200 et desservie par dix chanoines. Il y avait en outre à Gamaches, deux églises paroissiales dédiées à Saint-Nicolas et à Saint-Pierre, un hôpital et deux chapelles.

Les armoiries de Gamaches étaient d'*argent au chef d'azur, à la bande de gueules sur le tout.*

Nous regrettons de n'offrir à la curiosité de nos lecteurs, que des détails aussi incomplets ; mais nous avons dû nous abstenir de la dissertation qui, en semblable matière, dissipe rarement les obscurités, et nous borner à la stricte énonciation des faits purement positifs, en relatant néanmoins les opinions qui ont pu avoir pendant quelque temps l'autorité de la certitude, ou celles qui, à défaut de critique et de raison, méritaient au moins d'être mentionnées pour leur bizarrerie. Nous ferons observer seulement que dans le Ponthieu, comme ailleurs, les villes qui avaient dû primitivement leur origine et leur accroissement à des établissements ecclésiastiques, ont acquis par l'affranchissement communal un nouvel élément de prospérité.

Si l'on retrouve quelquefois, à une époque même voisine, des lieux dont l'existence n'est constatée que par un mot ; des villages qui ont eu leur importance, et dont la tradition indique encore la place sur tous les points du territoire, sans que l'on sache quand ils ont disparu, et le nom même qu'ils ont porté ; si cette disparition atteste de nombreux et impitoyables ravages, on a lieu de s'étonner, en songeant à ces ravages mêmes, de retrouver, aux époques les plus reculées, des localités aujourd'hui fort chétives, antérieures aux villes mêmes peut-être, et qui n'avaient pour se défendre comme elles, ni une population nombreuse, ni des enceintes fortifiées. On en jugera par le tableau suivant que nous regrettons de n'avoir pu rendre plus complet.

VII⁰ SIÈCLE. Ancennes, ANDESAGINA. — Crécy, CRISCIACUS. — Le Crotoy, CRETA, CROTOYA. — Forêt-Montier, FORESTE-MONASTERIUM. — Frettemeule, QUATUOR-MOLÆ. — Maïoc, MAIOCC. — Mézerolles, MACERIÆ, 650, MASGELORIS, 1136. — Port, PORTUS. — Raye, RADIC. — Regnière-Ecluse, RAGINERI-SCLUSA, RAGNACHARII-SCLUSA, 644 et VIII⁰ siècle. — Rue, RUA, RUGA. — Saint-Josse, VICUS. — Saint-

Riquier, VILLA-CENTULA. — Saint-Valery, LEUCONAUS. — Airon-Notre-Dame, AIRONIS-VILLA.

VIIIe SIÈCLE. Ault, AUGUSTA. — Cayeux, CALDIS. — Dompierre, SANCTI-PETRI VILLA. — Gamaches, GUALIMAGO. — Hocquincourt, AGNONOCURTIS. — Hornoy, HORNODIUM. — Maintenay, MENTECK, 722, MENTECA, 877. — Nouvion, NOVIOMUM. — Senarpont, SOMARDUS-PONS, 734, SENARDUS-PONS, 1159. — Vaudricourt, VALERICI-CURTIS.

IXe SIÈCLE. Agenvillers, ARGOVILLARE.—Ailly, ALLIACUM.—Buigny-l'Abbé, BUNIACUS. — Bussu, BUXUDIS. — Caux, CATHORTHUM. — Courcelles, CURTICELLA. — Domart, SANCTUS-MEDARDUS, 831, DOMNUS-MEDARDUS, 1203. — Donqueur, DULCURIUM. — Dourier, DOMNUS-RICHARIUS. — Drucat, DURCAPTUM. — Drugy, DRUSIACUS. — Epagne, SPANIA. — Feuquières, FILCURIÆ. — Franleu, FRANCORUM-LOCUS. — Gapennes, GASPANNÆ, 831, GASPENNA, 1172. — Hautvillers, ALTUS-VILLARIS.— Lamotte-Croix-au-Bailly, CRUX.— Laviers, LATVERUM 881, LAVERIÆ, 1137. — Ligescourt, ANDEGELIA-CURTIS. — Long, LONGUS-SUPERIOR. — Mers, MARIS. — Mesoutre, MOS ULTRUM. — Miannay, MELNACUM. — Nampont, MITTIS-PONS. — Neuville-lès-Saint-Riquier, NOVA VILLA.—Noyelles-en-chaussée, NIALLA. — Ponthoiles, PONTICULI. —Saucourt, SODALTCURT, SATHULCURTIS.— Tully, TULINÆ.—Valloires, VALERIÆ. — Vercourt, VERCULF, 831. — Verton, VERTUNNUM, 856, VERTOMNUM, 1042, VERTON, 1100. — Vironchaux, VILLARCELLUS, 867, VILONCELS, 1177, VILONCHIAUX, 1276. — Yaucourt, INGOALDI-CURTIS, 831, HINWALTH-CORTIS, 960. — Yvrench, WIBERENTIUM, GUIBRENTIUM 831-1046, WIVRENCIUM, XIIe siècle.

Xe SIÈCLE. Ergnies, PAGUS EVERCINUS. — Etrebeuf, SCALBACIUS.— Friaucourt, FROOCORTIS. — La Ferté-lès-Saint-Riquier, FIRMITAS. — Maisnières, MAINERA Xe siècle, MANERIA 1219. — Monchaux, MONCELLUS, 998, MONCELS, 1134.— Oneux, OLNODIOLI, ANISCEIÆ.— Tilloy, TILGEIUM, 921, TILIETUM, 1219. — Vauchelles, VALCELLÆ.

XIe SIÈCLE. Biencourt, BONIDI-CURTIS. — Buire. — Ecuire. — Francières, FRANSERÆ. — Frucourt, FROOCURTIS. — Millancourt, MILLIUNCURT. — Mouflers.—Rambures, RAMBORES.— Saint-Mauguille, SANCTUS-MADESGISLUS. — Vismes, VITSMA. — Witaineglise, WITIMGLISIUM. — Vron, VIRRUM.

XIIe SIÈCLE. Airondel, HARUNDEL.—Bernaville, BERNARDI-VILLA.—Bouillencourt-en-Serie, BOLENCURIA. — Bretelle, BRETOLIUM, 1200.— Cambron, CAMBEROÑE, CAMBERONIUM, 1100.— Canchy, CANCI, 1147.—

Domwast, Dominus-Vedastus. — Dreuil, Droilum, 1120, Druel, 1199.
— Dunc, Dumum, 1155, Dun, 1160. — Embreville, Embrevilla.—
Flibeaucourt, Flebiaucourt. — Fontaine-sur-Maye, Fontana supra
Maiam. — Framicourt. — Fressenneville, Frescennvilla. — Friville,
Frivilla. — Hallencourt, Halen-Curtis. — Houdan, Hodenc. —
Houdancourt, Haudencurt. — Huppy. — Lambercourt, Lambercurt.
Lanchères, Lanscenescuria. — Leure, Loræ. — Liercourt, Liarcort
—Limercourt, Limercurtium. — Limeu, Limou, 1100. — Machi. —
Mésicourt, Maiselcurt. — Mareuil, Marolium. — Martainneville,
Martegnivilla. — Mautort, Maltort. — Mérélessart, Mesloir-
Escartum, Mesleius-Escart, XIIe siècle, Melier-Essart, 1259. —
Mons. — Nolette, Noleta, 1100. —|Ochancourt, Urcionis-Curtis,
Hocencort. — Omâtre, Ulmastrum. — Pendé, Pendeela, Pendeel.
— Pont-Remi, Pons-Deremii, 1100. — Tours, Turis. — Vieulaines,
Villena. — Wailli, Valliacum. — Vis-sur-Authie, Viacus. — Yonval,
Wion-Val. — Ysengremer, Isengermès.

LIVRE DEUXIÈME.

CHAPITRE I.

Nouveaux ravages des Normands.— Bataille de Saucourt. — Étendue et limites du Ponthieu au Xe siècle. — Translation des reliques de Saint-Valery et de Saint-Riquier. — Hugues-Capet s'empare du Ponthieu. — Avènement de Gui Ier. — Guerres de ce comte avec le duc de Normandie. — Naufrage et captivité de Harold à Saint-Valery. — Gui se ligue avec Guillaume, duc de Normandie. — Guillaume s'embarque à Saint-Valery pour la conquête de l'Angleterre — La reine Berthe est reléguée à Montreuil. — Événements divers. — Mort de Gui.

(864.) Herluin Ier, fils d'Helgaud, eut après lui le gouvernement du Ponthieu sans être abbé de Centule, cette charge ayant été dès lors retirée aux comtes. On ignore combien de temps Herluin exerça ses fonctions ; mais il était remplacé en 878. Ses actions n'occupent aucune place dans l'histoire. Quelques uns pensent qu'Herluin Ier fut seulement seigneur de Montreuil et que ses sœurs eurent en partage les autres fiefs. Son fils Helgaud II, essaya en vain d'arrêter les barbares ; il fut vaincu dans une bataille sanglante qu'il leur livra sur les bords de l'Authie (1).

(879) Pendant cette dernière invasion, les hommes du Nord étaient guidés par un français, Isambard, seigneur de la Ferté-les-Saint-Riquier, parent d'Helgaud et de Louis III, roi de France. Obligé de s'exiler par suite de ses querelles avec ce prince, et animé du désir de se venger, Isambard s'adressa à Guaramond, chef Normand, qui parcourait les mers, et l'appela sur les rivages de sa patrie. Guaramond débarqua à Wimereux, sous la conduite du traître, brûla Boulogne, Térouanne, Arras ; il vint ensuite passer la Somme à Laviers, *apud Latverum* (2), où se trouvait alors le principal gué de cette rivière, et saccagea le Vimeu et le Ponthieu. Les églises furent détruites, les habitants égorgés ; Guaramond, qui n'avait pu démolir l'église de Saint-Riquier, à cause de sa solidité et de sa grandeur, y fit mettre le feu (3).

(1) Un autre comte de Ponthieu, que les chroniques désignent sous le nom de Florent, fut tué dans cette bataille. *L'Art de vérifier les dates* n'a point mentionné ce comte, gendre d'Helgaud Ier ; mais son existence ne saurait être contestée.
(Cf. M. P., Paris. Les manuscrits franc. de la bibliot. du roi, t. III' p. 203.)
(2) Rer. gall. et francic. script., t. VIII, p. 83, 95.
(3) Hariulfe, loc. cit., p. 322.

Au premier bruit de ces désastres, Louis III, qui se trouvait alors dans le Dauphiné, confia le siége de Vienne à Carloman son frère, et se dirigea par une marche rapide vers la Picardie. Il était campé à Franleu, *Francorum-locus*, entre Saucourt et Fressenneville, lorsque les Normands vinrent donner contre son armée (881). A l'approche de l'ennemi, Louis entonna un cantique et les soldats lui répondirent en criant : Seigneur ayez pitié de nous ! Kyrie Eleison. La bataille s'engagea bientôt : elle fut opiniâtre, sanglante et long-temps indécise. Les Francs pliaient quand Louis III mit pied à terre et rétablit le combat. Plus de 9,000 Normands restèrent sur le champ de bataille, et les vaincus se retirèrent en désordre dans la ville d'Eu, où les Français achevèrent leur défaite. Isambard et Guaramond périrent, dit-on, dans la mêlée des propres mains de Louis, qui remporta sur eux une éclatante victoire.

S'il fallait en croire d'autres documents, les moines de Saint-Riquier auraient profité de l'absence d'Isambard, leur avoué, pour s'emparer de ses domaines, et, à son retour, ils auraient refusé de lui ouvrir les portes de son château. Isambard se vengea bientôt de cette perfidie, en venant avec Guaramond, mettre le siége devant leur monastère. Après l'avoir réduit en cendres et massacré tous les religieux, il attaqua le château de la Ferté-les-Saint-Riquier, et c'est là qu'il aurait été tué, ainsi que le roi Normand, de la main de Louis, qui s'était empressé de venir au secours des moines. Le lieutenant d'Isambard, irrité de sa perte, rallia les assiégeants, et parvint à reprendre le château. Afin de perpétuer le souvenir de la trahison et du châtiment des moines, il exigea que l'un d'eux se rendît chaque année la corde au cou et une torche à la main sur le pont-levis du château, pour y jurer au nom des autres religieux de l'abbaye, qu'ils ne troubleraient point les cendres d'Isambard. Cette cérémonie, qui subsista jusqu'en 1762, avait lieu la veille de la fête de Saint-Riquier (1).

(1) Aucun monument digne de foi n'explique l'origine du singulier serment fait par les moines sur la tombe d'Isambard. Voici cependant ce qu'on lit dans un dénombrement de la seigneurie de la Ferté, daté du 11 juillet 1724, et qui nous a été communiqué par M. le marquis Le Ver :

« Le vicomte de Saint-Riquier, élu par les religieux le 7 octobre de chaque année, est conduit par les moines sur le pont levis du château de la Ferté, où il est tenu de jurer, en présence du bailli de ce château ou de ses officiers, *de ne rien entreprendre sur les dépendances de ladite châtellenie, et particulièrement sur la tombe d'Isambard, tenu anciennement pour géant*. Le surlendemain, jour de la fête de Saint-Riquier, vers huit heures du matin, le même vicomte, accompagné des vassaux fieffés de l'abbaye, fait sa chevauchée par toute la ville et la banlieue sur les domaines du monastère, et, de leur côté, le bailli, le vicomte et les autres officiers de la Ferté, tous à cheval, vont avec l'étendard de cette seigneurie dans toutes les rues de Saint-Riquier, dans le faubourg qui relève de la Ferté et sur la tombe d'Isambard ; et le bailly et ses officiers reçoivent pour cette chevauchée un setier d'avoine et 60 sous.»

Quel était cet Isambard ? Etait-ce le traître qui combattait à Saucourt ou le personnage qui figure dans quelques récits des croisades ? Nous ne saurions décider cette question.

Guaramond fut enterré à Vignacourt et Isambard dans un fumier, au lieu dit *Bois-Fontaine* ou *Bourfontaine*, à peu de distance de la Ferté:

La victoire de Saucourt, rendue presqu'inutile par la retraite précipitée de Louis, ne délivra que pour peu de temps la France des invasions barbares. « Cependant soit enthousiasme, soit flatterie, dit M. Depping (1), la bataille du Vimeu fut célébrée en France comme une grande victoire ; elle inspira les poëtes ; on chantait encore leurs vers à l'époque où fut écrite la chronique de Saint-Riquier, c'est-à-dire deux siècles après la journée du Vimeu. » Voici la traduction de ces vers :

« J'ai connu un roi qui s'appelle monseigneur Louis, serviteur zélé du Dieu qui l'a comblé de ses faveurs (2).

» Il était encore enfant lorsqu'il perdit son père, ce qui fut pour lui un coup fatal : mais Dieu le prit sous sa puissante protection et dirigea ses pas dans le monde.

» Il lui donna des soldats, des comtes illustres, un trône dans le pays de France, puisse-t-il en jouir long-temps !

» Le roi Louis a loyalement et sans fraude partagé ces biens avec son frère Carloman.

» Lorsqu'il eut terminé ce partage, Dieu voulut l'éprouver afin de savoir combien de temps il pourrait résister aux assauts du malheur.

» Il permit que des soldats infidèles vinssent tomber sur ses états, et l'on vit le peuple des Francs se soumettre à leur joug.

in territorio de Bourfontaine quod vocatur tumba Isambardi. (Charte de l'official d'Amiens en date de 1263. — Decourt. mém. historiq. d'Amiens.—Mss. Dom Grenier, paq. 1, n° 1, t. I, p. 392.)

(1) Hist. des invasions maritimes des Normands.

(2) Ce chant teutonique, où l'on exalte le triomphe et le courage de Louis, fut découvert dans le cloître de Saint-Amand par Mabillon, qui l'a fait imprimer comme un monument précieux de l'histoire et de la littérature de ces temps barbares. (*V. Rer. gal. et franc. script.*, t. IX, p. 99

» Aussitôt les uns abandonnèrent le roi ; d'autres furent sollicités à la trahison : des outrages attendaient quiconque refusait de se joindre à eux.

» Tel qui avait été jusqu'alors un brigand et devait sa puissance au désordre, attaqua le premier le camp du roi, et par là devint un grand personnage (1).

» Un autre était un faussaire, celui-ci un assassin, celui-là un traître, et chacun se faisait gloire de ses crimes.

» Le roi était frappé de stupeur, son royaume était dans la consternation, car la colère du Christ avait envoyé tous ces maux.

» Mais enfin, Dieu, qui connaissait tous ces malheurs en eut pitié, et il ordonna au seigneur Louis de partir aussitôt.

» Louis, mon roi, porte secours à mon peuple, que les Normands ont si durement opprimé.

Alors Louis lui répondit : mon Dieu j'obéirai à tes ordres ; à moins que je ne périsse ta volonté sera faite.

» Alors il demanda à Dieu le pardon de ses fautes, arbora son pavillon sur ses vaisseaux et dirigea vers la France une expédition contre les Normands (2).

» Rendant grâce à Dieu, et comptant sur lui, il dit : Seigneur, marche avec nous, car il y a long-temps que nous t'espérons.

» Ensuite il dit, en s'adressant à ses soldats : frères d'armes, vous tous qui partagez mes périls, que votre âme soit ferme et forte !

» C'est Dieu qui m'a envoyé parmi vous, pour recueillir vos avis et vous conduire à la bataille. Puisse ce Dieu nous être favorable !

» Je n'épargnerai point mon sang pour vous faire libres ; mais il faut que tous ceux qui sont fidèles à Dieu me suivent avec confiance.

» C'est la volonté suprême du Christ qui règle la durée de nos jours ; c'est lui qui conserve nos os et qui en a la garde.

» Celui qui fera joyeusement la volonté de Dieu, sortira sans blessures de la bataille, et je le récompenserai.

---

(1) C'est Isambard peut être que l'auteur désigne ici.

(2) La France était alors le pays au delà de la Seine. On a vu plus haut que Louis III, pour aller combattre les Normands dans le nord, était parti de Vienne.

» Celui qui mourra dans le combat sera récompensé dans sa famille;
il dit, et saisit son écu et sa lance, et pressa les pas de son cheval.

» Car en vérité, il était fermement résolu à punir ses ennemis d'une
manière terrible, et il n'était plus séparé des Normands que par un
faible intervalle.

» Dieu soit loué, disait-il, car il se voyait au comble de ses vœux,
et, s'avançant audacieusement en avant de son armée, il entonna un
cantique à haute voix.

» Ses soldats chantaient avec lui KYRIE ELEISON : et, lorsque le
cantique fut terminé, la bataille commença.

» Le sang monta aux joues des Francs qui bondissaient de colère.
Chaque soldat prit également sa part de vengeance ; mais aucun
n'égala Louis.

» Il était né leste et brave ; il renversa l'un et perça l'autre.

» Il versa à un grand nombre de ses ennemis une amère boisson et
beaucoup sortirent de la vie.

» Bénie soit la sagesse de Dieu ! Louis remporta la victoire; il faut
dire des actions de grâces à tous les saints !

» Louis fut un roi heureux : homme d'action, comme dans cette
circonstance, homme de réflexion lorsqu'il en était besoin, conserve
le Seigneur dans toute sa grandeur ! »

Louis III survécut peu de temps à sa victoire. Carloman, son frère, craignant de nouvelles irruptions, vint s'établir pour garder le passage de la Somme, dans un village situé à peu de distance du gué. Ce village est désigné sous le nom de *Melnacum*, et l'abbé Lebeuf pense avec raison que ce nom est celui de Miannay (1). Un diplôme de l'église d'Orléans (2) nous apprend que Carloman résidait à *Melnacum* dès le mois d'août 883. Mais ce prince et son armée ne purent arrêter les ravages

(1) Mém. de l'acad. des inscript., t. XXIV., p. 704.
(2) Rer. gall. et franc. script., t. IX, p. 431.

des Normands qui s'avancèrent jusqu'à Laviers par terre à la fin d'octobre, tandis que d'autres bandes entraient dans la Somme avec leurs barques. L'armée française n'osa point les combattre et s'enfuit honteusement jusqu'au-delà de l'Oise. Les barbares, encouragés par la lâcheté de leurs ennemis, vinrent dans Amiens qu'ils entourèrent de fortifications. Carloman, trahi, abandonné, contraint de céder à la force, envoya un Danois converti et fidèle à la France pour traiter avec eux. La négociation offrit d'abord quelques difficultés ; enfin ils promirent de quitter la France pour douze ans, moyennant un tribut de 12,000 livres d'argent fin. Lorsque cette somme fut payée, ils brûlèrent leur camp et se portèrent sur Boulogne pour s'y embarquer (1).

On pouvait appliquer aux campagnes désolées du Ponthieu les paroles d'un chroniqueur du midi de la Gaule : « Les tribulations de la France étaient affreuses. Presque toutes les églises des pays voisins de l'Océan furent dispersées, les villes dépeuplées, les monastères détruits. Telle était la rage des persécuteurs, qu'ils massacraient les chrétiens qu'ils ne pouvaient faire prisonniers, ou si quelques uns éprouvaient un reste d'horreur pour verser le sang des innocents, ils ne les conservaient que pour en tirer rançon...... La terre demeurait inculte, et l'on pouvait à peine rencontrer quelques hommes errants au milieu de la solitude,

---

(1) Rer. gall. script., t. VIII, p. 65.

excepté dans les châteaux les plus sûrs et les mieux fortifiés (1).

En 890 ou 891, une nouvelle troupe de pirates, sous la conduite d'Hastings, remonta la Somme et se posta près d'Amiens. Les Français vinrent les attaquer ; mais ils furent repoussés. Pendant le printemps de l'année 898, d'autres bandits ravagèrent la Neustrie et firent une incursion dans le Vimeu. Charles-le-Simple les y poursuivit et fut battu.

A cette époque, Helgaud II gouvernait toujours le Ponthieu. En 925 il combat à la tête des habitants des côtes les hommes du Nord qui s'étaient emparés d'une partie du Ponthieu, du Beauvaisis et de l'Amiénois, et, à l'aide d'Herbert de Vermandois et d'Arnoul, comte de Flandre, il prend le château d'Eu qu'il livre aux flammes après avoir tué ceux qui le défendaient. L'année suivante, les Normands ayant envahi l'Artois, il marche contre eux avec Raoul, roi de France, et le comte Herbert ; les Normands sont vaincus, mais Raoul est blessé et le comte Helgaud meurt sur le champ de bataille (2).

Helgaud avait fait entourer de murs le bourg de Montreuil, et depuis ce temps, disent les auteurs de *l'Art de vérifier les dates,* les comtes de Ponthieu sont plus ordinairement appelés comtes de Montreuil (3).

---

(1) D. Vaissette, Hist. du Languedoc, t. 1ᵉʳ, Pr., p. 107.
(2) Rer. gal. scrip., t. VIII, p. 183, 184.
(3) On a plusieurs fois et longuement disserté pour savoir si le

Herluin II, fils d'Helgaud, succéda à son père en 926, et reçut, l'année suivante, au synode de Trosli, une pénitence publique pour avoir épousé une femme du vivant de celle qu'il avait déjà. Hugues-le-Grand, comte de Paris, et Herbert, comte de Vermandois, se liguèrent contre Herluin, et mirent le siége devant

comté de Montreuil était un comté distinct du Ponthieu ; l'absence de documents précis a laissé la question indécise. Il est incontestable que Montreuil s'est trouvé à plusieurs reprises complètement indépendant de la mouvance féodale du Ponthieu ; mais à quelle occasion et en vertu de quels accords ? C'est ce qu'on ne pourrait constater. M. Charles Henneguier fils, de Montreuil, qui s'est occupé de cette question, et qui a bien voulu nous communiquer le résultat de ses recherches, a reconnu qu'il est pour ainsi dire impossible d'arriver à une solution définitive.

Un savant Abbevillois du XVIe siècle, Nicolas Rumet, lieutenant-général de Montreuil et intendant d'Amiens, auquel on doit une *Chronique Msc. du pays et comté de Ponthieu*, et qui était à cette époque plus à même que nous de savoir les choses, s'exprime ainsi dans cette chronique, revue et corrigée par son fils : « Le comté de Montreuil était-il différent du comté de Ponthieu ? C'est ce que j'ai fort curieusement recherché dans les titres et en interrogeant les hommes les plus capables de Montreuil ; mais je n'ai rien découvert ni rien appris à cet égard. On ne trouve ni érection de Montreuil en comté, ni hommages, ni fiefs, ni vassaux relevant de ce prétendu comté, et on ne voit pas qu'aucun seigneur ait pris le titre seul de comte de Montreuil, sinon lorsque les Danois firent invasion dans le comté de Ponthieu. Je me suis donc persuadé que ce titre de comte de Montreuil aura été pris par les capitaines de ce château et commandants de la ville, et je suis confirmé en cela par les anciens historiens qui ont donné le titre de comte à celui qui avait la garde d'une forteresse ou qui s'en était emparé. Ainsi quand les comtes de Ponthieu ont fait leur demeure ordinaire à Abbeville, ils ont été appelés quelquefois comtes d'Abbeville..... »

le château de Montreuil ; mais ils ne purent s'en rendre maîtres et se retirèrent. Les gens d'Arnoul, comte de Flandre, étant venus faire quelques excursions dans le Ponthieu, l'an 939, Herluin marcha contre eux et les tailla en pièces. Arnoul, qui avait provoqué ces invasions, s'empara du château de Montreuil, fit prisonniers la femme et les enfants d'Herluin, et les envoya en ôtage en Angleterre au roi Athelstan, son ami. Pendant ce temps, un clerc qui gouvernait le monastère de Saint-Valery, alla trouver un jour le comte de Flandre, et proposa de lui livrer les reliques du fondateur de son monastère. Jaloux de s'emparer d'un dépôt si précieux, Arnoul se mit en marche, et, guidé par le traître, il arriva secrètement jusqu'aux portes de Saint-Valery, emporta cette ville d'assaut, et passa les habitants par les armes. Il se dirigea ensuite sur Saint-Riquier, saccagea cette place, enleva les reliques de son saint protecteur, et les fit transporter, avec le corps de Saint-Valery, dans l'intérieur de ses états. Herluin, après avoir vainement imploré le secours de Hugues-le-Grand, son suzerain, et du roi Louis d'Outremer, s'adressa au duc de Normandie, Guillaume Longue-Épée, dont il était beau-frère. « Ce prince eut compassion des maux du comte, et, rassemblant une armée, partit promptement pour assiéger le château de Montreuil (1). Il s'en empara bientôt de vive force avec l'aide des nobles qui

---

(1) Guil. de Jumièges, Coll. Guizot, t. XXIX, p. 73.

l'avaient accompagné, puis l'ayant bien approvisionné de vivres, il le rendit à Herluin . »

Le comte de Flandre, contraint de céder à la force, voulut se venger néanmoins, et il eut recours à la trahison. Il témoigna au duc de Normandie le désir d'avoir une entrevue avec lui pour traiter de la paix. Herluin se douta de la perfidie, et supplia son protecteur de se tenir sur ses gardes ; mais les conseillers de Guillaume pensèrent autrement. Le 17 décembre 942, les deux princes se rendirent dans une petite île de la Somme, près de Picquigny. Ils y arrivèrent en bateau, laissant le gros de leurs soldats, Guillaume sur la gauche, Arnoul sur la droite de la rivière. Les conditions de la paix furent bientôt arrêtées, et Guillaume s'en retournait déjà dans son camp, lorsqu'Arnoul le rappela dans l'île sous prétexte de régler un article important. Le duc de Normandie, ne soupçonnant aucun piége, revint sur ses pas ; mais quatre assassins se jetèrent sur lui et le tuèrent à la vue de plusieurs seigneurs normands trop éloignés pour le secourir.

Les liens du sang et la reconnaissance faisaient un devoir à Herluin de protéger Richard, fils de Guillaume, et de défendre ses droits ; mais bien loin de là, le comte de Ponthieu unit ses armes à celles de Louis d'Outremer, qui voulait réunir la Normandie à ses domaines, et dépouilla le jeune prince de ses états.

Peu de temps après, Herluin livra bataille au comte de Flandre, qui ravageait de nouveau le Ponthieu, et le battit complétement. L'un des meurtriers du duc

Guillaume ayant été pris dans l'action, Herluin lui fit couper les mains et les envoya à Rouen. Les deux comtes se réconcilièrent l'année suivante (944). Herluin reçut du roi le château et le comté d'Amiens (1); mais il fut bientôt puni de sa conduite à l'égard du jeune duc Richard. Haigrold, roi de Danemarck, débarqua sur les côtes de France avec une flotte nombreuse dans l'intention de secourir le fils de Guillaume Longue-Epée. Louis d'Outremer et Herluin s'avancèrent contre lui, et le rencontrèrent avec son armée dans les environs de Lisieux, sur les bords de la Dive. Avant d'engager le combat, on voulut essayer la voie des négociations ; tandis qu'on parlementait, quelques soldats Danois aperçurent Herluin dans le cortége du roi de France, ils s'élancèrent sur lui et le tuèrent ; au même instant l'armée Danoise engagea le combat. Lambert, frère d'Herluin et dix-huit autres comtes français furent tués avec une partie de leur vassaux, et Louis d'Outremer ne parvint qu'à grand'peine à s'échapper. Le lieu de cette scène se nomme encore le *Gué d'Herluin*.

(945) Roger ou Rotgaire, fils d'Herluin, fut assiégé dans Montreuil par Louis d'Outremer et le comte de Flandre. Il triompha une première fois de leurs efforts (947), grâce à la protection de Hugues-le-Grand, son seigneur suzerain ; mais réduit à ses propres forces, il

---

(1) Cf. Hist. des comtes d'Amiens par Ducange, 1841, in-8°, p. 144 et suiv.

perdit ses états. Hugues-le-Grand se repentit bientôt de l'avoir abandonné et le remit en possession de ses domaines ; mais il ne tarda pas à lui refuser encore le secours de ses armes, et, Roger, attaqué de nouveau par le comte de Flandre, le plus remuant de ses ennemis, s'enferma dans Amiens qu'il défendit avec courage. Cette fois encore Hugues-le-Grand vint à son secours et lui donna le moyen de reprendre une partie de ses états, à l'exception toutefois du territoire d'Amiens et du château de Montreuil. On ignore l'époque de la mort de Roger.

Pendant le règne de ce comte, un Normand, connu sous le nom de Tourmond, ayant abjuré le christianisme, vint débarquer à l'embouchure de la Somme, et essaya de soulever contre Louis d'Outremer et de ramener à leurs anciennes croyances ceux de ses compatriotes qui s'y étaient établis. Cette croisade, en faveur du culte d'Odin, tentée par un païen baptisé et retombé dans l'idolâtrie, n'est pas un fait unique ; le nombre des apostats relaps était alors considérable, mais on doit regretter que les historiens ne nous aient point transmis sur cet évènement des détails plus circonstanciés (1).

Guillaume Ier doit être considéré comme fils de Roger, quoique l'histoire ne le dise pas. Guillaume

---

(1) Dom Grenier pense que le nom de Tourmond, que porte un village du Marquenterre, provient peut-être de cet apostat. Le lecteur jugera de la valeur de cette conjecture. (D. Grenier, Ms. 24ᵉ paq., n° 30. Tourmond.)

— 107 —

prit les armes afin de recouvrer Montreuil, sa capitale, qui était encore au pouvoir du comte de Flandre, et de rendre au Ponthieu les limites que ce comté avait au VIIe siècle, sous Walbert (1). Le roi Lothaire, jaloux de la puissance des comtes de Flandre, lui vint en aide, et le château de Montreuil fut repris en 965. Ce premier succès fut suivi de la prise de Boulogne et de la conquête des territoires de Guines et de Saint-Pol, qui avaient fait autrefois partie du Ponthieu. Mais quelle était alors l'étendue de ce fief ? il serait difficile de le dire ; la mobilité des partages, les guerres continuelles qui livraient chaque jour à de nouveaux maîtres des domaines sans cesse disputés, l'éloignement même des temps ; tout concourt à obscurcir la clarté de l'histoire, et il est impossible à cette date de déterminer les limites géographiques du comté (2).

(1) L'acte de fondation de l'abbaye de Corbie de l'an 662, indique exactement la ligne qui séparait l'Amiénois du Ponthieu. (Cf. M. Bouthors, Coutumes du bailliage d'Amiens, p. 231.)

(2) Les comtés de Boulogne, de Saint-Pol et de Guines se trouvaient, lors de la création du comté de Flandre, dans la possession du comte de Ponthieu, Helgaud de Montreuil. Le pays de Marck, près de Calais, était le seul fief pour lequel il fit hommage au comte Baudouin. Lothaire, en rendant aux comtes de Ponthieu l'extrémité méridionale de l'ancien pays des Morins et une partie de l'Artois, que les comtes de Flandre avaient usurpés et retenus pendant un assez long espace de temps, donna le premier exemple de cette politique française qui depuis lors ne cessa d'étendre les frontières de la France aux dépens du territoire de la Belgique. (Cf. Warnkœnig, *Hist. de la Flandre*, t. II, p. 13. t. 1er, p. 152.)

Voir sur les enclaves du Ponthieu par rapport au comté de Flandre

La ville de Guines était devenue la conquête d'un chef danois. Ce chef, trop faible pour soutenir la lutte, implora le secours du roi de Danemarck qui lui envoya des troupes, et Guillaume fut contraint de se retirer. On prétend qu'il laissa quatre fils : Hilduin, comte de Ponthieu ; Ernicule, comte de Boulogne ; Hugues, comte de Saint-Pol. Le quatrième, Orland, fut investi, dit-on, de la seigneurie d'Ardres. Dépouillé de ce fief par les Danois, Orland devint ensuite seigneur de Saint-Valery et vicomte du Vimeu ; mais ces données ne sont pas certaines. Nous ne pouvons garantir que l'existence d'Hilduin, d'Orland et d'Ernicule, qui fut effectivement mis par Guillaume en possession de la ville et du comté de Boulogne, où il parvint à se maintenir malgré les attaques des Danois (1).

Hilduin ou Haudouin unit ses armes à celles d'Ernicule, comte de Boulogne, son frère, conclut une alliance avec Siegfried, le chef Danois, qui possédait le territoire de Guines, et courut ravager la Flandre. Il se joignit ensuite à Hugues-Capet, et pénétra avec lui dans cette province, afin de réintégrer dans leurs églises les corps de Saint-Valery et de Saint-Riquier que le comte de Flandre avait enlevés, comme on l'a vu précédemment.

---

du temps de Baudouin-Bras-de-fer Dom Devienne, *Hist. d'Artois*, 1785-87 in-8°., 1re part., p. 129. — Voir aussi sur les limites du Ponthieu et de l'Artois, *Bibliot. Royale*, vol. 191 des Mss. de Dupuy, pièce 2º du comté d'Artois.

(1) Un des descendants d'Ernicule fut père de Godefroi de Bouillon.

Saint-Valery lui même, dit une ancienne chronique, avait engagé Hugues-Capet à tenter cette expédition (1). Hugues venait de s'endormir, lorsqu'un fantôme lui apparut. — Qui êtes-vous, s'écrie le duc effrayé de cette apparition, je ne vous connais point? — Je suis l'abbé Valery, dit le fantôme. Avant de mourir je demeurais sur le bord de la mer. Il y a bien long-temps que je suis descendu dans la tombe. Mes os et ceux de Saint-Riquier ont été ravis à leur patrie, et maintenant ils sont captifs sur une terre étrangère. Mais les temps sont arrivés; ils doivent rentrer dans les lieux mêmes où nous avons vécu. Le peuple qui nous a été confié se réjouira de notre retour, car il est désolé de notre absence. Quand vous m'aurez déposé dans mon église, vous en chasserez les clercs qui la profanent, et vous y placerez un plus digne troupeau. Hâtez-vous, car je vous prédis que vous deviendrez roi et que votre race portera la couronne pendant sept générations (2).

(1) Acta SS. Ord. S. Bened. sœc. V, p. 547 et seqq.
(2) Les chroniques de Centule rapportent que Hugues Capet, s'étant endormi dans une grotte voisine de l'abbaye de Saint-Riquier, le célèbre fondateur de ce monastère lui apparut comme Saint-Valery, et lui prédit aussi que la royauté se perpétuerait éternellement dans sa famille, car le nombre de sept générations, en langage mystique, signifie l'étendue des siècles. Mézerai et d'autres historiens disent que Hugues Capet, depuis son élévation au trône, ne voulut jamais porter la couronne. Il croyait en renonçant à la poser lui-même sur sa tête, prolonger d'un degré le règne de ses descendants. Cette assertion ne peut être admise; car les chroniques auxquelles on doit le récit qu'on

Pour vous convaincre que je dis la vérité, allez jusqu'à Montreuil. Vous savez que cette ville est au pouvoir du comte de Flandre ; eh bien ! présentez-vous devant ses murs, et je vous promets que vous y entrerez sans perdre un seul de vos soldats. » Hugues obéit à la voix du Saint et la prédiction s'accomplit. Maître de Montreuil, il envoya un message au comte de Flandre pour réclamer les reliques. Le comte les lui refusa d'abord ; mais le duc entra dans ses états à la tête d'une armée nombreuse. Au bruit de son arrivée, le comte de Flandre s'abandonne au désespoir, verse des larmes et crie : malheur à moi qui vais perdre les corps de deux grands saints ! et il envoya des députés supplier le duc de s'arrêter, de ne commettre aucun dégât. Les députés déclarèrent que le dépôt sacré serait rendu, et Hugues-Capet suspendit sa marche. Le comte, fidèle à sa promesse, vint apporter lui-

vient de lire, n'ont été écrites qu'après la mort de Hugues Capet. « Cette pieuse fable, dit Dom Germain Poirier, a été sûrement inventée après coup. Ingelran, abbé de Saint-Riquier, mort en 1045, a écrit en vers l'histoire de la translation du corps de Saint-Riquier par Hugues Capet, et ne fait aucune mention ni de l'apparition de Saint-Valery à Hugues Capet ni de la prophétie, preuve certaine qu'on n'en avait pas encore parlé. Un abbé de Saint-Riquier, poète et fort zélé pour tout ce qui pouvait intéresser la gloire du Saint-Patron de son abbaye, n'aurait pas manqué de faire entrer cette fiction dans ses vers si elle eût été connue de son temps. » (*Mém. de l'Acad. des inscrip.* t, L, p. 565.) Eudes, moine de l'abbaye de Saint-Maur-des-Fossés près Paris, place cet évènement sous le règne de Robert, fils de Hugues Capet, et garde le même silence qu'Ingelran et sur l'apparition et sur la prophétie.

même les reliques au prince français qui s'agenouilla devant elles, pleura de joie, et rendit grâce à Dieu avec tous ses soldats de l'heureux succès de son entreprise. Les Flamands s'en allèrent consternés, tandis que Hugues, suivi d'une foule immense chantant des hymnes au seigneur, portait sur ses épaules la châsse de Saint-Riquier. Il arriva ainsi sur les bords de la Somme, du côté de Noyelles; mais la mer ayant reflué avait fait déborder le fleuve. Alors Bouchard, comte de Melun, qui portait le corps de Saint-Valery, dit en présence de tous les assistants, au nombre desquels était Orland, vicomte du Vimeu et frère d'Hilduin: « Seigneur Jésus-Christ, si ta volonté miséricordieuse est que le corps de ton saint soit rendu à son propre monastère, que ta clémente bonté ordonne que pour nous le fleuve se sépare en deux, et ne se refuse pas à nous donner un passage, afin que ce peuple soumis à ton nom, puisse d'un cœur dévot, et dans un transport de joie, rendre à ta gloire et à l'honneur de ce saint le tribut de ses louanges ! « Le Seigneur fut fléchi par ces paroles du serviteur de Dieu et les prières de son saint, et aussitôt les eaux de la mer se divisèrent de telle sorte que ceux qui portaient les saints corps et tout le peuple passèrent à pied sec et sans aucun danger les ondes périlleuses en louant et bénissant le Seigneur (1) » On fit une halte à la Ferté, et peu après le duc s'écria : Allons, et replaçons comme il convient l'élu

---

(1) Vie de Bouchard, comte de Melun, Coll. Guizot, t. VII, p. 20.

de Dieu dans son église. Le lendemain 3 juin 981, il mit sur ses épaules le corps de Saint-Riquier et vint le déposer, tête et pieds-nus, dans le monastère que ce saint homme avait fondé.

Hugues Ier, fils et successeur d'Hilduin, soutint les prétentions de Hugues-Capet à la couronne, les favorisa par ses armes et reçut le prix de son dévouement à la cause de ce prince en obtenant la main de Giselle, sa troisième fille.

On a vu plus haut que le moine Hariulfe désigne Abbeville comme un domaine appartenant à l'abbaye de Saint-Riquier. Il ajoute ailleurs que Hugues-Capet craignant de nouvelles irruptions sur les côtes du Ponthieu, qui étaient sans défense, enleva aux moines de Saint-Riquier Abbeville, Encre (1) et Domart, et en confia le gouvernement au comte de Montreuil, Hugues, son gendre. Peut-être même lui en donna-t-il la propriété sous la réserve de l'hommage et des autres devoirs féodaux. Personne, en effet, n'ignore la prévoyante vigilance du nouveau roi pour préserver la France des maux qui l'avaient affligée, et cette circonstance appuye l'assertion d'Hariulfe que quelques manuscrits révoquent en doute (2). Hugues-Capet

(1) Aujourd'hui Albert, chef-lieu de canton, arrondissement de Péronne.

(2) L'annaliste de Saint-Riquier mentionne différentes fois cette spoliation et ne déguise pas son mécontentement contre les usurpateurs. — Hugo verò primo dux, postea rex, eo tempore quo propter barbarorum cavendos incursus Abbatis-Villam nobis auferens castrum

d'ailleurs, en retenant Abbeville, ne s'en montra pas moins, selon son habitude, le bienfaiteur des moines, puisqu'il les remit en possession des biens qu'il avait hérités des avoués de Saint-Riquier, ses aïeux, et qu'il reconstruisit le monastère ruiné par les Normands (1). On a vu que ces avoués étaient de puissants seigneurs chargés de protéger les abbayes ; mais la plupart avaient rendu cette charge héréditaire dans leurs familles, et s'étaient appropriés les terres qu'ils devaient défendre.

Hariulfe, en parlant des localités que les rois enlevèrent aux moines de Saint-Riquier, dit que ces rois en firent des châteaux en les entourant de murailles et de fossés (2). Abbeville fut donc clos de murs par Hugues-Capet vers 990 ; mais quelle était alors son importance? On l'ignore. Toutefois il est probable que cette ville ne formait alors qu'une assez chétive bour-

---

effecit, cique Hugonem præposuit militem.....quia videlicet ipsius ducis filiam nomine Gelam uxorem duxerat. (Lib. IV, cap. XII.) Quo primum igitur tempore patriola munitionibus castrorum aucta est, ablatis monasterio Centulo tribus oppidis, Abbatis-Villa, Sancto-Medardo et Incra. (Lib. IV, cap. XXI). Reges francorum circa hæc tempora nobis magna abstulerunt prædia. (Lib. III, cap. XXVII).

(1) Les Capétiens étaient les protecteurs des quatre grands monastères de Saint-Denis, Saint-Riquier, Saint-Fleury-sur-Loire et Saint-Martin. Les richesses, l'influence morale et les vassaux de l'église faisaient leur principale puissance. Leur nom même vient de la *chappe* ecclésiastique qu'ils avaient droit de porter en qualité de protecteurs de ces abbayes.

(2) ....Fossatis ambientes et muris circumdantes castella effecerunt. (*Chron. Centul.* Lib. III, cap. XXVII).

gade, car on sait que toutes les villes, au Xe siècle, pillées et incendiées par les barbares, étaient tombées en ruines, et presqu'entièrement dépeuplées.

Abbeville, muni de remparts, vit bientôt augmenter sa population et ne tarda pas à prendre rang parmi les cités importantes. Cette ville cependant ne paraît pas avoir été encore à cette époque la résidence des comtes, car dans presque tous leurs actes ils s'intitulent comtes de Montreuil et de Ponthieu : *comes Monsterolii et Pontivi* (1).

Hariulfe dit que Hugues-Capet avait confié la garde du Ponthieu à plusieurs hommes de guerre. Hugues son gendre était le plus puissant; il attaqua les seigneurs qui n'avaient pas de forteresses pour se défendre, et s'empara ainsi de toute la province. Il ne porta pas cependant le titre de comte de Ponthieu (2); Enguerrand son fils, s'il fallait en croire Hariulfe, aurait pris le premier cette qualification. Nous avons quelque raison de penser que sous le règne d'Enguerrand, le Ponthieu fut pendant quelque temps entre les mains de Robert, roi de France; Eudes, moine de Saint-Maur-des-Fossés, le dit implicitement à propos de l'enlèvement du corps de Saint-Valery par Arnoul, comte de Flandre (3) ; car il rapporte que ce comte incendia « tout le pays

---

(1) *Mém. de l'Acad. des inscript.*, t. VI, p. 748.

(2) Hugues-Capet craignait peut-être l'extension de l'autorité que ce titre devait lui conférer, et, si cette conjecture est fondée, c'était déjà une précaution contre la puissance féodale.

(3) Vie de Bouchard comte de Melun, loc. cit., p. 20.

soumis à la domination du roi » contre lequel il s'était révolté. Nous citerons une autorité plus imposante. Dante, dans le XXe chant du Purgatoire, fait allusion à cette saisie: « Tant que la grande dot apportée par la Provence à mon sang ne lui ôta pas la honte, il valait peu (c'est Hugues-Capet qui parle); mais là il commença à se livrer aux rapines, à la violence, au mensonge; et ensuite pour se purger d'une faute par une faute plus criminelle, il se saisit du Ponthieu, de la Normandie etc. (1)

L'histoire ne dit pas combien de temps le gendre de Hugues-Capet gouverna le Ponthieu et à quelle époque il mourut. Nous savons seulement qu'il laissa deux fils : Enguerrand qui lui succéda, et Gui, abbé de Forêt-Montier.

Peu de temps après son avènement, Enguerrand fut attaqué par Baudouin, comte de Boulogne, mais il le poursuivit au delà de la Canche et s'empara de ses domaines. (1033) Baudouin ayant été tué dans cette expédition, Enguerrand épousa sa veuve (2), et par une générosité bien rare à cette époque, remit son fils en possession du comté de Boulogne. Une agression nouvelle fut bientôt pour lui l'occasion d'une nouvelle

---

(1) Li cominciò con forza et con menzogna
La sua rapina et poscia per amenda
Ponti e Normandia prese e Gascogna.
(Purgatorio. cant. XX.)

(2) Enguerrand, s'il faut en croire Hariulfe, ne portait avant ce mariage que le simple titre d'avoué de Saint-Riquier, et ce ne serait que postérieurement qu'il aurait pris la qualification de comte.

victoire. Robert le Libéral, duc de Normandie, lui déclara la guerre et envoya dans le Ponthieu 3,000 hommes aux ordres de Gilebert, comte de Brionne (1) ; mais Enguerrand marcha contre eux et les tailla en pièces aux environs de Gamaches ; il vivait encore en 1045, et laissa trois fils : Hugues, qui lui succeda ; Foulques, abbé de Forêt-Montier, qui fut excommunié pour avoir tramé le projet de s'emparer de vive force de l'abbaye de Saint-Riquier, et Gui, évêque d'Amiens.

L'histoire ne nous a rien transmis sur les actions de Hugues II, sinon qu'il enrichit différents monastères et qu'il mourut en 1052, peu de temps après son avénement. Il laissa deux fils : Enguerrand II et Gui Ier, et une fille qui épousa Guillaume de Talou, comte d'Arques.

Enguerrand II, « fameux par son courage et sa noblesse » (2), soutint la révolte de Guillaume de Talou contre Guillaume le Conquérant. Il entraîna Henri Ier, roi de France, dans son parti, et, ayant réuni ses troupes à celles de ce prince, il s'avança pour délivrer son beau-frère assiégé dans la forteresse d'Arques par le duc de Normandie. Les soldats de Guillaume le Conquérant avertis de son approche, dressèrent une embuscade sur le chemin qu'il devait suivre. Enguerrand marchait à l'avant-garde sans précaution et sans défiance ; attaqué à l'improviste il périt au milieu de la

---

(1) Orderic Vital, Coll. Guizot, t. XXVI p. 11.
(2) Guil. de Poitiers. ibid t. XXIX p. 349.

mêlée et ses soldats furent taillés en pièces (1). Henri 1er lui-même fut obligé de chercher son salut dans la fuite.

(1053) Gui 1er, connétable de l'armée française, et comte de l'Amiénois, frère et successeur d'Enguerrand, combattait avec lui à la journée d'Arques et résolut de venger sa mort. En 1054 il forma une ligue nouvelle contre Guillaume-le-Conquérant, unit ses forces à celles du roi et de quelques autres seigneurs, et pénétra en Normandie saccageant tout sur son passage ; mais surpris par les soldats de Guillaume, à quelques lieues de Neufchâtel, à Mortemer-sur-Eaulne, il vit disperser ou tailler en pièces ses troupes et celles de ses alliés. Ce fut en vain que plusieurs nobles, braves comme lui, opposèrent la plus vigoureuse résistance ; il fut fait prisonnier, retenu pendant deux ans par son vainqueur, et ne recouvra la liberté qu'en s'obligeant à lui faire hommage, et à combattre sous ses ordres avec cent chevaliers, chaque fois qu'il en serait requis. A peine était-il rentré dans ses domaines que le prince Harold, depuis roi d'Angleterre, qui s'était embarqué pour la Normandie avec une suite nombreuse, fut jeté par une violente tempête sur les côtes du Ponthieu. « C'était la coutume de ce pays maritime, comme de beaucoup d'autres au moyen-âge, dit M. Aug. Thierry, que tout étranger jeté sur la côte par une tempête, au lieu d'être humainement secouru, fût emprisonné et mis à

---

(1) Guil. de Jumièges, Coll. Guizot. t. XXIX, p. 176.

rançon (1). Harold et ses compagnons subirent cette

(1) Cet épisode de la vie d'Harold est retracé sur la célèbre tapisserie de Bayeux, ou tapisserie de la reine Mathilde. On y voit le prince anglais, debout dans une chaloupe, s'avancer sur le rivage. Il ordonne de jeter l'ancre et semble parler au peuple qui vient au-devant de lui. On lit au-dessus de sa tête : *Harold*. — Gui donne des ordres pour arrêter le prince qui paraît descendre de sa chaloupe; les vassaux du comte de Ponthieu sont à cheval, la lance en arrêt et portant des boucliers ornés d'emblêmes et de devises.

La prise d'Harold, formant une action particulière, est terminée par un arbre, afin de distinguer cette scène de celle qui la suit.

Le comte Gui est à cheval, le manteau relevé sur l'épaule en signe de dignité ou même de triomphe, ayant au poing son faucon dont la tête se porte en avant, comme s'il était prêt à s'envoler. Harold le suit, également à cheval, sans manteau, ayant cependant son faucon sur le poing, mais sans ses grillets, et sa tête est tournée du côté de son maître, comme s'il lui demandait à prendre son essor. Toutes ces différences marquent l'humiliation. Harold est suivi par les gardes du comte, qui portent la lance sur l'épaule.

Le tableau suivant représente Gui en conférence avec Harold dans le château de Beaurain. Le comte est assis sur une espèce de trône fort simple, presque semblable à ceux qu'on voit sur les sceaux de nos anciens rois. Il tient de la main gauche son épée dont la pointe est en l'air; le geste qu'il fait avec la main droite indique qu'il parle à son prisonnier. La contenance d'Harold est humble; il tient son épée à la main, mais la pointe est en bas. On voit plusieurs autres figures dans la pièce où l'action se passe : ce sont probablement les domestiques du comte.

A la suite de ce tableau paraissent les députés que le duc de Normandie vient d'envoyer pour réclamer la liberté d'Harold. — Gui est debout, son manteau est ouvert sur l'épaule droite et retroussé sur le bras gauche; il tient une hache à la main et affecte un air d'arrogance dans son maintien; derrière lui est un de ses gardes avec la lance sur l'épaule. Les deux envoyés sont également debout, appuyés sur leurs lances; l'un d'eux semble parler au comte. Un nain, auloi rigoureuse; après avoir été dépouillés du meilleur de leur bagage, ils furent enfermés par le seigneur du lieu dans sa forteresse de Belram, aujourd'hui Beaurain, près de Montreuil.

« Pour échapper à l'ennui d'une longue captivité, le Saxon se déclara porteur d'un message du roi d'Angleterre pour le duc de Normandie, et envoya demander à Guillaume de le faire sortir de prison, afin qu'il pût se rendre auprès de lui (1). Guillaume n'hésita point et réclama de son voisin, le comte de Ponthieu, la liberté du captif, d'abord avec de simples menaces, sans nullement parler de rançon.

« Le comte de Ponthieu fut sourd aux menaces et ne céda qu'à l'offre d'une grande somme d'argent et d'une belle terre sur la rivière d'Eaulne (2).

Harold retourna bientôt après en Angleterre, et, à la mort d'Edouard, se fit proclamer roi; mais le duc Guillaume, déçu dans ses espérances, résolut de

dessus de la tête duquel est écrit *Turold*, tient leurs chevaux par la bride.

La tapisserie de la reine Mathilde existe encore dans la cathédrale de Bayeux. Les armes, les costumes et les usages du temps y sont représentés avec la plus exacte fidélité. — Nous renvoyons pour plus amples détails à la description de cette tapisserie, par M. Smart Le Thieullier. Caen, 1824, in-4º.

(1) Avant d'être renfermé dans le château de Beaurain, le chef saxon fut emprisonné à Saint-Valery dans une tour dont les restes subsistent encore et qu'on désigne sous le nom de Tour d'Harold.

(2) Hist. de la conquête de l'Angleterre par les Normands, 1830, in-8º, t. 1er, p. 279. — Voir aussi Mém. de l'Acad. des inscrip., t. VI, p. 749.

l'expulser du trône. « Il fit publier son ban de guerre dans les contrées voisines, dit M. Thierry ; il offrit une forte solde et le pillage de l'Angleterre à tout homme robuste et de haute taille qui voudrait le servir de la lance, de l'épée et de l'arbalète, et il en vint une multitude par toutes les routes de loin et de près, du nord et du midi (1). »

« Le rendez-vous des gens de guerre, dit le célèbre historien que nous venons de citer, était à l'embouchure de la Dive, rivière qui se jette dans l'Océan, entre la Seine et l'Orne. Durant un mois les vents furent contraires et retinrent la flotte au port. Ensuite une brise du sud la poussa jusqu'à Saint-Valery : là les mauvais temps recommencèrent ; il fallut jeter l'ancre et attendre plusieurs jours.

« Durant ce retard, la tempête fracassa quelques vaisseaux et fit périr les hommes de l'équipage ; cet accident causa de la rumeur parmi les troupes fatiguées d'un long campement. Dans l'oisiveté de leurs journées, les soldats passaient les heures à converser sous la tente, à se communiquer leurs réflexions sur les périls du voyage et les difficultés de l'entreprise. Il n'y avait point encore eu de combat, disait-on, et déjà beaucoup d'hommes étaient morts ; l'on calculait et l'on exagérait le nombre des cadavres que la mer avait rejetés sur le sable. Ces bruits abattaient l'ardeur des aventuriers d'abord si pleins de zèle ; quelques uns

---

(1) Hist. de la conquête de l'Angleterre, t. Ier, p. 308.

même rompirent leur engagement et se retirèrent. Pour arrêter cette disposition funeste à ses projets, Guillaume faisait enterrer secrètement les morts, et augmentait les rations de vivres et de liqueurs fortes. Mais le défaut d'activité ramenait toujours les mêmes pensées de tristesse et de découragement. « Bien fou, disaient les soldats en murmurant, bien fou est l'homme qui prétend s'emparer de la terre d'autrui ; Dieu s'offense de pareils desseins, et le montre en nous refusant le bon vent.

« Soit par conviction, soit pour tenter une dernière ressource, soit pour fournir aux esprits quelque distraction nouvelle, les chefs normands firent promener en grande pompe au travers du camp, les reliques de Saint-Valery, patron du lieu. Toute l'armée se mit en oraison, et la nuit suivante les vents changèrent, et la flotte eut le temps à souhait. Quatre cents navires à grandes voiles et plus d'un millier de bateaux de transport s'éloignèrent de la rive au même signal (29 septembre 1066.) Le vaisseau de Guillaume marchait en tête, portant au haut de son mât, la bannière envoyée par le pape et une croix sur son pavillon. Ses voiles étaient de diverses couleurs et l'on y avait peint en plusieurs endroits trois lions, enseigne de Normandie; à la proue était sculptée une figure d'enfant portant un arc tendu, avec la flèche prête à partir (1). »

(1) Ibid., t. Ier, p. 314.

Suivant la chronique de Normandie, neuf cents grands navires avaient été réunis dans le port de Saint-Valery, sans compter *li menus vaisselin*, petits vaisseaux dont la quantité était considérable. Robert Wace, Guillaume de Jumièges et Guillaume de Poitiers parlent de trois mille ; mais on ne sait rien de précis à cet égard. Le nombre des combattants n'est guère plus certain ; les uns disent quarante mille, les autres soixante mille.

L'étroite amitié qui unissait Guillaume et Bernard de Saint-Valery, contribua puissamment à la rapidité et au succès de l'expédition (1) ; car il aurait fallu à cette époque, où Dieppe n'existait pas encore, aller chercher fort loin sur la côte de Normandie, un port assez vaste et assez sûr pour servir de rendez-vous à toute la flotte normande. Gui de Ponthieu ne fut pas moins utile à Guillaume, en amassant des vivres pour sa flotte, et en les envoyant à Saint-Valery sur tous les bâtiments qui remplissaient alors le port d'Abbeville (2). Après avoir ainsi pourvu aux besoins de l'expé-

---

(1) Bernard de Saint-Valery était petit-fils de Richard-le-Jeune, duc de Normandie, par sa fille Papie, et par conséquent cousin germain du duc Guillaume qu'il suivit en Angleterre. Il paraît qu'une branche de sa famille s'établit dans ce royaume. (Voyez *Le roman de Rou*, publié par M. Pluquet, t. II, p. 272, note 3.)

(2) Hist. des anciens comtes de Ponthieu, par Formentin, avocat à Abbeville, 1740, in-f°. L'auteur était un homme de science qui compulsa laborieusement les archives des villes et des monastères du Ponthieu ; mais quoiqu'il ait peu discuté les faits, qu'il les ait exposés sèchement, il mérite cependant la reconnaissance de ses compatriotes, car son travail, qu'il se proposait de faire imprimer, et qui fut annoncé

dition, il alla joindre le duc de Normandie, et combattit sous ses drapeaux à la bataille d'Hastings (1).

Avant de partir pour l'Angleterre, Guillaume avait pris l'engagement, s'il triomphait, d'abandonner la Normandie à son fils aîné, Robert II ; mais l'Angleterre soumise, il refusa de tenir parole. Robert, irrité de ce manque de foi, se mit en campagne ; il choisit Abbeville pour sa place d'armes (2) ; dirigea de cette ville plusieurs expéditions contre la Normandie (1087) ; et, à la mort de son père, il marcha sur Rouen, où il entra sans opposition.

Gui, à son retour d'Angleterre, fit la guerre au comte de Flandre avec Philippe Ier, roi de France, au sacre duquel il avait assisté en 1059, en qualité de vassal immédiat de la couronne. Gervin, abbé de Saint-Riquier et Guaton, abbé de Saint-Valery, l'avaient accompagné à cette solennité.

Le comte Gui, sur l'ordre de Philippe Ier lui-même, retint captive à Montreuil la reine Berthe que Philippe avait répudiée pour épouser Bertrade (3). La reine

---

dans le *Journal de Verdun*, cahier d'avril 1747, contient plusieurs notions très importantes sur l'histoire politique du pays. L'histoire mse. de Formentin est à Abbeville, chez un de ses parents, M. Félix Cordier.

(1) Cette bataille fut chantée quelques années plus tard par l'oncle de Gui de Ponthieu, Gui, évêque d'Amiens, l'un des aumôniers de la reine Mathilde. (Orderic Vital, coll. Guizot, t. XXVI, p. 151.)

(2) Rer. gallic. script., t. XI, p. 54.

(3) Philippe possédait Montreuil en 1072, lors de son premier mariage, puisqu'il avait assigné cette ville pour douaire à la reine Berthe.

fut renfermée dans une tour de l'ancien château qui subsiste encore dans la citadelle et qui porte son nom. Elle y mourut de chagrin et de misère vers l'an 1095 (1).

Gervin II gouvernait alors l'abbaye de Saint-Riquier. C'était, dit Jean de la Chapelle (2), un homme éloquent et donnant de bons conseils ; mais fourbe et ne pratiquant point la morale qu'il prêchait. Il avait été d'abord moine de Saint-Remi, de Reims ; puis il avait obtenu du roi de France le titre d'abbé de Saint-Riquier ; mais c'était trop peu pour son ambition. A peine était-il promu au rang d'abbé, qu'il intrigua de nouveau pour monter sur le siége épiscopal d'Amiens. Il obtint cet évêché, dit Ducange (3), du roi Philippe Ier probablement par argent, car ce prince faisait trafic des choses saintes, *princeps in rebus sacris venalissimus*. Les moines, qui souffraient de son gouvernement et de

On a déjà vu que Hugues-Capet avait retiré Montreuil à son gendre.

(1) Les habitants de Montreuil, dit la tradition, vivement touchés du malheur de la reine, établissaient chaque dimanche, afin de quêter pour elle, de petites chapelles au coin des rues. Cet usage, restreint depuis aux dimanches de Carême, est encore observé par des enfants pauvres de la ville, qui élèvent à cet effet de petits reposoirs sur des chaises, et recueillent des aumônes. Intéressante à la fois par l'évènement auquel elle se rattache et par la régularité avec laquelle elle s'est perpétuée depuis plus de 750 ans, cette coutume porte le nom de quête à la reine. Les enfants, en faisant cette quête, chantaient encore, avant la révolution de 1789, une chanson qui en rappelait l'origine.

(2) Chron. Msc. abbatiæ S. Richarii, 1492.

(3) Hist. des évêques d'Amiens, Arsenal. Mss. franç. histoire, n° 236.

ses prodigalités, portèrent plainte, d'après le conseil du comte de Ponthieu, au pape Urbain II, qui venait d'ouvrir le concile général de Clermont. Gervin fut mandé au concile, et le pape, après avoir pris connaissance des griefs qui lui étaient reprochés, lui dit publiquement dans une séance solennelle : « Tu as gouverné d'une manière indigne l'abbaye de Saint-Riquier, qui était sous tes prédécesseurs puissante et riche, et l'église aurait droit de te déposer de toute fonction ecclésiastique, parce que tu es le boucher des brebis du Christ, *mactator ovium Christi*; je ne veux pas te frapper deux fois ; tu resteras sur le siége épiscopal d'Amiens où tu as eu tant de peine à monter, mais les moines de Saint-Riquier pourront dès à présent te donner un successeur. Je te retire ton titre d'abbé et je t'ordonne au nom du Saint-Esprit de te soumettre à cet arrêt. » — Gervin était adroit, il intrigua par prières et par argent pour obtenir le silence de ceux qui l'avaient accompagné au concile. Sa disgrâce fut tenue secrète, et de la sorte il continua encore, pendant près d'un an, à régir ou plutôt à ruiner le monastère, et, par une bizarre contradiction, tandis qu'il dilapidait ainsi l'abbaye confiée à ses soins, il excommuniait ceux qui cherchaient à spolier le monastère de Saint-Josse des biens qui lui avaient été donnés par le comte Gui, de Ponthieu (1).

(1) Après avoir été très sévèrement réprimandé et déposé, Gervin quitta son évêché et vint se fixer à Abbeville ; mais il ne put y vivre

Le territoire d'Abbeville devint, en 1096, le rendez-vous des troupes que le duc de Normandie, le comte de Flandre et le comte de Boulogne, Godefroy de Bouillon, devaient fournir pour la conquête de la terre sainte. Godefroy de Bouillon lui-même, à la tête d'une foule d'habitants de l'Artois et de douze cents Boulonnais, se rendit dans la capitale du Ponthieu où Gui le reçut avec magnificence ainsi que les autres seigneurs (1), et, le 15 août, sous les murs de cette capitale, Godefroy passa la revue des croisés (2) dont il devint, on le sait, le chef immortel. Gui ne put les suivre à cause de ses infirmités; mais pour perpétuer, dit-on, le souvenir de leur séjour, il érigea l'église du Saint-Sépulcre sur le lieu même où le généralissime et les princes qui l'accompagnaient avaient planté leurs pavillons.

Une lettre de Gui, adressée à Lambert, évêque d'Arras, et dont l'original se trouve à la bibliothèque du roi, nous apprend qu'il arma chevalier à Abbeville,

---

en repos. Les habitants de cette ville, chaque fois qu'ils le voyaient, s'attachaient à ses pas et le poursuivaient en répétant derrière lui des vers satiriques qui avaient été composés par des moines.

(1) Ms. de Formentin. — M. Harbaville, Mémorial hist. du Pas-de-Calais, t. 1er, p. 27.

(2) Bernard de Saint-Valery, deuxième du nom, dont nous avons déjà parlé (page 122), était au nombre de ces chevaliers. Orderic Vital dit qu'après le siége de Nicée l'armée chrétienne s'étant séparée pendant la nuit, Gauthier de Saint-Valery et Bernard son fils s'attachèrent aux pas de Bohémond. Raoul de Caen, auteur des Gestes de Tancrède, raconte que Bernard de Saint-Valery monta le premier sur les remparts

le jour de la Pentecôte, l'an 1098, l'héritier de la couronne de France, Louis-le-Gros. « Cette lettre, dit dom Brial (1), est assez intéressante et assez courte pour être rapportée tout entière. Comme elle peut donner lieu à beaucoup de réflexions, je la traduirai littéralement :

» A son cousin Lambert, évêque d'Arras, Gui, comte de Ponthieu, salut et amitié. Je supplie humblement votre piété de daigner se trouver à Abbeville la 7me série de la Pentecôte, parce que le lendemain dimanche je dois revêtir de l'armure militaire Louis fils du roi, et le promouvoir au grade de chevalier. Je vous prie de ne pas refuser à Louis l'honneur de votre présence; d'ailleurs j'ai besoin de vos conseils dans cette affaire. Si donc vous refusez de venir à cause de lui, je vous prie instamment de venir à cause de moi, et en considération de la parenté qui nous lie ensemble, et parce que vous acquerrez des droits à ma reconnaissance dans tout ce qui vous fera plaisir. Je vous prie de vous rendre au samedi de la Pentecôte. »

« Le comte de Ponthieu, qui devait se trouver fort honoré d'être choisi pour une pareille fonction, dit dom Brial, semble hésiter; il a besoin des conseils de son parent l'évêque d'Arras qui, invité à se rendre à Reims le même jour pour se trouver à la consécration d'un évêque de Noyon, s'excuse de ne pouvoir y aller pour des raisons qu'il ne juge pas à propos de faire connaître. Il y a dans tout cela un air de mystère

de la ville sainte. Les membres de cette famille portaient d'azur fretté d'or, semé de fleurs de lis de même.
(1) Mém. de l'Institut (classe d'histoire), t. IV, p. 504.

qu'on ne peut expliquer, ajoute dom Brial ; on se demande pourquoi Abbeville, pourquoi le comte de Ponthieu sont choisis préférablement à tant d'autres villes et seigneurs pour une cérémonie qui ordinairement se faisait avec tant d'appareil ; et l'on n'en peut trouver aucune raison satisfaisante. Est-ce que tout cela se faisait contre le gré du roi Philippe ? Est-ce que la faction de Bertrade s'y opposait ? Car les brouilleries entre le beau-fils et la belle-mère ne tardèrent pas à éclater.... il n'y a aucune apparence que ce soit dans cette occasion que Louis-le-Gros aurait été élu, comme dit Yves de Chartres, du consentement des évêques et des grands pour succéder à la royauté. Nous ne voulons pourtant pas décider le contraire. »

Gui, comte de Ponthieu, se montra sur la fin de sa vie généreux à l'égard des moines, que, dans les premières années de sa puissance, il avait été loin de protéger ; ce qu'il avoue lui-même dans un acte ainsi conçu : « Après avoir été long-temps atteint d'une maladie grave et m'être vu près de mourir, je ressentis de cruelles angoisses et de profondes terreurs, car ma conscience me reprochait d'énormes crimes. Je fis venir l'abbé de Saint-Riquier, et je le priai de toute mon âme, ainsi que ses moines, de me pardonner mes torts abominables, et de ne point répudier ma malheureuse âme, à cause des immenses dommages que j'ai constamment faits aux vassaux et aux propriétés de l'église du bienheureux Riquier, notre père et notre patron à tous. Il me fut répondu que j'obtiendrais mon pardon si je cessais de m'abandonner au crime. Ces saintes paroles m'ont rassuré, et j'ai remis, et entièrement restitué tout ce que j'avais injustement et méchamment ravi, soit dans la ville de Centule, soit au dehors, dans les domaines du couvent ou dans ses terres. Je l'ai remis, je le confirme et je le déclare en prenant pour garants mes amis et mes hommes les plus fidèles ; et périsse par le glaive de l'anathème celui de mes héritiers qui prétendrait rentrer en possession de ce que je restitue, et renouveler ainsi toutes mes iniquités ! (1) »

Malgré ses torts envers les moines, Gui s'était fait chérir de ses sujets en réformant plusieurs mauvaises coutumes que ses prédécesseurs avaient introduites dans le Ponthieu ; quelques auteurs disent qu'il s'empara de la partie de l'Amiénois qui avoisinait ce comté après que Simon, comte de Valois, du Vexin et d'Amiens eut renoncé au monde pour se retirer dans l'abbaye de Saint-Claude, et ces auteurs ne se trompent pas, puisque Gui s'intitulait comte de Ponthieu et de l'Amiénois. Ce prince mourut le 13 octobre l'an 1100. Il avait eu de la comtesse Ade, sa femme, un fils qu'il s'était associé dans le gouvernement de ses terres et qui mourut avant lui, et une fille nommée Agnès, qui porta le Ponthieu dans la maison d'Alençon, de la race de Montgommery.

(1) Gallia Christiana, édit. des Bénédictins, t. X, instrum. col. 299.

CHAPITRE II.

Le Ponthieu passe par alliance dans la maison d'Alençon.—Histoire politique des comtes, depuis l'an 1100 jusqu'en 1191.—Robert-Talvas. — Guillaume II. — Gui II. — Jean. — Aventure d'Adèle de Ponthieu.

Robert, surnommé Talvas (1) ou le Diable, comte de Bellême, d'Alençon et de Ponthieu, par son mariage avec Agnès, « était un homme fin et rempli d'astuce, dit Orderic Vital ; grand et fort, courageux et puissant sous les armes, éloquent mais très cruel ; insatiable dans son avarice et dans son libertinage, plein d'habileté pour les affaires épineuses et dans les exercices du monde, supportant les plus rudes fatigues, ingénieux ouvrier pour la construction des édifices et des machines, ainsi que les autres choses difficiles ;

---

(1) Ce n'est pas à cause de sa dureté qu'il s'appelait Talvas, c'est par rapport à une espèce de bouclier qu'il portait, et selon d'autres, au nom d'une terre près de Valognes qui fut longtemps possédée par les barons de Chanflours. Ce surnom devint aussi celui de plusieurs de ses descendants.

inexorable bourreau lorsqu'il s'agissait de tourmenter les hommes (1). »

La fougue et l'audace de Talvas le poussèrent sans cesse dans les expéditions les plus hasardeuses. Il alla attaquer Henri Ier, roi d'Angleterre, qu'il égalait presque en puissance, jusqu'au sein même de ses états; mais forcé de capituler sous les murs de Schwrerburry, il revint en France, marcha contre le duc de Normandie, les comtes d'Evreux et de Mortagne, qui avaient envahi ses terres, les rencontra près de Séez et tailla leur armée en pièces. Il se réconcilia ensuite avec eux, se battit de nouveau contre le comte de Mortagne, et, bientôt après, en 1105, s'avança à la tête des seigneurs normands contre Henri, roi d'Angleterre, qui avait envahi la Normandie. Talvas fut vaincu à Tinchebrai par le prince anglais, et, malgré sa défaite, il se préparait à recommencer la lutte, lorsque Henri, qui le craignait, se vit contraint de le ménager et conclut avec lui un traité qui lui garantissait la libre possession de ses domaines. Talvas, dont l'humeur belliqueuse et jalouse s'accommodait mal de la paix, recommença bientôt les hostilités et contre ses voisins (2), et contre Henri lui-même. » Il livra leurs

(1) Coll. Guizot, t. XXVII, p. 260.
(2) On voit encore près de Mamers des retranchements de plus de trois lieues d'étendue qu'il fit élever pour garantir le pays des attaques d'Hélie de la Flèche, comte du Maine. Ces retranchements, dont les travaux de la culture ont déjà fait disparaître une partie sur un espace de trois quarts de lieue, portent le nom de Fossés de Robert-le-Diable.

terres aux flammes après les avoir pillées. Il faisait souffrir des tourments jusqu'à la mort ou à la perte de leurs membres aux chevaliers ou autres personnes qu'il pouvait prendre. Il était en cette circonstance si barbare qu'il aimait mieux livrer ses prisonniers aux tortures que de s'enrichir par de fortes rançons.... il regardait comme un jeu de couper les pieds et les mains, et se plaisait, comme le Sicilien Phalaris, à recourir à des supplices inouïs pour torturer les malheureux (1). »

La guerre devenait chaque jour plus vive, quand Louis-le-Gros, lassé de tant de désordres, envoya Talvas au roi d'Angleterre pour négocier la paix; mais le prince anglais refusa de reconnaître en lui les franchises d'un ambassadeur, le fit arrêter le 4 novembre 1112, et l'accusa de haute trahison devant les pairs de son royaume. Talvas fut condamné par eux à une prison perpétuelle, et termina dans la captivité sa coupable existence.

La cruauté de Talvas ne s'était point démentie à l'égard de sa femme, Agnès de Ponthieu. Après l'avoir accablée d'afflictions comme si elle n'eut été qu'une servante odieuse, dit Orderic Vital, et l'avoir retenue long-temps captive dans un cachot de son château de Bellême, il tenta de l'empoisonner; mais secourue à temps elle ne succomba point, et s'échappant à l'aide d'un serviteur fidèle, elle se retira d'abord chez la comtesse de Chartres, puis à Abbeville, où elle finit

---

(1) Orderic Vital, loc. cit., t. XXVIII, p. 157 et *passim*.

ses jours en 1120, dans une maison située près de la porte Comtesse, et qui appartint depuis aux Templiers.

Les historiens qui parlent de Robert, de ses forfaits et de ses batailles, ne nous disent point ce que devint le Ponthieu pendant son absence. Nous savons seulement qu'il ratifia la charte de fondation de l'abbaye de Saint-Pierre, d'Abbeville.

Talvas expiait encore ses crimes dans les fers quand son fils, Guillaume II, qu'il avait eu de son mariage avec Agnès, prit les rênes du gouvernement du Ponthieu. Guillaume, non moins belliqueux que son père, soutint comme lui des guerres longues et sanglantes; mais ses exploits appartiennent beaucoup moins à l'histoire du Ponthieu qu'à celle du comté d'Alençon. Les comtes du Perche et de Mortagne, de Blois et d'Anjou furent tour à tour ses adversaires ou ses alliés; mais de ses nombreux ennemis, Henri Ier, roi d'Angleterre, se montra constamment le plus implacable. Guillaume, dépouillé plusieurs fois par ce prince d'une partie de ses états, parvint à les reconquérir à la pointe de l'épée, et la Normandie fut presque toujours le théâtre de ses sanglants débats.

Digne successeur de Robert-le-Diable, Guillaume chercha sans cesse à assouvir sa cupidité par les exactions les plus coupables. Son administration fut plus oppressive encore que celle de son père, et on lui donna le nom de *Cruel* qu'il n'avait que trop bien mérité. Pressé par les terreurs de sa conscience, il crut se réconcilier avec le ciel en enrichissant plusieurs abbayes du Ponthieu, et en fondant au diocèse de Séez l'abbaye de Saint-André, et dans le Sonnois, celle de Perseigne. Il se croisa ensuite avec Louis VII dans l'assemblée de Vezelay, alla combattre en terre sainte, revint dans sa patrie après deux ans d'absence, et mourut le 29 juin 1171 (1). Il laissa quatre enfants d'Hélène de Bourgogne, sa femme ; Gui de Ponthieu, Jean d'Alençon et deux filles.

Pendant les longues guerres que Guillaume eut à soutenir en Normandie, plusieurs seigneurs du Ponthieu et des contrées voisines ravagèrent fréquemment les environs d'Abbeville. En 1131, Hugues de Camp d'Avesnes, comte de Saint-Pol, qui s'était réuni à Guillaume Talvas, à Robert d'Ailly, seigneur de Beaurain-sur-Canche et au ber d'Auxy, vint investir

---

(1) Guillaume fut inhumé dans l'abbaye de Perseigne où les autres comtes d'Alençon avaient aussi leurs tombeaux. « Ces tombeaux sont rangés devant et autour du maître autel, dit une notice sur cette abbaye, écrite par un de ses religieux dans le XVIIe siècle. Ils sont faits très-simplement en forme de coffres ou cercueils de pierre, pas plus élevés de deux pieds, et couverts chacun de deux tombes de pierre, épaisses de sept à huit pouces. Dans le premier, reposent les os d'Hélène, fille d'Eudes, duc de Bourgogne, comtesse de Ponthieu, d'Alençon et de Bellême, qui trépassa au temps de la guerre sainte, vers l'an 1146. — En 1171 mourut notre dévôt fondateur, Guillaume comte de Ponthieu, qui fut enterré en la chapelle Saint-Jean. Un religieux fort reconnaissant pour sa fondation a fait des vers à sa louange qui donnent beaucoup de clarté à l'histoire. » Tous ces tombeaux ont disparu depuis long-temps. (Inventaire général des titres et des choses les plus remarquables de l'abbaye de Perseigne, XVIIe siècle. — Archives de la Sarthe. Salle des documents antérieurs à 1789.)

Saint-Riquier, où s'étaient réfugiés plusieurs seigneurs de ses ennemis, qu'il avait battus en diverses rencontres. Saint-Riquier, quoique l'une des places les mieux fortifiées du royaume, fut emporté d'assaut le 28 juillet. Le feu grégeois dévora la ville, l'abbaye et plus de deux mille cinq cents personnes périrent. Ceux que la flamme et le feu avaient épargnés, se retirèrent à Abbeville. L'abbé de Saint-Riquier porta plainte au concile de Reims contre Camp d'Avesnes ; mais celui-ci bravant les foudres de l'église, ne continua pas moins de ravager le Ponthieu. Louis-le-Gros se disposait à le punir, lorsqu'il implora le pardon du pape, qui lui enjoignit de fonder un monastère. Il se soumit à la pénitence, et fit construire l'abbaye de Cercamps, qu'il dota de douze mille arpents de terre. Mais il ne put désarmer le ciel, car il fut condamné, disent les chroniques, à visiter long-temps les lieux qu'il avait désolés. On le voyait pendant la nuit, chargé de chaînes, et transformé en loup, parcourir les rues en poussant d'affreux hurlements ; et c'est, dit-on, ce fantôme qu'à une époque récente encore on désignait à Abbeville sous le nom de *Bête Canteraine*.

Gui II fut chargé de l'administration du Ponthieu pendant que Guillaume, son père guerroyait en Normandie. Gui, pour soutenir la cause de Guillaume, prit les armes contre Etienne, comte de Boulogne, et porta le ravage sur ses domaines. Etienne, de son côté, rassembla des forces et marcha contre Montreuil, où il entra sans résistance ; mais Gui reparut bientôt devant cette place, la prit d'assaut, passa tous les habitants au fil de l'épée sans distinction d'âge et de sexe, et réduisit la ville en cendres. Sa bravoure aventureuse et le zèle religieux du temps, l'entraînèrent ensuite à la conquête de la Terre Sainte sous les drapeaux de Louis-le-Jeune. Guillaume de Tyr, qui le cite comme un homme illustré par ses exploits militaires, nous apprend qu'il mourut à Ephèse, où le roi de France séjournait pour donner quelque repos à son armée, et qu'il fut enseveli avec honneur, dans l'église de cette ville (1147).

Jean, son fils, qui l'avait suivi en Orient, revint de la Palestine sur le vaisseau qui ramena Louis-le-Jeune. A peine avait-il pris possession des domaines de son père qu'il eut à soutenir une guerre contre le comte de Boulogne. Vainqueur dans cette première lutte, il ne tarda pas à se quereller de nouveau avec Bernard de Saint-Valery, qui élevait des châteaux à Domart, à Berneuil et à Bernarville. Jean, de son côté fit édifier une forteresse au Crotoy, et les hostilités commencèrent. Elles duraient depuis long-temps déjà lorsque Louis VII appela les deux seigneurs devant lui pour les réconcilier; mais il ne put y parvenir, et, voulant cependant mettre un terme aux meurtres et aux incendies qu'ils commettaient incessamment sur leurs fiefs, il fut décidé qu'ils termineraient leurs différends par le duel. Hugues Ier, abbé de Corbie, dont les droits de haute justice s'étendaient sur les terres du sire de Saint-Valery, alla trouver le roi de France et obtint que le duel aurait lieu devant lui, et dans son monastère. Au jour assigné par le roi, les deux adversaires, en présence de l'abbé et de Théobald, comte de Chartres, se présentèrent à la cour de Corbie avec une grande quantité de nobles, et offrirent, ainsi qu'ils le devaient, des cavaliers armés pour combattre à leur place; mais grâce aux instances d'hommes prudents, la paix fut faite entre les deux barons de telle sorte que le château du Crotoy resta au comte de Ponthieu, et ceux de Berneuil, Domart et Bernarville au sire de Saint-Valery (1). Malheureusement ce traité ne ramena le calme que pour peu de temps. Henri II, roi d'Angleterre, qui était en guerre avec Louis VII, dont Jean de Ponthieu avait embrassé le parti, vint peu de temps après brûler quarante villages dans le Vimeu.

Les monuments de la Chartreuse d'Abbeville, rapportent que les Anglais ayant été vaincus dans une grande bataille, ne purent rétrograder au-delà de Thuison, près d'Abbeville, où passait alors la route de Calais et celle d'Hesdin, parce que ce passage était gardé. — Es-tu Français, criaient les troupes de Jean de Ponthieu à chaque fuyard qui se présentait?— Oui, répondait le vaincu. — En ce cas, dis-nous comment s'appelle certain château à quelques lieues d'Abbeville, du côté d'Amiens? — Enumérant alors les différentes

---

(1) *Ex membranco codice Corbeiensi*. Ducange, titres de Picardie; Arsenal, Mss. franç. 332—69.

forteresses qu'il lui fallait citer, l'Anglais ne manquait pas d'estropier le nom de Picquigny, qu'il prononçait en halbutiant *Pequeni, Pecagni,* et cette réponse était son arrêt de mort (1).

Après la victoire des Français, Jean de Ponthieu, pour venger l'incendie du Vimeu, pénétra à son tour dans la Normandie, dont le roi d'Angleterre était maître, s'empara du château d'Arques, d'Aumale, de Neufchâtel et dévasta le pays.

En 1190, Jean se joignit aux chefs de la troisième croisade qui s'étaient rassemblés à Abbeville pour y tenir conseil. On y remarquait les envoyés des rois de Jérusalem et d'Angleterre, le duc de Bourgogne, les comtes de Flandre, de Champagne, de Blois, de Nevers, de Sancerre, etc. Ce fut là qu'on discuta le projet des fameuses ordonnances que les rois de France et d'Angleterre ne tardèrent pas à promulguer pour assurer le succès de l'expédition (2).

Jean marcha contre les infidèles avec l'élite de ses barons et de ses vassaux, et périt avec la plupart d'entre eux au siége de Ptolémaïs. Son corps fut rap-

(1) Pierre Duval, dans sa *Description de la France*, Paris, 1659, p. 57, dit que la prononciation du mot Picquigny a été jadis fatale aux Anglais.

(2) Chronique Ms. de F. Rumet, livre 2.—Hist. des mayeurs d'Abbeville, 1657, in-f°, p. 75.—Ms. de Formentin.—D'après l'Histoire des Croisades de Michaud, ce serait à Nonancourt, en Normandie, que les rois de France et d'Angleterre auraient fait les réglements qui devaient assurer l'ordre et la discipline dans leurs armées.

porté en France et inhumé dans l'abbaye de Dommartin. Au nombre des seigneurs qui l'avaient accompagné, on remarque Aléaume de Fontaines, mayeur d'Abbeville (1), Bernard de Saint-Valery, troisième du nom, les sires de Nouvion et de Canchy, Hugues Cholet, premier échevin d'Abbeville en 1184 (2), et plusieurs autres nobles ou habitants de cette ville, dont les actes suivants ont conservé les noms.

« Moi Jean, comte de Ponthieu, je fais savoir à tous ceux qui verront ces lettres que je me suis porté garant et débiteur envers Salvage

(1) Aléaume de Fontaines resta en Orient avec les chevaliers laissés par Philippe-Auguste après son départ. En 1204, il rejoignit les croisés qui s'emparèrent de Constantinople l'année suivante. Il avait fondé l'église collégiale de Long-Pré. Laurette de Saint-Valery, sa femme, avait toutes les vertus des chevaliers et la charité de son sexe. Un historien dit en parlant d'elle : *Sicut animi virtute non erat inferior viro, sic barbata facie seipsam exhibuit virum.* Elle avait appris la médecine pour secourir les pauvres. — La maison de Fontaines portait [*d'or à trois écussons de vair, posés deux et un.*

(2) Hugues Cholet était l'aïeul du cardinal Jean Cholet, que la France compte parmi les personnages politiques et littéraires de la fin du XIIIe siècle. Né entre les années 1212 et 1222, à Abbeville, selon les uns, et selon d'autres au château de Nointel, que son père avait acheté dans le diocèse de Beauvais, le cardinal Cholet laissa de grands biens qu'en 1291 il destina à des fondations pieuses. Ses exécuteurs testamentaires firent construire dans la rue des Vignes à Paris, un collége qui prit le nom de collége des Cholets. Seize écoliers des diocèses de Beauvais et d'Amiens y devaient être entretenus, logés, nourris et enseignés. En 1768, ce collége fut réuni à l'université, qui possède encore près d'Abbeville un bois, dit le bois des Cholets. (Cf. Hist. littér. de la France, t. XX, p. 113 et suiv.)

Testa et ses associés, citoyens génois, pour une somme de deux cents marcs d'argent qu'ils ont donnée en commun à mes amés et féaux Jean de *Monsuriis*, Regnier de Eskinecourt, Gilles de Soyecourt, Gauthier Docok, Guillaume de Bakoelles, Théobald de Montémarc, Aléaume d'Alnet (d'Allenay ?), Philippe, dit Musnier, et Simon de Sauflieu, de telle sorte que si les susdites personnes manquent à payer ladite somme, au terme porté dans leurs lettres, je serai tenu, un mois après en avoir été requis, de solder la somme au dit Salvage ou *à son ordre*. En foi de quoi, j'ai scellé les présentes lettres de mon sceau. Fait au camp auprès d'Accon, l'an du Seigneur 1191, au mois de mai. «

« Moi Jean, comte de Ponthieu, fais savoir à tous, qu'à la demande de mes amés et féaux Gui de Noyelles, Hugues Le Ver, Robert de Saint-Riquier, et Raoul de Vismes, agissants au nom de tous les croisés de la commune d'Abbeville, je me suis porté comme plège (garant) et comme débiteur envers Salvage Testa, Pierre Stroxoli et leurs associés, citoyens génois, pour une somme de deux cents livres tournois, qu'ils ont donnée en commun aux croisés de la commune d'Abbeville, de telle sorte que si lesdits croisés ne remplissaient point leurs engagements à l'égard desdits citoyens génois, je serais tenu de satisfaire pleinement ces derniers, pour la somme ci-dessus énoncée, quinze jours après en avoir été requis. En foi de quoi, j'ai scellé les présentes lettres de mon sceau. Fait au camp auprès d'Accon, l'an du Seigneur 1191, au mois de juin. (1) »

La fondation de l'Hôtel-Dieu et l'affranchissement de la commune d'Abbeville consacrent, dans nos annales, la mémoire de Jean. Il avait été marié trois fois. Béatrix de Saint-Pol, sa dernière femme, lui donna seule des enfants : Guillaume, qui lui succéda ; Philippe, qui mourut au berceau ; Marguerite, qu'il

---

(1) Nous devons à l'obligeance de M. F. Guessard, ancien élève de l'Ecole des Chartes, la communication du texte de ces lettres.

maria avec Enguerrand de Picquigny, et Adèle, qui épousa Thomas de Saint-Valery. Ce fut cette jeune et belle princesse que des brigands outragèrent et que Jean fit précipiter dans les flots, croyant effacer ainsi l'affront fait à son sang (1). Cette aventure, telle que nous la connaissons, s'est altérée sans doute, et la fiction, comme dans la tragique histoire de la dame de Coucy, y tient plus de place que la réalité. Quoiqu'il en soit, Adèle est restée dans le Ponthieu l'héroïne d'une tradition célèbre. Le souvenir de son infortune, après avoir inspiré les trouvères du moyen-âge, a fourni le sujet d'opéras, de tragédies et de poèmes aux versificateurs modernes (2). Occupons-nous seulement des trouvères. Voici l'analyse de l'histoire d'Adèle, telle qu'elle est racontée dans le *Voyage d'Outremer*, du comte de Ponthieu (3).

(1) Ce trait de barbarie n'est pas sans exemple dans l'histoire. Gerberge, sœur de Bernard, duc de Septimanie, fut ainsi précipitée dans la Saône, par Clotaire, roi d'Italie.

(2) De la Place a donné sous le nom d'Adèle de Ponthieu une tragédie en cinq actes qui fut représentée sur le Théâtre Français en 1757. (Voy. *Année litt.* t. VIII, p. 313, an. 1757). Saint-Marc en a tiré le sujet d'un opéra en cinq actes dans lequel les fêtes de la chevalerie remplacèrent pour la première fois, dit M. Sainte-Beuve, les ingrédients de la magie mythologique. La pièce, composée pour le mariage du comte de Provence en 1771, obtint un prodigieux succès et l'honneur de deux musiques. Le commandeur de Vignacourt a publié sous le même titre une nouvelle imprimée en 1723. On trouve encore un roman sur le même sujet, par Mme de Gomès.

(3) Legrand d'Aussy, Fabliaux et Contes, Paris, 1829. t. V, p. 355 et suiv. — J.-P. Chabaille, Hist. de Jean d'Avesnes, dans les Mém. de la Soc. d'émul. d'Abbeville, années 1838-40, p. 407.

Le comte de Ponthieu avait marié sa fille Adèle, le plus beau joyau de son domaine, à Thiébault, fils de la dame de Domart. Cette union fut heureuse, mais stérile, et une nuit que Thiébault reposait près de sa femme, il lui demanda avec bien des caresses la permission de la quitter pendant quelques mois. — Et pourquoi partir, dit la dame tout alarmée ? — Pour aller en Espagne, répondit Thiébault, prier Saint-Jacques qu'il intercède auprès de Dieu et qu'il nous donne un héritier. — C'est un louable dessein, reprit Adèle, mais je vous accompagnerai, car partout où vous irez je veux aller aussi. — Thiébault, qui redoutait les dangers du voyage, essaya de combattre le projet de sa femme ; mais elle persista, et tous deux se mirent en route pour ce lointain pèlerinage. Ils n'étaient plus qu'à deux journées de Saint-Jacques, lorsqu'au milieu d'une forêt, huit hommes armés se présentèrent pour les assaillir.

Thiébault se met en défense et en tue trois ; mais bientôt dans l'ardeur de la lutte il est renversé de cheval. Les brigands se précipitent sur lui et le jettent dans un buisson de ronces, après avoir serré ses mains avec la courroie d'une épée. Adèle elle-même est entraînée dans l'épaisseur de la forêt, et là, sa beauté subit tous les outrages. Après une heure de honte et de souffrances, elle parvient enfin à s'échapper pâle et meurtrie. — Pour Dieu, s'écrie Thiébault en la voyant libre, délivrez-moi, madame. — Sire, je ne vous ferai pas attendre, et, ramassant une épée, elle s'apprête à en frapper son mari ; mais Thiébault a prévu le coup perfide ; il se détourne, et l'épée, en effleurant ses bras, coupe les courroies. — Quelle fureur, dit-il; mais me voilà libre et vous ne serez plus, Dieu merci, en pouvoir de me tuer. — Certes, reprend la dame, c'est bien ce qui me fâche.— Thiébault ne savait que penser d'une telle réponse. Il garde cependant un silence profond, désarme sa femme et se remet en route avec elle. Le pélerinage de Saint-Jacques accompli, Adèle et Thiébault retournent dans leurs domaines du Ponthieu, et, pendant le voyage qui fut long, aucun reproche ne rappela cette fatale rencontre. Le comte de Ponthieu, pour fêter le retour de son gendre et de sa fille avait préparé un grand repas. Thiébault, en signe de loyale union, mangea dans l'assiette de sa femme et but dans son verre. On causa des aventures de la route. Thiébault raconta ce qui s'était passé, sans se nommer toutefois, et demanda au comte : si cette femme que des brigands ont déshonorée, et qui a voulu tuer son mari sans défense, était la vôtre, que feriez-vous ? — Je me vengerais par sa mort. — Eh bien! vengez-moi, répondit Thiébault ; cette femme, c'est Adèle ! — Le comte fronça le sourcil, car il avait dit un mot fatal ; mais il était trop fier pour reculer, même devant un crime. La dame enfermée dans un tonneau, fut jetée vivante à la mer ; mais des marchands flamands qui passaient à la hauteur du port de Rue, la sauvèrent des flots, et la vendirent au sultan d'*Aumarie*. Le roi musulman, frappé de sa beauté, l'épousa et en eut une fille.

Cependant Thiébault et le comte regrettèrent bientôt cette femme qu'ils avaient si cruellement sacrifiée. Ils lui donnèrent d'abondantes larmes, et, pour expier leur faute, ils entreprirent ensemble le voyage de la terre sainte. Mais à leur retour, la tempête les poussa sur la terre d'*Aumarie*, et ils y furent mis au cachot. Le sultan célébrait ce jour là, par une fête solennelle, l'anniversaire de sa naissance, et, selon la coutume des pays musulmans, le peuple de sa capitale vint au palais demander un captif chrétien pour le mettre à la chaîne. Le choix tomba sur le comte de Ponthieu. On le sortit de prison, et le peuple se disposait à l'amener, quand sa fille, qui l'avait reconnu, dit au sultan : Seigneur, donnez-moi, je vous prie, ce captif ; il sait jouer aux échecs et aux dames, je veux le faire jouer avec moi. — La demande est accordée. — Donnez-moi encore, dit-elle en désignant Thiébault, ce chrétien que voilà. Il sait de beaux contes et je m'amuserai de ses récits. — Volontiers, dit le sultan. — Aussitôt Adèle fait conduire dans sa chambre son père et son mari, et leur donne à manger. Tant de générosité les surprit grandement, car les pauvres captifs ne reconnaissaient point la princesse musulmane, cette noble dame du Ponthieu qu'ils avaient tant pleurée, et quoiqu'elle fût belle encore, les regrets de sa patrie et de sa foi l'avaient déjà rendue méconnaissable, même aux yeux d'un père et d'un mari. — Un jour, après une partie de dames, Adèle dit au comte : vous aviez une fille, qu'est-elle devenue ? Ne me cachez rien, car je suis sarrasine, je sais la magie, et si vous étiez assez lâche pour me tromper, je vous ferais punir. — Le comte alors lui raconta le pélerinage en Espagne, l'attaque des brigands dans la forêt, le coup d'épée porté à Thiébault et l'abandon à la merci des flots. Son récit fut parfaitement vrai. — Vous avez parlé avec franchise, dit Adèle; mais savez-vous pourquoi la dame a voulu tuer son époux? C'est qu'elle aimait mieux le voir mort que d'avoir à rougir devant lui. A ces mots, Thiébault éclata en soupirs et en pleurs. — Ah! madame, dit-il, cette femme était la mienne, et le ciel me soit témoin que jamais une parole de reproche ne serait sortie de ma bouche. Mes regrets du reste l'ont bien vengée. Si j'étais l'ami de la plus belle dame du monde, si j'étais roi du royaume de France, je donnerais avec joie ma dame et mon royaume pour la savoir vivante; et depuis le moment où je l'ai perdue, je n'ai cessé de la pleurer. — Eh bien! ne la pleurez plus et aimez la toujours, dit Adèle; votre femme est près de vous.

Le bonheur de cette reconnaissance fut plus grand qu'on ne saurait dire, et dès le jour même, la dame de Ponthieu avisa au moyen de retourner en France. — Je suis souffrante, dit-elle au sultan, permettez-moi d'aller prendre l'air d'outre-mer, et si vous y consentez, j'emmenerai pour me distraire ces deux chrétiens dans mon voyage. Ils me diront des contes, ce qui me plaît beaucoup. Le sultan permet le départ, et, laissant à la dame la liberté de choisir sa route, il fit équiper pour elle un beau navire. Adèle partit bientôt avec

Thiébault et le comte, son père, et elle arriva heureusement dans le Ponthieu. Le pape, qui fut informé de cette aventure, lui imposa une pénitence, parce qu'elle avait eu commerce avec les infidèles, et depuis ce temps elle vécut en grande piété dans son fief, honorée de ses vassaux, chérie de ses proches, aimée de Dieu. On dit que la fille qu'elle avait eue du sultan, fut belle comme elle, et qu'elle donna le jour à la mère du grand Saladin.

CHAPITRE III.

Guillaume III. — Son mariage. — Ses différends avec l'abbé de Saint-Josse et Thomas de Saint-Valery. — Il se ligue avec Philippe-Auguste contre Richard, duc de Normandie. — Guillaume se croise contre les Albigeois. — Détails sur Nicolas d'Abbeville, chef des inquisiteurs de Carcassonne. — Guillaume combat à Bouvines. — Sage administration de ce comte. — Avènement de la comtesse Marie. — Confiscation du comté de Ponthieu, par Philippe-Auguste. — Insurrection des bourgeois de Saint-Valery contre les moines de cette ville. — Avènement de la comtesse Jeanne. — Évènements divers.

Guillaume III, fils de Jean, était jeune encore lorsqu'il succéda à son père dans le gouvernement du Ponthieu. Le 20 août 1196 il épousa la princesse Alix, sœur de Philippe-Auguste, quoique cette princesse eut été déshonorée par le père de Richard-Cœur-de-Lion, et qu'il n'eut pas ignoré cette circonstance (1).

(1) « Moi, comte de Ponthieu, je fais savoir que Philippe, par la grâce de Dieu, roi de France, m'a donné pour femme sa sœur Alix, fille de Louis, roi de France ; et il m'a donné avec elle tout ce qu'il possédait à Villers, à Rue, et tout ce qu'il possédait à Saint-Valery, à l'exception de la régale de l'abbaye de Saint-Valery, et sauf l'hommage

En 1204, Guillaume eut des démêlés avec l'abbé de Saint-Josse au sujet de l'institution de la commune de ce village. D'autres dissentiments éclatèrent ensuite entre ce même comte et Thomas de Saint-Valery : mais la paix fut signée entre eux en **1209**, comme nous l'apprend un acte ainsi conçu :

« Moi, Thomas de Saint-Valery, je fais savoir à tous ceux qui verront cette charte, que j'ai fait la paix avec monseigneur Guillaume, comte de Ponthieu et de Montreuil, ainsi qu'il suit : Je le servirai comme mon seigneur, fidèlement, comme je le dois ; je ne tenterai contre lui aucune prise d'armes aussi long temps qu'il respectera mon droit et celui des miens, et pour cela je lui donne des ôtages (*plegios*). Suivent les noms des ôtages (1). »

Un traité fait à Boubers la même année, entre les mêmes seigneurs, porte que Thomas de Saint-Valery devra entretenir le port de cette ville dans l'état où il se trouvait du temps de Bernard, son père (2).

Guillaume joua un rôle important dans les guerres que Philippe-Auguste soutint en Normandie contre Richard. On le vit tour à tour vaincre le monarque

du seigneur Thomas ; et tout ce qu'il possédait à Abbeville et à Saint-Riquier ; à l'exception de la régale de Saint-Riquier, avec cette réserve que si ma femme Alix venait à mourir sans héritiers (et que Dieu me fasse la grâce qu'il n'en soit pas ainsi !), toutes les choses susdites, qui font la dot d'Alix, retourneront librement et paisiblement au roi de France. » (*Registrum VII tabularii regii*; Ducange, titres de Picardie; Arsenal, **332-112**.) — M. Capefigue a aussi cité cette charte, mais en l'altérant.

(1) Ducange, loc. cit. **332-126**.
(2) Ibid. Ex chartulario Pontivi.

anglais, qui s'avançait au secours d'Aumale, le poursuivre jusqu'à Rouen, reprendre Gamaches au duc de Glocester et inquiéter la Normandie par des courses fréquentes où la victoire lui resta souvent. Mais tandis qu'il combattait dans cette province, Richard, averti que le Ponthieu était dégarni de troupes, vint se présenter devant Saint-Valery, qu'il attaqua par terre et par mer. Cette ville capitula, fut saccagée, et le vainqueur transporta à Saint-Valery-en-Caux les reliques du saint dont il venait de brûler l'église et le monastère. C'est à cette circonstance que le port de Saint-Valery-en-Caux doit le nom qu'il a conservé depuis.

On sait que Richard avait eu l'adresse d'attirer dans son parti Baudouin, comte de Flandre, et que Baudouin, en 1198, tenta de reprendre sur les Français les places que ceux-ci lui avaient enlevées. Pour aider le comte dans l'exécution de ce projet, Richard envoya en Flandre Mercadier ou plutôt Marcadé, chef d'une bande de routiers, qui combattait en Normandie sous ses drapeaux. Marcadé envahit en passant des foires qui se tenaient près d'Abbeville (1), dépouilla les marchands français, et, chargé d'un riche butin, il retourna en Normandie où il continua à piller, à massacrer, à jeter dans les fers les ennemis de son maître (2). On a lieu de croire que ce chef célèbre aura tenté, vers la

---

(1) Il y avait au XIV⁰ siècle sur le territoire d'Epagne un lieu dit *la terre Marcadé*. Serait-ce là par hasard que se tenaient ces foires ?
(2) Bibliothèque de l'École des chartes, t. III, p. 430.

même époque, de surprendre Abbeville, et que la porte contre laquelle il dirigea ses efforts aura conservé son nom.

En 1210, Guillaume de Ponthieu partit avec Philippe de Dreux, évêque de Beauvais, Renaud, évêque de Chartres et Robert III, comte de Dreux (1) pour la croisade contre les Albigeois. Ils étaient accompagnés d'une nombreuse armée, et ils prirent part au siége du redoutable château de Thermes ; mais tout porte à croire que Guillaume ne s'engagea qu'à regret dans cette guerre, car avant l'expiration des quarante jours de service exigés par la loi féodale, il déclara qu'il allait abandonner le camp. On le supplia de rester ; la comtesse de Montfort se jeta même à ses pieds pour implorer son assistance jusqu'à la fin du siége ; mais il refusa, et le comte de Dreux et l'évêque de Beauvais déclarèrent qu'ils étaient résolus à partir avec lui le jour suivant (2).

Contraint peu de temps après de combattre pour la même cause, Guillaume marcha de nouveau sur le Languedoc, à la tête de sept mille hommes ; mais il ne tarda pas à revenir dans le Ponthieu sans avoir rien fait d'important.

Les hérésies continuèrent long-temps encore à troubler le midi de la France, et nous retrouvons avec Guillaume dans l'histoire de ces tristes querelles, frère

---

(1) Robert III, surnommé Gate-Blé, épousa Aliénor de Saint-Valery, fille unique d'Adèle de Ponthieu et de Thomas, seigneur de Saint-Valery, de Gamaches et d'Ault.

(2) Bibliot. de l'Ecole des chartes, t. V, p. 28, 29.

Nicolas d'Abbeville, religieux de l'Ordre de Saint-Dominique, qui fut envoyé à Carcassonne, en qualité d'inquisiteur. Il s'y montra tellement absolu dans ses haines que Philippe-le-Bel, à la prière des habitants, défendit au sénéchal de faire emprisonner personne sur l'ordre de l'inquisiteur, sinon des hérétiques *bien reconnus*. Un jour frère Nicolas, prêchant à Carcassonne dans l'église cathédrale, annonça la nécessité de plus rigoureuses mesures. L'auditoire indigné l'injuria, le menaça, et il fut obligé de descendre de sa chaire. Il se tint caché pendant plusieurs jours pour éviter la vengeance du peuple que les magistrats eux-mêmes excitaient; mais l'orage était loin de se calmer. A quelques jours de là sa maison fut pillée, et il alla se réfugier dans le couvent des frères prêcheurs. Patrice Pacci, un des consuls de la ville, déclara que si un habitant allait dans le couvent pour entendre la messe, il serait déclaré ennemi public et puni comme tel. Le même jour, vers l'heure de vêpres, le peuple brisa les portes du couvent; tout fut pillé et saccagé. Les moines se retirèrent dans l'église et la foule respecta cet asile. Jean de Picquigny, vidame d'Amiens, envoyé par le roi dans le Languedoc, parut écouter favorablement les plaintes des habitants qui se livrèrent bientôt à de nouveaux excès. Les inquisiteurs et Nicolas d'Abbeville, leur chef, qu'on accusait d'ailleurs de débaucher de jeunes filles, sous prétexte d'en obtenir des révélations, furent obligés de quitter la ville. Les habitants vinrent les attendre et les chargèrent à coups de bâton. Après deux ans, le roi de

France nomma une commission composée d'évêques, d'abbés et de prélats qui condamnèrent la ville à **900** livres en faveur de l'inquisiteur et des dominicains. Frère Nicolas d'Abbeville présida de nouveau le tribunal de la foi, et les habitants reçurent du haut de la chaire une admonition publique. Le souvenir de ce ait s'est conservé dans un tableau qu'on voyait encore au XVII⁰ siècle dans l'église des Jacobins de Toulouse. Nicolas d'Abbeville était représenté dans un fauteuil, les consuls de Carcassonne à genoux devant lui. Boniface VIII avait lui-même poussé le père Nicolas à la sévérité en lui écrivant, le **13** octobre **1297**, de veiller certains habitants de Carcassonne et de Béziers qu'on soupçonnait d'être hérétiques. Ils se moquent, disait le pape, des censures ecclésiastiques, assurant qu'ils se portent mieux pendant l'interdit, et que l'excommunication ne leur ôte ni l'appétit, ni le sommeil (1).

(1) Le P. Bouges, Hist. de Carcasonne, 1741, in-4⁰, p. 213. — Lamothe Langon, Hist. de l'inquisition en France, t. II, p. 624. — Biog. Toulousaine, p. 109.

— L'inquisiteur de Carcasonne n'est pas le seul de nos hommes d'église à remarquer dans ce même âge. Deux ecclésiastiques Abbevillois, presque contemporains, ont été fort célèbres ; un autre, au commencement du XII⁰ siècle, avait joui d'un grand éclat ; ces trois hommes sont :

Saint-Bernard d'Abbeville, compagnon de Robert d'Arbrissel et de Saint-Vital, qui parcourut avec eux la France nu-pieds, pour inviter les pécheurs à la pénitence, exhorter les riches à la charité, les pauvres à l'humilité, les prêtres à la continence, et qui, après avoir renouvelé dans la solitude les austérités de la Thébaïde, fonda l'an **1109** la célèbre abbaye de Tyron. (Cf. Du Boulay, *Hist. Universitatis Parisiensis,*

Le champ de bataille de Bouvines devait offrir à la valeur de Guillaume un théâtre plus glorieux que celui de la guerre des Albigeois. Ce fut lui qui commanda l'aile droite de l'armée française dans cette journée célèbre, et qui fit face aux Anglais et au comte

---

1665, in-f°., t. 1er, p. 564.— La Biog. d'Abbeville, p. 50.— Thomassu, Recherches sur Nogent-le-Rotrou, 1832, p. 147.)

Jean Halgrin ou Alegrin, chanoine de Saint-Vulfran, doyen de l'église d'Amiens, puis archevêque de Besançon et cardinal-évêque de Sabine en 1227. Envoyé en Espagne pour prêcher la croisade contre les Maures, il resta trois ans dans ce pays ; et, de retour à Rome, il fut député par le pape en Allemagne avec mission d'engager l'empereur Frédéric II à se réconcilier avec l'église. Halgrin s'acquitta de cette mission avec tant de succès que Frédéric fit sa paix avec le Saint-Siége. Le cardinal-évêque de Sabine, plus connu sous le nom de Jean d'Abbeville que sous celui d'Halgrin, mourut à Rome le 23 septembre 1237, âgé de 60 ans environ. La Bibliothèque Royale de Paris possède vingt-cinq manuscrits de ce prélat dont vingt-trois reproduisent ses sermons. (V. Hist. littér. de la France, t. XVIII, p. 162). L'un des frères de Jean d'Abbeville fut revêtu de la charge de chancelier de France en 1240, sous le règne de Saint-Louis. Les armes des Halgrins étaient *de gueules parti d'argent, à la croix ancrée d'argent et de gueules, de l'un en l'autre.*

Gérard d'Abbeville, archidiacre de Ponthieu, mort en 1271, fut l'un des premiers professeurs établis en Sorbonne lors de la création de ce fameux collége, en 1253. Il publia des réfutations de l'écrit intitulé : *Manus quæ contrà omnipotentem,* etc., attribué à Saint-Bonaventure, et d'autres opuscules pour défendre les opinions de Guillaume de Saint-Amour, son ami, contre les moines mendiants et contre Saint-Thomas d'Aquin, qui avait entrepris lui-même de réfuter le célèbre théologien d'Abbeville. M. Félix Lajard dit (Hist. littér. de la France, t. XIX, p. 216) qu'il est dans l'incertitude sur le lieu de la naissance de Gérard ; mais le testament de ce docteur que le P. Ignace a inséré dans l'Hist. des Mayeurs d'Abbeville, p. 203, prouve que cette ville est sa patrie.

de Boulogne. Les sires de Mareuil, de la Ferté, de Fontaines, de Bailleul, d'Hallencourt, d'Auxy, d'Airaines, de Maisnières, de Beaurain, de Cayeux (1) et plusieurs autres chevaliers à bannières, ses vassaux, y combattirent sous ses ordres avec un corps nombreux de Picards et les milices communales de Montreuil et d'Abbeville. On y remarquait aussi son beau-frère, Thomas, seigneur de Saint-Valery et de Gamaches, homme brave, fort à là guerre et tant soit peu lettré (2), avec lequel il avait eu de sanglants démêlés, comme le témoigne le traité de paix de 1209, et que suivaient les gens de Gamaches et du Vimeu au nombre de deux mille cinq cents, « tous remplis de force, munis de bonnes armes, fidèles en toute chose à leur seigneur, qui avait pris soin de les choisir dans tout son peuple pour les associer à son expédition avec soixante chevaliers (3). » Cependant, s'il fallait en croire un contemporain, ils n'étaient pas braves, mais ils s'é-

(1) Anselme de Cayeux, dont il est ici question, était porte-bannière à cette bataille. Il se croisa ensuite avec Eustache de Cayeux et d'autres seigneurs de la Picardie et de l'Artois. Anselme, l'un des chevaliers les plus distingués de la cinquième croisade, fut constamment honoré de commandements importants et chargé de la défense de plusieurs villes. La régence de l'empire de Constantinople lui fut deux fois confiée, et il épousa Eudoxie, fille de Lascaris, empereur des Grecs en 1221. Cette famille, qui compte parmi ses membres un évêque d'Arras, avait pour cri d'armes : *La folie Cayeux*. Elle portait *d'or à la croix ancrée de gueules*. (Cf. Ville-Hardouin. De la conquête de Constantinople, édit. de M. P. Paris. — Biog. d'Abbeville, p. 23.)

(2) Guil. Le Breton, Col. Guizot, t. XI, p. 287, 291.

(3) Ibid. t. XII, p. 341.

taient montés la tête avec du vin nouveau et juraient tous de mourir. En effet, ils décidèrent du sort de la bataille. Sept cents Brabançons, placés au centre de l'armée ennemie, sous la conduite du comte de Salisburry, se défendaient avec la plus grande bravoure. Ils tenaient encore au milieu de tout le reste en déroute, lorsque Saint-Valery, quoique déjà fatigué de combattre à la tête de ses hommes, tomba sur eux et les tailla en pièces sur la place même. « Chose merveilleuse, dit Guillaume Le Breton (1), lorsqu'après cette victoire Thomas compta le nombre des siens, il n'en trouva de moins qu'un seul qu'on chercha aussitôt et qu'on trouva parmi les morts. Il fut porté dans le camp du roi. Dans l'espace de peu de jours des médecins guérirent ses blessures et le rendirent à la santé. »

Guillaume de Ponthieu déploya dans cette journée un brillant courage. Il se trouva presque seul au milieu d'un bataillon rond de piquiers, son cheval fut bientôt tué sous lui; sa lance, son épée et sa dague furent brisées; alors il se battit à coups de gantelets (*brachiis et manibus loricatis*). Les chevaliers de sa bannière, écrasant tout devant eux, le délivrèrent au moment où il allait être victime de son audace. Le péril auquel il venait d'échapper ne fit que l'enflammer davantage; il se joignit au comte de Dreux, repoussa les troupes de Renaud, comte de Boulogne, qui commandait une aile de l'armée alliée et résistait toujours, et remit à

(1) T. XI, p. 291.

Philippe, à la fin de la bataille, plusieurs bannières ennemies.

Guillaume, l'un des barons les plus célèbres de son siècle, mourut à Abbeville, vers l'an 1221, après un règne de 30 années, et fut inhumé dans l'abbaye de Balances. Il enrichit de nombreuses dotations les léproseries et autres établissements de charité du Ponthieu. En 1209, il fonda pour les pauvres et les pèlerins un hôpital à Crécy. L'acte d'investiture exprime une vive sollicitude pour toutes les misères. Le comte exempte les biens qu'il a donnés de toutes redevances féodales, et termine en déclarant qu'il protégera l'hôpital de Crécy envers et contre tous, ainsi qu'il convient à un seigneur (1).

Ses charitables intentions se retrouvent encore dans d'autres actes. Il abolit le droit de *Lagan*, ce droit si odieux qui donnait au seigneur, propriétaire de fiefs sur le littoral, la faculté barbare de s'emparer des navires et des hommes que le naufrage jetait à la côte. Bernard de Saint-Valery, l'abbé de Saint-Josse et Guillaume de Cayeux imitèrent son exemple (2). Les affranchissements de personnes furent assez nombreux sous son gouvernement, et il accorda le droit de commune aux

---

(1) 1209. *Mense Januario*; Arsenal, Mss. franç. titres de Picardie, n° 332, f° 127. — L'hospice de Rue jouit maintenant des biens de cet ancien hôpital.

(2) Ibid. 332-106. — Sur le droit de Lagan, voy. M. Bouthors, Coutumes du bailliage d'Amiens.

habitants d'Hiermont, de Noyelles-sur-Mer, de Waben, du Marquenterre, de Doullens, de Port, etc.

Guillaume, en 1205, prit sous sa protection toutes les églises d'Abbeville, fonda l'année suivante le chapitre de Noyelles-sur-mer et fit différents legs aux abbayes de Saint-Josse-au-Bois, de Valloires et autres (1).

Guillaume III eut de son mariage avec Alix une fille, Marie, qui épousa en 1208 Simon de Dammartin, comte d'Aumale. Ce seigneur, qui avait combattu à Bouvines dans les rangs des ennemis de la France, fut banni du royaume, son comté d'Aumale confisqué ; et, lorsqu'à la mort de Guillaume III, Marie hérita le Ponthieu, le roi Philippe-Auguste saisit aussi ce domaine. Ce monarque étant mort en 1223, Simon de Dammartin vint à Abbeville et s'efforça de rentrer en possession du fief de sa femme ; mais le successeur de Philippe-Auguste, Louis VIII, envoya un corps de troupes pour s'opposer à ses projets. Les habitants d'Abbeville et des principales communes s'empressèrent d'ouvrir leurs portes aux troupes royales, et Simon de Dammartin fut contraint de se rembarquer. Après de longues et instantes sollicitations, sa femme, Marie, parvint enfin à recouvrer le Ponthieu. Par un acte du

---

(1) Guillaume III a employé un sceau équestre et un contre-sceau d'égale grandeur ; son bouclier porte quatre bandes ; l'écu marqué au revers du sceau n'en porte que trois. Le contre-sceau de Marie, sa fille, porte au revers une fleur de lis et pour légende le mot *secretum*. (N. de Wailly. Elém. de paléographie, t. II, p. 147.)

mois de juillet 1225, elle reconnaît que le roi peut saisir ce comté ; mais elle supplie le monarque de la recevoir en grâce, elle et ses enfants, et elle offre pour rachat le château de Doullens (1) et la ville de Saint-Riquier avec toutes ses dépendances (2). Louis VIII fit droit à la demande de la comtesse Marie, la reçut à titre de femme-lige, lui accorda pour ses enfants, nés et à naître, le droit de succession au même titre que les héritiers en ligne directe. Il lui donna en outre 2,000 livres de la monnaie de Paris, et lui rendit tous les revenus que Philippe-Auguste avait possédés dans le Ponthieu. Marie, de son côté, fut tenue de faire prêter serment au roi par tous les hommes de sa terre de Ponthieu ; elle jura en outre de diminuer ou d'accroître la force des châteaux du comté toutes les fois qu'elle en serait requise (3). Malgré ces concessions, Marie ne put obtenir la grâce de son époux ; il ne rentra en France qu'en 1230, sous le règne de Saint-Louis ; mais à condition qu'il ratifierait tous les traités signés par sa femme (4) ; qu'il ne pourrait, sans le consente-

---

(1) Voir pour les limites de la châtellenie de Doullens, M. Bouthors, Coutumes du bailliage d'Amiens, p. 331 et suiv.

(2) En 1224, les sires de Maintenay avaient vendu à Louis VIII la forteresse de Montreuil.

(3) *Actum apud Chinonem* 1225, *mense Julio* ; Arsenal, 332-164. Louis VIII exigea en outre que Marie se désistât de ses droits sur le comté d'Alençon qu'elle venait d'hériter de Robert IV.

(4) L'acte original par lequel Saint-Louis confirme le traité de 1225 existe encore aux archives d'Abbeville. Il est daté de Saint-Germain-en-Laye, le jour de l'incarnation, l'an 1230.

ment du roi, ni réparer les anciennes forteresses du Ponthieu, ni en élever de nouvelles ; que les habitants feraient le serment de se déclarer contre lui ou sa femme, ou leurs héritiers, s'ils devenaient coupables de felonie ; que les deux époux ne marieraient point leurs filles sans la permission du roi ou de la reine, et dans aucun cas à ne jamais les marier à ses ennemis ou aux ennemis de la France ; que le comte obligerait les chevaliers et les communes du Ponthieu à garantir ces engagements, et que s'il venait à forfaire à ces conditions, le roi après quarante jours saisirait le Ponthieu.

Cependant Saint-Louis apprit bientôt que Simon de Dammartin avait, sans son aveu, fiancé sa fille aînée à Henri III, roi d'Angleterre, et que ce prince venait même de l'épouser par procureur. Le monarque français, justement indigné, le contraignit à rompre cette alliance, quoique le pape l'eut approuvée.

Simon de Dammartin mourut à Abbeville, le 21 septembre 1239, et fut enseveli dans l'abbaye de Valloires où l'on voyait son tombeau orné de sa statue.

Il y a lieu de croire que les hérésies du midi de la France eurent à cette époque quelque retentissement dans les populations du Nord ; car les débats paraissent avoir été fréquents et vifs, dans le Ponthieu comme ailleurs, entre l'autorité ecclésiastique et le pouvoir civil. Nous citerons à l'appui de cette observation un fait consigné dans une bulle inédite (1) de Grégoire IX, et

---

(1) Cette bulle adressée à Robert, comte de Dreux *(Drocarii)*, sei-

qui eut lieu dans la commune de Saint-Valery-sur-Somme.

De vives querelles, dit l'acte pontifical, se sont élevées pour la ruine des choses saintes entre les moines, élus de Dieu, et les échevins, élus du diable. L'abbé de Saint-Valery a lancé contre les bourgeois la sentence d'excommunication ; mais ceux-ci, pour forcer l'abbé à les absoudre, ont cerné et affamé l'abbaye. Les moines cependant, pour échapper au blocus, sortent en procession; l'abbé marche en tête portant l'hostie consacrée. Aussitôt la cloche du beffroi sonne le tocsin ; les habitants accoururent en armes. La procession attaquée à coups d'épée et de bâton, se réfugie dans la maison du curé de l'église de Saint-Martin ; mais là le siége recommence : les moines demandent en vain des vivres ; les bourgeois leur présentent de l'urine, amassent autour de la maison une grande quantité de bois, et menacent de les brûler à la moindre tentative d'évasion. Le mayeur et les jurés rassemblent ensuite divers habitants de la commune, et, rangés en procession, il font le tour de l'église de Saint-Martin, frappant l'air de grands cris et *aspergeant d'une eau impure et maudite les lieux consacrés au fondateur de toutes choses et au collége des saints*. Puis ils brûlent les portes de l'église et livrent aux flammes l'image de la Vierge

---

gneur de Saint-Valery, et donnée à Saint-Jean de Latran, *idüs Julii*, la septième année du pontificat de Grégoire IX (1232 environ), existe dans les archives d'Abbeville.

et celle de Saint-Jean. Un enfant de Saint-Valery étant mort, ajoute la bulle, deux jurés excommuniés, après avoir pris le titre de prieur et de prévôt, fabriquèrent des étoles de paille, s'en revêtirent, et portant dans leurs mains l'eau de malédiction, donnèrent au corps de cet enfant la sépulture ecclésiastique.

Singulier temps, où les hommes qui imploraient le pardon de l'église la menaçaient ainsi, pour se faire absoudre du meurtre, de l'incendie. Nous ne savons de quel côté étaient venus les premiers torts ; mais le récit de ce débat, à la fois grotesque et barbare, présente plus d'un fait digne de remarque. C'est d'abord, dans ces bourgeois croyants et sauvages, un étrange conflit d'idées ; c'est l'impatience, le mépris même du pouvoir temporel du clergé, et une terreur exagérée des foudres spirituelles ; c'est le besoin du pardon et la violence brutale du crime ; c'est surtout l'intervention directe du pape qui laisse supposer l'inaction ou l'indifférence du roi (1) ; c'est la colère de Grégoire IX maudissant les jurés, les échevins, et témoignant ainsi que le régime municipal rencontrait près du Saint-Siége la défaveur qu'il avait trouvée près de certains membres de l'Église gallicane, près d'Hildebert et de Guibert de Nogent, par exemple (2).

(1) Au mois de juillet 1233, le pape écrivit à Saint-Louis pour l'engager à venger les injures faites à Dieu, à la Sainte-Vierge et à l'abbaye de Saint-Valery par le maire et les jurés de cette ville. (Cabinet des chartes, CC.-247.)

(2) Voir ci-après l'affranchissement communal. — Année 1232.

La comtesse Marie épousa, en secondes noces, Mathieu de Montmorency, second fils du connétable de ce nom, et elle aliéna, vers 1244, en faveur de Robert, comte d'Artois, plusieurs fiefs du Ponthieu situés au delà de l'Authie. Cette rivière et la chaussée de Beaurain à Douriez formèrent définitivement dès lors la limite de la Picardie ; mais cette vente de fiefs et d'arrière-fiefs devint une source de débats ; et, pour y mettre un terme, Saint-Louis, par une charte datée de 1249 au mois de mars, et donnée en Egypte, au camp près de la Massoure (1), ordonna que Robert, comte d'Artois, son frère, jouirait de la justice sur la rivière d'Authie (2).

---

(1) Parmi les seigneurs du Ponthieu qui accompagnèrent Saint-Louis à la sixième croisade, on remarque Henri, seigneur de Boufflers ; Philippe, sire et ber d'Auxy, et plusieurs autres personnages auxquels la comtesse Marie fit remettre de l'argent, à titre de prêt ou de secours, comme le témoigne une charte dont voici la traduction :

« Sachent tous ceux qui verront ces lettres, que nous, Simon de Lencry, Ingerran de Gorches (Grouches?), Guillaume, dit le Boucher, Jean Gorle, Regnier du Bus, et Gilles Clément, écuyers, nous avons reçu de Thérame Coyrol, Andrieu Honeste et de leurs associés, la somme de cent vingt livres tournois, que notre chère maîtresse, Marie comtesse de Ponthieu, nous a fait remettre par l'intermédiaire de ses procureurs ; desquels nous nous tenons pour bien et duement payés, et moi, Simon de Lencry, j'ai donné pour tous quittance de ladite somme. — Fait au camp près de Césarée, l'an du seigneur 1251, au mois de juillet. » (Cette charte nous a été communiquée par M. F. Guessard.)

(2) Cf. Godefroy, inventaire des chartes d'Artois, t. Ier, p. 204. (L'inventaire de 1546 contient dix-neuf pièces relatives à cette affaire.) — Bibliothèque de la ville d'Arras, Ms. du P. Ignace intitulé : Recueil du diocèse d'Arras, t. II, p. 488, n. 10,833 du Catalogue.

La comtesse Marie mourut dans son château de Ponthieu, en 1251, et fut inhumée dans l'abbaye de Valloires qu'elle avait dotée de 700 journaux de bois. Elle avait eu, de son premier mariage, deux fils qui moururent au berceau, et quatre filles, dont l'aînée Jeanne lui succéda.

Jeanne avait épousé, en 1237, Ferdinand III, roi de Castille et de Léon, l'un des plus grands princes de son siècle. Ferdinand étant mort en 1252, Alphonse, son fils, qu'il avait eu de Béatrix de Souabe, sa première femme, monta sur le trône de Castille, et Jeanne revint dans sa patrie. Elle débarqua au Crotoy, le 21 octobre 1253, avec une cour nombreuse, et publia, vers la fin de la même année, un édit par lequel elle accordait aux Castillans, ses anciens sujets, l'exemption des droits perçus dans les ports du Ponthieu.

En 1259, Henri III, roi d'Angleterre, vint trouver Saint Louis à Abbeville où les états du royaume étaient assemblés, et y conclut, le 25 ou le 28 mars (1), un traité par lequel il renonçait à toute prétention sur les provinces du nord de la Charente. Saint-Louis (2) en retour rendit à l'Angleterre les provinces situées au sud de cette rivière, avec le Limousin, le Périgord, le Quercy, l'Agenois et la Saintonge, à condition de lui en faire hommage. Henri signa le traité en fléchissant le genou

---

(1) Rymer. *Acta fœd. et publica*, 1745, t. 1, p. 389.
(2) Saint-Louis était à Saint-Riquier le vendredi après l'annonciation de cette même année. (Journal de l'institut historique, t. VI, p. 125.)

devant le roi de France, se reconnut *son homme* pour toutes ses possessions du continent, après quoi il prit place, en qualité de duc de Guienne, parmi les pairs du royaume de France (1).

La comtesse Jeanne épousa en secondes noces le sire de Nesle, que Saint-Louis, avant de partir pour la Terre Sainte, nomma l'un des conseillers de la régence du royaume ; elle termina ses jours à Abbeville le 16 mars 1279 (2), et on l'inhuma à Valloires, près du seigneur de Nesle, dans une chapelle qu'elle avait fait construire. S'il fallait en croire la légende, un abbé de Valloires, excité par l'avarice, aurait fait ouvrir son cercueil afin de le dépouiller des ornements précieux qu'il renfermait, et le profanateur et ses complices, frappés d'un mal soudain, seraient morts *avant que l'année fût passée.*

La reine Jeanne avait eu, de son premier mariage, deux fils, Ferdinand et Louis, qui moururent avant elle, et une fille, Eléonore, qui recueillit son héritage à l'exclusion de Jean de Castille Ponthieu, fils du

---

(1) Cf. Rymer, t. 1er, p. 675, 688.— Gaillard, Hist. de la rivalité de la France et de l'Angleterre, 1771 in-12, t. II, p. 395. — Massiou, Hist. de la Saintonge, ap. revue anglo-franç., t. IV, p. 7. — Le traité d'Amiens ne fit que confirmer vingt ans plus tard celui d'Abbeville. (Voyez Gaillard, loc. cit. t. III, p. 82.)

(2) La comtesse Jeanne, en 1265, avait donné au chapitre de Saint-Vulfran cent journaux de bois, dans la forêt de Crécy, sous la condition que cette donation resterait inaliénable.

prince Ferdinand, parce que le principe de la représentation n'était pas admis dans le comté (1).

(1) Jean de Castille Ponthieu, comte d'Aumale et seigneur de Noyelles-sur-Mer, périt en 1302 sur le champ de bataille de Courtray.

CHAPITRE IV.

Mouvement communal dans le Ponthieu.

Dans le cours du XIIe siècle, le peuple, qui jusqu'alors avait été soumis à toutes les exactions et au régime arbitraire de la féodalité, sentit, à force de misère, le besoin de s'unir contre la tyrannie des seigneurs et de réclamer des garanties. Laon, Noyon, Saint-Quentin, Beauvais, Amiens avaient donné dans le Nord le signal de l'insurrection. Le comté de Ponthieu, à cause du voisinage, ne pouvait rester étranger à ce grand mouvement populaire.

SAINT-RIQUIER.

Les habitants de Saint-Riquier obtinrent, les premiers dans le comté, une charte des moines, leurs seigneurs; mais le texte de cette charte n'est point arrivé jusqu'à nous. On ignore quelles garanties elle assurait aux bourgeois, à quelles conditions elle avait été octroyée ; tout porte à croire cependant qu'elle était le prix d'une lutte violente ; car en 1126, Saint-Riquier est encore le théâtre de troubles graves. Les moines invoquent un arbitre puissant ; on appelle le roi. Louis-le-Gros, qui était déjà venu à Saint-Riquier pour sanctionner les premiers arrangements faits entre les bourgeois et l'abbaye, revint dans cette ville et y rétablit l'ordre.

La charte du Roi et d'Anscher, abbé de Saint-Riquier, est une espèce de réaction seigneuriale toute favorable aux moines ; en voici l'analyse :

« Les bourgeois, se confiant dans leur multitude, se sont efforcés de nous enlever nos droits, savoir : la taille pour l'armée du roi, la nourriture de cette même armée, les droits de mesurage et de relief : mais nous, gravement irrités, nous avons sollicité par nos prières notre seigneur, le roi des Français de revenir près de nous, de rétablir nos affaires dans notre ancienne liberté, et de délivrer l'Eglise de ces exactions et coutumes injustes. Le roi donc, compatissant à notre oppression, est venu vers nous et a calmé, comme il le devait, les troubles élevés au milieu de nous, de sorte que la taille, soit grande, soit petite, doit être acquittée.... Et nous avons fait sortir de la commune nos serviteurs vivant du pain de Saint-Riquier, et tous les paysans demeurant hors le corps de la ville.... Les hommes de Saint-Riquier, tributaires, n'entreront jamais dans la commune sans le consentement de l'abbé.... Guillaume, comte de Ponthieu, sera éternellement hors de la commune, et nul prince ayant château n'y entrera sans le consentement du roi et le nôtre... Robert de Millebourg et ses frères sont privés à tout jamais de la prévôté, de la charge de vicomte et de toute puissance. Ensuite il est réglé qu'aucun bourgeois n'entrera dans notre église pour nous faire quelque offense ; mais seulement pour prier, et qu'il ne s'arrogera plus à l'avenir de sonner nos cloches sans notre consentement.... Les bourgeois ont promis par foi et serment d'exécuter toutes ces choses et nous en ont donné des otages... (1) »

Ceci se passait en 1126, avant que presque aucune charte écrite eût encore été accordée.

En 1189, Philippe-Auguste donne la paix (*pax*) aux bourgeois de Saint-Riquier, et par cet acte, leurs anciens privilèges de commune sont pleinement garantis ; le roi leur permet en outre d'élire un maire, sauf le droit des églises et des hommes libres, *liberi homines*, (2) les seigneurs d'un rang élevé.

Les fragments suivants éclairent encore en quelques points l'histoire de la commune de Saint-Riquier. On peut, nous le croyons, y retrouver quelques restes de la charte malheureusement perdue de l'affranchissement. Ces fragments sont empruntés à un résumé des droits et coutumes de la ville de Saint-Riquier, rédigé en 1626, sans doute par quelque bénédictin de l'antique abbaye de cette ville aujourd'hui déchue.

« Nul ne sera mayeur s'il n'est bourgeois et que ce soit du consentement du roi de France et des abbés et religieux de l'abbaye ; autrement il pourrait être dépossédé au caprice du roi et desdits religieux,

(1) V. Ordon. t. XII, préf. xxxiv, et p. 184. — M. Guizot, Hist. de la civil. en France, 19e lec.

(2) Ordon. t, IV, p. 548. — Lorsque les villes avaient perdu leur première institution communale, on évitait d'écrire le nom de *commune* dans les nouvelles chartes de privilèges. Ce mot, qui fut toujours abominable, *semper abominabile*, dit la chronique de Baldéric, fut remplacé par celui de *paix*.

comme l'a accordé le roi Philippe, en 1306 (1). Les mayeur et échevins ont toute justice haute, moyenne et basse ; mais cette justice ne s'étend sur les domestiques de l'abbaye que lorsque ceux-ci se sont rendus coupables de meurtre. Au commandement des mayeur et échevins, les maîtres et sœurs de l'hôpital sont tenus de recevoir les pauvres malades, soit bourgeois, soit bourgeoises. Comme il y a à Saint-Riquier trois vicomtés, celles du roi, de l'abbaye et de la Ferté, les religieux et abbés de Saint-Riquier se sont réservé et ont toute juridiction en ladite ville, sauf ce qui est mouvant de la Ferté, la veille, le jour et le lendemain de la fête de Saint-Riquier en octobre (2). Les abbés, durant ces trois jours, élisent un vicomte qui toutefois ne doit être ni clerc, ni homme de fief, et qui doit prêter serment par-devant le mayeur et les échevins. (Arrêt de Philippe, roi de France, 1278.) Pendant ces trois jours aussi le mayeur et les échevins peuvent recueillir les impôts octroyés à ladite ville pour être employés à la réparation d'icelle. Ils peuvent connaitre et terminer toutes affaires criminelles et civiles non réservées ou privilégiées au roi, les exécutions desquelles sentences en cas criminel, comme pendre, étrangler, fustiger, couper oreilles ou autrement exécuter, les trois vicomtes du roi, de l'abbaye et de la Ferté seront tenus de faire faire à leurs dépens sans restitution (3). Les officiers municipaux peuvent faire rebâtir les murs et portes de la ville sans congé, attendu qu'ils appartiennent au roi.... Les enfants mineurs des bourgeois jouissent des droits de bourgeoisie après le décès de leurs parents (4). Tuteur leur sera donné, lequel, les abbés, religieux et

(1) Charles V, après avoir confirmé les anciennes franchises de Saint-Riquier, accorde aux membres de la commune en 1365, le droit d'élire un maire *quand ils voudront et le jugeront expédient.*

(2) En 1263, le mayeur et les jurés gardent en armes la fête de Saint-Riquier ; ils sont condamnés à l'amende à l'égard du roi et de l'abbé. (*Olim*, t. Ier.)

(3) Les officiers municipaux avaient tout droit de justice dans leur banlieue, ce qui leur avait été contesté par l'abbé, et cette contestation avait motivé vers 1250, la mise en main souveraine de la commune. (Cf. Olim, t. Ier, p. 128.)

(4) Cf. Olim, t. II, p. 565.

parents étant appelés par-devant les mayeur et échevins, jurera bourgeoisie pour lesdits mineurs ; et peuvent être iceux mineurs saisis des immeubles à eux échus, en payant quatre sous pour chaque journal. Si les abbés exigent des droits seigneuriaux exagérés, les vassaux pourront en appeler à la justice royale. Le mayeur peut faire appeler au son de la grande cloche de la commune tous ceux qui, en ladite ville et banlieue, auraient blessé avec danger de mort quelque personne, et, si les coupables ainsi appelés ne comparaissent pas devant le mayeur et les échevins, durant icelui son de la cloche, les coupables sont bannis de la ville jusqu'à ce qu'ils aient racheté leur ban par soixante sous (1). »

En 1323, les officiers municipaux de Saint-Riquier prétendirent que leur banlieue s'étendait jusqu'aux territoires de Caux, d'Hiermont, Gapennes, Coulonvillers et autres villages encore plus éloignés. Le roi donna l'ordre de faire à ce sujet une enquête dont le résultat ne nous est pas connu ; mais en 1340 les limites de la banlieue furent définitivement fixées par des commissaires qui placèrent des bornes vers le *Pont-Hulin, le banc de Niquant et Tannoye-au-lès de dessus l'iaue* (2).

Le roi Jean prit le maire, les échevins et la commune de Saint-Riquier sous sa protection. Par une charte donnée à Paris, en 1350, il leur accorde, comme sujets immédiats de la couronne, des gardiens spéciaux pour la conservation de leurs franchises et libertés, pour les garantir de toute oppression, et les défendre envers et

---

(1) Cf. Archives de Picardie, 1841-1842, in-8°, t. 1er, p. 132 et suiv.
(2) Cf. Olim, t. 1er, p. 128.

contre tous dans les affaires litigieuses de la commune.

Le sceau de la ville de Saint-Riquier représente le maire de cette ville, armé d'une massue et monté sur un cheval au galop : au revers, on voit le buste de Saint-Riquier, car on sait que plusieurs villes, pour donner une sorte de caractère sacré et une garantie solennelle à leurs actes, faisaient graver sur le sceau qu'elles y apposaient la châsse ou le chef de leur patron: †*Sigillum communionis Sc̄i Ricarii*†*Caput Sc̄i Richarii an.* 1291 (1).

Le scel aux causes de la même ville, offre l'image d'une forteresse percée de trois portes, et surmontée d'un même nombre de tours. Sur la plus haute est un hibou, sur celle à droite une fleur de lis, un oiseau plane sur la troisième.

ABBEVILLE.

En 1130, Guillaume Talvas vendit aux bourgeois d'Abbeville leur liberté. Le motif de cette vente est exprimé d'une manière formelle dans le préambule de la charte de commune. Guillaume octroye cette charte pour mettre les bourgeois à l'abri des injustices et des vexations de toute sorte auxquelles ils sont exposés sans cesse de la part des seigneurs de son fief (2). Mais la vente de la commune d'Abbeville ne fut sans doute que

---

(1) M. Nat. de Wailly, Paléographie, t. II, p. 203.
(2) « Propter injurias et molestias, a potentibus terræ suæ, burgensibus de Abbatis-Villa frequenter illatas....»

la conséquence de l'insurrection. Il est probable que Guillaume Talvas n'aurait pas consenti à se dessaisir de ses droits, même à prix d'argent, si la force des choses ne l'avait amené à une sorte de transaction. Les bourgeois, satisfaits sans doute des libertés qu'ils avaient obtenues, vécurent ainsi sous la domination de Guillaume et de Gui sans exiger des garanties écrites ; mais Jean de Ponthieu, qui devait bientôt se rendre en Palestine, consentit enfin à octroyer le 9 juin 1184, devant la noblesse et tout le peuple, par un témoignage authentique, l'affranchissement de la commune d'Abbeville. L'original de cet acte, écrit par Ingelran, notaire du comte, s'est conservé jusqu'à nos jours dans les archives d'Abbeville. Sur le côté droit se trouve en larges lettres ce chirographe : « *memoriale cirographum inter comitem Pontivi et burgenses nos de Abbatisvilla* (1). »

Cette charte porte :

1. Les bourgeois d'Abbeville se donneront réciproquement des secours.
2. Lorsqu'un homme sera reconnu coupable de vol, ses biens et ses meubles seront saisis par le vicomte ou les officiers du comte ; à l'exception des choses volées, tout le reste appartiendra au comte (2).

---

(1) On trouve cette charte dans le Recueil des Ordon., t, IV, p. 53, et dans les Mém. de la Soc. roy. d'Emul. d'Abbeville, années 1836-1837, p. 83 et suiv.

(2) Voir, pour les divers droits que les seigneurs s'étaient réservés en accordant les chartes de commune, le chapitre qui concerne la féodalité.

Le voleur sera jugé d'abord par les échevins et il subira la peine du pilori : ensuite il sera livré au vicomte (1).

3. Il est défendu d'occasionner aucun trouble aux marchands qui viennent dans la banlieue; celui qui leur aura causé quelque dommage et refusé de le réparer, doit être arrêté; on saisira ses biens et il en sera fait justice par les échevins comme d'un violateur de la commune.

4. Les procès relatifs aux effets mobiliers sont portés devant le vicomte de Ponthieu ou devant le seigneur de la vicomté dans laquelle le défendeur a son domicile. Quand le seigneur ou le vicomte prononcent une condamnation et que le condamné refuse d'obéir, les échevins ont l'exécution de la sentence.

5. S'il s'agit d'un immeuble, le procès sera porté devant le juge du seigneur dans le fief duquel cet immeuble est situé. La cause sera jugée à Abbeville. Si l'affaire est de nature à être décidée par le duel, ce duel aura lieu en présence du vicomte du seigneur.

6. Lorsqu'un étranger s'empare des effets d'un bourgeois et ne veut pas exécuter le jugement prononcé à ce sujet, on le retiendra prisonnier, ses effets seront saisis et la justice prononcera sur leur destination.

7. Les coups portés avec le poing ou avec la paume de la main seront punis de vingt sous à la commune.

8. En cas de blessure avec des armes, la maison du coupable est abattue; il est banni de la ville, et il ne peut y rentrer sans autorisation, à moins qu'il n'ait préalablement exposé son poing à la miséricorde des échevins, ou qu'il ne l'ait racheté pour la somme de neuf livres (2). S'il n'a point de maison il doit, avant de rentrer dans la ville,

---

(1) Les magistrats municipaux, en livrant le coupable au vicomte, lui déclaraient le genre de mort auquel il avait été condamné, afin qu'il le fît exécuter à leur justice. Ils accompagnaient cependant ce vicomte pour lui prêter main forte, et, lorsque l'exécution était faite, ils lui remettaient les biens meubles du voleur. (Ordon. t. V, p. 169.)

(2) La condamnation subie, le coupable obtenait quelquefois de remplacer par un poing factice le poing coupé. (Voy. D. Carpentier au mot *Pugnus*.)

en fournir une de cent sous qui sera démolie par la commune. Ce que le blessé aura payé pour se faire guérir, lui sera remboursé par le coupable ; et, si celui-ci est insolvable, il aura le poing coupé, à moins que les échevins ne lui fassent merci.

9. Si un non-bourgeois blesse ou un autre non-bourgeois ou un bourgeois, et qu'il refuse de se soumettre au jugement des échevins, il sera chassé de la ville et les échevins le puniront.

10. Lorsqu'un bourgeois aura dit des injures à un autre bourgeois, et que le fait aura été prouvé par trois ou quatre témoins, il sera puni par les échevins.

11. Les échevins condamneront à l'amende celui qui sera convaincu par témoins d'avoir mal parlé de la commune dans l'audience (1).

12. Tout habitant qui recèle sciemment un ennemi de la commune est traité lui-même en ennemi, et sa maison est abattue. On abattra également celle de tout autre bourgeois qui ne voudra pas se soumettre au jugement des échevins.

13. Si quelqu'un dans l'audience parle mal des échevins et qu'il soit convaincu par le témoignage de trois ou de deux témoins, les échevins le condamneront à l'amende.

14. Si une personne, qui a présenté sa plainte au juge qui lui a promis justice, va ensuite injurier sa partie adverse, les échevins lui feront son procès.

15. Ni le comte de Ponthieu, ni les autres seigneurs, possesseurs de fiefs situés dans Abbeville, ne pourront exiger des bourgeois aucun emprunt sans donner de gages, excepté le cas où le vassal serait obligé à cause de son tènement (2), au prêt d'une somme fixe.

16. Celui qui se rendra coupable de forfaiture par action ou par parole, soit envers le comte, soit envers un noble ou un non-noble, sera par les échevins condamné à l'amende.

17. La bourgeoisie pourra se prouver par témoins.

18. Tous les procès qui s'éleveront dans la suite entre les bourgeois,

---

(1) Le lieu des assemblées du corps municipal, ou peut-être l'endroit où se rendait la justice.

(2) Domaine, territoire, héritage, fief.

seront jugés par les échevins, et les jugements qu'ils rendront seront rédigés par écrit.

19. Celui qui appellera du jugement des échevins en les accusant de l'avoir rendu par haine, par vengeance, leur payera à chacun neuf livres et une obole d'or, s'il ne peut prouver ce qu'il avance contre eux.

20. Si un bourgeois en tue un autre, par hasard ou par inimitié, sa maison doit être abattue; si on peut l'arrêter, les bourgeois lui font son procès; s'il échappe, et qu'au bout d'un an il implore la miséricorde des échevins, il doit d'abord recourir à celle des parents; s'il ne les trouve pas, après s'être livré à la miséricorde des échevins, il peut en toute sûreté revenir dans la ville; et si ses ennemis l'attaquent, ils se rendent coupables d'homicide.

21. Si un bourgeois ou un autre, excite contre la ville la colère du comte ou de quelqu'autre personne puissante, il sera chassé de la ville par le jugement des échevins. Si cette colère a fait souffrir quelque dommage aux habitants, sa maison sera abattue, et il ne rentrera point dans la ville qu'il n'ait réparé le dommage dont il sera cause.

22. Quiconque aura joui publiquement et sans réclamation pendant un an et un jour d'une terre ou d'une rente en demeurera légitime possesseur.

23. Les bourgeois ne pourront aggréger à leur commune aucun vavasseur (1) sans le consentement du comte ou des autres seigneurs dont ces vavasseurs relèveront. S'ils sont admis dans la commune, le comte et les seigneurs auront trois ans pour les réclamer; les trois ans expirés, les vavasseurs auront le droit de rester dans la commune, mais ils ne pourront retenir leur fief que de l'aveu du comte ou des seigneurs.

24. Si un fief libre (ou *vavassourie*) tombe à un bourgeois par

---

(1) On croit que la charte doit désigner ici le détenteur de certains héritages nommés *Vavassouries*, qui relevaient d'un seigneur, d'une façon particulière, à la charge de certaines redevances. Il y en avait de tenues en roture, d'autres franches et nobles; celles-ci étaient des espèces de fiefs, mais d'un rang inférieur, n'ayant ni justice ni sujets. — (Ordon. t. IV, p. 57, note.)

succession ou par mariage, il pourra le garder et rester membre de la commune, sauf le droit et le service du seigneur ; mais si ce fief lui vient par achat, par échange, etc. il ne pourra le garder et rester bourgeois sans le consentement du seigneur ; et s'il ne le transmet à d'autres, le seigneur pourra mettre ce fief dans ses mains.

25. Les bourgeois ne pourront recevoir dans leur commune, sans le consentement du comte, les hommes demeurant à Port, au Titre et dans toute sa terre, excepté ceux de Rue. S'ils en ont reçu quelques uns sans savoir de quel lieu ils étaient, le comte pourra pendant trois ans avertir les bourgeois de les renvoyer. A dater de cet avertissement, ces nouveaux bourgeois auront quarante jours pour se retirer de la ville avec leur effets ; mais après trois ans, le comte ne pourra plus les revendiquer.

26. Lorsqu'un engagement sur une vente, un échange, etc., aura été conclu en la présence de trois ou de deux échevins, les contestations qui pourront naître à ce sujet seront décidées par leur témoignage, sauf le droit du comte sur celui qui sera condamné : si les mayeur et échevins ont donné un acte authentique de l'engagement qui a été contracté devant eux, on décidera la contestation conformément à cet acte, sans qu'il soit nécessaire que les échevins viennent rendre témoignage de ce qui s'est passé.

27. Les bourgeois ne doivent au comte que trois aides, chacune de cent livres, savoir : quand il fait son fils chevalier, lorsqu'il marie sa fille, et lorsqu'ayant été fait prisonnier, il doit une rançon.

28. Concession d'une banlieue dont les bornes sont désignées. On ne pourra bâtir une forteresse dans son étendue.

29. S'il s'élève quelque contestation entre le comte et les bourgeois, laquelle ne puisse pas être terminée par ce qui est contenu dans ces lettres, elle sera décidée par les chartes de commune de Saint-Quentin, de Corbie et d'Amiens (1).

30. Les présentes lettres ne pourront porter préjudice aux droits du comte (2). »

(1) En 1363, Abbeville avait l'arbitrage de la commune de Poix avec Amiens et Saint-Quentin.

(2) « En conférant le texte de la charte communale d'Abbeville avec les chartes des trois communes que cette ville prit pour modèle

On voit que les garanties consacrées par la charte communale d'Abbeville ne donnaient guère, ainsi que l'a dit M. Augustin Thierry, que la sécurité de tous les jours, la sûreté personnelle, la faculté d'acquérir et de conserver ; mais c'était là le dernier but des hommes du XIIe siècle, et leurs efforts constants pour obtenir et défendre ces garanties restreintes contre tous les pouvoirs jaloux, témoignent suffisamment de l'importance qu'on y attachait alors ; en effet, une destinée nouvelle commence pour la cité. Abbeville devient une petite république dont la puissance s'élève en proportion de l'affaiblissement de l'autorité des comtes. Quelques chevaliers ou gentils-hommes, trop faibles pour résister aux attaques des seigneurs voisins, abandonnèrent leurs domaines et vinrent s'y réfugier. L'association de ces hommes accoutumés à la guerre accrut la force de la commune. On ne les admit toutefois qu'à

---

de sa constitution et pour règle de son droit pénal, on n'y reconnaît aucun article spécial des chartes de Saint-Quentin et de Corbie ; mais il n'en est pas de même pour la charte d'Amiens. Quant à cette dernière, l'imitation est frappante non seulement pour le fond, mais encore pour la forme ; on a maintenu la distribution des matières sans chercher à y mettre plus d'ordre et de méthode ; on a suivi la succession des articles qu'on adoptait, et leur texte a passé d'une charte dans l'autre avec de simples variantes. En un mot, il est évident que les rédacteurs de la charte d'Abbeville...ont eu sous les yeux, dans leur travail, au moins quinze des cinquante-deux articles dont se compose la charte communale d'Amiens. »

M. Aug. Thierry, Recueil des monuments inédits de l'Histoire du Tiers-Etat, t. Ier, p, 37 et suiv. — Cf. Ordon., t. XI, xLiij et suiv.

de bonnes conditions et avec les précautions convenables ; car les nobles étaient le plus souvent exclus du pacte communal qui s'était fait contre eux et pour se garantir de leur oppression.

La révolution qui venait de s'accomplir à Abbeville s'étendit rapidement dans tout le comté, et la charte de cette ville servit de modèle à la plupart des autres chartes d'affranchissement (1).

MONTREUIL.

1188. — Par charte de cette année le roi de France donne la commune selon les coutumes anciennes aux bourgeois de Montreuil, et accorde à ces bourgeois pleine et entière rémission du passé (2). Mais quelles étaient ces coutumes dont ils jouissaient dès l'an 1144, puisqu'ils étaient à cette époque gouvernés par un maire (3)? On l'ignore, car cette charte de 1188, qui est le plus ancien monument de l'histoire municipale de Montreuil, ne donne aucun renseignement sur la constitution de cette commune. Quels sont les forfaits dont le roi accorde le pardon? on l'ignore également.

(1) Le sceau de la commune d'Abbeville représente le maire monté sur un cheval au trot; il est armé d'une épée, vêtu d'une cotte de mailles et coiffé d'un casque pointu ; son bouclier porte un rais avec une escarboucle en cœur ; c'est ce que l'on nomme *rais d'escarboucle*. La légende est : *Sigillum maioris communie Abbatis-ville*. (M. Nat. de Wailly, Paléographie, t. II. p. 202.)

(2) Cf. Ordon. t. XI, p. 252.

(3) Voy. Mém. de la Soc. des antiq. de Picardie, t. II, p. 218.

Guillaume, comte de Ponthieu, donna à son tour aux bourgeois de Montreuil des garanties et des franchises nouvelles. En 1209, il détermine d'une manière invariable les limites de la banlieue. Ces limites sont entre autres : *la Caloterie, Montahwis, Soirru, Bogneselve, la fosse deToesesole, l'épine au-delà d'Ecuire* (1). L'acte où sont consignés ces détails constate de plus que cette banlieue existait déjà depuis longtemps dans le même rayon (2).

1192. — Guillaume III, comte de Ponthieu, accorde une charte de commune aux bourgeois d'Hiermont. Cette charte est identiquement semblable à celle d'Abbeville; seulement au lieu de cent sous de redevance, il n'est exigé que vingt sous six deniers. L'élection du mayeur et des échevins se faisait chaque année le premier dimanche de carême. — Il n'était pas permis à ces magistrats d'ébrancher et d'abattre des arbres sur les places publiques, sans avoir fait préalablement assembler à l'échevinage les anciens officiers municipaux, pour demander leur consentement; mais ils pouvaient de leur pleine autorité faire démolir les cheminées et les fours,

---

(1) Les bourgeois d'Ecuire, de Campigneules et de Beaumery étaient bourgeois du roi et de la commune de Montreuil, quoique censitaires de l'abbaye de Saint-Saulve.

(2) Le sceau de la mairie de Montreuil représente le maire à cheval, le casque en tête, tenant une épée à la main droite et portant au bras gauche un bouclier triangulaire : au revers, on voit une grande fleur de lys accompagnée de quatre petites. † *Sigillum maioris communie Monsteroli.* † *Sigillum secreti monsteroli.*

s'ils ne les trouvaient point en bon état, et se faire accompagner dans leurs visites par des maçons et des charpentiers. — Les habitants de Villeroye pouvaient former appel devant eux des jugements de leurs échevins.

Les bourgeois d'Hiermont, qui tenaient à cens ou à rente des maisons ou tènements dans la banlieue, avaient la faculté de les rendre au seigneur quand ils voulaient, et même de le forcer judiciairement à accepter leur renonciation. Ils avaient de plus le droit de prendre à un étranger, toutes les denrées ou marchandises qui lui auraient été vendues par un autre habitant de la commune, à condition de lui rembourser le montant de ce qu'il avait acheté. — Les magistrats municipaux pouvaient prélever pour les besoins de leur commune et pour le vendre à son profit, le dixième sur toutes les subsistances ou marchandises qu'on y amenait.

Hiermont avait choisi pour blason de sa mairie un homme à cheval menaçant de l'épée.

1194. — La charte de Noyelles-sur-Mer, également octroyée par Guillaume III, est entièrement pareille à celle d'Abbeville, sauf le paragraphe xxvii. Aux termes de ce paragraphe, les habitants peuvent faire pâturer leurs bestiaux librement dans la banlieue de Noyelles. En 1223, les droits de la mairie de ce village furent rachetés par l'église de Compiègne. L'Echevinage de Noyelles-sur-Mer avait encore en 1507 les mêmes attributions civiles et judiciaires que l'échevinage d'Abbeville.

1194. — Affranchissement des habitants de Crécy. Le comte Guillaume leur accorde une commune qui doit se régir comme celle d'Abbeville : même rédaction, mêmes droits. On n'y remarque que deux ou trois changements ; ainsi l'article XVII remet à l'arbitrage de la commune d'Abbeville les différents qui pourraient s'élever entre le comte et les habitants ; et suivant un autre article, les hommes de Machy et de Machiel, sont bourgeois de Crécy (1).

1194. — Une charte de commune fut encore accordée cette année aux habitants de *Arborea* selon les lois et coutumes d'Abbeville (2).

1199. — Charte de Waben, exactement calquée sur celle d'Abbeville (3). Pâturage libre des bestiaux comme à Noyelles. Chaque habitant est redevable au comte d'un setier d'avoine à la Saint-Remi. Les magistrats municipaux de Waben, qui se renouvelaient tous les ans le jour de Quasimodo, avaient la haute, moyenne et basse justice, sous le ressort de la sénéchaussée de Ponthieu. Ils rédigeaient les actes de vente, les obligations, reconnaissances, etc ; tenaient leurs plaids le vendredi de chaque semaine, et les parties étaient obligées de comparoir à leur barre au troisième coup de

---

(1) Voyez Ordon., t. XIX, p. 500 et suiv.
(2) Archiv. départ. d'Arras ; — Godefroy, Inventaire Ms. des chartes d'Artois, t. Ier, p. 24. Godefroy ne sait si par ce mot *Arborea* il faut entendre Labroye, à quatre lieues d'Abbeville, ou Larbraye, village entre Doullens et Arras.
(3) Cf. Ordon. t. XX, p. 121.

cloche, sous peine d'être jugés par défaut ou de payer trois sous d'amende. — Il y avait dans cette commune un mayeur, douze échevins, procureurs, argentiers, greffiers, sergents à verges, etc. — En 1275, les habitants de Merlemont et de Verton, étaient jugés par les échevins de Waben (1).

1199. — Les habitants du Marquenterre reçoivent du comte Guillaume la loi d'Abbeville. Pour dédommager l'abbaye de Saint-Valery de l'institution de cette loi communale, le comte donne à l'abbaye cinquante journaux de bois à Ponthoile. La charte du Marquenterre est remarquable en ce sens qu'elle est accordée, non pas à une ville, non pas à un bourg, mais à un canton tout entier (2). Chaque homme de ce même canton devait annuellement au comte de Ponthieu un setier d'avoine, une poule et un chapon qui se payaient encore en 1750 au receveur du domaine du roi.

(1) Les habitants de Waben, le mayeur et les échevins de ce village, tous assemblés au son de la cloche, déclarent qu'il leur est impossible de conserver le droit de nommer annuellement entre eux les mayeur et échevins, parce que la nécessité de gagner leur vie les met hors d'état de se livrer aux devoirs de ces charges; en conséquence, ils supplient Joseph de Roussé, seigneur et vicomte de Waben, de vouloir bien accepter le droit de mairie et échevinage avec les biens et droits y afférants, sous condition d'en acquitter les charges. Au nombre de ces charges est le paiement d'une somme de cent-cinq livres dix-sept sous six deniers, et douze boisseaux de froment dûs au roi chaque année à cause de son domaine du Ponthieu. (Acte notarié du 27 septembre 1733, communiqué par M. Henneguier.)

(2) Cf. Mém. de la Soc. d'Emul. d'Abbeville, années 1836-1837, p. 103. — Mém. de la Soc. des antiq. de Picardie, t. II, p. 216 et suiv.

Les habitants de Saint-Quentin et de Routeauville fournissaient ordinairement le plus grand nombre d'officiers municipaux à cette commune, dont la banlieue, bornée au nord par l'Authie, au sud par la banlieue de Rue, s'étendait à l'est jusqu'au fief de Villers, et à l'ouest jusqu'à la mer.

1201. — Charte de Ponthoile (1) conforme à celle d'Abbeville; mais dans des limites plus restreintes (2). Cette charte est confirmée, en 1347, par Catherine d'Artois, comtesse d'Aumale, et en 1360, par lettres du roi Jean données à Saint-Omer. Les lettres du roi portent que la charte communale de Ponthoile a été brûlée par les Anglais en 1346, après la bataille de Crécy. Sur le sceau de cette commune, le maire de Ponthoile était représenté armé de toutes pièces. On voyait sur son bouclier un château surmonté de trois croisettes et au revers, un écu aux armes de Ponthieu et cette légende : *Sigillum magoris de Pontoeles.* † *Secretum meum*.

1202. — Doullens obtint une charte écrite dont les vingt-cinq premiers articles sont les mêmes en tout point que ceux de la charte d'Abbeville. Le comte Guillaume, après l'avoir octroyée, s'engage lui et ses héritiers, de génération en génération, *a generatione in generationem usque in sempiternum*, à la faire reco-

---

(1) Le village de Nouvion jouissait en 1201 du droit de commune, puisqu'il y avait alors un maire. (Titres de l'Hôtel-Dieu d'Abbeville.)
(2) D. Grenier. 24ᵉ paq. n° 24, v° : *Ponthoile*.

pier gratis si elle venait à se perdre (1). Elle se perdit sans doute, puisqu'en 1221, Guillaume, petit-fils de Gui II (2), en accorda une autre. Cette seconde charte est également calquée sur celle d'Abbeville ; elle en diffère pourtant en quelques points que voici :

« Ni les comtes de Ponthieu, ni les autres seigneurs qui ont des mouvances dans Doullens ne pourront contraindre les bourgeois à aucun prêt forcé, ni rien lever sur eux, s'il n'y a aucune obligation féodale. Les questions nouvelles qui s'éleveront seront décidées par les échevins et leur décision conservée par écrit. On ne peut mettre en séquestre une chose appartenant à un bourgeois qu'après l'affaire instruite. Le comte ne pourra citer en justice lesdits bourgeois hors des murs de la ville, et avoir d'autre fort que Doullens, même dans la banlieue. Les contestations entre les habitants et lui, qui ne seraient point décidées par la charte, le seront par les coutumes d'Abbeville (3). »

1203. — Concession d'une commune aux habitants de Saint-Josse-sur-Mer. Cette concession se trouve dans une charte des priviléges de l'abbaye de Saint-Josse (4). Il

---

(1) Ibid., 26e paq. no 2, IIIe cote.
(2) Gui II avait promis aux habitants de Doullens de leur octroyer aussi des priviléges, moyennant une somme qu'il détermina ; mais lorsqu'elle eut été comptée, Gui refusa de délivrer la charte qui devait consacrer les droits concédés ou plutôt vendus aux bourgeois. Indignés d'une telle conduite, ces derniers ne tardèrent pas à se révolter ; mais leurs tentatives furent bientôt réprimées ; et plusieurs d'entre eux abandonnèrent leurs familles et leurs biens pour se soustraire à la colère du comte.
(3) « Apud Abbatis-villam in domo Beati Petri. » Ordon. t. XI, p. 311 et suiv.
(4) Cf. Gallia christ. 1751, in-f°, t. X, instrum. 335 col. 1er.

n'y est guère fait mention des bourgeois et de leurs franchises. C'est un traité de paix entre le comte de Ponthieu et l'abbé ; mais cet acte prouve du moins que le Tiers-Etat ne cherchait pas seul à se délivrer du joug féodal, et que le clergé, tout en résistant souvent aux bourgeois, se mêlait quelquefois lui-même et pour sa propre part, à l'élan général des esprits vers la liberté, telle qu'on pouvait la comprendre et la définir au XIIe siècle. C'est selon les lois et les coutumes d'Abbeville, que la terre de Saint-Josse sera régie désormais.

D'après un acte du XIIIe siècle, l'abbé ne peut admettre personne dans la commune sans le consentement du comte et du mayeur. Il ne peut en outre affranchir personne à moins qu'ils n'y consentent ; mais les officiers municipaux sont tenus, en témoignage de bonne paix, à donner cent livres au couvent (1).

Une autre charte, octroyée en 1352, rend aux bourgeois leur rôle et leurs droits. Le mayeur de Saint Josse y fait serment devant les corps saints de rendre justice à chacun sans faveur et sans corruption. Les habitants ont un échevinage, des sceaux, une prison ; les contrats de vente des biens situés dans la ville et banlieue devront à l'avenir être passés par-devant le mayeur et les échevins, et les magistrats établiront, pour les aider à maintenir la loi, quatre sergents, lesquels seront tenus de veiller en outre aux récoltes et à la garde des propriétés.

(1) Archives d'Arras, Cartul. de Saint-Josse, in-f°, f° 18, v°.

Le texte du pacte communal porte encore entr'autres dispositions remarquables :

Celui qui injuriera un bourgeois par laide parole sera puni de dix sous d'amende.... Si un bourgeois injurie le mayeur par rapport à ses fonctions, il payera soixante sous, dont vingt au profit de la commune et le reste au profit du comte et des religieux.... Qui aura injurié un échevin, pour cause de la loi, payera trente sous d'amende. S'il injurie un échevin de fait et qu'il ait maison dans la ville, on en abattra *quatre raines*. Si le mayeur et les échevins ont charge de faire sur leurs bourgeois l'exécution d'un membre à couper, et des *raines* des maisons à abattre, l'exécution appartiendra aux religieux et à leurs gens.... Si un homme de la commune est convaincu d'une dette, et que clameur en soit faite au mayeur et échevins, le mayeur l'appellera devant lui, si la partie le requiert; s'il comparait, ordre lui sera donné par le mayeur et les échevins que dans sept jours et sept nuits, il ait payé le capital et les amendes ; s'il ne comparait pas, exécution sera faite sur ses biens, et s'il ne possède rien, il sera banni de la banlieue de Saint-Josse jusqu'à ce qu'il ait fait satisfaction du principal et des amendes ; et si, malgré la sentence de bannissement, il est trouvé sur la banlieue de Saint-Josse, il sera tenu prisonnier en la prison du mayeur et des échevins jusqu'à ce qu'il ait acquitté le principal et les amendes.

1205. — Les habitants de Wavans demandent et obtiennent une commune selon les droits et coutumes de la commune d'Abbeville.

Cette charte, accordée par Baudouin *li Walon*, sire de Wavans, Béatrix, sa femme, et Eustache, son fils, fut publiée à Abbeville en présence *et dans la cour* de Guillaume comte de Ponthieu. Elle porte entr'autres dispositions : — « Les bourgeois pourront fortifier leur ville, et le seigneur pourra fortifier sa maison. — Les bourgeois garderont les clefs des *anciennes* portes de la ville, par lesquelles le seigneur sera tenu de sortir sans pouvoir faire de *fausse* poterne à son *chastel.* »

Le village de Wavans, dont l'origine remonte à la plus haute antiquité, et qui compte à peine aujourd'hui quatre cents habitants, avait alors, on le voit, beaucoup plus d'importance (1).

1209. — La commune de Mayoc s'organise sur le modèle de la commune d'Abbeville qui sera l'arbitre de ses différends. Guillaume, comte de Ponthieu, exige pour tout cens, quatre-vingt livres d'une part, et quarante sous de l'autre.

Les chartes de commune du Crotoy et de Mayoc, obtenues en 1209, ayant été brûlées par les Anglais en 1346, les habitants supplièrent le roi d'en faire chercher l'enregistrement dans les registres du comté de Ponthieu, et de leur en donner une expédition pour tenir lieu de l'original ; ce qui leur fut accordé par des lettres de Philippe VI, du mois de décembre de la même année (2).

En 1285, Mayoc, Bertaucourt-les-Rue et le Crotoy ne formaient qu'une seule commune. Le dimanche de l'Epiphanie, jour désigné pour les élections municipales, les habitants de ces trois localités se réunissaient au *Mont de Mayoc.* Les maire et échevins sortant de charge, élisaient trois candidats qu'ils désignaient aux

---

(1) Godefroy, ms. cité, t. Ier, p. 33. — Mémorial historique du Pas-de-Calais, t. II, p. 290.

(2) Ordon., t. XI, préf. XXX.

bourgeois, et ces bourgeois à leur tour choisissaient un maire parmi ces candidats. Quels que fussent les débats, les difficultés de l'élection, il fallait que le maire fût nommé le jour même (1).

Dans un mémoire du XIVe siècle, rouleau en parchemin, se composant d'environ quatre-vingt-dix articles, on lit ce qui suit, par rapport aux communes dont nous nous occupons :

« Les mayeur, échevins et communauté du Crotoy furent fondés et ordonnés principalement en la ville de Mayoc, comme chief principal d'icelle commune et de plus grant prééminence pour lors que ladite ville du Crotoy. — Item, depuis que par succession de temps la ville du Crotoy a été murée et enfortée, tant que elle est meilleure que la dite ville de Mayoc, et pour ce ladite commune a pris sa dénomination principale de ladite ville du Crotoy et de Mayoc... Item, ès assemblées qui se font pour les besognes de ladite commune sont appelés et présents, et ont accoutumés d'estre ensemble, de conseiller et de délibérer les bourgeois d'icelle ville, tant du Crotoy comme de Mayoc.... Item, qu'il est usé et accoutumé que ès offices d'icelle commune soient tousjours deux échevins de ladite ville de Mayoc gouvernans et gardans les droits d'icelle commune avec les autres officiers, tant du Crotoy comme de Mayoc.... Item, que les mayeur et échevins sont en possession d'exercer toute juridiction et justice haute, moyenne et basse; en possession d'avoir connaissance et exécution de tous crimes commis par quelque personne que ce soit, tant par ceux demeurant ès domaines des religieux de Saint-Riquier, comme par ceux qui demeurent ailleurs. »

1209. — Les habitants de *Merck* obtiennent de Guil-

---

(1) D. Grenier, 15e paq. p. 344.

laume III une charte de commune sur le modèle de celle d'Abbeville (1).

.... Rue avait acheté de Jean, comte de Ponthieu, le droit de commune moyennant six cent quarante livres, et ses habitants en jouissaient depuis plus de quarante ans déjà, puisque parmi les témoins d'une donation faite par ce prince à l'abbaye de Valloires, en 1170, on voit figurer le nom de Gérard, *meunier et mayeur de Rue*.

En mai 1211, la charte écrite fut concédée par Guillaume. Cette charte règle principalement la police rurale. Le comte accorde aux bourgeois le pâturage ; il ne pourra désormais s'emparer des bestiaux qu'on mènera paître sur les propriétés dont il garde la jouissance exclusive, mais il se réserve cependant une amende ou un droit de rachat ; et, en certain cas, ce n'est point le propriétaire des bestiaux, pris en contravention qui paye l'amende, mais le berger. Les bourgeois ont l'herbe, le cresson, les roseaux dans les viviers situés aux abords de Rue ; mais ceux qui exploitent ces viviers doivent jurer chaque année aux assises du comte, qu'ils ne prendront ni les poissons, ni les cygnes, ni les œufs des autres oiseaux, et que s'ils voient quelqu'un les prendre, ils le dénonceront au vicomte. La pêche est également accordée ; mais il est interdit de prendre des anguilles à la tâche (2) ; et, lorsqu'un

---

(1) Chron. Ms. de Rumet, liv. 2.
(2) *Tachans*, pêchant à la tâche. *Tacha*, tâche, pelotte de vers suspendue au bout d'une perche et qui sert à prendre les anguilles.

enfant au-dessous de l'âge de quinze ans est trouvé pêchant de cette manière, sa tâche est prise et brisée. Des peines plus graves sont portées contre les pêcheurs plus âgés. Guillaume ne peut contraindre les bourgeois à charrier son bois ; il ne peut s'approprier ni leurs brebis, ni leurs béliers, lors même qu'ils se sont rendus coupables à son égard de quelque délit, à moins toute fois qu'il n'y ait eu voie de fait contre sa propre personne. Les bourgeois ont de plus le retrait lignager, et toute sécurité leur est garantie, lorsqu'ils vont et viennent pour leur commerce, de Rue au Crotoy et du Crotoy à Rue. Le comte, de son côté, maintient à son profit un grand nombre de droits onéreux sur la bière, l'avoine, les bois. On lui doit la corvée, le gîte pour lui et ses hommes de guerre, la garde du butin de ses expéditions militaires. Huit jours avant la fête de la Saint-Remi et huit jours après cette fête, il ouvre ses greniers, et les bourgeois sont tenus d'y apporter une mine d'avoine. Les propriétaires des maisons de pierre sont exceptés de cette redevance, et lorsqu'elle n'est point acquittée par les autres habitants, le comte a le droit de saisir un gage.

Guillaume fixe en outre les bornes de la banlieue, et s'engage à n'y construire aucune forteresse. Tous les débats qui surviendront dans cette banlieue seront terminés à l'avantage de la ville. Les différends (1) qui

(1) Voir le texte de cette charte dans les Mém. de la Soc. d'Emul. d'Abbeville, années 1836-1837, p. 117.

pourraient s'élever au sujet de la nomination du maire de Rue, seront jugés par la commune d'Abbeville.

Vers le même temps, Guillaume reconnut aux habitants le droit de se fortifier dans l'étendue de leur territoire, et en 1214, il prit l'engagement de ne pas fortifier son château du Gard-les-Rue.

D'après les coutumes de la ville de Rue, le maire, à l'expiration de ses fonctions, devait être considéré comme étranger, et ne pouvait remplir deux fois aucun office municipal ; mais comme il y avait peu de personnes capables de gouverner la ville, le roi, à la requête des habitants, permit en 1379 de réélire pour échevin le maire qui sortirait de charge (1).

1121. — La commune de Villeroye s'établit selon les lois de la commune d'Abbeville qui devait décider toutes les questions que n'aurait pas prévues le pacte communal octroyé par Guillaume, comte de Ponthieu. Ce pacte diffère en quelques points de la charte d'affranchissement d'Abbeville ; ainsi, les étrangers qui viendront demeurer à Villeroye devront au comte une mine de froment à la Saint-Remi, et deux chapons et deux deniers au Noël. Si la guerre éclate dans le Ponthieu, tous les bourgeois iront combattre avec le comte, mais trois jours seulement chaque année (2).

1212. — Etablissement de la commune de Vismes. La charte échevinale de ce village, également octroyée

---

(1) Ordon., t. VI, p. 456.
(2) D. Grenier, 24ᵉ paq., n° 31, v° Villeroye.

par Guillaume, est la reproduction de celle d'Abbeville (1).

1218. — Charte de Port accordée par le même comte entièrement calquée sur celle d'Abbeville (2).

1219. — La commune de Maisnières s'organise sans le consentement de l'abbé de Corbie, son seigneur, et, en 1225, on décide qu'elle cessera d'exister (3).

1221. — Confirmation par Philippe-Auguste de la commune d'*Ermes*, lieu situé dans le Ponthieu et inconnu aujourd'hui. La charte est confirmée à condition qu'aucun vassal du roi ne pourra être retenu dans la commune si le roi ne le permet (4).

1232. — La commune de Saint-Valery était constituée à cette époque ainsi que l'atteste une bulle du pape, Grégoire IX. Cette bulle est relative aux attaques à main armée dirigées contre les moines de l'abbaye de cette ville par le mayeur, les échevins et les bourgeois. Elle est adressée à Robert de Dreux, seigneur de Saint-Valery et avoué de l'abbaye. Par cette bulle, le pape appelle une répression sévère contre les bourgeois, les échevins et le mayeur qui se sont portés envers les moines de l'abbaye aux voies de fait les plus graves (5). Robert, en sa qualité d'avoué, est tenu de faire droit aux injonctions du souverain pontife, et, en 1234, il

(1) Ibid; n° 32, Vismes.
(2) Ibid; n° 24, Port.
(3) Ibid; n° 19, Maisnières.
(4) Cf. Ordon., t. XII, p. 297.
(5) Voir plus haut, p. 160.

déclare la ville déchue du droit de commune. L'abbé de Saint-Valery, est-il dit dans cet acte de déchéance, a reçu du Saint-Père le droit de juger et de punir la commune et ses officiers. Robert est obligé de lui prêter assistance en sa qualité d'avoué; et, pour rendre impossible à l'avenir toute tentative des gens de la commune contre l'abbaye, il est décidé que le maire de Saint-Valery sera nommé par l'abbé, si toutefois l'abbé consent à ce qu'il y ait un maire, et en outre que la commune ne pourra pendre cloche au beffroi que sur les terres tenues en fief de l'abbaye (1). Ces dispositions furent maintenues, on a lieu de le penser, jusqu'en 1376. On trouve à cette date une charte de Jean d'Artois et d'Isabelle de Melun, qui rétablit la commune de Saint-Valery d'après les lois de la commune de Saint-Quentin; et, entr'autres dispositions remarquables, on lit dans cette charte que Jean donne et accorde échevinage, ban-cloque (2) grande et petite, pilori, scel et banlieue aux officiers municipaux et aux bourgeois; que les chevaliers qui se rendront à Saint-Valery pour la guerre ou pour leurs propres affaires, doivent payer leurs dépenses aux bourgeois, et en outre que tout chevalier débiteur d'un juré, qui vient à cheval dans la ville, ne peut être arrêté à cause de sa dette, aussi long-temps qu'il reste en selle; mais s'il met pied à terre, le juré

---

(1) D. Grenier; 28ᵉ paq., n° 2. — 1234.
(2) La cloche à ban est la cloche destinée à convoquer les habitants d'une ville.

peut saisir son cheval et le vendre pour se payer de sa créance. Hommage bizarre rendu par la *pédaille* des communes aux habitudes de la chevalerie. La chevauchée, pour le noble, constitue presqu'un droit pareil au droit d'asile (1) consacré pour les églises. La même charte porte en outre :

Toute blessure avec effusion de sang, toute menace de l'épée ou du couteau font perdre soixante sous. La tranquille possession des maisons est garantie aux habitants. Le maire peut recevoir qui bon lui semble dans la commune sans le consentement du bailli. Les bourgeois ne payeront aucun droit pour les denrées à leur usage consommées dans la ville. Les calomnies, les paroles injurieuses contre les officiers municipaux sont punies de deux sous six deniers d'amende. Le sire de Saint-Valery a le droit de prendre un pot de bière sur chaque tonneau (2).

1233. — Le hameau d'Ergnies jouit déjà depuis quelque temps du droit de commune ; il a un scel municipal où l'on remarque un homme à cheval, armé de toutes pièces (3).

1233. — Confirmation des franchises d'Airaines ; on ignore à quelles conditions les bourgeois les avaient obtenues.

1246. — Jean Ier, comte de Dreux et seigneur de Saint-Valery, donne aux bourgeois de Domart une charte de commune conforme à celle de Saint-Quentin (4). En voici les principaux articles :

(1) On trouve une disposition à peu près semblable dans la charte de Bernaville.
(2) D. Grenier ; 16e paq., n° 2, v° Leuconaus.
(3) Ibid ; n° 12, Ergnies.
(4) Ordon., t. VII, p. 687.

Celui qui sera convaincu d'avoir assailli une maison, sera jugé par les officiers du seigneur, et par le maire et les échevins. Quiconque aura maltraité un bourgeois sans le blesser, payera cinq sous au prevôt du seigneur et au vicomte, et quinze sous à la commune. Les amendes appartiennent au seigneur pour le vol, pour le meurtre et pour le duel, lorsque les gages de bataille ont été donnés. Ses vassaux doivent connaître de ces trois cas et convoquer les magistrats municipaux pour juger avec eux. Le bailli du seigneur ne peut arrêter aucun bourgeois dans la ville, le retenir prisonnier, ni saisir ses biens, lorsque ce bourgeois donne caution. Si un sergent du seigneur maltraite un homme de la commune sans le blesser ou le tuer, les bourgeois pourront l'arrêter jusqu'à ce que le bailli l'ait puni. Si ce sergent se réfugie dans le château, celui qui attaquera le château pour l'en tirer, payera au seigneur une amende de soixante sous, et le sergent ne pourra rentrer dans la ville jusqu'à ce qu'il ait satisfait au jugement prononcé contre lui. Il n'y a que les bourgeois qui soient autorisés à demeurer dans la ville, et les vassaux du seigneur lorsqu'ils y possèdent des biens. Il est défendu aux bannis de rentrer dans la commune sans la permission du bailli. Le mayeur ne peut faire aucune proclamation publique à moins qu'il n'en ait reçu l'autorisation. Le seigneur sera toujours tenu de payer ce qu'il achetera chez les marchands ; mais il pourra prendre le vin au prix coûtant, et il lui sera accordé quinze jours de crédit. Si quelque bourgeois possède plusieurs maisons en ruines, il sera contraint par le seigneur à les reconstruire, et, s'il néglige de le faire dans le délai d'un an, le seigneur a le droit de les donner à un autre, à condition de les rebâtir. Tous les laïcs feront le guet dans la commune. Dans aucun cas, le bailli, le prevôt et le vicomte ne peuvent saisir les biens des bourgeois que conjointement avec le mayeur et les échevins. Une maison ne peut être partagée que par l'autorité réunie du prevôt et du vicomte, du mayeur et des échevins. Lorsque le seigneur vend le vin de sa provision, il a le droit d'empêcher qu'on en vende dans la ville à l'exception de celui qui est déjà en perce. Le seigneur payera aux bourgeois les frais de logement de ses gens de guerre. Lorsqu'un homme de la commune n'aura point acquitté les cens, les sergents du seigneur décrocheront la porte de sa maison, mais sans l'emporter ; et si le bourgeois la replace, il sera puni d'une amende. Le mayeur et les échevins présenteront au seigneur deux candidats, parmi lesquels il choisira le mayeur. Tous les bourgeois qui ont une charrue doivent trois corvées par an (1). Lorsque le maire aura reçu quelqu'un dans la bourgeoisie, il offrira, par l'entremise du prévôt, à ce nouveau bourgeois, une des masures du seigneur, si cette masure est inhabitée et si le bourgeois la juge commode. Dans le cas où cette maison ne serait pas à sa convenance, le bourgeois sera libre de se loger où il lui plaira dans l'enceinte de la ville; mais la première année de sa réception, il payera deux sous et deux chapons de cens (2).

1247. — Le village de Bernaville obtint de Jean, comte de Dreux, une commune conforme à celle de Domart, sauf quelques légers changements. Cette commune fut confirmée par Charles VI, en 1394 (3).

1253. — L'abbé de Saint-Riquier et Guillaume de Maisnières accordent une charte de commune au village de Feuquières. Cette charte n'offre rien de particulier. Voici seulement le taux des amendes : soixante sous pour le meurtre, dix livres parisis pour la violation à

(1) Cet article quarante-un que Secousse n'a point expliqué est obscur. Voici le texte :

« Quilibet juratus qui carrucam habet, debet tres corveas per annum; scilicet, ad avenas, unam; ad gascherias, secundam; ad remociones, tertiam; et unaqueque carruca debet habere quatuor panes, et queque carruca debet adducere ad Natale unam focyam, et rammiculi arborum debent eis remanere. »

Le mot *remociones* ou *remotas*, qu'on trouve dans un autre texte, signifie vraisemblablement la dernière préparation de la terre qui consiste à écraser les mottes d'un champ avec le rouloir ou la herse.

(2) Cette disposition est bizarre; mais il y a lieu de croire que le seigneur ne cédait ainsi, non pas la propriété de la maison, mais la jouissance, que lorsque cette maison était abandonnée par suite de son délabrement, car il trouvait dans cette cession le moyen d'entretenir sans frais ses propriétés.

(3) Ordonn. t. VII, p. 694.

main armée du domicile des bourgeois; cinq livres pour ceux qui feront défaut aux assignations du maire; vingt sous pour les coups de poing au visage, pour les injures, pour les cheveux arrachés (1).

L'abbaye de Saint-Riquier avait des vassaux dans la commune de Feuquières; mais Guillaume de Maisnières contestait à l'abbaye ses droits de suzeraineté sur ces mêmes vassaux, et il les appelait les hommes de mon fief, les hommes de ma commune, *homines de dominio meo, de dominia mea*. Grands débats à ce sujet ; on finit cependant par s'entendre, et tous les vassaux de l'abbaye sont compris dans la commune, pourvu qu'ils y habitent, excepté toutefois le vicomte des moines, leur homme lige, et les héritiers du vicomte (2).

1260. — Robert, comte de Dreux, confirme aux bourgeois de Gamaches les priviléges qui leur avaient été accordés par Bernard de Saint-Valery (3).

1283. — Charte d'affranchissement de Fontaine-sur-Somme. Chaque année la commune nomme sept échevins, le dimanche après Quasimodo, et le seigneur les installe. Ces échevins font serment sur les choses saintes, en sa présence ou devant son bailli, de ne porter aucune atteinte à ses droits et de bien remplir les devoirs de leurs fonctions. Ils ont la moyenne justice et sont tenus de faire connaître au seigneur le nom des incul-

(1) D. Grenier; 24e paq. n° 13, v°. Feuquières.
(2) Arch. d'Abbeville : Inventaire des titres de l'abbaye de Saint-Riquier, f° XIIxx V.
(3) Duchesne, Hist. de la maison de Dreux, 1631, in-f°, p. 277.

pés, la nature des délits et le chiffre des amendes. Ils ont la police des métiers, imposent la taille, et si quelqu'un refuse d'acquitter sa quote-part, ils le dénoncent au seigneur qui doit poursuivre le recouvrement. Quand les échevins font la répartition de la taille, la commune en nomme sept autres pour les tailler eux-mêmes. S'ils sont convaincus d'avoir jugé contre les principes de la droite justice, ils doivent payer une amende au seigneur ou à son bailli, et l'acquitter de leurs propres deniers, et non des deniers de la commune ; et ils sont exclus à jamais du corps municipal, à moins que le seigneur ne les autorise à y rentrer. Quand une question les embarrasse, ils doivent demander conseil aux hommes jugeants du seigneur en ses assises ; le seigneur leur doit toujours ce conseil, et ce qui est décidé, suivant cet avis, emporte force de loi (1).

1340, au mois d'août. — Mathieu de Trie, maréchal de France, seigneur de Cayeux, de Gamaches et d'Ault, et dame Ide de Rogny, comtesse de Dreux, sa femme, accordent une charte de commune aux habitants du bourg d'Ault. Cette charte fut confirmée le 29 décembre 1382, par Jean d'Artois, comte d'Eu, seigneur de Saint-Valery et d'Ault, Isabelle de Melun, sa femme, et Philippe d'Artois, leur fils. On ignore à quelles conditions les bourgeois d'Ault jouissaient de leurs franchises (2).

---

(1) D. Grenier, 15ᵉ paq. p. 320 et seq.
(2) André Duchesne. Hist. de la maison de Dreux, preuves, p. 295.

1379. — Rétablissement de la commune de Long. Suivant la coutume locale de ce village, il doit y avoir six échevins qui se renouvelleront tous les ans, le jour du Bouhourdis ; et, avant de sortir, les anciens en font deux ledit jour, les habitants aussi deux et les quatre élus font les autres, tels qu'ils veulent, de Long ou de ses annexes. Ces six échevins sont présentés au seigneur s'il y est, sinon à son bailli qui les fait jurer de garder les droits de l'église et de la commune. Ils doivent rendre compte de leur gestion audit bailli. Le seigneur n'a pas le droit de mettre la main sur ceux qui blessent ou injurient quelqu'un ; la punition des coupables appartient aux échevins. Aucune maison ne doit être abattue pour méfait, aucun juré banni pour dettes, etc.

1386. — Un aveu de Jean de Melun, comte de Tancarville et seigneur du Translay, atteste qu'à cette date la commune de ce village était déjà de création ancienne. Le maire et les échevins tiennent les plaids de leurs bourgeois toutes les fois qu'il est nécessaire. Ils ont l'amende et la connaissance des voies de fait, lorsqu'il n'y a point déffusion de sang ; la police des frocs, le droit de faire clore les jardins. Ils ont de plus le droit de créer un sergent pour la fête de Saint Jean-Baptiste.—Tous les ans, aux fêtes de Pâques, ils doivent compte de leur gestion au seigneur et à la communauté. Si les bourgeois refusent aide et assistance à ceux qui auront crié *commune !* ils seront punis par les maire et échevins.

1494.—Lettres de commune accordées par le roi au village de Verton (1).

Oisemont avait sans doute aussi sa charte de commune. Mais quand, et à quelles conditions l'avait-il obtenu ? On l'ignore. Nous savons seulement que les officiers municipaux de ce bourg étaient, comme ailleurs, électifs, qu'ils conservaient leur charge pendant trois ans, et ne connaissaient que des cas de simple police.

DROIT DE BOURGEOISIE.

L'affranchissement de la commune avait constitué dans les villes une nouvelle classe, classe intermédiaire entre les vilains et les nobles, c'est la bourgeoisie. Dans l'origine les bourgeois, c'est-à-dire les hommes agrégés à la commune, sont désignés à Abbeville sous le nom de *jurés*, parce qu'ils s'engageaient sous la foi du serment à se prêter aide et assistance mutuelle.

Ainsi les mots *juratus*, *non juratus* signifient bourgeois et non bourgeois. Les non-bourgeois étaient aussi désignés sous le nom de manants, *manantes*, c'est-à-dire habitants de la ville, ce qui constituait par rapport à la bourgeoisie une classe inférieure, mais cependant de condition libre.

La bourgeoisie était héréditaire comme la noblesse ; elle se transmettait aussi par le mariage ; mais quand un bourgeois avait épousé une femme non bourgeoise,

(1) Ibid.; 24e paq. n.º 31, v°. Verton.

cette femme, à la mort de son mari, perdait ses droits de bourgeoisie tant qu'elle restait veuve (1).

Les étrangers, les hommes de condition serve qui avaient été affranchis acquéraient la bourgeoisie en payant un droit à la ville. Au XVe siècle, ce droit était de trente sous, vingt sous, seize sous, douze sous (2). Les officiers municipaux le conféraient encore en reconnaissance d'un service rendu à la commune ; mais dans tous les cas il fallait être *sain* et *légitime*. Lorsque l'on contestait à une personne son titre de bourgeois, celle-ci pouvait appeler plusieurs témoins pour déposer qu'elle l'avait obtenu.

Les bourgeois qui participaient aux bienfaits d'un gouvernement régulier, qui prenaient part à ce gouvernement en vertu du principe électif consacré par l'organisation communale, étaient soumis aux charges publiques, et ils acquittaient leur dette envers la cité en contribuant soit par un impôt, soit par des

(1) « Il fu raporté du conseil de Saint-Quentin en l'an de grace M. CCC. et unes, en le mairie Hue Brokete ke se uns bourgois prent feme non bourgoise, le dite feme est bourgoise ; et si le bourgois muert ele pert bourgoisie tant quele se tenra en se veveté. Et se ele desobeist au maieur en se veveté ele sera non bourgoise ; et paiera parties de deptes pour l'issue de comuigne ; et sil avient que ele se remarie et ele nait nient desobei as commandemens du maieur, et ele prent un homme non bourgois, ele est non bourgoise et paiera parties de deptes. » (Arch. d'Abbeville ; livre rouge, f°. 103, v°. § 2.)

(2) « Fremin Perches acata le jurée d'Abbeville en le mairie Jehan Lorfevre (1330)» *Livre Rouge*, f°. 54, v°. § 2. Ces formules sont souvent répétées.

travaux personnels à l'entretien des fortifications ; en payant leur part des subsides applicables aux besoins de la commune. Ils étaient passibles de la prison pour les dettes de la ville ; mais alors ils étaient indemnisés par la commune.

Les nobles pouvaient aussi devenir bourgeois d'Abbeville sans déroger à leur noblesse, parce que dans l'origine le titre de bourgeois était un titre de distinction et de privilége (1), ce qui explique comment les membres de plusieurs grandes familles du Ponthieu exercèrent à Abbeville de hautes fonctions municipales (2).

Au XVIIIe on vendait encore en cette ville le droit de bourgeoisie aux étrangers qui venaient s'y établir. Le maire et les échevins les taxaient suivant leurs ressources et l'ordre des maîtrises ; on payait trois livres pour un mercier ; une livre quatre sous pour un maréchal, un serrurier, un cordonnier ; douze sous pour un savetier. Ce droit du reste n'était point fixe, et on s'en rapportait à l'arbitrage des officiers mucipaux.

Les bourgeois de Saint-Valery étaient *bourgeois fieffés,* c'est-à-dire qu'ils tenaient leur mairie et leur commune en fief de leur seigneur (3).

---

(1) Cf. Ordon. T. XII, xviij.
(2) Voir, à l'affranchissement des communes, diverses dispositions des chartes de Saint-Riquier, d'Abbeville, de Domart, etc., relatives à la bourgeoisie.
(3) Ragueau ; *Gloss. du droit français,* 1704, in 4°. T. 1er, p. 180.

Ainsi s'était accomplie dans le Comté de Ponthieu la révolution communale ; après plus d'un siècle de luttes, la féodalité n'était pas vaincue, mais on avait du moins posé des bornes à sa puissance. Cette puissance devait s'affaiblir rapidement, dans le Ponthieu comme ailleurs, sous le double effort de la bourgeoisie et de la royauté. Dès lors une vie nouvelle commence pour les villes et les campagnes affranchies. En l'absence de tout pouvoir central, elles trouvent en elles-mêmes tous les ressorts qui constituent un gouvernement régulier (1). Elles ont leurs tribunaux, leurs budgets, l'administration de leurs finances, et l'impôt appliqué aux nécessités publiques, remplace l'exaction arbitraire au profit d'un seul.

Cette organisation sociale qui vient de naître est bien incomplète sans doute ; mais du moins elle assure des garanties individuelles jusqu'alors inconnues. On y voit poindre les premières notions du droit civil et du droit criminel ; on y retrouve les origines directes du droit coutumier. C'est tout à la fois un code politique et administratif ; mais c'est encore le chaos. C'était bien peu sans doute, à les juger du point de vue moderne, que ces franchises du XIIe siècle ; et cependant que d'efforts pour les conquérir ! Que de résistances et de débats pour les garder ! Les moindres communes ont leurs guerres intestines ; la noblesse

---

(1) Voir le chapitre intitulé : *Organisation communale*, et le chapitre relatif au Droit civil et coutumier.

attaque en toute occasion favorable ces priviléges qu'elle n'a souvent cédés qu'à la force et presque toujours à regret. Les bourgeois de leur côté méconnaissent la juste limite de leurs droits; le serment mutuel du noble à la commnne et de la commune au noble n'est qu'une impuissante garantie, et la royauté a souvent occasion d'intervenir comme arbitre souverain entre la féodalité, qui prétend encore au pouvoir absolu, et le gouvernement de la bourgeoisie qui a toute la turbulence des gouvernements populaires. Ces luttes auront place à leur date dans le cours de ce livre, et nous exposerons plus loin le détail de l'organisation du régime intérieur des villes municipales, et les vicissitudes de leurs constitutions politiques.

LIVRE TROISIÈME.

CHAPITRE I.

Le Ponthieu passe par alliance dans la maison d'Angleterre. — Résistance des habitants à la domination Anglaise. — Traité de Montreuil. — Le comte de Chester, plus tard Edouard III, reçoit l'investiture du comté et vient habiter à Abbeville. — Nouvelle lutte des Abbevillois contre les Anglais. — Emeute à Saint-Riquier. — Invasion d'Edouard III. — Bataille de Crécy. — Troubles à Abbeville, pendant l'insurrection des Jacques. — Intrigues de Charles-le-Mauvais, qui cherche à se faire un parti dans le Ponthieu. — Expédition des Navarrais contre Saint-Valery. — Supplice de Jean-le-Caucheteur. — Le Ponthieu, en vertu du traité de Brétigny, est cédé à l'Angleterre. — Insurrection des habitants contre les Anglais. — Invasion du duc de Lancastre. — Séjour de Charles VI à Abbeville. — Rivalités des ducs d'Orléans et de Bourgogne. — L'armée de Henri V traverse le Ponthieu. — Tableau de la misère du pays.

Eléonore épousa, en 1272, Edouard Ier, roi d'Angleterre, et lui apporta en dot le Ponthieu. Edouard en prit possession, et, dans une entrevue qu'il eut à Amiens avec Philippe-le-Hardi, il s'engagea solennellement à lui rendre hommage. Telle est l'origine des droits que les rois de la Grande-Bretagne ont réclamés si long-temps sur le comté.

En 1272, de violentes contestations s'élevèrent entre les bourgeois d'Abbeville et le bailli du roi d'Angleterre, Hugues de Famechon. Les bourgeois s'étaient rendus coupables de divers actes de violence, et même de meurtres à l'égard des agents du roi d'Angleterre, et ils avaient été condamnés à une amende de mille livres tournois ; mais par lettres du 29 juin de cette même année, le roi leur fit remise de cette somme (1).

On sait que chaque comte, à son avènement, se transportait dans les principales villes de son domaine, et prêtait serment aux magistrats municipaux de respecter leurs franchises et priviléges ; mais ce ne fut là souvent qu'une formalité vaine. Les rois d'Angleterre surtout ne s'y soumirent qu'à regret, et toujours on peut le dire, avec une arrière pensée de parjure. En 1279, le 6 juin (2), Edouard, malgré les réclamations

---

(1) Collect. des docum. inédits sur l'Hist. de France. Lettres des Rois, Reines, etc. t. Ier, p. 157.

(2) Edouard paya cette année au roi de France pour rachat ou relief du comté, quatre mille livres en deux termes, payables à Paris, dans la Maison du Temple.

L'année précédente, Edouard était resté dans le Ponthieu pendant un mois environ. Il avait séjourné tour à tour à Abbeville, à Crécy, à Valloires, à Montreuil et au Gard-les-Rue, lequel Gard est désigné

des habitants d'Abbeville, refusa de prêter serment en personne, en prétextant sa majesté royale ; il se borna à faire dans son âme et par procureur, l'acte de foi qu'on lui demandait à lui même et de sa propre bouche. (1). Dans l'acte de ce serment par délégation, il déclare, il est vrai, qu'il ne veut porter aucune atteinte aux priviléges, et que ses héritiers seront tenus de jurer le maintien de ces priviléges, comme comtes de Ponthieu, et non comme rois d'Angleterre ; mais ses successeurs à leur tour récusent l'engagement pris en leur nom ; les mêmes débats se renouvellent à l'occasion de chaque nouveau serment ; ce sont toujours les mêmes difficultés, les mêmes détours de la part des rois d'Angleterre ; c'est toujours la même persistance de la part des bourgeois (2).

Pendant les années 1281 et 1282, de vifs débats s'élevèrent entre Edouard Ier, les mayeurs et la commune d'Abbeville. Les bourgeois refusaient de recevoir le bailli que voulait leur imposer Thomas Sandwick, sénéchal du Ponthieu, et prétendaient main-

---

sous le nom de *Manerium regis*, manoir du roi. Une charte datée du 13 juin constate que le prince anglais, pendant son séjour au Gard, fit prêter en son nom serment à la ville de Rue. (Catalogue des rolles gascons, normands et français, conservés dans les archives de la Tour de Londres, 1743, in-f°, T. 1er, p. 9 et 10.) On trouve dans ce volume un grand nombre de pièces datées d'Abbeville et relatives à l'administration générale du Ponthieu.

(1) Archiv. d'Abbeville, *Livre Blanc*, f° 15, v°.
(2) Rymer, *Acta et fœdera publica*, t. III, pars sec., p. 44, col. 1.

tenir leur juridiction contre cet officier, selon que le comportaient leurs priviléges ; mais leur résistance dut céder devant la volonté du roi d'Angleterre. Le bailli d'Abbeville, qui avait été expulsé par le corps municipal, rentra dans la ville, et les officiers municipaux furent contraints de reconnaître qu'ils n'auraient à l'avenir aucun droit de justice sur le sénéchal, le bailli d'Abbeville et les baillis de Crécy, de Waben, de Rue et d'Airaines, *pour cose que il méfaichent à autrui*. Les magistrats abbevillois accordèrent de plus au roi d'Angleterre le droit d'élever une forteresse à Abbeville, et de donner à cette forteresse tel développement qu'il jugerait convenable, mais sans percer toutefois le mur d'enceinte, et sans combler les fossés (1).

En 1282, les habitants rédigèrent en faveur d'Edouard et de ses héritiers une charte par laquelle ils renonçaient à mettre la main sur le comte ou la comtesse de Ponthieu, leurs enfants, les sénéchaux et baillis dudit comté (2). Ces lettres de sauvegarde données par de simples bourgeois à un si haut et si redoutable prince, attestent la crainte que lui causait leur turbulence, et toute la force qu'ils avaient puisée dans l'association municipale.

Edouard revint plusieurs fois dans le Ponthieu afin d'y consolider son pouvoir ébranlé par les grands vassaux, fit réparer les tours et les murailles de

---

(1) Ibid. t. Ier, pars. sec., p. 190, col. 2. — Archiv. d'Abbeville, *Livre rouge*, f° 22. v°.

(2) Sir F. Palgrave. Kalendars of exchequer, t. I, p. 145.

Rue et du Crotoy ; garnit de troupes les principales cités, et, en 1283, il obtint de Philippe-le-Hardi la permission de battre monnaie dans son château d'Abbeville.

Il paraît que le Ponthieu ne fut pas confisqué, comme la Guienne, pendant la guerre qui éclata entre Edouard Ier et Philippe-le-Bel, parce qu'Edouard ne gouvernait qu'au nom et comme tuteur du prince de Galles, son fils.

Eléonore mourut le 29 novembre 1290 et fut enterrée à Westminster, dans un somptueux tombeau surmonté de sa statue en bronze doré (1). D'autres monuments de la tendresse conjugale d'Edouard se voient encore à Northampton, Geddington, Waltham, etc. Ses regrets étaient bien légitimes, s'il est vrai, comme le disent quelques historiens, que ce prince, frappé d'un fer empoisonné dans un combat en Palestine, fut guéri par le dévouement d'Eléonore qui suça sa blessure. La douleur qu'Edouard ressentit de sa mort fut si violente, qu'elle arrêta pendant quelque temps le perfide projet qu'il avait formé de placer, sur le trône d'Ecosse, un baron du Ponthieu (2), son vassal, ce faible

---

(1) Eléonore de Ponthieu s'est servie d'un sceau en ogive sur lequel on la voit debout, tenant à la main droite un sceptre et la main gauche ramenée sur la poitrine; dans le champ du sceau, sont les armes de Castille et de Léon. Le contre-sceau, qui est d'égale grandeur, est occupé par l'écusson d'Angleterre suspendu à un arbre. (M. de Wailly, Elém. de Paléographie, t. II, p. 112.)

(2) Jean de Bailleul, qui descendait par son aïeule maternelle de

Jean de Bailleul qui ne devait porter qu'un moment la couronne.

Le 26 mai 1297, Philippe-le-Bel, qui allait prendre possession de la Flandre, donna l'ordre aux bourgeois de Montreuil de se trouver en armes à Arras. La trêve de deux ans, qui avait été conclue entre la France et l'Angleterre, étant sur le point d'expirer, et le mécontentement des peuples, que la guerre accablait, commençant à se prononcer d'une manière inquiétante, les ambassadeurs des deux rois se rendirent à Montreuil où ils signèrent la paix le 12 juin 1299, en présence de l'évêque de Vicence, délégué du pape. Les représentants de la France étaient : Gilles, archevêque de Narbonne ; Gui, comte de Saint-Pol ; Pierre Flotte, si célèbre peu de temps après, et Pierre Belleperche, chanoine de Bourges. Conformément à la sentence arbitrale du pape (1), il fut convenu que Philippe-le-Bel conserverait ses

---

David Ier, roi d'Ecosse, était sire de Bailleul en Vimeu, et non pas de Bailleul-sur-Eaulne, près Neufchâtel, comme plusieurs historiens l'ont cru. Il possédait encore dans le Ponthieu les seigneuries de Dompierre, d'Hornoy et d'Hélicourt, et il avait épousé la fille de Jean Ier, comte de Varennes et de Surrey, d'une famille célèbre en Normandie d'abord, et depuis en Angleterre. Jean de Bailleul mourut en 1315. Les armes de sa maison sont d'hermine, à l'écu de gueules en abyme. (Cf. Notice sur quelques difficultés relatives à Jean de Bailleul, par M. Le Ver, dans la Revue anglo-française, t. III.)

(1) C'est à l'une des plus grandes célébrités du Ponthieu, au cardinal Jean Lemoine, né à Crécy, d'une famille obscure, que le pape Boniface VIII, dont il est ici question, confia, en 1302, le soin de terminer ses fameux démêlés avec Philippe-le-Bel ; mais les offres de pacification de l'habile et sage légat furent rejetées, et les mesures

conquêtes en Guienne ; et pour ce qui concernait le roi d'Ecosse Jean de Bailleul, il fut dit que ce prince serait tiré de la tour de Londres et mis entre les mains de l'évêque de Vicence, légat du pape (1).

A la mort d'Eléonore, le jeune prince de Galles fut proclamé comte de Ponthieu par Edouard Ier, mais le comte d'Aumale contesta ses droits, en appela à la cour des pairs, et il s'en suivit entre les deux prétendants un procès qui fut terminé en 1299, à l'avantage du prince de Galles, parce que le principe de la représentation n'était pas reconnu dans le Ponthieu, comme on l'a vu plus haut. Pendant toute la durée de l'instance, ce comté demeura entre les mains de Philippe-le-Bel, qui le fit administrer par ses officiers et en perçut les fruits.

Edouard Ier était mort en 1307 ; l'année suivante le prince de Galles, son fils et son successeur sous le nom d'Edouard II, se rendit à Boulogne où il épousa Isabelle de France, fille de Philippe-le-Bel ; Edouard, pendant son séjour à Boulogne, fit au roi de France acte de foi et d'hommage pour le comté de Ponthieu, et, par acte du 14 mai 1308, il assigna les revenus de ce comté à la reine Isabelle, sa femme, pour l'entretien

---

rigoureuses employées contre lui l'obligèrent à retourner à Rome. Jean Lemoine, fondateur du collége de ce nom dans la rue Saint-Victor, à Paris, mourut à Avignon, le 20 août 1313. (Voy. Hist. des Mayeurs d'Abbeville, p. 254 et 272. — Crévier, Hist. de l'université, t. II, p. 194, 214. — Biog. d'Abbeville, p. 205.)

(1) Voy. Rapin Thoiras, Hist. d'Angleterre, 1727, in-4°, t. III, p. 63.

de sa toilette, ses joyaux et *les autres choses nécessaires à sa chambre* (1).

Isabelle vint fixer sa résidence à Abbeville en 1312. L'année suivante, Edouard II ayant fait son entrée dans Montreuil, les habitants, peu affectionnés à la domination anglaise, lui refusèrent le serment de fidélité ; il porta plainte de cette espèce de révolte au roi Philippe-le-Bel, son beau-père, et Philippe fit sommer le maire et les échevins de Montreuil de satisfaire sur ce point le roi d'Angleterre, à moins qu'ils n'eussent des raisons valables pour s'en dispenser.

La reine avait quitté le Ponthieu depuis plusieurs années, quand Philippe-le-Long saisit ce domaine en 1319, parce qu'Edouard n'avait pas rempli son devoir de vassal. Le monarque anglais s'étant enfin acquitté de cet acte de soumission dans la ville d'Amiens, rentra en possession de ses terres. Le successeur de Philippe-le-Long, Charles-le-Bel, somma de nouveau Edouard de venir en personne lui rendre hommage ; mais Hugues-Spencer, l'un des favoris du monarque anglais, ne voulut pas qu'il vînt en France, et Charles-le-Bel confisqua le Ponthieu. Edouard, pour sortir d'embarras, céda ce fief à son fils aîné le comte de Chester, qui n'avait encore que 12 ans, et qui seul alors devait être tenu de rendre hommage. L'acte de donation porte qu'Edouard concède pleinement au jeune prince, à ses héritiers et à ses successeurs les rois d'Angleterre,

---

(1) Voir, pour ce traité, Rymer, t. Ier, pars IV, p. 118, col. 2.

tout le comté de Ponthieu et de Montreuil, les libertés, juridictions, fiefs, arrière-fiefs, cités, châteaux, villes, bourgs, revenus, hommages, obéissances, domaines, droits et toutes les autres appartenances du comté, présentes et avenir ; que le jeune prince en jouira comme son père et ses prédécesseurs pleinement et librement, et que les droits, devoirs, et tous les actes qui appartenaient au roi d'Angleterre, lui seront cédés (1).

Le 12 septembre 1325, le comte de Chester s'embarqua à Douvres, et rendit hommage le 15. Charles-le-Bel voyait avec plaisir la Guienne et le Ponthieu passer aux mains d'un enfant de 13 ans, son neveu, gouverné par une mère favorable à la France ; mais cet enfant devait être un jour le plus redoutable ennemi de son royaume. Quoiqu'Edouard eût cédé la Guienne et le Ponthieu à son fils, qui était venu se fixer à Abbeville avec sa mère (2), le roi d'Angleterre agissait comme s'il eût encore été le maître de ces provinces. Il s'y était réservé un droit personnel, en déclarant qu'elles lui seraient reversibles si son fils mourait avant lui ; il se prétendait d'ailleurs l'administrateur-né des biens de ce prince en bas âge (3).

---

(1) Rymer, t. II, pars 2, p. 141.
(2) Isabelle arriva en France en 1325 ; elle était retournée en Angleterre avant le 27 septembre de l'année suivante 1326 ; ainsi elle ne fut en France qu'environ dix-huit mois. Froissart dit qu'elle « avait sa demeure à Paris. »
(3) Voir sur les négociations relatives à l'hommage, les *Mém. de l'Acad. des inscrip.*, t. XLI, p. 642 et suivant.

Cependant Isabelle fit signifier à Edouard qu'elle et son fils ne rentreraient en Angleterre que lorsque Spencer en serait banni. Edouard n'ayant pas accédé à cette demande, Isabelle forma le projet de se mettre à la tête de nombreux mécontents, et de renverser son mari du trône. Elle essaya de lever des troupes dans le Ponthieu ; mais les habitants ne se prêtèrent point à sa rebellion, et elle ne trouva qu'un petit nombre de nobles qui consentirent à l'appuyer avec un corps de 500 hommes. Ces nobles, parmi lesquels on remarque les sires de Vismes, de Nouvion, de Houdan et de Boubers, s'embarquèrent au Crotoy et passèrent en Hollande, où Isabelle venait de trouver un protecteur dans le comte Guillaume III, qui lui prêta des vaisseaux et 3,000 soldats. On sait qu'après avoir débarqué sur les côtes de Suffolk, elle donna à son fils Edouard III la couronne de son mari, que deux scélérats assassinèrent peu de temps après.

Edouard ne pouvant se dissimuler les forfaits de sa mère la fit conduire, en 1327, dans le château de Rising près de Londres, et lui assigna, en 1334, pour sa pension, les revenus du comté de Ponthieu, avec les collations des prébendes de l'église de Saint-Wulfran, ainsi que les châteaux, bourgs, manoirs et autres lieux, « pour obéir au précepte divin qui ordonne aux fils de révérer leurs parents. Nous voulons, ajoute-t-il, que si notre dite mère nous survit, aucuns de nos héritiers ou de nos ministres ne puissent la déposséder ou l'inquiéter en rien ; mais après sa mort ladite terre et comté, avec tous les profits, nous reviendra intégralement (1). »

Dans la période qui nous occupe, la domination anglaise parait avoir été impatiemment supportée par les habitants du Ponthieu. Malgré des serments formels, leurs privilèges étaient fréquemment violés; mais les bourgeois se montraient toujours prêts à les défendre avec courage.

Vers 1320, Edouard II suspend la commune d'Abbeville. Ses officiers se rendent au petit Echevinage, où se trouvaient le mayeur et les échevins. — Vous avez méconnu les ordres du roi, leur dit le bailli ; le droit d'administrer la ville vous est retiré. Vous rendrez donc au gouverneur les clés du grand et du petit Echevinage avec les chartes et les privilèges, et vous obéirez à ceux qu'il désignera. — Quand le bailli eut parlé, le gouverneur fit lire sa commission, et il ajouta : mayeurs et échevins, vieux et nouveaux, il vous a été prescrit d'exécuter mes ordres et d'abdiquer le pouvoir municipal, et néanmoins vous l'exercez encore. Je vous commande de vous rendre au Beffroi jusqu'à ce que vous ayez amendé ce en quoi vous avez méfait. — Et quand faudra-t-il nous y rendre? demandèrent les mayeurs et échevins, avant souper ou après? — De suite, reprit le gouverneur. — Nous savons bien ce que nous avons à faire, répondirent les magistrats Abbevillois. — On les somma de nouveau, mais en vain,

(1) Rymer, t. II, pars 3, pag. 118.

d'obéir. — Nous ferons ce que nous devons, dirent-ils, et ils se retirèrent tranquillement en ajournant à quinzaine les officiers anglais (1).

Sans doute la lutte devint sérieuse, car on fut obligé de recourir à la médiation de l'évêque de Laon, des seigneurs de Craon et des Noyers. Ces commissaires nommés par le roi de France, « comme amis et personnes privées, » déterminèrent les officiers municipaux à reconnaître enfin les droits de souveraineté d'Edouard et d'Isabelle. D'autres points moins en importants ayant ensuite été réglés, Edouard, « pour plus grande sûreté », fit assembler toute la commune à laquelle on demanda « si le traité lui plaisait et si elle le voulait tenir et garder. » Les habitants « *respondirent tous à une voiz que oil,* » et ils ajoutèrent (2) qu'il fallait que le maire et les échevins, qui seraient toujours élus par la commune, reconnussent aussi le comte de Ponthieu pour seigneur d'Abbeville, à leur avènement au pouvoir. Alors, à la prière de l'évêque de Laon, le prince anglais stipula remise à toutes les personnes de la commune, des peines qu'elles pouvaient avoir encourues envers lui pour le temps passé ; mais en maître qui menace encore tout en pardonnant, il ajouta que les bourgeois aient « à se garder désormais de méfaire, soit contre lui, soit contre ses gens, car alors il se souviendrait des choses passées et des choses à venir. »

(1) Archives d'Abbeville, portefeuille A, f° 1, n° 70.
(2) Cet accord est daté d'Abbeville, le 17 juillet 1320. (Ibid, f° 6, n° 64.)

En 1327, Isabelle suspend de nouveau la commune d'Abbeville. Elle accuse les bourgeois de complot, le maire et les échevins de concussion, parce qu'ils refusaient de lui rendre compte de l'emploi d'une somme de quarante mille livres qu'ils avaient levée sur la ville. Le bailli d'Amiens, au nom du roi de France, les avertit de faire droit aux réclamations d'Isabelle. Ils refusent encore et n'en continuent pas moins, comme par le passé, à s'arroger tous les droits des comtes, et à lever des impôts qu'ils appliquent au profit de leur ville. Le roi de France, par lettres du 20 avril 1327, prend parti pour Isabelle et met à son tour la commune en sa main souveraine, pour conforter, dit-il, la main de madame d'Angleterre. Les officiers municipaux lui résistent comme ils avaient résisté à la comtesse; ils en appellent au parlement et déclarent que, malgré la saisie, ils continueront de régir leur ville aussi long-temps que l'appel sera pendant. Le parlement, après avoir pris connaissance de l'affaire, justifie la résistance des magistrats, et les maintient dans l'administration de leur commune, jusqu'à l'issue du procès.

Ces magistrats étaient-ils coupables des crimes que leur impute Isabelle? Il serait difficile de porter un jugement précis sur toutes ces accusations, sur toutes ces querelles, car les faits ne nous sont connus qu'en partie. Nous n'avons de ces procès politiques que des pièces détachées, des fragments qui ne permettent pas d'en apprécier nettement l'ensemble.

Sans doute dans ces débats, les bourgeois eurent souvent le bon droit de leur côté ; mais en bien des circonstances, ils abusèrent aussi, pour se porter à de coupables excès, de la force qu'ils puisaient dans l'association commune. Le clergé surtout fut souvent l'objet de leurs violences. En 1232, nous avons vu les habitants de Saint-Valery menacer de la mort et de l'incendie les religieux de leur ville ; un siècle après, les bourgeois de Saint-Riquier se livrent, à l'égard des moines, à des désordres du même genre, et les magistrats municipaux sont encore à la tête du tumulte (1). Un individu de Brailly, nommé Moynot, neveu de l'abbé de Saint-Riquier, accompagné de plusieurs serviteurs de l'abbaye, *portiers, fourniers, messagiers, chambrelans*, etc., avait pris une part active à un *carimari* (charivari) donné dans la ville, où il avait couru portant un *faux visage* et fait *mainte joyeuseté*, malgré la défense expresse du mayeur. Les bourgeois l'attaquèrent à l'improviste, sans doute en haine de l'abbé, et le blessèrent grièvement, ainsi qu'un des moines qui se trouvait avec lui. Pour échapper à une mort presque certaine, ce jeune homme se réfugia dans le monastère. La foule tenta d'y pénétrer de vive force ; mais voyant que les portes résistaient à ses efforts, elle se mit à

---

(1) En 1323, les bourgeois de Saint-Riquier détruisent les fourches de la justice de l'abbaye. Les religieux portent leurs plaintes au roi, et le mayeur et les échevins, à la suite d'une enquête sur les faits allégués par les deux partis, sont condamnés à rétablir les fourches de l'abbaye *en personnes et de leurs propres mains*.

crier : *aux cloches ! aux cloches !* Le mayeur et tous les habitants se réunirent à ce cri. Ils accoururent armés de *dolores*, de haches, d'arbalètes, d'arcs et de flèches, et commencèrent une attaque en règle. — Détruisons ce monastère, tuons ces ribauds de moines ; brûlons leurs priviléges, criait-on de toutes parts. — Les uns, jettent une grande quantité de paille contre la porte et y mettent le feu ; les autres, lancent des traits ou des pierres contre les fenêtres, ou font brèche dans les murs pour pénétrer dans le couvent. Les sergents du roi interposèrent en vain leur autorité. Les assaillants firent invasion dans l'intérieur ; les coffres, l'argent, le chariot de l'abbé, qui s'était absenté et qui arriva pendant l'émeute, furent brisés ou pillés ; les gens de la commune commirent *d'énormes forfaits*, et un arrêt du parlement du 20 avril 1330, les condamna à payer mille livres parisis à l'abbaye, et deux mille livres au roi (1).

Le roi de France, Charles-le-Bel, était mort en 1328, sans enfants mâles. Le roi d'Angleterre, Edouard III, neveu de ce prince, par sa mère Isabelle de France, réclama en vain la couronne (2). Philippe de Valois, plus éloigné d'un degré, mais parent du

(1) Archives d'Abbeville. Inventaire des titres de l'abbaye de Saint-Riquier, Ms du XVIe siècle in-fº, fº 56, rº.

(2) Pour bien connaître sous quel point de vue Edouard envisageait sa cause, il faut lire dans Rymer, t. II, pars IV, page 191, l'acte intitulé : *De causa guerræ contra Philippum de Valesio, clero et populo exponenda*. On verra dans quelques autres pièces du même recueil

côté paternel, l'emporta au jugement des pairs. Il monta sur le trône, et somma Edouard de venir lui rendre hommage pour la Guienne et le comté de Ponthieu. Edouard se rendit à Amiens pour remplir son devoir de vassal ; mais humilié de cette démarche, il résolut de se venger du roi de France (1). En 1340, une flotte anglaise de quatre-vingts voiles se présenta devant le Tréport et débarqua des troupes ; repoussés par la garnison, les Anglais se portèrent sur le village de Mers où il y eut un combat très-vif (2). Ces troupes reprirent quelques châteaux des environs, notamment celui d'Hélicourt, qui avait été saisi sur Edouard de Bailleul, roi d'Ecosse ; mais cette expédition ne produisit rien de décisif, jusqu'à la conclusion d'une trêve dont le roi d'Angleterre profita pour engager les habitants à soutenir ses droits. La trêve expirée, Edouard apprend que Philippe se dispose à confisquer le Ponthieu et il se hâte d'y envoyer de nouvelles troupes ; mais il était déjà trop tard. Les Abbevillois ruinés par les impôts que les Anglais levaient sur eux, et fatigués de leurs exactions, venaient de s'armer et de les contraindre à se renfermer dans le château des comtes. A la nouvelle

qu'Edouard s'attachait, à faire croire à une invasion de la part de Philippe, et qu'il faisait entièrement et avec adresse de sa querelle privée une querelle nationale.

(1) Voir, pour les préparatifs de l'expédition projetée par Edouard, ses appels aux armes, les levées d'hommes et d'argent par paroisses et par couvents, Rymer, t. II, pars IV, p. 191 et suiv.

(2) D. Grenier, 21e paq., n° 1.

de ce soulèvement, Philippe se mit en marche pour soutenir les bourgeois; et, quand il arriva, les troupes d'Edouard avaient capitulé. Ceci se passait en 1345 (1); et à la fin de l'année, Philippe avait reconquis Montreuil, Crécy, Rue, le Crotoy et le château de Waben. Les hostilités duraient déjà depuis long-temps entre les deux rois, lorsqu'Edouard débarqua en Normandie avec une flotte de mille voiles, portant quarante mille hommes. Après avoir dévasté cette province, il apprit l'approche de Philippe, et se replia sur le Ponthieu, héritage de sa mère, où il croyait trouver des partisans ; mais on avait rompu tous les ponts, les gués étaient gardés et il se trouvait pour ainsi dire renfermé entre l'armée française, l'Océan et la Somme. Ses troupes étaient harassées, et lorsqu'il arriva à Airaines, il défendit sous peine de mort d'incendier la place, parce qu'il voulait les y faire reposer. Le comte de Warwick et Geoffroy d'Harcourt marchèrent d'Airaines contre le Pont-Remy avec mille hommes d'armes et deux mille archers pour forcer le passage de la Somme, mais un assez grand nombre de chevaliers réunis aux habitants (2) de ce bourg les reçurent vigoureusement. Contraints de reculer, les Anglais, dans leur retraite, brûlèrent Fontaines et se retirèrent ensuite sur Longpré, *où il y a*, dit Froissart, *bonnes chanonneries et riche ville et*

(1) Ms. de Formentin.
(2) Nous avons rectifié et complété le récit des évènements qui vont suivre d'après les fragments du manuscrit de Froissart, qui se trouve à la Bibliothèque d'Amiens et qui ont été publiés par M. Rigol-

moult de biaux hostels qui furent ars et robés (1). Le pont était rompu, et les Anglais se dirigèrent de là sur Picquigny où ils furent également repoussés.

Edouard se trouvait dès lors singulièrement compromis. Philippe de Valois n'était plus qu'à quelques lieues, et les habitants des villes et des campagnes, exaspérés par les cruautés des Anglais, se levaient de toutes parts pour les poursuivre. Edouard, dans cette situation critique, résolut de tenter un coup de main sur Abbeville. Après avoir entendu la messe un peu avant le lever du soleil, il partit d'Airaines en si grande hâte que les Français « trouvèrent, dit Froissart, grand foison de pourvéances (provisions), chairs en hastes (broches), pains et pâtés en fours, vins en tonneaux, et moult tables que les anglais avaient laissées. »

Edouard entra dans le Vimeu, ravagea le pays, et, après avoir détruit le village de Mareuil (2), il vint en personne sur les monts de Caubert, pour reconnaître la position d'Abbeville. Le mayeur Colart-le-Ver fit sortir quelques troupes municipales, et le roi d'Angleterre, qui n'avait avec lui que deux cents chevaux, se retira aussitôt : mais il donna ordre au comte de

---

lot dans le tome III des *Mémoires de la Société des Antiquaires de Picardie*. Nous renvoyons à l'excellent travail de M. Rigollot, ceux de nos lecteurs qui seraient curieux de comparer les divers textes du célèbre chroniqueur.

(1) Mém. de la soc. des Antiq. de Picardie, t. III, p. 136.

(2) Le texte dit qu'Edouard détruisit une abbaye dans ce village, mais les anciens titres de la seigneurie de Mareuil témoignent que ce n'était qu'un prieuré.

Warwick et à Geoffroy d'Harcourt, de s'avancer jusque sous les murs de la place, sans doute pour tenter une attaque décisive et forcer le passage.

Les bourgeois, soutenus par deux mille hommes des communes voisines et par un corps de cavaliers, se portèrent à la rencontre des Anglais, et les forcèrent à la retraite, après leur avoir mis plus de cinq cents hommes hors de combat et fait bon nombre prisonniers.

Edouard, voyant qu'un coup de main était impossible, rétrograda *moult pensif* vers Oisemont, brûlant et ravageant *le pays tant que les flamesches en vollaient en Abbeville.* Tous les habitants du Vimeu s'étaient retirés à Oisemont. Lorsqu'ils virent les Anglais, ils s'avancèrent dans la plaine sous la conduite d'un chevalier banneret d'une valeur éprouvée, le seigneur de Boubers. L'engagement fut des plus vifs; mais les Français, contraints de céder au nombre, furent ramenés dans Oisemont avec une grande perte. Boubers fut pris par Chandos avec plusieurs autres combattants de marque. Edouard entra dans le bourg, se logea au grand Hôpital, et envoya d'Harcourt et les maréchaux anglais courir la campagne et reconnaître le pays. Ces officiers s'avancèrent jusqu'aux portes de Saint-Valery. Un nouveau combat s'engagea près de cette ville qui était défendue par le comte de Saint-Pol et Jean de Hui. Les Anglais, malgré leurs efforts et leur nombre, ne purent s'en emparer et furent contraints à la retraite.

Le roi d'Angleterre, dont la position devenait de plus en plus embarrassante, fit demander à plusieurs chevaliers français, qui se trouvaient parmi ses prisonniers, si quelqu'un d'eux ne pourrait pas lui enseigner un gué ; mais bien qu'il leur promît *grant courtoisie*, les chevaliers *pour leur honneur* s'excusèrent en disant qu'ils n'en connaissaient pas. Edouard fit venir alors des gens de *menre* (moindre) *estat* du Vimeu qu'il avait fait aussi prisonniers, et un varlet de Mons, nommé Gobin Agache, séduit par l'appât de cent pièces d'or, l'offre de sa liberté et celle de cinq ou six de ses compagnons, tira le prince anglais du mauvais pas où il s'était mis, en s'avançant au milieu de la France plutôt en aventurier qu'en général habile. Son armée partit à minuit d'Oisemont, guidée par Agache, et arriva vers cinq heures du matin au gué de Blanquetaque (1), *où les bestes du pays souloient passer quand la mer estoit retraite* (2) ; mais la mer était dans son plein et le passage impossible. Les soldats murmuraient, car un nouvel obstacle se présentait encore. Un corps de troupes formant un effectif de douze mille hommes, parmi lesquels on remarquait des hommes d'armes, des arbalétriers génois, les milices communales d'Arras et du Ponthieu et des bourgeois de Tournay (3), était rangé sur l'autre

---

(1) Cassini s'est trompé en plaçant ce gué au-dessus du Crotoy. Ce que les riverains nomment Blanquetaque, c'est-à-dire tache blanche, est le point le plus apparent de la falaise crayeuse qui forme au-dessus de Port une longue bande de couleur blanche.

(2) Biblioth. du roi, Mss Français, n° 7136 (anc. bibliot du cardinal Mazarin, n° 204).

(3) Une lettre de Michel de Northburgh, écrite devant Calais, le 4

rive et commandé par un baron Normand, Godemard du Fay, ayant sous lui Jean de Picquigny, qui devint plus tard l'agent le plus actif de Charles-le-Mauvais, le sire de Caumont et Jean du Cange, trésorier des guerres. Edouard donna ordre à ses deux maréchaux de s'élancer dans la rivière avec les cavaliers les mieux montés. Au lieu d'attendre l'ennemi, les chevaliers français entrèrent eux-mêmes dans le fleuve, et attaquèrent avec vigueur la colonne anglaise; mais cette colonne redoubla d'efforts et gagna enfin la rive opposée. « Il y eut là grant occision, dit Froissart, et maint homme mort; car ceux qui étoient à pied ne pouvoient fuir; si en y eut grand foison de ceux d'Abbeville, de Montreuil, de Rue, du Crotoy et de Saint-Riquier, morts et prins, et dura la chasse plus d'une grosse lieue. » Godemard y fut blessé grièvement (1).

Les Anglais se portèrent aussitôt sur Noyelles que la garnison défendit courageusement. Catherine d'Artois, fille du fameux Robert et veuve de Jean de Castille-Ponthieu, comte d'Aumale et seigneur de Noyelles, y résidait alors. Cette dame, qui partageait l'aversion

---

septembre suivant, et citée par M. Buchon dans son édition de Froissard, dit que le passage n'était défendu que par cinq cents hommes d'armes et trois mille communiers, dont plus de deux mille furent tués.

(1) On a long-temps accusé Godemard d'avoir lâché honteusement pied; mais cette accusation a trouvé des contradicteurs, et M. de Châteaubriand, entre autres, cherche dans ses *Etudes historiques* à justifier Godemard du reproche de trahison.

que la plus grande partie de la noblesse ressentait pour Philippe, n'avait cependant pu refuser l'entrée de son château aux troupes françaises ; mais ces troupes se virent bientôt forcées de céder au nombre. Noyelles fut pris et brûlé. Edouard réservait le même sort au château, lorsque Catherine d'Artois vint se jeter à ses genoux, en implorant la protection de Geoffroy d'Harcourt, dont le neveu (1) avait épousé sa fille Blanche de Castille. Grâce à l'intervention de ce traître, le château fut conservé (2) ; le roi s'y arrêta, et tint promesse à Gobin Agache, en lui donnant cent nobles d'or et un cheval pour se sauver.

De nombreux détachements anglais poussèrent des reconnaissances dans le pays, jusqu'aux portes d'Abbeville et de Saint-Riquier. Le capitaine anglais Hugues Spencer s'empara le lendemain du Crotoy, sans beaucoup de résistance, car cette ville n'était point fermée. Ses soldats la pillèrent et amenèrent vers le soir à l'armée anglaise une grande quantité de bestiaux et de vins de Poitou et de Gascogne. Ces provisions furent de la plus grande utilité, car les subsistances étaient presqu'entièrement épuisées depuis huit jours. Quatre cents Français avaient péri dans l'attaque du Crotoy (3).

(1) Jean d'Harcourt, qui embrassa le parti de Charles-le-Mauvais, roi de Navarre, et que le roi Jean fit décapiter sans procès dans le château de Rouen, le 13 avril 1353.
(2) Ce château n'offre plus qu'une vaste butte de décombres entourée de quelques débris de murailles et de fossés profonds.
(3) Michel de Northburgh. Lettre précitée.

La division de Godemard, refoulée dans la plaine que les habitants du pays nomment encore aujourd'hui Blanquetaque, entre Noyelles et Port, se rallia vers Sailly-Bray, et se battit encore près de ce village (1).

Le lendemain Edouard se remit en marche ; mais ne pouvant s'engager dans les marais impraticables qu'il voyait sur sa gauche, il se porta sur le village du Titre ; de là sur la Motte-Bulleux, d'où il gagna Crécy, soit par le chemin qui mène à Notre-Dame-de-Foy, près de la route d'Hesdin qu'il faut suivre ensuite jusqu'à Marcheville, soit à travers la forêt, par un chemin vert qui va directement de Noyelles à Crécy, et aboutit à ce bourg près d'une vieille ferme appelée le *Donjon*.

Edouard savait que des forces imposantes s'avançaient pour le combattre. Dans cette situation critique, il résolut de ne pas quitter Ponthieu et d'attendre de pied ferme qu'on vînt l'y attaquer, puisqu'il ne pouvait plus battre en retraite sans péril.

« Prenons ci place de terre, dit-il en arrivant sur le plateau de Crécy, car nous n'irons pas plus avant. » Il avait vu la force de cette position, et tirait un heureux augure de ce qu'il combattrait sur son domaine. Le Ponthieu, qu'il tenait de sa mère, avait été (2) confis-

(1) C'est peut-être sur la crête du rideau, dit le *Royon-Soudart* (le rideau du soldat), que les Français se reformèrent et soutinrent le combat. Le nom et la position de ce rideau, les souvenirs de guerre qui s'y rattachent et que la tradition a conservés, ne permettent pas de douter qu'il ne s'y soit livré plusieurs combats.

(2) Le roi de France, pour reconnaître les loyaux services de

qué par Philippe ; mais le roi d'Angleterre, qui se considérait toujours comme maître légitime de ce fief, avait protesté contre la saisie et disait à ses troupes : « Je suis ici sur mes terres et je veux les défendre. »

Le roi de France venait de traverser Amiens, et s'avançait à grandes journées dans l'intention de bloquer Edouard entre la Somme et l'Océan ; il le suivait dans la direction de Saint-Valery où il croyait le trouver, lorsqu'il apprit, en arrivant à Mons-en-Vimeu, que ce prince venait de traverser la Somme, et que les coureurs français n'avaient pu atteindre que son arrière-garde, à laquelle ils avaient enlevé des bagages et tué un certain nombre d'hommes.

Philippe s'en retourna *tout dolent* à Abbeville, pour rassembler son armée et réparer les ponts de la ville,

Jacques de Bourbon, comte de la Marche, l'institua comte de Ponthieu, et le gratifia, en 1350, de tous les droits attachés à ce titre; mais les revenus du comté ne s'élevant pas alors à quatre mille livres, à cause de la saisie précédemment opérée sur le roi d'Angleterre, Philippe s'engagea à lui compléter cette somme. Jacques de Bourbon, fils de Louis Ier de ce nom et de Marie de Hainaut, était connétable de France, et ses exploits lui avaient mérité le surnom de *fleur des chevaliers*. Cependant aucun historien, excepté M. Mazas, qui malheureusement n'a point indiqué ses sources d'une manière précise, ne le place en première ligne dans le récit des évènements qui nous occupent. Les uns, et c'est le plus grand nombre, ne le mentionnent même pas; les autres se bornent à dire qu'il fut grièvement blessé à Crécy, où il combattait en qualité de chevalier banneret avec quatre chevaliers et quarante-huit écuyers de sa compagnie. Il mourut à Lyon, le 6 avril 1361, par suite des blessures qu'il avait reçues au combat de Brignais, contre les Tards-Venus. (Voyez M. Vatout. Le château d'Eu, t. 1er, p. 29.)

qui étaient fort anciens et trop faibles pour les charrois (1). Il établit son quartier général à l'abbaye de Saint-Pierre, y appela ses principaux officiers *en grand parlement* d'armes, dit Froissart, et les pria après souper *qu'ils fussent l'un à l'autre amis, et courtois sans envie, sans haine et sans orgueil.* Il demeura toute cette journée de vendredi à Abbeville, par respect pour Saint-Denis, dont c'était ce jour là la fête, et fit ses dispositions pour partir de grand matin.

Après avoir laissé la forêt de Crécy sur la gauche, l'armée anglaise avait pris position sur une hauteur, en appuyant son aile droite à Crécy, et étendant sa gauche du côté de Vadicourt. Elle dominait ainsi, devant son front, un ravin en pente douce nommé la *Vallée des Clercs.* Cette excellente position militaire, défendue du côté de Crécy par plusieurs rideaux placés l'un sur l'autre en escalier, devient un peu plus accessible en approchant de ce bourg, et peut être tournée du côté de Vadicourt. Afin d'obvier à cet inconvénient, le roi d'Angleterre entoura son armée de charriots, tant des siens que de ceux qu'on trouva dans le pays, laissant néanmoins une ouverture pour sortir et rentrer quand il serait temps, et il fit ainsi un vaste camp retranché que protégeaient encore des abattis, et la petite rivière de Maye, qui coule dans la vallée de Crécy.

Édouard avait amené quarante mille hommes; mais depuis l'ouverture de la campagne son armée s'était

---

(1) Chron. de Saint-Denis, édit. Michaud, t. II, 1ʳᵉ série, p. 189.

affaiblie par les fatigues, le défaut de subsistances et les combats. On n'y comptait guère que vingt-cinq à trente mille hommes environ (1), parmi lesquels il y avait peu de cavalerie; mais elle allait se défendre sur un terrain où cette arme devenait presqu'inutile; d'ailleurs l'usage de l'infanterie commençait à prévaloir.

Une forte division occupait Crécy et les archers étaient placés sur la colline. Ces redoutables archers formaient à peu près la moitié de l'armée. Edouard, averti que le roi de France était arrivé à Abbeville, et qu'il se proposait de l'attaquer dans le courant de la journée, fit sonner les trompettes et former les lignes ou *batailles*, pour parler le langage du temps. A la tête de la première, il plaça son fils aîné, le prince de Galles, âgé de quinze ans, qu'il investit du commandement en chef pour cette journée. Les archers de la première ligne étaient, dit Froissart, *en manière d'une herse* (2), et les gens d'armes au fond de la bataille. Edouard fit revêtir à son fils une cuirasse noire fort riche quoiqu'en fer bruni, dont le jeune prince conserva depuis le surnom. Le monarque anglais ne mit ni armure, ni casque : il portait un chaperon et un pourpoint

---

(1) Froissart, dans sa seconde rédaction, avait considérablement réduit le nombre des troupes d'Edouard. D'après le manuscrit d'Amiens elles devaient être de vingt-quatre mille hommes. Ce chiffre se rapproche de l'évaluation de Villani qui l'estime à trente-quatre mille hommes. (Voir le mémoire de M. Rigollot, p. 145 et suiv.)

(2) Le triangle, on le sait, est encore la forme qui chez les Anglais répond à nos carrés.

en velours vert tressé en or, et tenait un bâton blanc à la main. Le prince de Galles avait sous lui, en qualité de lieutenants, Geoffroy d'Harcourt, Warwick, Jean Chandos et Holland. La seconde ligne était sous les ordres d'Arundel et de Northampton, ayant sous eux Mortimer, Miles Stapleton et Wilhoughby (1). Edouard se plaça lui même à la tête de la troisième, et défendit à ses soldats de sortir des rangs pour piller et dépouiller les morts, car si la fortune se déclarait contre eux tout butin leur devenait inutile. Il exhorta ses soldats à se conduire avec honneur et à défendre son droit; les fit reposer et communier, puis ils s'en allèrent *boire et mengier un morsiel et rafraichir*. Malgré le trouble de son âme, il montrait un visage si joyeux que les plus timides y voyaient le présage de la victoire. « Point de cris, point de tumulte, » disait-il, et, après avoir exalté le courage de ses troupes par l'espoir des récompenses, il alla se placer sur la hauteur dans une tour qui subsiste encore (2), et d'où il pouvait tout découvrir et diriger l'action.

(1) L'ordre de bataille de l'armée Anglaise est indiqué ainsi dans le manuscrit n° 7136 de la Bibliothèque du roi : le premier corps, commandé par le prince de Galles, était placé *amont les champs près d'un moulin, et par derrière avait un bois*. Ce corps se composait de dix-sept bannières. Le deuxième corps, sous les ordres d'Edouard, se retrancha derrière des charriots; on y comptait dix-neuf bannières. L'arrière-garde ou troisième bataille n'en avait que huit. — Le Ms. donne les noms des chefs, f° 261, v°.

(2) C'est aujourd'hui un moulin à vent.

Le 26 août, au lever du soleil, un samedi, après avoir entendu la messe et communié à Saint-Etienne, Philippe de Valois sortit d'Abbeville afin de disposer son armée à combattre, et marcha si vivement que *oncques homs ne vit en fait de guerre si tost chevaucher* (1). Cette nombreuse armée se composait de troupes génoises au nombre de six mille, qu'il avait fait venir après le débarquement d'Edouard, sous la conduite de Grimaldi et de Doria. Ces montagards liguriens avaient la réputation d'être à la fois les plus habiles archers et les meilleurs marins de l'Europe. Le reste de son infanterie était fort inférieur à l'infanterie des Anglais. Elle était formée de bourgeois levés à la hâte, et d'un grand nombre de paysans que la frayeur avait rangés sous ses drapeaux. Il y avait en outre une foule de nobles, et entre autres plusieurs princes étrangers, Jean de Luxembourg, roi de Bohême, le plus habile politique et le plus ambitieux monarque de son temps, dont la fille avait épousé Jean, duc de Normandie, fils aîné de Philippe, et qui avait voulu, malgré sa cécité, venir en France pour soutenir le roi. Jean de Luxembourg avait amené avec lui son fils, Charles, élu roi des Romains. Parmi les autres princes étrangers, on remarquait dom Jayme, roi de Mayorque, détrôné par dom Pèdre, roi d'Arragon, et qui s'était réfugié auprès de Philippe ; Louis, comte de Flandre, expulsé de ses états par ses propres sujets ; Raoul de Lorraine, qui s'était illustré

---

(1) Biblioth. du roi, Ms 7136, p. 262, r°.

contre les Maures ; le duc de Savoye, nouvellement arrivé avec mille chevaux.

Au nombre des princes français et des grands dignitaires, on comptait Charles, comte d'Alençon, frère du roi ; les comtes de Blois, de Sancerre et d'Auxerre, Pierre de Bourbon, Jean de Croï, Jean de Conflans, etc. Jean de Vienne, archevêque de Reims, qui avait amené au roi les troupes archiépiscopales de cette ville (1), et Hugues, abbé de Corbie, qui était venu à la tête de cinq cents hommes, bien que son abbaye n'eût été tenue de fournir que *deux sommiers estoffés de sommes, sacs et bahuts*.

L'armée française pouvait s'élever à cent mille hommes, mais il y avait trop de chefs et plus d'individus que de soldats (2). Philippe d'ailleurs, moins heureux que son rival, voyait souvent son autorité méconnue, et quoiqu'il eût recommandé la veille à ses barons d'éviter entre eux toute mésintelligence, il lui était impossible de soumettre à ses ordres tant de seigneurs turbulents et jaloux les uns des autres.

Comme celle des Anglais, l'armée française se divisa en trois corps. Le premier était commandé par Grimaldi et Doria, le second par le comte d'Alençon ; le roi commandait en personne le troisième ; il avait auprès de lui

---

(1) Anquetil. *Hist. de Reims*, 1756, in-12, t. II, p. 161.
(2) D'après le Ms. de Froissart, de la Bibliothèque d'Amiens, elle se composait de vingt mille armures de fer à cheval, et de plus de cent mille hommes de pied. (M. Rigollot. loc. cit., p. 150.)

le roi de Bohême, les autres princes étrangers et Jacques de la Marche (1).

Tout porte à croire que les Anglais dérobèrent leur marche à Philippe, et qu'en voyant dévorer les campagnes voisines du Crotoy par un incendie dont la lueur s'étendait jusqu'à Abbeville, le roi de France se sera d'abord porté vers Noyelles, par Menchecourt, afin d'acculer Edouard dans les marais de l'Authie (2). M. de Châteaubriand, dans ses *Études historiques,* nous apprend que Philippe fut trompé par un faux rapport en sortant d'Abbeville, et qu'il avait déjà fait deux lieues *sur une route opposée,* lorsqu'il acquit la certitude qu'Edouard se trouvait à Crécy. Cette assertion reçoit encore une nouvelle force quand on voit dans *l'Histoire des mayeurs d'Abbeville* que l'armée française fit ses premières dispositions dans les plaines du Titre qu'elle devait traverser en effet, en revenant de Noyelles pour se rendre à Crécy.

Philippe avait envoyé les sires d'Aubigny, de Beaujeu,

---

(1) D'après la chronique de Flandre, n° 7136, des Mss. français de la Biblioth. du roi, l'armée de Philippe était divisée en quatre corps ; le premier aux ordres du grand maître des arbalétriers ; le deuxième commandé par le comte d'Alençon ; le troisième par le roi ; le quatrième par Jean de Hainaut.

(2) Les habitants de Noyelles nomment encore *Chemin de Valois*, la route par laquelle on y arrive d'Abbeville en suivant la grève. Nous trouvant un jour sur les lieux, nous avons demandé à l'un d'eux d'où provenait le nom de ce chemin : — Du passage de Philippe de Valois, nous répondit-il. C'est l'ancienne voie qu'Edouard suivit après le combat de Blanquetaque,

des Noyers et Le Moine de Basèle pour *regarder sur le pays*, comme dit Froissart. Le Moine de Basèle apprit au roi que cette armée anglaise, que bien des gens croyaient en retraite, attendait de pied ferme en bon ordre de bataille. Il conseilla de différer l'action jusqu'au lendemain, et de faire rafraîchir et reposer les troupes. Le conseil était sage : Philippe s'y rendit, et donna l'ordre d'arrêter la marche de l'avant-garde qui venait de s'ébranler, soit par impatience, soit par l'effet d'un malentendu ; mais il eut beau crier « de par Dieu et de par Saint-Denis » de faire halte ; le comte d'Alençon, qui commandait le second corps, brûlant d'en venir aux mains, continua son mouvement. L'avant-garde, qui s'était arrêtée, crut, en le voyant marcher, que l'ordre était changé, et reprit sa route. Les grands seigneurs mirent leur vanité à se dépasser les uns les autres ; alors il devint impossible de maîtriser cette foule, et on arriva à l'ennemi dans le plus grand désordre.

Le premier corps, en s'engageant dans la vallée de Froyelles, avait suivi le chemin qui mène à Vadicourt, et que l'on nomme encore *le chemin de l'armée*, Quoique l'ordre de bataille n'ait jamais été régulièrement formé, il est à croire qu'après avoir tourné les sources de la Maye, rivière alors plus large et plus profonde qu'elle ne l'est aujourd'hui, les troupes françaises prirent position, la gauche en avant de Fontaines, ayant Estrées derrière leur centre et appuyant leur droite à la ferme de Branlicourt.

Il était trois heures après midi. Un orage violent éclata sur l'armée. La pluie tombait par torrents et inondait les arbalétriers génois. Bientôt le soleil reparut, mais il donnait dans les yeux des génois et les aveuglait. Les Anglais au contraire tournaient le dos au soleil, avantage de position qui dans le combat à l'arc, préliminaire ordinaire des batailles, procurait souvent la victoire. Les deux armées n'étaient plus qu'à peu de distance l'une de l'autre. Le signal est donné aux arbalétriers génois, qui se trouvaient en première ligne, de commencer l'attaque ; mais ces étrangers demandent un moment de repos, disent qu'ils sont accablés de fatigue et de faim, et représentent en outre que la pluie a détendu les cordes de leurs arbalètes. En effet, nés dans un pays où il pleut rarement, ils ne renfermaient pas ces arbalètes dans des étuis comme les soldats d'Edouard. Cependant excités par leurs chefs, ils engagent l'action, « et commenchièrent à huer et à juper moult haut et li angles tout koi, et descliquièrent aucuns kanons qu'il avoient en le bataille pour esbahir les Genevois. »

L'apparition des canons à Crécy est donc maintenant un fait hors de doute. On s'appuyait du silence de Froissart pour infirmer l'assertion de Villani ; mais la phrase que nous venons de citer, extraite du manuscrit d'Amiens (1), ne peut laisser aucun doute ; elle justifie

---

(1) Loc. cit. p. 157. — Un des canons très-curieux, dont les Anglais firent usage à Crécy, et qui était conservé à la Tour de Londres, fut

complètement les chroniques de Saint-Denis et l'historien italien. « Comme l'usage des canons, dit M. Rigollot, était un expédient nouveau, une sorte de surprise qui pouvait être regardée comme n'étant pas de bonne guerre, les Anglais ont pu se taire sur ce point, afin que leur victoire en fût plus glorieuse, et voilà peut-être pourquoi Froissart n'en a pas parlé dans sa seconde relation. »

Les coups de bombarde faisaient tant de bruit et de fracas, dit Villani, qu'il semblait que Dieu tonnât. Il en résulta une grande perte en hommes, et surtout en chevaux. Les arbalétriers génois furent repoussés, car du haut des charriots et au-dessous de ces charriots, couverts par des étoffes et des draps, qui les mettaient à l'abri, les archers anglais envoyaient une telle quantité de flèches que *ce sembloit neige*.

Le comte d'Alençon, qui crut voir dans la défaite des Génois, l'effet d'une trahison, s'écria : « Tuez cette canaille qui ne fait que nous embarrasser ! » Suivant quelques historiens, cet ordre insensé aurait été donné par Philippe, mais ce prince n'était pas à l'avant-garde.

Chargés par les français et culbutés par les chevaux, les Génois tournèrent leurs armes contre les assaillants. Le prince de Galles profita du désordre ; il sortit du retranchement de charriots, et assaillit la cavalerie fran-

retrouvé presqu'entier parmi les décombres, après l'incendie de cette tour en **1841**. (Voir le *Journal des Debats* du 8 novemb. **1841**.)

caise, qui fut repoussée dans la vallée, au moment même où les dernières colonnes du deuxième corps y arrivaient avec les nobles de la maison du frère du roi, rangés sous la bannière du comte d'Alençon, que portait Jacques d'Estracelles. La retraite des Français suspendit la marche de ces nouvelles troupes ; elles jugèrent qu'il serait imprudent de recommencer l'attaque avant l'arrivée de Philippe ; mais le comte d'Alençon, avec l'impétuosité qui lui était naturelle, voulut les faire charger à l'instant même, et donna ordre à Jacques d'Estracelles de se porter en avant. Ce chevalier célèbre par de nombreuses preuves de courage avait profité d'un moment de repos pour ôter son bacinet de fer, afin de respirer plus à l'aise, car la chaleur était extrême. Il fit observer au prince que c'était s'exposer à une perte inévitable, que de vouloir débusquer les Anglais de leurs retranchements avec de la cavalerie. Le comte insista en disant impérieusement : remettez votre bacinet et marchez ! — « Puisqu'à la bataille sommes venus, répondit d'Estracelles, je le mettrai, mais jamais ne sera osté par moi (1). » Il se porta aussitôt avec les hommes de sa bannière contre le prince de Galles. Ce prince s'efforce en vain de résister à ses valeureux adversaires ; ils renversent tout ce qui s'oppose à leur passage et pénètrent jusqu'à lui. Entouré et jeté à terre, il serait infailliblement tombé en leur pouvoir, sans un chevalier d'origine normande, Richard

(1) Ms. 7136 de la Biblioth. du roi, f° 262, v°.

de Beaumont, qui portait la grande bannière du pays de Galles. Ce chevalier jeta sur le prince son vaste étendard, *mit ses pieds dessus, prit son espée à deux mains, et fit si bien qu'il empêcha son petit maitre d'être tué* (1).

D'Harcourt, à l'expérience duquel Edouard avait confié la jeunesse de son fils, avertit Arundel de la position critique où se trouvait l'héritier de la couronne : alors Arundel se porta en avant à la tête du deuxième corps, et parvint à faire reculer les Français qui s'étaient rapprochés de la colline et qui s'efforçaient de la tourner. Tout porte à croire qu'ils tentèrent d'occuper le ravin par lequel on y arrive du côté de Vadicourt (2) ; mais cette nouvelle attaque se fit sans succès. Les corps des Génois, les chevaux morts ou blessés, dont le nombre était immense, dit Villani, encombraient la route. De nouveaux combattants s'avançant en désordre augmentaient la confusion, et s'étouffaient les uns les autres. Les Anglais, retranchés sur leur côteau, n'avaient qu'à lancer leurs flèches au hasard pour tuer à coup sûr. Le brave d'Estracelles tomba sous les flèches des ennemis et n'ôta plus son bacinet.

Le jour commençait à baisser ; le sang coulait à flots, et, s'il faut s'en rapporter au manuscrit d'Amiens, le

---

(1) Hist. des mayeurs d'Abbeville, p. 328.
(2) C'est le point du champ de bataille que les habitants nomment *le Marché à Carognes.*

roi de France qui se trouvait à l'arrière-garde, ayant demandé vers la nuit comment allait la bataille, Jean de Hainaut et quelques chevaliers de son conseil lui répondirent que son armée était battue, et qu'il ne restait aucun espoir de réparer le mal. Lorsque le roi apprit cette nouvelle, il fut saisi de colère, et poussa son cheval des éperons pour le lancer dans la mêlée ; mais Jean de Hainaut, Charles de Montmorency, le sire de Saint-Venant et tous ceux qui se trouvaient autour de sa personne l'arrêtèrent en disant : Prenez courage et soyez plus calme ; si la plus grande partie de vos gens se sont perdus par la folie, ne mettez pas en péril la couronne de France, car vous êtes encore assez puissant pour rassembler plus de gens que vous n'en avez perdu. Ne désespérez pas du royaume, retournez à Labroye qui est assez près d'ici ; demain vous aurez d'autres nouvelles et bon conseil, s'il plaît à Dieu. — Le roi, tout en marchant, réfléchit à ces paroles. Il estimait surtout Jean de Hainaut à tel point, il le savait si loyal, qu'il crut pouvoir sans deshonneur se ranger à son avis. Voyant d'ailleurs qu'il était tard et que la poignée d'hommes qui était autour de lui ne pouvait réparer le désastre, il quitta le champ de bataille et prit le chemin de Labroye, où il passa la nuit.

Le récit de Vilani ne s'accorde pas avec le texte de Froissart. L'écrivain italien rapporte que « le roi de France voyant ses gens tourner le dos se porta, avec la troisième bataille et le restant de son armée sur les Anglais.

Il fit des merveilles de sa personne, et força les Anglais à se retirer vers leur retranchement de chariots : ils auraient été rompus à leur tour si le roi Édouard n'était venu à leur aide, en sortant avec sa troisième bataille par une autre issue du retranchement qu'il fit pratiquer pour prendre les ennemis à revers, et dégager les siens en assaillant les Français de côté, à quoi s'employaient les piétons anglais avec leurs arcs et les Gallois avec leurs lances dont ils éventraient les chevaux. »

Un historien anglais, Thomas de Walsingham, qui écrivait en 1440, parle également de ce mouvement de désespoir qui aurait poussé Philippe au milieu de la mêlée : suivant lui, le roi de France, qui renversait tout sur sa route, et tuait tout ce qui s'opposait à son passage, aurait été jeté deux fois en bas de son cheval par le roi d'Angleterre, blessé à la gorge et à la cuisse, et la fuite seule l'aurait dérobé à son ennemi. « De toutes pars s'enfuyoient les François, dit à son tour la chronique de Flandre, et quant ce vit le roy de France et ceulx qu'en sa compaignie estoient, si leur escria : seigneurs où fuyez-vous? ne véez-vous mie vostre roy emmy les champs, la face tournée vers ses ennemis? mais oncques pour chose qu'il leur sceut dire ne vouldrent retourner, ains tindrent leur chemin comme gent desconfite (1). » Au milieu de tous ces témoignages contradictoires il est fort difficile, on le voit, de découvrir l'exacte vérité.

(1) Bibliothèque du roi, Ms. 7436.

Le roi de Bohême, Jean de Luxembourg, que son extrême bravoure devait nécessairement conduire au plus fort du péril, fut plus heureux que Philippe et ne survécut pas à la défaite. Charles de Luxembourg, son fils, roi des Romains, avait été dangereusement blessé. Le vieux monarque, à cette nouvelle, ordonna à Le Moine de Basèle de prendre le frein de son cheval, et de s'enfoncer avec lui dans les rangs ennemis : Basèle obéit, et Jean tomba bientôt avec Henri de Rosemberg et Jean de Leucstemberg, ses écuyers, à deux mille pas environ en avant de Crécy. On éleva, sur la place où le vieux roi fut percé de coups, une croix de pierre qui se voit encore aujourd'hui sur le *chemin de l'armée*.

La journée était perdue sans retour. Jean de Haynaut, Charles de Montmorency et le sire d'Aubigny entraînèrent Philippe loin du champ de bataille. Le sire de Montfort, Jean de Beaujeu, Gaston XI, comte de Foix, et une soixantaine d'autres chevaliers se rangèrent autour de lui pour le défendre, et lui firent escorte.

Le roi de France se dirigea sur la droite, et arriva vers minuit au château de Labroye, dont le seigneur Jean Lessopier, dit *Grand Camp*, lui était entièrement dévoué. Philippe frappa lui-même à la porte. Jean Lessopier se tenait aux créneaux : Hommes d'armes, qui êtes-vous ? demanda-t-il, si vous ne servez monseigneur de Valois vous n'entrerez point dans mon château. — Ouvrez, répondit Philippe, c'est l'infortuné roi de France (1).

(1) Le texte de Froissart a été altéré. On lit dans tous les imprimés :

— Lessopier, reconnaissant la voix, s'empressa d'ouvrir au monarque et à sa suite, « non sans effroyables pleurs et lamentations de ses pauvres sujets (1). » Après avoir pris à la hâte un léger repas, Philippe continua sa route, et se rendit à Amiens.

Lorsque les Français furent dispersés, le monarque anglais fit défendre à ses soldats, sous peine de mort, de poursuivre l'ennemi, de remuer et de dépouiller les morts jusqu'à ce qu'il en eut donné congé, afin qu'on pût mieux les reconnaître au lever du jour. Il commanda en outre que chacun allât se reposer sans défaire ses armures, et pria les comtes et barons de son armée à souper avec lui. Les ordres du roi furent ponctuellement exécutés, et ceux qui soupèrent avec lui, dit Froissart, « furent en grant joie et en grant repos de coer pour la belle aventure qui avenue leur estoit (2). »

Le lendemain dimanche au matin, un brouillard épais couvrait le champ de bataille, et un grand nombre d'Anglais, les uns à pied, les autres à cheval, se répandirent par les plaines pour voir si de

« ouvrez, c'est la fortune de la France; » mais le manuscrit de Breslau, regardé comme la meilleure copie de l'original, ceux de Berne, d'Arras et de la bibliothèque de l'Arsénal disent : c'est l'infortuné roi de France; sens plus naturel que l'autre. C'est aussi le sens adopté par M. Buchon. Le Ms. d'Amiens ne mentionne aucune réponse faite par Philippe au châtelain de Labroye.

(1) Hist. des mayeurs d'Abbeville, p. 330.
(2) Ms. d'Amiens. — On doit à M. de Pongerville une relation de la bataille de Crécy. Ce beau travail contient des aperçus nouveaux et du plus grand intérêt sur les opérations militaires des deux armées.

nouvelles troupes françaises ne marchaient point contre eux. Ils trouvèrent en effet une grande quantité de soldats des communes qui avaient dormi dans les bois, dans les fossés et dans les haies. Ces bourgeois, peu habitués aux chances de la guerre, ne savaient de quel côté tourner, et quand ils virent les Anglais venir vers eux, ils les attendirent pensant que c'étaient des gens de l'armée de Philippe. Les Anglais les attaquèrent à l'improviste et se jetèrent au milieu d'eux, dit Froissart, comme les loups au milieu des brebis. Ces derniers débris dispersés, les vainqueurs rentrèrent dans leur camp. Edouard avait déjà entendu la messe, et ses dévotions terminées, il commanda à Renaut de Ghobehen de prendre avec lui quelques chevaliers connaissant le blason et tous les hérauts de l'armée; d'aller compter les morts; d'écrire les noms de tous les chevaliers qu'ils pourraient reconnaître, et de mettre de côté les princes et les grands seigneurs afin de leur faire un service selon leur rang. Renaut employa tout un jour à sa funèbre exploration, et retourna, quand la nuit fut venue, vers le roi d'Angleterre. Il avait trouvé gisant dans la plaine onze princes, un prélat, quatre-vingts chevaliers à bannières, douze cents chevaliers d'un écu ou deux, et environ quinze ou seize mille écuyers, bourgeois, Génois et gens de pied (1), et seulement trois chevaliers

---

(1) Ms. d'Amiens, p. 172. — Cette énumération diffère de celle de l'imprimé où l'on compte 30,000 hommes tués. Michel de Northburgh, témoin oculaire, réduit dans la lettre déjà citée le nombre des hommes

anglais et quinze archers (1); tels sont du moins les chiffres donnés par Froissart dans le Ms. d'Amiens. Les prisonniers et les fugitifs étaient en outre presque tous blessés de coups de flèches.

Parmi les victimes les plus célèbres de cette triste journée, on compte au premier rang Jean, roi de Bohême; Charles, comte du Perche et d'Alençon; Louis de Châtillon, comte de Blois; Raoul, duc de Lorraine; Louis, comte de Flandre; Louis II, comte de Sancerre; Jean II, comte d'Auxerre; Jean IV, comte d'Harcourt (2), et le grand prieur de France.

---

d'armes tués le premier jour à 1,542, sans y comprendre les *communes* et *pédailles*, et le lendemain à 2,000 et plus. D'après Villani, il y eut 20,009 hommes, cavaliers et piétons, qui périrent, et, dans ce nombre, plus de 1,600 comtes ou barons, chevaliers bannerets ou de parage, et plus de 4,000 écuyers à cheval sans compter les prisonniers et les fugitifs. — Un écrivain contemporain, cité dans les preuves de l'Histoire du Dauphiné, dit que les Français perdirent à Crécy 1,716 princes, seigneurs ou chevaliers, et 10,000 soldats environ. Si l'on y ajoute la perte du lendemain, cette évaluation se rapprochera du Ms. d'Amiens. (Mém. de M. Rigollot, p. 174.)

(1) Ce nombre, à coup sûr, a été considérablement restreint, car lord Byron nous apprend que deux de ses ancêtres directs, Paul et Hubert Byron, furent tués sur le champ de bataille, et ce serait un hasard fort singulier qu'ils se fussent trouvés parmi ces trois chevaliers. Ces exagérations du reste sont assez dans les habitudes des vainqueurs, car Philippe-de-Valois, en rendant compte à l'abbé de Saint-Denys de la victoire de Cassel, dit que les Français n'y perdirent que 17 personnes.

(2) Le corps de ce chevalier, dont le casque avait pour cimier la queue d'un paon mêlée d'or, fut reconnu par son frère Geoffroy d'Harcourt. Le cri de sa maison : Harcourt ! Harcourt ! que ce der-

La perte avait été si grande qu'on disait que depuis deux cents ans jamais tant de princes n'étaient morts dans une seule bataille, pas même à Bénévent et à Courtray (1).

Quand Philippe apprit toute l'étendue de ce désastre, il regretta vivement cette fleur de noblesse qui était morte vaillamment pour son service ; mais il ne sut la vérité que le lundi *à heure de none*, au retour de quatre chevaliers et de ses hérauts, qu'il avait envoyés vers le roi d'Angleterre, pour lui demander une trêve de trois jours, afin que les vassaux et les amis de ceux qui étaient morts eussent la faculté de leur rendre les derniers devoirs. Le jour et la nuit qui suivirent la bataille, le roi d'Angleterre resta sur le lieu même où il avait combattu. Le roi de France était arrivé à Amiens dans la journée du dimanche, et tous ceux de ses gens que la mort avait épargnés se réunirent autour de lui.

---

nier avait entendu pendant la bataille, l'avait saisi de douleur et de remords. L'aspect de ce corps sanglant le fit frémir d'horreur ; il vint se jeter aux pieds de Philippe, l'écharpe au cou en guise de corde, témoignant ainsi qu'il se dévouait lui-même au plus infâme supplice, et il obtint le pardon de sa perfidie.

(1) Les Allemands qui servaient dans l'armée du roi d'Angleterre, en voyant qu'on ne faisait point de prisonniers, s'approchèrent de ce prince et lui dirent : « Sire, moult avons grant merveille que vous souffrez que tant de noble sang soit espanduz, car par les prendre à rançon vous pourriez eschever (éviter), grant partie de vostre guerre et en eussiez très grant rançon. » — Le roi leur répondit de ne point s'étonner, qu'il avait donné ordre de tuer et qu'il convenait que la chose fût ainsi. (Bibl. du roi Ms. 7136.)

Une ancienne tradition, conservée dans l'Abbaye de Valloires, rapporte qu'Edouard ayant donné l'ordre de relever les blessés et de leur donner des secours, les moines de ce monastère accoururent aussitôt sur le champ de bataille, enlevèrent un grand nombre de barons et de soldats, et les transportèrent dans les bâtiments de leur domaine de Crécy-Grange où ils leur prodiguèrent les soins les plus empressés. On montre encore dans un enclos, dont le cimetière de Valloires faisait autrefois partie, la place où ces disciples de Saint-Bernard donnèrent la sépulture aux preux qu'ils n'avaient pu sauver.

Edouard, sur la demande de Philippe, avait accordé une trève de trois jours pour enterrer les morts ; il enjoignit aux habitants des villages d'alentour de s'acquitter de ce devoir. On voit encore, dans la vallée des clercs, les larges fosses (2) qui furent creusées à cet effet, et dans lesquelles on jeta les soldats. Les principaux chefs reçurent sépulture à Valloires, à Maintenay, à Montreuil et surtout dans l'église de Crécy. C'est là que fut enterré le comte de Flandre ; on porta à Amiens le comte d'Alençon. On dit que le roi d'Angleterre assista en grand deuil avec son fils au service solennel qu'il fit faire aux barons tués dans cette journée ; mais avant de livrer

---

(2) L'une de ces fosses existe à l'angle que forme cette vallée avec celle de la Maye ; l'autre contre un petit ravin qui descend de la colline où se trouvaient les Anglais.

à la tombe tous ces corps mutilés, il permit à ses soldats de s'emparer des armures, des casques et des épées : lorsqu'ils en furent chargés, il en restait encore un si grand nombre, que ne pouvant les emporter, ils en firent un énorme tas que l'on couvrit de bois, et qui fut brûlé ainsi que les chariots.

On a vu plus haut que le roi de Bohême, s'enfonçant au milieu de l'ennemi, fut renversé de son cheval et percé de coups. Edouard, averti qu'il respirait encore, ordonna de lui laisser la vie, et de le transporter dans sa tente où l'on s'empressa de lui donner des secours ; mais il mourut dans la nuit (1). Le monarque anglais ne se réserva des riches dépouilles du prince allemand que deux plumes d'autruche, nouées avec une tresse d'or, qui surmontaient son casque, et la devise tudesque *isch diene* (je sers) qu'on y avait gravée. Edouard donna ce panache à son fils pour le récompenser des exploits de la veille. Les successeurs du prince de Galles, en mémoire de cette grande journée, ont toujours conservé les plumes et la devise, et en décorent leurs armoiries.

Le corps du roi de Bohême fut déposé dans une chapelle de l'abbaye de Valloires où l'on voyait encore dans le siècle dernier l'inscription suivante :

L'an mil quarante-six trois cents
Comme la chronique tesmoigne

---

(1) Voy. *Catalogue des manuscrits français de la Bibliothèque du Roi*, par M. Paulin Paris, T. V, p. 357.

Fut apporté et mis céans
Jean Luxembourg, roi de Béhaigne (1).

Un annaliste d'Abbeville (2) dit que les Anglais, après la bataille, s'approchèrent de cette ville, afin d'y pénétrer de vive force par le côté opposé à celui qu'ils avaient attaqué d'abord; mais elle était en si bon état de défense qu'ils rebroussèrent chemin en livrant tout aux flammes sur leur passage.

D'après le manuscrit d'Amiens, Edouard, en quittant Crécy, alla camper sur les bords de la rivière d'Authie, près du village de Saint-Josse, qui fut brûlé par ses soldats, ainsi que Rue et Waben. Le lendemain matin il s'approcha de Montreuil où il fut rejoint par ses maréchaux; mais le comte de Savoye, après la bataille, s'y était réfugié avec son frère et quelques troupes. Edouard, après avoir tenté de s'emparer de la place, incendia les faubourgs et s'éloigna.

Parmi les causes qui contribuèrent le plus au triomphe des Anglais, on doit compter d'abord la belle position

---

(1) Rumet rapporte qu'on voyait autour de son tombeau les armoiries de cinquante chevaliers qui étaient morts le même jour avec lui. Cependant le manuscrit d'Amiens dit que le roi de Bohême reçut la sépulture à Maintenay. Après avoir été transportés dans la cathédrale de Luxembourg, profanés pendant la révolution, déposés auprès de Trèves, dans le cabinet de curiosités d'un riche fabricant de faïence, les restes de Jean de Bohême sont aujourd'hui dans le palais du roi de Prusse, sur les bords du Saar, en attendant que la ville de Luxembourg lui ait élevé un monument digne de son aventureux héroïsme. (Voir *la Presse* du 27 juillet 1844.)

(2) Formentin.

militaire qu'ils avaient choisie, et dans laquelle ils attendirent qu'on vînt les attaquer, selon leur habitude dans tous les temps, sans en excepter le nôtre. Il faut compter aussi pour beaucoup la supériorité de leurs archers, accoutumés à se servir sans cesse de l'arbalète, et qui devinrent si terribles avec cette arme (1); l'inconcevable précipitation des Français, qui vinrent donner successivement les uns après les autres contre les formidables lignes ennemies, la charge exécutée contre les arbalétriers Génois; le désordre qu'occasionna cette charge, et l'emploi des canons (2).

Il nous reste à parler d'un fait trop important pour que nous négligions de le rapporter ici. Ce fait est la création de l'Ordre de la Jarretière, institué par Edouard, au commencement de 1349, à Windsor, dans l'église de Saint-Georges, en commémoration de son étonnant triomphe, et pour récompenser ceux de ses officiers qui

---

(1) L'arbalète était si redoutable par sa force et si dangereuse par la facilité de s'en servir, qu'un concile de Latran, tenu l'an 1139, l'anathématisa. Les Français la regardaient comme l'arme des lâches et refusaient de s'en servir. Avec cette arme perfide, disaient-ils, un poltron peut tuer sans risque le plus vaillant homme. Ils dédaignaient également l'arc comme *ennemie de prouesse*, et n'estimaient que l'épée, la lance et autres pareilles, qui exigeaient l'approche et ne donnaient de supériorité qu'à la valeur et à la force (Legrand d'Aussy).

Les archers Gallois avaient à tel point le sentiment de l'excellence de cette arme, qu'ils se vantaient de pouvoir avec leurs flèches tirer du sang à une girouette.

(2) Voir sur les causes de la victoire des Anglais, l'opinion de Hallam, dans *l'Europe au moyen âge*, T. 1er, p. 70.

l'avaient le mieux secondé (1). Le héros de Crécy manifesta clairement le but de sa fondation en prenant pour insigne une jarretière, dont il avait donné le mot gallois *garter* pour mot de ralliement le jour de la bataille. L'opinion que ce fut la comtesse de Salisburry qui donna naissance à cet ordre célèbre n'est appuyée sur aucune autorité ancienne, et tous les historiens anglais eux-mêmes la repoussent comme un conte vulgaire.

« Pour ne rien omettre de tout ce qu'on a dit au sujet de la bataille de Crécy, dit M. Mazas, nous parlerons d'une circonstance assez particulière qui occupa longtemps l'esprit des habitants de la Picardie, du Ponthieu et de l'Artois. Une ancienne chronique latine, conservée dans les manuscrits de l'abbaye de Saint-Riquier, et qui fut composée l'an 1200 (cent quarante-six ans avant la bataille de Crécy), écrite dans un style figuré et prophétique, disait que l'an de grâce 1346, il apparaîtrait

---

(1) Voici le brevet d'une pension accordée par Édouard à l'un des écuyers anglais blessés sur le champ de bataille de Crécy : « Le roi, à tous ceux qui, etc. Sachez que nous, de notre grâce spéciale et pour les bons services que Jean Dunstaple, l'un de nos écuyers nous a rendus, accordons audit Jean, mutilé à notre service dans la bataille de Crécy, deux deniers de pension par jour ; dix sous pour ses robes, et quatre sous et huit deniers pour sa chaussure ; ces derniers dons de rente annuelle. Ces diverses sommes lui seront payées toute sa vie, sur les revenus du comté de Dewonshire, en deux parts, à la Saint-Michel et à Pâques. — A Westminster, le roi étant témoin. » (Rymer. T. III, pars 1, pag. 182.)

au-dessus de Bulecamp (1), cinq soleils ; elle ajoutait qu'une éclipse serait immanquablement le résultat de la réunion de ces cinq astres. Les gens du pays interprétèrent ainsi cette prédiction : Les cinq soleils étaient cinq rois réunis dans les champs de Crécy, Edouard III, Philippe de Valois, Jean de Luxembourg, roi de Bohême, Charles de Luxembourg, roi des Romains, et Dom Jayme d'Arragon, roi de Majorque. L'éclipse était le désastre éprouvé par les Français. La chronique de Tramecourt parle de la même prédiction, et dit que les habitants du nord de la France avaient coutume d'appeler Crécy Bulecamp ; nous en ignorons le motif (2). »

Edouard, au lieu de profiter de la victoire de Crécy, pour s'avancer dans le cœur de la France, continua sa retraite, et mit le siége devant Calais (3). Malgré la plus

---

(1) Le P. Ignace parle également de cette prédiction dans son *Histoire des mayeurs d'Abbeville*, p. 334.

(2) Ancien nom de la Vallée des Clercs.

(3) Quelques jours auparavant il avait expédié en Angleterre le bulletin suivant :

Le roi au mayeur, au bailli et à la ville de Newcastre (*Novi-Castri*), sur la Twine, salut. — Après notre expédition en diverses parties de la Normandie, lorsque nous, traversant avec notre armée le royaume de France, pour nous rendre contre Philippe-de-Valois, notre adversaire, nous eussions fait détruire et brûler une grande quantité de châteaux, villages, manoirs et autres lieux où nous éprouvions de la résistance ; lorsque nous eussions aussi repoussé, combattu et tué un grand nombre d'ennemis qui faisaient obstacle à notre marche, et qui pensaient nous exterminer, nous et nos sujets fidèles qui étaient avec nous, nous arrivâmes enfin à la

héroïque résistance, les habitants de cette ville auraient été contraints, faute de subsistances, de capituler dès les premiers jours, si deux marins d'Abbeville, nommés Marant et Mestriel, ne s'étaient dévoués pour les secourir. Ces braves marins, malgré la vigilance des assiégeants, faisaient entrer dans le port de Calais des navires chargés de vivres, et s'aventuraient sans cesse pour ravitailler cette place; « et s'en mirent par plusieurs fois en grand péril, dit Froissart (1), et en furent moult de fois chassés et presque pris et attrappés entre Boulogne et Calais; mais toujours échappoient eux, et firent maints Anglais mourir et noyer, ce siége durant devant Calais. »

Au premier bruit du danger qui menaçait cette ville, les Abbevillois s'étaient empressés d'y envoyer deux

ville de Crécy, et c'est là que nous avons eu un grand conflit d'armes avec notre adversaire.

La grâce de Dieu étant avec nous, Philippe et ses soldats furent vaincus; ce même Philippe prit la fuite; un grand nombre de seigneurs et d'autres gens de son armée restèrent morts sur le champ de bataille, ce dont il faut rendre grâce à Dieu qui nous a donné la victoire, toutes les grâces qui sont en nous; mais comme nous sommes maintenant arrêtés devant Calais, dont nous allons faire le siége, il nous faut des vivres etc.... Le roi invite ensuite tous les marchands d'Angleterre à se rendre à l'armée avec toute espèce de vivres, avec des arcs et des cordes pour ces arcs... (*Sexto die septembris.*) — Ce bulletin fut expédié dans la même forme, et sous la même date, à 30 autres maires, baillis, évêques et gardiens de ports. — (Rymer. T. II, pars IV, pag. 20.) On voit par les actes suivants qu'une révolte avait éclaté devant Calais, parmi les archers anglais, et qu'un grand nombre étaient retournés chez eux malgré Edouard.

(1) Edit. de Buchon, t. II, p. 422.

cents hommes. Quelques uns d'entre eux cependant firent preuve de mauvaise volonté, car l'amiral de France Floton de Revel, qui équipait une flotte à Saint-Valery, écrivit le 24 octobre 1346, aux officiers municipaux d'Abbeville, pour leur ordonner de contraindre plusieurs habitants de cette ville, à lui livrer le nombre de navires qu'il avait demandés, leur enjoignant, en cas de refus, de faire arrêter les récalcitrants, de les lui envoyer sous escorte, et de faire saisir leurs biens.

Le lendemain de la Saint-Jean 1347, les Anglais qui assiégeaient encore Calais, avertis qu'un convoi de quarante-quatre bâtiments escortés de dix galères génoises, devait jeter de nouveaux secours dans la place, vinrent avec quatre-vingts navires, sous les ordres du comte d'Oxford et de Gauthier de Mauni, au-devant de cette flotte qu'ils rencontrèrent en deçà du Crotoy. En trop petit nombre pour résister, les dix galères prirent aussitôt le large, et les bâtiments de transport, parmi lesquels on en comptait sans doute d'Abbeville et de Saint-Valery, se sauvèrent en partie au Crotoy; mais il y en eut douze qui échouèrent; les équipages se jetèrent à la mer, et périrent presque tous; les vivres qu'ils portaient furent pris, et tournèrent au profit des assiégeants (1).

Peu de jours après le roi de France, qui s'approchait de Calais, avec un nombreux corps de troupes, écrivit aux Abbevillois la lettre suivante :

(1) Mém. de l'Acad. des inscript., T. L, p. 603.

« A nos bien amez mayeurs et échevins d'Abbeville. Par le conseil des prélaz et barons, des nobles, des bourgeois de nos bonnes villes et des bonnes gens qui sont et ont été avec nous, nous avons ordonné à nous traire vers Calais, pour secourre ladite ville et nos bonnes gens qui y sont, car ils se sont si bien et si loyalement portés à l'honneur de nous et de la couronne de France, et est chose si nécessaire au profit de nous et de la couronne de France, et de tout notre royaume, que tous ceux qui loyalement aiment l'honneur et le profit de nous et de la couronne de France, se doivent à cette chose mettre et employer. Et pour ce que nous pensons que vous avez à cette chose grande affection, pour la loyauté que nous tenons qui est en vous, nous vous prions et requérons sur toute l'amour et l'obéissance que vous nous devez, et néanmoins vous mandons et commandons, sur quanque vous poez mesfaire envers nous, que vous viengniez par devers nous, et tous ceulx de ladite ville de Abbeville et de la banlieue, qui armes peuvent porter y faites venir armez et apparaillez en tout le meilleur arroi qu'il pourra estre fait, soit à cheval, soit à pié, chascun selon son estat ; et soyez tous à nous de demain en huit jours à Boulogne sur la mer, sans point de desfaute, nonobestant quelconques ordes de gens d'armes ou d'autres choses que nous vous ayions fait, ore et autrefois, en nos présent guerre ; et avec os envoyez ou faites venir avec vous tous les vivres que vous pourrez avoir pour le gouvernement de vous et de nostre host (armée), et ce ne laissez mie ; quar nous pensons à cette fois, à l'aide de notre seigneur, mettre les besongnes si à point, que se dieu plait nos subjets demourront en tranquillité et en paix : si le faites de telle manière que nous puissions appercevoir l'amour et la loyauté dont nous pensons que vous aimez nous et notre bonheur, et sachez que à ceulx qui en seront négligens, nous monstrerons en telle manière que tous y devront prendre exemple. — donné à Hédin, le XIe jour de juillet (1347). » (2)

On ignore combien d'hommes vinrent, en vertu de

---

(2) Documents historiques extraits de la Bibl. roy., des Archives, etc. publiés par le gouvernement, T. II, p. 181.

ces ordres, au rendez-vous assigné par Philippe, mais une lettre de ce prince, écrite *en ses tentes lès Fruges*, le 18 du même mois, nous apprend que les Abbevillois se disposaient à envoyer encore à Calais, cinquante arbalétriers et cinquante sergents à pavois et à lances, outre les deux cents hommes qui s'y trouvaient déjà; et le roi de France, en considération des bons et loyaux services que les bourgeois d'Abbeville lui avaient rendus pendant la guerre, des combats qu'ils avaient plusieurs fois livrés à l'ennemi, et des pertes qu'ils avaient éprouvées, les exempta de tout arrière-ban (1).

Après onze mois de résistance, Calais fut forcé de se rendre; mais la prise de cette place ne changea rien à la situation politique des deux royaumes. Edouard vainqueur, et n'osant pas profiter de son succès, quitta la France en n'emportant que la gloire d'une heureuse journée. Philippe avait perdu sa noblesse, mais l'Angleterre n'avait gagné qu'une ville.

Le règne de Jean, fils et successeur de Philippe-de-Valois, ne fut qu'un enchaînement de calamités, et le Ponthieu eut une large part dans ces malheurs publics. On sait que ce fut dans le Beauvaisis que la Jacquerie prit naissance; cette insurrection terrible se propagea dans la basse Picardie et y causa d'affreux ravages. A Abbeville même, les pauvres et les gens de métiers paraissent avoir manifesté, comme les villageois, des

---

(1) Ibid. p. 182 — Archives d'Abbeville, liasse intitulée : Hist. des guerres de 1319 à 1541.

dispositions hostiles contre les riches. Un des habitants de cette ville, Jean de la Mare, fut, en 1358, accusé de propos *sentant commotion de peuple*. Il avait dit, entre autres choses, qu'il ne lui fallait que lever le doigt pour anéantir, jusqu'au dernier, tous les riches qui se trouvaient dans la cité. Le conseil de ville le jugea pour ce propos, et il fut condamné à avoir la tête tranchée. Cette tête resta plusieurs jours exposée à l'une des portes de la ville, sur la pointe d'une épée, et le corps fut traîné dans les rues. Il paraît que les paroles du condamné avaient eu de l'écho, puisqu'il y eut alors tumulte et plusieurs séditions (1). Le sire de Coucy rallia tous les chevaliers de la Picardie, se mit à leur tête, et combattit les insurgés qui brûlaient les châteaux et tuaient leurs habitants. Les Abbevillois eux-mêmes, dont les Jacques ruinaient le commerce et l'industrie, leur firent la guerre, et en exterminèrent un jour deux cents près de Saint-Riquier (2). Cependant ce n'était point encore assez de cette insurrection ; des misères plus grandes ne tardèrent pas à peser sur la France.

La bataille de Poitiers, plus fatale encore que celle de Crécy, fit tomber le roi Jean dans les mains des Anglais, et sa captivité fut le signal des plus déplorables désordres. Charles-le-Mauvais, roi de Navarre, se déclara contre le dauphin, depuis Charles V, et régent du royaume pendant la captivité du roi Jean. Charles-le-Mauvais,

---

(1) Archiv. d'Abbeville. *Livre rouge*, f° 82, r°, § 3.
(2) Ms. de Formentin.

qui s'était allié secrètement avec les Anglais, avait en Picardie des partisans nombreux, et surtout à Amiens. Jean de Picquigny, député de la noblesse picarde aux états généraux de 1356-1357, était, ainsi que le dit Froissart, *son plus grand conseil*, et son parti eut pour organe, à ces mêmes états, un avocat d'Abbeville, Colard-le-Caucheteur (1), quoique les magistrats municipaux de cette ville fussent restés fidèles au parti national et au roi Jean.

Le roi de Navarre, dans l'espoir d'usurper la couronne de France, rassembla les bandes d'aventuriers de toutes nations qui ravageaient ce royaume, et qui prirent, en s'engageant à sa solde, le nom de Navarrois. Jean de Picquigny ayant osé s'approcher d'Abbeville, fut attaqué par les bourgeois et repoussé avec perte.

(1) Les grandes chroniques l'appellent Nicolas-le-Chauceteur. Cet avocat, qui avait du crédit sur les états, appuya Robert Lecoq, évêque de Laon, précédemment pré-chantre de la cathédrale d'Amiens, lorsque cet évêque, l'un des plus habiles et des plus dangereux partisans de Charles-le-Mauvais, demanda le bannissement de vingt-deux officiers du roi. Le Caucheteur avait été anobli en 1356; mais plus tard, ayant été convaincu d'avoir vendu la ville d'Abbeville au capitaine de Saint-Valery, il fut condamné à mort par le mayeur et les échevins d'Abbeville, en 1358. L'abbé de Saint-Riquier, Pierre de Alouenges, fut avec lui l'un des membres du conseil des états. (Voy. *Bibliothèque de l'École des chartes*, t. II, p. 387.)

Les états généraux étant convoqués à Compiègne, en 1358, Abbeville ne put y envoyer de députés à cause des gens de guerre qui ravageaient les environs. — La même année Jacques de Rue, chambellan du roi de Navarre, avait été exécuté à Paris. (Cf. *Thesaurus anecdotorum*, t. 1er, col. 1569.)

Cet échec cependant ne rebuta point les Navarrois ; ils continuèrent leurs courses dans les environs de cette ville, où ils trouvèrent parmi les nobles des complices pour concourir à la ruine de l'Etat. La veuve de Jean de Ponthieu, comte d'Aumale, et Blanche de Castille, comtesse d'Harcourt, sa fille, ouvrirent au roi de Navarre le château de Noyelles et leurs autres forteresses. Le dauphin, pour se venger de cette trahison, confisqua l'hôtel que les deux comtesses possédaient à Paris, et le donna au maréchal de Boucicaut (1).

Les Navarrois s'emparèrent ensuite de Saint-Valery que l'on avait négligé de garder. Maîtres de cette place, ils se répandirent dans les campagnes et les dévastèrent depuis Montreuil jusqu'à Dieppe. On sentit bientôt la nécessité de mettre un terme à tant de ravages, et le siége de Saint-Valery fut résolu. Les habitants de Lille, Arras, Douai, Béthune, Saint-Quentin, Péronne, Saint-Omer, Amiens, Rue, Crécy, etc., se réunirent au nombre de douze mille hommes environ, sous les ordres du connétable de Fiennes et du comte de Saint-Pol, les mêmes qui avaient déjà fait échouer le coup de main des Navarrois contre Amiens. Ces troupes se réunirent à Abbeville, et les habitants en furent *très chargés*, parcequ'elles y prirent une grande partie de leurs provisions. Des chevaliers du Hainault, qui devaient le service militaire, à cause des héritages féodaux qu'ils tenaient en France, se réunirent aux milices com-

---

(1) Félibien. *Hist. de Paris*, 1725, in-f°, t. 1er, p. 638.

munales ; et, dans les premiers jours d'août 1358, cette armée commença le siége aux frais des villes que nous avons nommées plus haut. On fit venir d'Amiens et d'Abbeville des machines de guerre qui jouèrent contre la place, et causèrent de graves dommages aux Navarrois; ceux-ci répondirent par un grand feu de canons et de pierriers; car ils étaient pourvus d'une bonne artillerie, et il ne se passait guère de jours sans combat. La garnison navarroise, qui ne comptait pas plus de trois cents hommes, força les habitants de Saint-Valery à combattre avec elle. Malgré sa faiblesse numérique, elle résista vaillamment, car les hommes qui la composaient avaient vieilli dans le métier des armes, et souvent ils s'avançaient jusqu'aux barrières de la forteresse pour escarmoucher avec les assiégeants, qui perdirent plusieurs personnes de marque.

Sept mois s'écoulèrent ainsi, et les Français désespérant de réduire la place, à cause de la nombreuse artillerie qui la défendait, résolurent de la prendre par famine, et firent garder étroitement tous les passages pour empêcher l'arrivée des vivres. Philippe de Navarre, frère de Charles-le-Mauvais, ayant été informé par Jean de Picquigny que la ville de Saint-Valery était sur le point de se rendre, assembla secrètement trois mille hommes à Mantes et à Meulan : le comte d'Harcourt, le sire de Granville et le célèbre anglais Robert Knolles se réunirent à lui, et ils marchèrent ensemble au secours de la place. Sur ces entrefaites cependant les Navarrois avaient capitulé, à condition qu'ils pourraient

« partir et aller quelque part qu'ils voudroient leurs corps sauves tant seulement et ce que devant eux en pourroient porter, sans nulle armure. »

La garnison de Saint-Valery sortit de la place, et, en se retirant, elle rencontra à trois lieues environ, Philippe de Navarre qui s'avançait avec sa petite armée. Les assiégeants pliaient leurs tentes lorsqu'ils eurent avis de l'approche de Philippe. A cette nouvelle on tint conseil de guerre, et il fut résolu. qu'on marcherait contre lui (1). Philippe, ne se sentant pas en force, rebroussa chemin ; les Français se mirent à sa poursuite, et il courut avec tout son monde se réfugier dans le château de Long. A peine y était-il entré que la cavalerie du connétable de Fiennes se présenta devant cette forteresse ; mais « les communes de Picardie ne pouvoient mie sitôt venir que les gens d'armes » dit Froissart ; on convint de les attendre, et l'assaut de la forteresse fut remis au lendemain. Ce délai sauva Philippe qui s'échappa à la faveur de la nuit, « par derrière sans faire noise, » et prit le chemin du Vermandois. Il avait déjà fait plus de deux lieues quand les Français s'aperçurent de sa fuite, et se mirent en route pour le poursuivre ; mais ils ne purent l'atteindre.

Depuis quatre ans le roi Jean était captif à Londres. Le désir de recouvrer sa liberté lui fit signer le funeste

---

(1) Cf. Secousse, *Mém. pour servir à l'hist. de Charles II, surnommé le Mauvais.* 1758, t. 1er p. 361 à 364. — Froissard. Edit. de Buchon, t. III, p. 341-355.

traité de Brétigny, qui mit sous le joug de l'Angleterre plusieurs provinces de la France, entre autres le comté de Ponthieu(1). Jacques de Bourbon, auquel Philippe de Valois avait donné ce comté, s'en dessaisit alors, et le roi Jean, par lettres du 12 avril 1361, apprit aux Abbevillois qu'ils allaient devenir sujets anglais. Cette fâcheuse nouvelle les affligea profondément : « Nous aimerions mieux, disaient-ils, être taxés chaque année de la moitié de notre avoir et rester Français (2). » Ils refusèrent même dans le premier moment de se soumettre aux conditions qui leur étaient imposées; mais il fallut céder. Le roi Jean ne répondit à leurs réclamations qu'en donnant l'ordre au bailli d'Amiens, *sous peine d'encourir son indignation, de les contraindre rudement à obéir* (3); ils ne s'y résolurent qu'avec la plus grande peine. La résistance d'ailleurs avait pris dans le Ponthieu un caractère tout national. Pour ôter aux Navarrois et aux Anglais tout moyen de s'établir dans ce comté, les troupes municipales d'Abbeville avaient démoli les châteaux de Long, d'Eaucourt, de Drucat, de Mautort et de Mareuil; mais les possesseurs de ces châteaux ou leurs héritiers étaient en droit de ré-

---

(1) Par lettres du 6 juillet 1360, le Dauphin, régent du royaume, prescrivit aux commissaires chargés de lever à Abbeville l'aide pour la rançon du roi, de ne rien exiger des gens d'église, bourgeois et autres habitants de cette ville, au-de là des deux mille florins royaux qu'ils avaient déjà versés pour le rachat de son père.

(2) M. de Barante. *Hist. des ducs de Bourgogne.*

(3) *Hist. des mayeurs d'Abbeville*, p. 363.

clamer au mayeur et à la commune d'Abbeville des dommages et intérêts. Pour prévenir les effets de cette réclamation, les bourgeois avaient demandé au roi Jean des lettres d'abolition. Le roi accueillit leur demande, et déclara qu'ils avaient bien agi en détruisant ces forteresses, et qu'ils ne pourraient être inquiétés à l'avenir (1). Le monarque français, à son retour d'Angleterre, s'arrêta de ville en ville pour recevoir les félicitations des habitants. Il arriva vers la mi-novembre 1360, à Abbeville, où on lui fit une réception brillante, et il y resta quelques jours.

L'année suivante un sénéchal anglais vint recevoir le serment de fidélité des Abbevillois, mais sous la condition expresse qu'il jurerait au nom de son maître le maintien de leurs libertés.

Les franchises communales donnaient aux habitants du Ponthieu le droit d'appeler au parlement de Paris des jugements de leurs seigneurs. Le roi d'Angleterre, qui venait de rentrer dans ce comté comme souverain et non plus comme vassal, et qui d'ailleurs ajoutait chaque jour à ses prétentions, fit publier que l'appel à la justice royale de France n'aurait plus lieu, et que son sénéchal, en vertu du VIIe article du traité de Brétigny, jugerait seul en dernier ressort. Les habitants protestèrent ; mais loin de faire droit à leurs réclamations, on exerça contre eux de nouvelles rigueurs, et le pays fut bientôt prêt à la révolte.

(1) Archives d'Abbeville. — Ordon. du roi Jean, donnée à Hesdin, le 16 nov. 1360.

Un riche bourgeois d'Abbeville, Ringois, se distingua dans cette lutte par un acte de dévoûment qui rappelle les temps antiques. Ringois fut arrêté dans une émeute, et l'on tenta vainement de le délivrer. Les officiers anglais exigèrent qu'il prêtât serment de fidélité à Edouard, et qu'il fît servir son influence à consolider la domination anglaise ; mais il refusa obstinément, et fut conduit dans la forteresse de Douvres. Là, on le plaça debout sur le parapet d'une tour qui dominait la mer. — Reconnaissez-vous pour maître Edouard d'Angleterre? lui cria-t-on ; Ringois répondit : « Non, je ne reconnais pour maître que Jean de Valois. » Et il fut à l'instant précipité dans les flots (1). Ses compatriotes résolurent de le venger. Ils avaient d'ailleurs à punir des excès sans nombre. Edouard et le prince de Galles, son fils, recevaient dans le Ponthieu tous les pillards, tous les soldats des grandes compagnies, tous les ennemis déclarés de la France, et de plus, ils voulaient s'emparer des terres qui étaient à leur convenance, quoiqu'elles fûssent du domaine de la couronne (2). Charles V, informé du projet des Abbevillois, les seconda de tout son pouvoir, et par ses ordres un corps de troupes, destiné à reprendre la capitale du Ponthieu, fut rassemblé dans l'Artois et le Cambresis, sous les

(1) *Ringois ou le citoyen d'Abbeville*, tragédie en trois actes et en vers, fut représentée sur le théâtre de cette ville en 1778, et imprimée chez Devérité, l'année suivante. Cette pièce est d'un comédien nommé Delacour.

(2) *Mém. de l'Acad. des inscrip.*, t. XIII, pag. 628.

ordres du comte de Saint-Pol et de Hugues de Châtillon, grand maître des arbalétriers de France. Ce dernier, par ordonnance du 23 avril 1369, reçut du roi la commission de placer le Ponthieu en sa main souveraine. « Les villes et châteaux de ce comté ouvriront leurs portes au grand maître, est-il dit dans cette ordonnance ; les portes, passages et bastides lui seront livrés. Les officiers établis, au nom du roi de France, dans chaque localité, remplaceront ceux d'Edouard. Les bourgeois d'Abbeville laisseront entrer dans leurs murs telle quantité de troupes qu'il sera jugé nécessaire. Ils obéiront à Châtillon comme au roi lui-même ; toute résistance armée, tout délai dans la soumission emportera la peine du crime de lèse-majesté. Les biens des coupables seront confisqués, livrés aux flammes et détruits jusqu'en terre, et leur crime s'étendra sur toute leur lignée qui sera diffamée perpétuellement en la cour de France et ailleurs (1). »

Firmin de Touvoyon, qui gouvernait alors Abbeville en qualité de mayeur, se concerta secrètement avec les bourgeois. Il donna avis à Saint-Pol et à Châtillon de se tenir prêts à le seconder, et tout fut disposé pour le combat. Les habitants s'armèrent la nuit, et l'on dirigea les premiers coups contre le corps-de-garde de la porte du Bois. Les soldats qui l'occupaient essayèrent en vain de se défendre ; le corps-de-garde fut enlevé de vive force, et l'on y plaça deux cents bourgeois, sous le

(1) Archiv. d'Abbeville. Livre Blanc, f° 53, r°.

commandement de Laurent Dannène. Les Anglais, logés dans les divers quartiers de la ville, se réveillèrent au bruit, prirent les armes à leur tour, et tentèrent de se rallier ; mais à peine avaient-ils mis le pied dans la rue que les bourgeois les assaillaient rudement, les dispersaient ou les forçaient à se rendre.

Cependant quatre cents d'entre eux parvinrent à se réunir dans l'île que forme la Somme, coupèrent les ponts et s'y retranchèrent ; mais les bourgeois élevèrent des barricades sur les rives opposées, amenèrent huit canons, et l'ennemi capitula.

La journée se passa tout entière en combats, où les Anglais eurent constamment le désavantage. Pierre Langaneur, à la tête de cinq cents bourgeois, entra pêle-mêle avec eux dans le château de Ponthieu, dont ils étaient restés maîtres, et s'empara des deux principales tours (1). Le lendemain, dimanche 29 avril, il ne leur restait plus qu'une faible partie de ce château, et les postes des portes Saint-Gilles et Marcadé, lorsque Châtillon, à la tête de cent cinquante lances, de cent hommes d'armes et de deux cents fantassins, se présenta à la porte du Bois, où les officiers municipaux se trouvaient réunis à un grand nombre d'habitants. Châtillon fit lire ses ordres, déclara qu'il saisissait la ville au nom du roi, et somma la bourgeoisie de lui en ouvrir les

---

(1) Ms. de Formentin. — La grande salle de ce château existait encore en 1553 ; on y avait établi des fours militaires, que le maréchal de Saint-André fit démolir alors pour y placer de l'artillerie et des munitions de guerre.

portes, ce qu'on ne fit cependant que lorsqu'il eut signé la convention suivante :

1° Châtillon jurera préalablement, lui et ses officiers, de respecter les personnes et les biens des bourgeois et des gens d'église ; de défendre tout excès aux soldats ; de leur enjoindre de ne rien prendre sans payer, et de faire restituer les objets qui pourraient être pillés.

2° Les Abbevillois qui avaient été arrêtés, n'importe par quels sergents et en quelque lieu de la France que ce fût, entre autres Jean Gallet, Robert de Rue et Bernard Wauge, seront mis en liberté sans frais et sans rançon ; leurs biens, leurs marchandises ou leurs denrées leur seront rendus.

3° Les personnes et les propriétés des officiers du roi d'Angleterre seront inviolables. Ces officiers auront la liberté de se retirer à Noyelles ou dans les autres forteresses occupées par les Anglais. Les magistrats municipaux pourront néanmoins les retenir en ôtage jusqu'au moment où tous les bourgeois absents seront rentrés dans la ville.

4° Châtillon et ses lieutenants s'engageront formellement à employer leur crédit auprès du roi pour qu'il pardonne pleinement et à tous les actes de fidélité envers Edouard, l'oubli des traités passés, sciemment ou par mégarde, avec les agents de la puissance anglaise, *oultre la teneur* du traité de Brétigny.

5° Enfin, le pape sera sollicité de même par le roi de relever les Abbevillois de leur serment (1).

(1) Archives d'Abbeville, *Livre Blanc*, f° 100, v°.

A ces conditions, les troupes françaises entrèrent dans la ville, se dirigèrent vers le château qui résistait encore et s'en emparèrent, tandis qu'une partie se portait contre les portes Saint-Gilles et Marcadé, que les ennemis abandonnèrent bientôt, laissant au pouvoir de leurs adversaires bon nombre de prisonniers de marque, parmi lesquels se trouvaient le trésorier d'Edouard et son sénéchal, Nicolas de Louvain.

Après s'être assuré d'Abbeville, Châtillon marcha contre le Pont-Remi, qui était défendu par une forte garnison ; « et là eut grand' escarmouche, dit Froissart, et les Anglois qui là estoient si durement assaillis qu'ils furent déconfits, et morts et pris, et ledit Pont et forteresse conquis. »

Firmin de Touvoyon et Langaneur, qui s'étaient joints à Châtillon avec les troupes municipales d'Abbeville, y furent armés chevaliers sur le champ de bataille. On apprit le lendemain que les habitants de Montreuil s'étaient aussi soulevés contre les Anglais, et les avaient chassés de leur ville. Châtillon marcha ensuite sur Saint-Valery, qui lui ouvrit ses portes, ainsi que Rue et le Crotoy, assiégea le château de Noyelles, et soumit tout le Ponthieu. Le roi de France, touché de l'attachement des Abbevillois, leur accorda de notables priviléges (1).

Peu de temps après leur expulsion, les Anglais revinrent dans le Ponthieu sous les ordres du duc de

---

(1) Voir les *Priviléges des villes*, livre VII.

Lancastre. Ils se présentèrent devant Montreuil ; mais lorsqu'ils eurent reconnu que la place était en bon état de défense, ils n'osèrent point l'attaquer, et se rejetèrent sur le Crotoy et sur le château de Noyelles, dont la prise leur livra le passage de la Somme à Blanquetaque. Ils se portèrent ensuite sur le Vimeu, et de là sur Harfleur, qu'ils tentèrent vainement de brûler. Contraints de regagner précipitamment Calais, ils revinrent passer la Somme à Blanquetaque, où le sire de Rambouillet, sénéchal du Ponthieu, tomba sur leur arrière-garde qui perdit quatre cents hommes.

Au premier bruit de leur approche, le gouverneur d'Abbeville, Hugues de Châtillon, était sorti avec une dixaine de cavaliers pour aller visiter la *barbacane* (1) qui défendait l'extrémité de Rouvroi ; mais cette reconnaissance lui devint funeste. Le sénéchal anglais, Nicolas de Louvain, qui conservait de la rancune contre Abbeville, où Châtillon l'avait fait prisonnier, et rançonné à dix mille francs, s'était séparé de son armée, et, favorisé par un brouillard épais, il était venu à la pointe du jour avec vingt hommes d'armes se placer en embuscade aux abords de la porte de Rome. Louvain, qui connaissait parfaitement les lieux, « avoit passé un petit ru (ruisseau) qui court parmi un marais, et estoit quatis (placé) et arrêté en vieilles maisons non

---

(1) On désignait ainsi une espèce d'ouvrage avancé dans le genre de ce que nous appelons tête de pont. Cette fortification, appelée aussi Porte de Rome, existait encore au XVII° siècle.

habitées qui là estoient toutes décloses. On ne cuidât (eût cru) jamais que la route (troupe) des Anglois se dût mettre en embuscade si près de la ville ; et là se tenoient ledit messire Nichole et ses gens tous cois (1), » espérant qu'ils pourraient enlever quelque riche bourgeois, et en tirer une bonne rançon. Le hasard les servit à souhait. Châtillon, tenant son cheval par la bride, parut bientôt ; il cheminait armé de toutes pièces, excepté de son bacinet qu'il avait donné à porter à son page, et s'avançait sans défiance, quand Nicolas de Louvain sortit de son embuscade et dit : Allons, voici ce que je demande, le maître des arbalétriers, et à l'instant il s'élança sur lui la lance en arrêt, en criant : rends-toi, Châtillon, ou tu es mort. Châtillon n'eut point le temps de mettre son bacinet, ni de monter à cheval : il vit que toute résistance était inutile et se rendit. « A cette empreinte (attaque), dit Froissart, fut là occis un moult vaillant bourgeois d'Abbeville qui s'appelait Laurent Dantels (2) dont ce fut moult grand dommage. »

Hugues de Châtillon fut mené en Angleterre. « Quand il eut payé sa rançon, ajoute Froissart, le roi lui rendit son office de grand maître des arbalétriers, et l'envoya à Abbeville comme devant, pour garder les frontières ; avec lui deux cents lances, et obéissoient à

---

(1) Froissart, édit. Buchon, t. V, p. 142 et suiv.
(2) Peut-être Laurent Dannène que nous avons vu tout à l'heure combattre les Anglais à la tête des bourgeois.

lui les capitaines de Boulogne, de Dieppe et tous ceux qui se tenoient à frontières et garnisons de Térouane, Saint-Omer, etc. »

En 1372, une armée anglaise commandée par Robert Knolles envahit encore le Ponthieu, brûla Crécy, et ravagea les campagnes jusqu'au moment où Duguesclin vint la combattre dans le Vimeu, et la forcer à la retraite, sans lui avoir seulement donné le loisir de se ranger en bataille ; et l'on regrette avec raison que les historiens ne nous aient transmis aucun détail d'une campagne si glorieuse (1). Mais le roi d'Angleterre ne tarda pas à faire un nouvel effort pour relever en France sa puissance déchue. Il ordonna au duc de Lancastre de s'avancer dans le Ponthieu, et de prendre Abbeville ; mais la place était trop fortement gardée, et il fallut renoncer à la soumettre. Lancastre, qui n'osait s'attaquer aux villes importantes, s'empara de Gamaches, du château de Vismes et de quelques autres bicoques, et alla porter ses armes en Guienne. Fidèle au système de dévastation, auquel les Anglais semblaient alors borner leur gloire, la garnison du Crotoy poussait sans cesse des partis dans les campagnes environnantes, et y portait le ravage et la désolation. Ses courses ne cessèrent qu'en 1385, époque à laquelle Charles VI, aidé des troupes communales d'Abbeville

---

(1) Guyard de Berville, *Histoire de Duguesclin*, 1821, in-12, t. II, p. 359. — Voir aussi *Mém. de l'Acad. roy. des sciences morales*, t. II, 2e série, p. 637.

et de Saint-Valery, vint investir cette place et la prendre par famine (1).

Jamais la France ne fut réduite à de telles extrémités. On souhaitait universellement la paix. Des négociations furent entamées à Lelinghen, sur la frontière du Boulonnais et du Ponthieu. — Pendant les conférences, (1393) Charles VI vint à Abbeville (2). « Tout considéré, dit Froissart, il valoit mieux le roi se tenir à Abbeville que autre part ; car il y a puissant ville, et bien aisée de toutes choses, et là y seroient tous seigneurs et gens aisément logés..... Quand ce conseil fut arrêté, on fit les pourveances (provisions) du roi, grandes et grosses en la ville d'Abbeville ; et pour le corps du roi loger, on ordonna l'abbaye de Saint-Pierre, qui est une grande abbaye, et garnie d'édifices et de noirs moines (3)....
Le roi de France là s'ébattoit, et tenoit moult volontiers,

(1) Charles VI se trouvant à Crécy, le 25 juillet 1381, y ratifia la transaction faite entre le dauphin de Viennois et les habitants du Briançonnais. (Ordon. XIX, p. 229.)

(2) Par lettres du 22 janvier 1390, Charles VI accorda aux habitants d'Abbeville mille francs d'or, pour les aider à réparer le dommage qu'une violente tempête avait causé la nuit de Noël aux fortifications de leur ville, aux digues et catiches qui protégeaient les terres labourables contre les invasions de la mer. Toutes les guérites avaient été renversées, les fossés encombrés de sable, et tous les bas-champs inondés.

(3) Quand les rois venaient dans une ville, les bourgeois étaient astreints à un impôt pour l'entretien de leur table. Cet impôt nommé *past*, fut fixé à cent francs pendant le séjour de Charles VI à Saint-Riquier (1392). Les maîtres d'hôtel qui suivaient la cour étaient chargés du recouvrement de cet impôt.

car en Abbeville et environ Abbeville a tant d'ébattements et de plaisances qu'en ville ni en cité qui soit en France. Et y a dedans la ville d'Abbeville, un jardin très-bel, enclos environnément de la belle rivière de Somme (1); et là dedans ce clos se tenoit le roi de France moult volontiers, et le plus des jours y soupoit; et disoit à son frère d'Orléans et à son conseil que le séjour d'Abbeville lui faisoit grand bien (2). »

Froissart, qui s'y était rendu lui-même « pour ouïr et savoir des nouvelles, » nous apprend que les ducs de Bourgogne et de Berry, n'ayant pu s'entendre avec les négociateurs anglais, revinrent à Abbeville, prendre les ordres du roi, et qu'ils le trouvèrent dans les dispositions les plus conciliantes; car un puissant motif venait de lui inspirer le désir de faire la paix. Quelques jours auparavant un homme vêtu d'un simple habit de drap gris, avait demandé à lui être présenté dans l'abbaye de Saint-Pierre. Cet homme, connu en France par la sainteté de sa vie, avait reçu le nom de Robert l'Ermite. Il revenait de Jérusalem, et raconta au roi qu'un fantôme, resplendissant de lumière, lui était apparu au milieu d'une épouvantable tempête, au moment même où il croyait périr avec les autres passagers; et que ce fantôme lui avait dit : « Robert, tu

(1) Nous croyons qu'il s'agit ici des *jardins de Damas*, mentionnés dans les titres du moyen âge; mais ces titres ne font pas connaître leur situation. Le nom de l'impasse dite de *Damas*, près de la rue du Pont-à-Plicourt, provient sûrement du voisinage de ces jardins.
(2) Froissart, édit. Buchon, t. XIII p. 170 et suiv.

18

échapperas au naufrage ; Dieu a favorablement accueilli tes prières ; mais il t'ordonne, aussitôt que tu arriveras en France, d'aller trouver le roi, et de le presser de signer la paix. Prends part aux négociations, parle avec assurance. Ceux qui voudront continuer la guerre seront rigoureusement châtiés. » La voix se tut alors, et le fantôme disparut.

Le roi, dans sa simplicité, crut au récit de Robert et lui dit : Attendez quelques jours, le duc de Bourgogne et le Chancelier doivent venir ; je prendrai leur avis. Lorsqu'ils arrivèrent avec les propositions des Anglais, le roi leur rapporta ce qu'avait dit Robert. On le fit venir, car il n'était pas loin de la chambre où se tenait le conseil : « A donc, dit le roi, Robert, remontrez-nous ci tout au long votre parole. — Volontiers, répondit-il, et ne fut de rien effrayé ni ébahi ; et leur recorda les paroles tout au long (1). »

Les ambassadeurs, voulant mettre un terme aux malheurs de la guerre, et seconder les vœux du roi, résolurent d'admettre Robert l'Ermite aux conférences de Lelinghen ; mais le duc de Glocester, ennemi opiniâtre des Français, retarda la conclusion de la paix entre les deux pays (2). Les négociateurs s'étaient déjà séparés lorsqu'un envoyé du duc d'Orléans arriva

---

(1) Froissart, t. XIII, p. 261 et suiv.
(2) Pierre de Lune vint à Abbeville, pendant les conférences de Lelinghen. Il logeait chez les cordeliers, et avait été *là envoyé en légation par celui qui s'appeloit pape Clément*, dit Froissart ; mais les commissaires anglais ne voulurent point l'admettre aux conférences,

d'Abbeville à Lelinghen, et annonça au duc de Bourgogne que le roi était retombé dans un accès de folie. Le duc de Berry se rendit auprès de lui, et avec le duc d'Orléans, il le conduisit à Creil (1).

L'histoire devient ici un enchaînement de crimes et de calamités. La haine des maisons d'Orléans et de Bourgogne éclate avec fureur. Une longue et sanglante anarchie, qui se prolonge pendant toute la vie du roi, et long-temps après sa mort, met la France sur la pente de l'abyme. Pour comble de malheur, la guerre se ralluma avec l'Angleterre, dont Henri V occupait le trône. En 1407, les Anglais débarquèrent sur les côtes. Le 20 juillet de cette même année, il y eut à Mers un combat très-vif où périt Moulet de Saveuse, chevalier qui s'était distingué dans cette affaire par de brillants

---

et dès que leur résolution lui fut connue, *il se tint tout coi en Abbeville*. (Froissart, t. XIII, p. 179.)

(1) Charles VI, pendant son séjour à Abbeville, promulgua plusieurs ordonnances, entre autres :

1º Confirmation des lettres de sauvegarde royale pour cette ville. — Février 1392.

2º Confirmation des statuts des drapiers de Paris. — Mars 1392.

3º Lettres portant que les Juifs qui se convertiront, ne seront plus privés de leur biens. — 4 Avril 1392.

4º Confirmation des priviléges de la ville de Montauban. — Avril 1393.

5º Confirmation des réglements faits pour les selliers de la ville d'Amiens. — 4 Mai 1393. (*Ordon.*, t. VII, p. 557, 562, 564, 567.)

6º Ordonnance qui accorde aux propriétaires de maisons grevées de rentes, le droit de les retirer des mains des cessionnaires pour le prix de la cession, frais et loyaux coûts, dans le délai de six mois. (Isambert, *Rec. des anc. lois franç.*, t. VI, p. 728.

faits d'armes. Henri, le plus redoutable ennemi de la France depuis Édouard III, voulant recouvrer toutes les provinces enlevées à l'Angleterre, débarqua quelques années après en Normandie; mais il se trouva bientôt dans une position périlleuse, et se vit contraint de battre en retraite sur Calais. Après avoir passé la Bresle à Gousseauville, il se dirigea précipitamment sur Blanquetaque, par Friville et Nibas; mais en arrivant à Drancourt, son extrême arrière-garde prit un chevalier gascon qui revenait d'Abbeville. On le conduisit à Lancastre. Le général lui demanda si le gué était gardé; le chevalier répondit que six mille hommes s'y trouvaient la veille, et que le nombre en devait être doublé, parce qu'on y envoyait continuellement des forces. Le roi d'Angleterre voulut contester le fait. Sire, répondit le chevalier, je le jure sur ma tête à couper (1). En effet les milices bourgeoises d'Amiens, d'Abbeville et de Montreuil, soutenues par un bon corps de troupes, et protégées par une barrière de

(1) Plusieurs auteurs disent qu'il n'y avait pas un seul écuyer pour l'instant à Blanquetaque, et que le chevalier sentant toute l'importance du moment, avait voulu servir la France par un mensonge qui pouvait lui coûter la vie. Cette assertion est contredite par les chroniques anglaises et tous les documents du pays. Il suffit de lire les registres des argentiers d'Abbeville, pour voir qu'on était sur ses gardes. On expédiait de toutes parts des messagers pour s'informer de l'état des choses, et les avis ne manquaient pas. Nous avons remarqué, dans ces mêmes registres, que l'échevinage fit tailler cette année deux mille cent soixante-onze *pierres rondes* ou boulets de grès pour *juer de canons* contre l'ennemi.

palissades et de canons, défendaient le gué sur l'autre rive. Instruit de ces dispositions, Henri rebroussa chemin, et vint camper, le dimanche 3 octobre 1415, à Bailleul, dans l'intention de forcer le Pont-Remy; mais le sire d'Albret, connétable de France, qui se trouvait à Abbeville avec douze mille hommes, et qui comptait parmi les principaux officiers de son armée, le maréchal de Boucicaut, Vendôme et le duc d'Alençon, avait eu soin de faire occuper tous les passages, et de couper tous les ponts. Henri, après avoir inutilement tenté de traverser la Somme à Long, et de s'emparer du Pont-Remy que défendaient le sire de Gaucourt et ses deux fils, chevaliers *de haut courage* (1), fut obligé de se porter sur Airaines en brûlant les villages, *prenant hommes et emmenant grands proies* (2). Il continua ensuite de remonter la Somme, pour chercher plus près de sa source un passage qui ne fût pas gardé. L'armée française le poursuivit jusques dans les plaines d'Azincourt, au-dessus d'Hesdin, où les mêmes fautes qu'on avait commises à Crécy nous furent aussi funestes, et nous firent perdre la victoire. Henri se retira cependant, mais son absence ne fut que momentanée.

Ces guerres continuelles avaient laissé bien des ruines et des misères dans le Ponthieu. En 1406 (3), les

---

(1) *Mém. de Pierre de Fenin*, collect. Michaud, t. IV, 2ᵐᵉ série, p. 387.

(2) Monstrelet, édit. Buchon, t. III, p. 329.

(3) Charles V avait déclaré que le Ponthieu ne pourrait jamais être aliéné du domaine de la couronne; mais cette promesse ne fut pas

officiers municipaux d'Abbeville supplièrent le roi de France de prendre leurs malheurs en considération. Les charges excessives qu'ils ont soutenues à l'occasion de la guerre, disent-ils, les réparations qu'ils ont faites à leurs fortifications, les aides qu'ils ont payées pour le mariage de la reine d'Angleterre, et pour soutenir la chrétienté en Orient, les ont ruinés. La peste a dépeuplé la ville (1) ; une partie des habitants l'abandonnent ; les meubles d'un grand nombre d'entre eux sont saisis faute de payement, ou vendus en plein

---

maintenue : Charles VI, en mariant, le 30 juin 1406, son fils Jean de France, duc de Touraine, avec Jacqueline de Bavière, lui donna en apanage le comté de Ponthieu, et y ajouta six mille livres tournois de rente sur les aides de Noyon. Jean de France, qui n'avait alors que neuf ans environ, et qui devait jouir de cette rente jusqu'à la consommation de son mariage, mourut de poison à Compiègne, le 5 avril 1416, et fut inhumé dans l'abbaye de Saint-Corneille de la même ville. « Ce jeune prince, qui n'avait point eu occasion de se faire connaître, dit Sismondi, et contre lequel on ne rapportait rien de défavorable, était regardé par la majorité du peuple comme ayant droit à gouverner le royaume, et à représenter son malheureux père.... Une clameur presque universelle accusa les Armagnacs de l'avoir empoisonné. » — Charles de France, son frère, qui fut depuis Charles VII, lui succéda dans le duché de Touraine et le comté de Ponthieu. — (Cf. hist. des Français, t. XII, p. 508.)

(1) Les documents contemporains ne fournissent aucun renseignement sur le chiffre de la population d'Abbeville. On voit seulement qu'il y avait en 1385, dans cette ville et dans les faubourgs, cinq cent treize contribuables qui furent taxés ensemble, *pour le fait de la guerre*, à la somme de deux mille quatre cent soixante-huit francs. Les plus imposés payèrent quinze francs, et les moins imposés deux francs. Dans ce rôle les noms des habitants sont classés par paroisse. (Argentiers, à la suite du compte de 1333-1384.)

marché, etc. Le roi, reconnaissant qu'ils ne pourraient, *sans péril de destruction pour leur ville*, s'acquitter de suite envers le fisc, accorde par une ordonnance donnée à Paris, le 19 décembre 1406, une surséance à tous bourgeois qui ont des dettes. Cette surséance est de six ans pour ceux qui demeurent encore dans la ville, et de quatre ans pour ceux qui demeurent au dehors (1).

En 1415 c'était la même misère. « Les deux parts des maisons, disent les magistrats municipaux, qui s'adressent encore au roi, sont de peu ou de néant de valeur, gâtées ou en ruines. Les bourgeois sont obligés d'acheter des canons, de la poudre et des machines de guerre; ceux qui font le commerce, n'osent plus voyager dans la crainte d'être arrêtés pour leurs dettes, et de voir saisir leurs marchandises. » Le roi, touché de ces maux, et désirant les soulager, enjoignit, par une ordonnance promulguée à Mantes, le 1er octobre 1415, de ne plus molester les Abbevillois, saisir ni arrêter pendant un an eux, leurs biens et marchandises; de suspendre toutes les poursuites, et de donner main levée des objets saisis.

(1) Archiv. d'Abbeville, Liasse intitulée: *Priviléges, immunités*, etc., de 1270 à 1674.

CHAPITRE II.

Mœurs et usages du XIIe au XVIe siècle.

On ne trouve guère dans le comté de Ponthieu, avant le XIIe siècle, de souvenirs précis et surtout d'un intérêt local sur les habitudes et les mœurs des habitants. Il serait difficile, d'après les documents qui nous restent, de donner une idée exacte des usages d'un passé déjà si loin ; de présenter un tableau fidèle et complet d'une époque si peu connue, quoique souvent étudiée, où le mysticisme s'allie à la licence, la barbarie à la charité ; où, malgré les calamités de toute espèce, le peuple se montre toujours avide de plaisirs ; où la vie est tout à la fois plus sombre, plus dure, plus distraite que la vie moderne.

Dans ces jours de foi vive et de croyances sincères, les choses de la religion tenaient nécessairement une grande place. Abbeville comptait au XIIIe siècle, quatorze églises paroissiales et trois monastères. C'était en toute occasion des processions solennelles, où le clergé régulier et séculier assistait en grande pompe, et que le greffier et le trompette de la ville annonçaient à l'avance par les rues et les carrefours. Pour demander la paix, pour remercier Dieu d'une victoire, implorer le le ciel en faveur des biens de la terre, on promenait les reliques dans tous les quartiers. Le maire, les échevins, les mayeurs de bannières, les sergents de la vingtaine et autres, avec des torches aux armoiries de la ville, entouraient les corps saints. C'était un insigne honneur pour les fils des meilleurs bourgeois, un précieux privilége pour certains métiers, de porter les reliquaires (1). Les temps de peste sont surtout des temps de ferveur, d'austérités et de cérémonies pieuses ; toutes les paroisses et l'échevinage sonnent leurs cloches jour et nuit, et le clergé, revêtu d'ornements blancs, célèbre la messe de Clément VI, cette messe des grandes calamités, qui préserve des morts subites, et où les assistants portent des torches ardentes (2).

C'était aussi par des processions, par des cérémonies saintes qu'on essayait de combattre les incendies qui éclataient fréquemment dans la ville, et causaient les

---

(1) A une procession faite le 17 mai 1493, les jeunes gens qui portaient la châsse de Saint-Wulfran avaient des robes écarlates, des chausses noires et des chapeaux blancs.

(2) Voir sur cette messe de Clément VI, Thiers, *Traité des superstitions.*

plus grands ravages au milieu de ses maisons de bois. L'une de ces processions a fourni le sujet d'un tableau qui décorait le maître autel de Saint-Pierre. Ce tableau représente une partie de la ville dévorée par le feu ; les habitants, le clergé, un comte de Ponthieu marchant en tête avec ses officiers, reviennent de porter les reliques de Saint-Foillan, sur le lieu du désastre *pour couper le feu*. En effet, le feu s'est arrêté ; mais le diable, qui se tenait à l'écart dans un coin, est revenu pendant que la procession retourne à Saint-Pierre, et, muni d'un soufflet, il excite les flammes qui se rallument et se propagent avec une nouvelle force (1).

Les églises d'Abbeville et du Ponthieu étaient abondamment pourvues de reliques. Hariulfe et le P. Ignace nous en ont conservé le catalogue exact. On remarque à Saint-Riquier, parmi ces reliques, dix pierres sanglantes, avec lesquelles Saint-Etienne avait été martyrisé ; à Long-Pré, du sang de Jésus-Christ, des cheveux et du lait de sa mère ; à Rue, des os de Saint-Pierre et de Saint-Paul ; à la chartreuse d'Abbeville, des morceaux de la vraie croix, du saint suaire, et de la chemise et des habits de la vierge ; dans l'église du village de Boufflers, le chef de Saint-Mauguille. Aléaume de Boufflers, seigneur de ce village, ayant été fait prisonnier à la bataille d'Azincourt, et conduit en Angleterre, ne

---

(1) Ce tableau, qui faisait partie du cabinet de M. Traullé, n'est plus à Abbeville.

put fournir pendant sa captivité la somme de cinq mille livres pour sa rançon. Il obtint de celui qui le retenait captif de revenir en France pour chercher cette somme, et ne donna d'autre gage de son retour que le chef de Saint-Mauguille (1). Montreuil possédait aussi de nombreuses reliques, qui avaient été transportées de la Bretagne, au moment des invasions du IXe siècle. « La Basse-Bretagne, dit dom Ducrocq, moine de Samer, pour sauver de la profanation des barbares les reliques des Saints bretons qu'elle vénérait, entre autres celles de Saint-Waloy et de Saint-Maclou, s'appliqua à les tirer de leurs mains sacriléges, confia ce dépôt à l'évêque Clément et à l'abbé Benoit, qui, après l'avoir embarqué sur mer, arrivèrent au port de Montreuil. Ces deux hommes illustres par leur sainteté, qui avaient dessein de conduire leurs saintes reliques en Angleterre, furent tellement charmés des manières généreuses et bienfaisantes du comte Helgaud, qu'ils résolurent de s'arrêter dans les terres de sa dépendance. » Helgaud, maître des reliques, se les appropria, et les déposa dans l'église de Saint-Saulve. Il dota même cette église de la belle terre de Cavron-Saint-Martin, fit reconstruire l'église et l'abbaye, qui prit dès lors le nom de Saint-Waloy, qu'elle porta près de deux siècles, tout en reprenant quelquefois son ancien nom. Saint-Maclou devint le patron de la ville.

L'abbaye de Dommartin se glorifiait de posséder le

---

(1) *Hist. des mayeurs d'Abbeville*, p. 458.

rochet que Saint-Thomas de Cantorbery portait lorsque ses assassins le frappèrent au pied de l'autel; mais en 1709, quand les ennemis entrèrent en France, on transporta ce rochet teint de sang à Abbeville, dans le couvent des Carmélites. Ces religieuses, y voyant des taches et n'en connaissant point la cause, s'empressèrent de le laver, et ce fut bientôt pour elles et pour les moines un grand sujet de chagrin. Quand le danger fut passé, on reporta tristement le rochet à Dommartin où, jusqu'à la révolution, on pouvait le voir couvert d'une glace dans un riche reliquaire.

Ces précieux débris, bien que d'une authenticité fort contestable, n'en étaient pas moins pour l'église une source de richesses; pour les villes une sorte de *palladium* au milieu des désastres de la guerre. Au IXe siècle la châsse de Saint-Riquier attirait une somme équivalente à un million cinq cent mille francs de notre monnaie actuelle. Quand l'argent manque pour la construction des églises, on promène les reliques des saints *qui font la joie et la force du Ponthieu* (1), comme le disait le comte Gui, en 1100, et les offrandes abondent. Ainsi en 1096, une tour de l'église de Saint-Riquier est détruite par le feu; on porte dans le pays la châsse du saint; le peuple accourt de toutes parts sur le passage de la procession, s'agenouille et défait ses vêtements pour les étendre sous les pieds des prêtres. Le clergé recueille de nombreuses aumônes, et la tour est rebâtie.

---

(1) Ducange, titres de Picardie, Arsénal. 332-333.

Au milieu des désastres des invasions barbares c'était la même piété, le même concours autour des ossements des saints. Pour les soustraire aux Normands, on transporte, en 858, dans l'église de Saint-Pierre de Quentowic, les restes de Saint-Ansbert et de Saint-Wandrille. La ville tout entière va recevoir en grande pompe ces restes vénérés, et, à leur approche, les habitants se prosternent tous la face contre terre en pleurant de joie. Mais ces pieux trésors, qui consolaient le peuple dans ses misères, devenaient souvent une cause de guerre et de nouveaux désastres. Ils tentaient, comme le plus riche butin, la cupidité des seigneurs toujours prêts au pillage. En 952, pendant la guerre de Flandre, Roger, comte de Ponthieu, enlève dans le prieuré de Vuen Capel, en Zélande, le corps de Saint-Wilbrod, et dans un château du même pays, le corps de Saint-David (1). Vers 1100, Gui, comte de Ponthieu, va voler à main armée des reliques à Saint-Corneille de Compiègne, et, selon les habitudes du temps, il pille et brûle diverses propriétés de cette abbaye, comme Arnoul, comte de Flandre, dans le Xe siècle, avait dévasté la ville de Leucone, pour voler le corps de Saint-Valery.

On voit aussi des filous de bas étage spéculer effrontément sur la vénération que le peuple portait aux reliques.

Chaque année, le lundi de la Pentecôte, les moines

---

(1) Guibert de Nogent. *De Pignoribus sacris.*

de Saint-Riquier parcouraient processionnellement la ville de ce nom avec les reliques de leur fondateur et celles de Saint-Vigor. C'était l'époque d'une foire appelée le *Lendit,* qui attirait *une grande multitude de peuple.* Le jour du *Lendit* de l'an 1263, les habitants de la ville de Saint-Riquier mirent un chat mort dans une châsse semblable à celle qui renfermait le corps du saint. Un os de cheval, qui devait figurer l'os du bras de Saint-Vigor, que l'on portait le même jour en procession, fut placé dans un autre reliquaire. Les profanateurs, vêtus de *plichons fourrés par dehors*, et munis d'eau *qu'ils disoient bénite, mais qui étoit maudite*, portèrent ces deux *choses abusives* par la ville en procession, au *deshonneur, opprobre et détriment de toute l'église.* Arrivés sur un point qui n'est pas désigné, *ils déposèrent ladite capse fictive et che bras de bos là où estoit l'os du cheval.* Deux individus, qui avaient le secret de l'affaire, vinrent les joindre et firent semblant de se battre avec acharnement. Leurs complices dirent alors : « Saint-Riquier le vieil, tu ne passeras point oultre se tu ne mes d'acord, et racorde en union, ches deux hommes, ennemis l'un à l'autre ! » A ces mots, les deux adversaires s'embrassèrent, et les assistants crièrent au miracle.

Les auteurs de ces scènes étranges édifièrent ensuite un oratoire et une chapelle avec un autel paré de drap d'or et de courtines, et y déposèrent les deux châsses. Les pélerins et les voyageurs, ignorant le sacrilége, s'arrêtaient pour prier, et déposaient leurs offrandes.

La recette fut bonne. L'oratoire, avec ses luminaires, subsista deux jours et deux nuits, qui se passèrent en *danses inhonnestes, présens le mayeur et les échevins d'icelle ville, à che consentans, donnans a che conseil, ayde et faveur au détriment de toute l'église universelle.*

L'affaire alla bientôt en cour de Rome. Le pape Urbain IV, par une bulle adressée à l'évêque d'Arras, et donnée à Viterbe, le 7 des calendes de juin, l'an III de son pontificat, ordonne une enquête. Il veut qu'on *admoneste* les auteurs de ces insolences, les maire et échevins ; que les coupables fassent pénitence sous bref délai, sinon, qu'on les dénonce les jours de dimanches et de fêtes, cloches sonnantes, flambeaux allumés, c'est-à-dire qu'on les excommunie, et qu'on évoque contre eux le bras séculier (1).

Ces reliques, objets de tant de débats et de tant d'hommages, ont toutes leurs légendes merveilleuses ; mais les châsses de Saint-Riquier, de Saint-Josse, de Saint-Valery, de Saint-Wulfran, le crucifix de Rue, les corps saints de Long-Pré, de Montreuil, et les vierges de l'Heure et de Monfflières étaient surtout célèbres par les nombreux miracles qu'on leur attribuait, et le concours de peuples qui venait les invoquer.

Le crucifix de Rue, dit la légende, trouvé à Jérusalem sous les ruines de la porte du Golgotha, fut exposé dans le port de Jaffa à la merci des flots, sur une

(1) Inventaire des titres de l'abbaye de Saint-Riquier, f° 33.

nacelle sans voiles, sans gouvernail et sans pilote. Cette nacelle, protégée dans sa traversée par une main divine, vint échouer, le 1er dimanche d'août de l'an de grâce 1001, sur la plage de Rue. Ce crucifix, fabriqué par Nicodème, comme le christ de la ville de Lucques en Italie, avait été poussé par Dieu même dans les murs de cette ville, à la demande de Saint-Wulphy, qui voulait par ce don précieux consoler les habitants de la perte de ses reliques (1). Le pape Alexandre III accorda de nombreuses indulgences à ceux qui visiteraient cette image miraculeuse, et l'affluence fut si grande que les mains et les pieds du christ, si l'on en croit Malbrancq (2), étaient usés par les baisers des pélerins. Philippe le Bon, Isabeau de Portugal, Louis XI, Louis XIII et d'autres personnages célèbres vinrent tour à tour gagner à Rue les indulgences du pape Alexandre. La plupart de ces illustres visiteurs laissaient en partant des marques de bienfaisance. En 1480, Louis XI donna quatre mille écus d'or et quatre cents livres tournois ; et, en mémoire de ce bienfait, on célébrait encore tous les jours, au XVIIe siècle, dans l'église de Rue, une messe en musique qu'on appelait la messe du roi (3).

(1) La véracité de cette histoire fut attestée par une bulle de 1315, que Jean Bertrandi, légat du pape, fit graver à Rue, au XVe siècle, sur le portail de la chapelle du Saint-Esprit.
(2) *De Morinis*, 1639, in-4°. T. II, p. 627. Malbrancq donne le dessin du crucifix de Rue.
(3) *Hist. des mayeurs d'Abbeville*, p. 581.

De merveilleux récits se rattachent également aux reliques de Long-Pré. On raconte, entre autres miracles, que Vulbert, qui avait été chargé par Aléaume de Fontaines de rapporter ces reliques de Constantinople, fut guidé dans sa route, en traversant la Morée, par une nuée lumineuse. Quand ce précieux trésor arriva dans le Ponthieu, Richard, évêque d'Amiens, vint le recevoir en grande pompe, et le peuple témoigna sa joie par des larmes. L'évêque Richard demanda pour sa cathédrale le chef de Saint-Jean-Baptiste (1). Guillaume de Ponthieu demanda également quelques reliques pour la collégiale de Saint-Vulfran. Les pèlerins arrivèrent de toutes parts, et il leur fut accordé trois mille huit cent quatre-vingt-cinq jours d'indulgences (2).

Des moines des ordres mendiants venaient prêcher chaque année pendant l'avent et le carême. Les officiers de l'échevinage, qui tenaient fort à édifier leurs administrés par de notables prédications, rétribuaient grassement les docteurs en théologie de la faculté de Paris, pour les engager à se rendre dans leur ville. En 1458, on donne vingt écus d'or à maître Jean Barthélemy, et la ville lui fait en outre de nombreux présents pour sa table. La nuit des Brandons, on lui offre *un plat d'épices et fruits de carême;* les jours suivants, on lui donne des carpes, des anguilles, des brochets, le plus beau

___
(1) Cf. Ducange, *Traité historique du chef de Saint-Jean-Baptiste*, Paris, 1665, in-4°.
(2) *Gallia Christiana*, 1715, in-f°. T X, instr. 325.

poisson qu'on peut trouver, et pour *son ardoir* un cent et demi de grosses bûches et un cent de fagots (1). En 1414, Pierre le Prevost avait aussi reçu de nombreuses courtoisies de la ville, pour l'aider à payer son dîner de maître en théologie, dîner qui devait être fait *au plaisir de Dieu*; Maître le Prevost d'ailleurs avait été nourri tout enfant dans le couvent des mineurs d'Abbeville; on gardait encore la mémoire de ses premiers sermons, et l'on espérait beaucoup de son *bon sens et rézonnement* pour l'édification du peuple, pour l'état et honneur du roi et du commun (2).

La prédication avait alors en effet son importance politique. On prêchait à propos des élections municipales, des événements de la guerre, etc. Ainsi, en 1411, un sermon est prononcé dans le cimetière de Saint-Vulfran, à l'occasion de M. de Guienne, qui ramenait l'ennemi battant depuis Saint-Denis (3). En 1467, l'évêque d'Amiens reçoit des lettres de Charles, duc de Bourgogne, et il donne ordre de les publier dans tout le comté de Ponthieu; un *discret* cordelier sera chargé de prêcher à Abbeville, sur le contenu des lettres, et chacun à ce sujet *priera Dieu dévotement*.

Au nombre des prédicateurs on trouve, en 1428, le carme Thomas Conecte, qui avait prêché à Arras, dans la cathédrale, en se faisant attacher à la voûte pour

---

(1) *Comptes des argentiers*, année 1458.
(2) Ibid, année 1414.
(3) Ibid, année 1411.

planer sur le peuple. A Abbeville comme ailleurs, le clergé, la noblesse et les habitants allèrent au devant de lui pour lui faire honneur, comme à un apôtre, et l'accompagnèrent jusqu'à l'hôtel où il devait descendre. Des seigneurs, la tête nue, marchaient à ses côtés tenant son mulet par la bride. Th. Conecte, escorté de plusieurs religieux de son ordre, prêcha dans le *camp Colart-Pertris* (1), sur un grand échafaud, tendu de riches tapisseries, où il avait fait dresser un autel. Il déclama pendant quatre jours contre les vices du clergé, le luxe et la coquetterie des femmes. L'impitoyable moine forçait les dames à jeter dans de grands feux, qu'on allumait autour de sa chaire, leurs brillantes parures. Les coiffures surtout, qui étaient d'une hauteur démesurée, attiraient ses anathèmes ; mais il en fut sans doute à Abbeville comme dans d'autres villes : quand le carme fut parti, on remplaça vite les parures qu'on avait brûlées. « Les dames, dit Paradin, relevèrent leurs cornes, et firent comme les limaçons, lesquels, quand ils entendent quelque bruit, les retirent et serrent tout bellement ; mais le bruit passé ils les relèvent plus grandes que devant (2). »

Les officiers municipaux, édifiés de l'éloquence de Thomas Conecte, lui firent donner quinze *salus d'or* pour avoir un bréviaire (3), et le missionnaire, charmé de leur courtoisie, monta sur son mulet et se rendit à Rue,

(1) Derrière l'église Saint-Gilles.
(2) Voyez Bayle. *Dict. Hist. et Crit.* 1734 in-f°. T. II, p. 514 notes.
(3) Argentiers. Année 1428.

et de là à Saint-Valery-sur-Somme, où il se mit en mer pour la Bretagne.

Les prédicateurs prononçaient leurs sermons sur les places publiques et dans les cimetières, et des gardes étaient placés de distance en distance pour empêcher les hommes de se mêler avec les femmes. C'était une sage précaution, car les dames allaient quelquefois *desbrallées* au sermon. La foule d'ailleurs était grande ; on remplissait exactement ses devoirs de piété. Pendant l'office les églises étaient pleines, et les rues tellement désertes, que le jour du Vendredi-Saint, des gardes faisaient le guet autour de la ville, et veillaient à la sûreté des maisons. On verra à l'article des corporations quelles amendes étaient prononcées contre les gens de métiers qui travaillaient ou vendaient les dimanches ou les jours de fêtes.

Montreuil, comme Abbeville, avait chaque année ses prédications solennelles. Deux ou trois jours avant le Grand Vendredi (le Vendredi-Saint), la ville envoyait à l'église des Carmes, avertir le prieur d'aviser à faire les sermons. On prêchait en plein air le jour du Vendredi-Saint, au *Martroi*, et le jour de *Pâques communiant* au pré *Benson*. La ville avait coutume de faire porter sur le lieu de la cérémonie, la *caielle* du prédicateur, et on lui donnait vingt sous et du vin. Le Jeudi-Saint, les officiers municipaux allaient à Saint-Saulve, au lavement des pieds, et ils envoyaient ensuite aux religieux quatre *quennes* (cruches) de vin, qu'ils buvaient avec eux dans la grande salle du réfectoire.

Cette piété vive, quoiqu'un peu barbare, et qui se traduisait fréquemment en minutieuses pratiques dévotes, inspirait aussi, et très-souvent, les actions les plus louables, les plus utiles. A toutes les époques, la ville s'occupe avec un soin religieux de la misère des pauvres. Ceux qui souffrent n'implorent jamais en vain la charité municipale ; les pélerins qui reviennent de la terre sainte, les chevaliers qui ont été prisonniers des Turcs, les Grecs proscrits du XVe siècle, que l'invasion mahométane a refoulés jusque dans le Nord de la France, reçoivent en passant le denier de l'aumône. La ville a son bureau de bienfaisance, régi comme de nos jours par les membres les plus considérés des familles bourgeoises ; ses distributions régulières de vêtements, de pain et de combustibles. Une pauvre fille nommée Tassinou était *quasi toute nue* ; on lui donne six aunes de canevas pour faire une robe, afin de *garder honnesteté* (1). Chaque année, la nuit de la Toussaint, on distribue aux pauvres de l'argent, des souliers et quatre à cinq cents aunes de drap. Quelquefois on donnait à l'hospice de la serge verte pour recouvrir les lits des

---

(1) « A Fremin Boullet, sergent de nuit..... pour compassion de le misère où il est, et pour li aidier à vivre et à avoir aucune récréation.... XX sols, »

« A Adrienne, femme de Jehan Ferton, pour sa peine d'avoir gardé, nourry, vestu et alymenté par l'espace de deux ans une jeune fillette quy, en l'aage de quatre à cinq mois, fut trouvée en une poitemne (poterne ?), de la muraille auprès de Saint-Jehan-des-Préz, de laquelle l'on ne peut savoir quy en estoit père ou mère... XL sols » (argentiers.)

malades, et les lits étaient marqués de l'écusson de la ville. Mais l'échevinage ne se contente pas de faire la charité, il l'encourage par des primes, témoin un compte transcrit au registre des argentiers, année 1398, et par lequel il est accordé soixante sous à maître Gilles Sourdin, chirurgien, pour le récompenser d'avoir guéri une *folle femme*, qui avait reçu sept coups d'épée sur la tête, et plusieurs autres personnes également blessées, qu'on retenait dans les prisons de l'hôtel-de-Ville, et *qui n'avaient pas de quoi payer*.

Les noms des bourgeois qui, dans le XVe siècle et au milieu de tant de misères, aidaient de leur bourse au soulagement de leurs concitoyens, ont été en partie conservés jusqu'aujourd'hui sur un registre particulier, le *cueilloir* des aumônes. On sauvait ainsi de l'oubli ces noms obscurs (1), et la mémoire du bienfait, pour encou-

---

(1) Dans le Ponthieu, comme dans le reste de la France, on trouve deux sortes de noms propres entièrement distincts. Les noms de fiefs, exclusivement portés dans l'origine par la noblesse, et les noms roturiers. Les noms de fiefs se tiraient de la terre, et ils emportaient pour ainsi dire titre de propriété. « Les noms propres (du tiers état), dit M. Eusèbe Salverte, sont restés entachés de l'abaissement civil et politique où vivait cette classe. » Voici comme spécimen quelques noms extraits du *Livre Rouge*, des comptes des argentiers d'Abbeville et de divers aveux des XIVe et XVe siècles. Un grand nombre de ces noms avaient un sens marqué. Ainsi, le plus souvent, pour désigner une personne, on avait soin de joindre à son nom celui de son pays : Colart d'Arras, Jean de Saint-Valery, Robert de Rue, Pierre de Gamaches, Henri d'Oisemont, Clément de Chepy, André de Noyelles, Thomas de Mareuil, etc.

Les noms ou les surnoms étaient empruntés en outre :

rager au bien, conserver dans son intégrité le patrimoine des pauvres, et assurer à perpétuité des prières aux chrétiens charitables. Touchante prévoyance qui certes n'était pas stérile ! La ville, dans ses aumônes, n'oubliait pas la famille des bourgeois morts pour le

1° Aux qualités physiques : li Roux, li Blons, li Borgne, Guillaume à Blancs-Yeux, Jehan Poil-Vilain, Pierre Blanques-Piaux, Jehan Belot, Robert le Rétu (le gentil), Felipe Col de Tor (cou de taureau), Wistasse au Grenon (à la moustache), Villot dent de Leu (loup), Colin Cour-Col.

2° A quelques faits particuliers aux individus ou à leurs habitudes : Jehan Tuc-Leu, Jehan Corne-Vaques, Colart Plante-Haies, Guillaume Coppe-Hardes, Jehan aux Chiens, Robert Cache-Rats, Jehan as Roses, Pierre as Œufs, Agnès aux Coutiaux, Jehan as-Coulons (aux pigeons), Jehanne Pois-au-Lard, Jehanne Sake-Espée, Maihieu Clabaut, dit Maque-Tourte, Fremin de Poste Fosse, dit Bis-Blé, *Petrus qui non dormit*, Jehan qui ne paye, Symonet Goulaffre (qui mange beaucoup), Frémin qui ne jure.

3° Aux rapports des individus avec quelques animaux : Jacquet Mouton, Thumassin le Coq, Colart le Ver.

4° Au caractère : Paul cœur de quesne, Henri le Bourreau.

5° A la profession : li Boulanguiers, li Capeliers, li Carbonniers, li Carpentiers, li Beneliers (le conducteur de tombereau), li Candeliers, le Boursier, le Pesqueur, le Muletier, le Œulier, le Merchier, le Tellier, le Tartier.

Une foule de surnoms ont des origines diverses : Pierre Caut-Pain, Symon voit le leu, Robert d'oultre liaue, Symon dehors le ville, Perotte tourne-Vaque, Jehan petit-pain, Jacques lot de vin, Jehanet biau tayon, Jean tirelire, Clément courte-cauche, Henri mal aprins, Witasse baudet torqué.

Les noms étaient féminisés : le Caron, le Caronnesse, le Peigneur, le Peigneresse, le Mangnier, le Mangneresse, le Caucheur, le Caucheresse, le Borgne, le Borgnesse, le Vasseur, le Vassouresse, Lenglet, Lenglesque, Maupin, Maupine, etc.

service public. Elle accordait à ces familles des secours sur les fonds municipaux, et de plus elle faisait célébrer à ses frais des messes pour le repos de l'âme des défunts. Fremin Angnier, sergent de la vingtaine, laisse une veuve chargée de plusieurs petits enfants ; la ville paye l'enterrement et le service, et la femme reçoit quelques secours pour subvenir *à son vivre* (1).

Les pestiférés indigents étaient visités gratis par un chirurgien salarié. En 1481, cette charge est remplie par Firmin Boulard. La ville, outre ses visites, lui paye les médicaments. Voici la singulière recette de ces médicaments qu'on employait dans les cas de peste, et qui revenaient alors au prix de cent huit sous. « Un pot d'huile d'olive, quatre livres de résine, une livre de poix noire ; trois livres de suif de mouton, trois livres de graisse de porc mâle, une livre de moelle de bœuf et diverses quantités d'encens, de vert-de-gris, de miel rosat et de vinaigre. » C'était avec cet onguent que Firmin Boulard faisait ses emplâtres.

La bonne foi publique était souvent trompée dans la distribution des aumônes ; mais alors on punissait sévèrement ceux qui cherchaient à surprendre la charité.

En 1456, on bannit, après l'avoir battu de verges, un individu qui avait usé de fausses lettres, pour faire croire qu'il avait été prisonnier des Turcs.

En 1458, un homme et une femme qui pendant dix-neuf ans, avaient également *cabussé* (trompé) le

---

(1) Argentiers, années 1470, 1473.

peuple en simulant *le mal Saint-Jean* (l'épilepsie), furent affublés de deux mitres, exposés au carcan, et fustigés par les carefours (1).

Les tendances mystiques se révèlent d'une remarquable manière dans les actes de la vie civile, transactions, contrats de mariage et testaments. Le droit, dans les codiciles, emprunte les formules de l'ascétisme. « Il n'y a rien de plus certain que la mort et de plus incertain que l'heure où elle arrive. » Ainsi s'exprime dans ses dernières volontés Jean Lorfèvre, chanoine de la collégiale de Saint-Vulfran d'Abbeville, qui fonde un obit de trente messes, en *l'honneur des trente deniers dont notre Seigneur fut vendu;* mais Jean Lorfèvre était du XVIᵉ siècle; on aimait à boire alors, même lorsqu'on était d'église, et, dans cet acte où il recommande dévotement son âme à tous les saints, sa *poure charogne* aux chanoines ses confrères, il laisse aussi à ses amis une petite somme de cinquante sous pour aller boire et et se réjouir ensemble après son enterrement (2).

Menot n'avait-il pas raison lorsqu'en prêchant à Amiens, il reprochait aux Picards leur soif immodérée? Quand ils ont payé l'hôte, dit-il, et réglé le compte, ils ne partent jamais sans avoir demandé de nouveau **pour six patards de vin**, et s'ils trouvent sur la table un **petit**

---

(1) A Pierre Beaufrêne.... IV sols pour avoir mis en rime le rétoricque qui estoit autour desdites mitres. (*Argentiers*. 1458.)

(2) Archives d'Abbeville; liasse cotée : Testaments, à la date de 1510.

pain de deux sous, ils se le disputent à coups de couteau (1). En effet, tous les monuments de l'échevinage d'Abbeville attestent qu'on s'attablait à tout propos (2). Les mayeurs de bannières allaient boire aux frais de la ville, lorsqu'ils se réunissaient pour délibérer sur les affaires de la commune, ou pour élire le maire et les échevins. Les archers, les arbalétriers, les sergents de ville allaient boire au retour des processions et du supplice des criminels. Les hauts fonctionnaires de l'échevinage n'avaient pas plus de gravité que leur sergents. Ils dînaient aussi en toute occasion aux dépens de la commune, même au retour des funérailles de leurs collégues, ou de tout autre fonctionnaire, après avoir reçu du plus proche héritier de mort un écu d'or pour boire ensemble. Toutes ces habitudes se retrouvent dans la ville de Montreuil; mais la consommation du vin y était plus grande encore.

En 1425, un délit de chasse est commis sur la banlieue. Le maire et les échevins courent après les braconniers, s'emparent de leurs filets, de leur gibier, et vont manger à l'Hôtel-de-Ville, avec le sénéchal et plusieurs autres officiers du roi, les lapins qu'ils viennent de saisir (3). En 1491, les magistrats municipaux ont

(1) Menot. *Serm. parisiis declamati.* Paris, 1526, in-8º goth. fº 140. Col. 4.
(2) On dînait quelquefois au milieu des rues, sur le parvis ou dans l'intérieur même des églises. (Argentiers; Année 1415 entre autres).
(3) Argentiers; année 1425.

à délibérer sur cette étrange question : l'échevinage peut-il permettre la vente des cochons *soursemés et non castrés à lait?* grand embarras ; on donne à dîner à plusieurs médecins pour les consulter à ce sujet.

Les baptêmes et les désaubages (1), les repas de noces et de confréries entraînaient le peuple dans de si excessives dépenses, qu'on eut recours à des ordonnances somptuaires pour réprimer des habitudes de luxe qui n'étaient plus en rapport avec la fortune des habitants. Par délibération du 22 avril 1467, il fut décidé qu'on ne pourrait donner aucun repas de noces sans en avoir obtenu l'autorisation, et qu'on ne pourrait jamais servir plus de dix plats. Il est permis seulement aux parents et amis d'envoyer du vin et des viandes aux nouveaux mariés, pour manger avec eux, suivant la quantité qui aura été déterminée par les maire et échevins. Les dîners de confréries furent défendus, à l'exception du jour et du lendemain de la fête patronale. On interdit aussi les repas de désaubages, repas coûteux pendant lesquels on offrait une pièce d'or ou d'argent et un pain blanc à chacun des convives (2). Il est permis seulement de faire quelque aumône aux femmes en couches.

Les lamproies, les harengs saures et *caques*, les anguilles, les carpes, les saumons, les cochons de lait, les lapins, les paons, les butors, les hérons étaient alors

---

(1) Voy. Ducange ; Gloss. v° *Desalbare*.
(2) Registre aux délibérations d'Abbeville. Année 1467, f° 112. R°.

les mets les plus recherchés et le plus fréquemment servis. Voici le menu d'un dîner municipal en 1429: « Quatre muids et un quartier de vin, deux moutons, neuf cochons de lait, vingt oisons, trente-six poulets, potage à sauce, quatre lots de verjus, poissons, fromage, cresques, poires, cerneaulx. » Si les repas n'étaient point variés, ils étaient du moins copieux ; mais on a lieu de croire que le service de la table n'était pas brillant, puisqu'on voit figurer dans le compte des dépenses, des pots de terre et des jattes de bois, et qu'on faisait usage ordinairement de vaisselle de cuivre et d'étain. Les convives avaient cependant du luxe à leur manière, car avant de se mettre à table ils se lavaient les mains avec de l'eau de rose, et ils jonchaient d'herbes et de fleurs le pavé des salles du banquet. Un dîner était alors une affaire d'état dans toute l'acception du mot. Le jour de la Saint-Barthélemy, le cuisinier chargé du repas municipal était élu par les officiers de la ville à la pluralité des voix.

Lorsque des personnages notables passaient à Abbeville, on leur offrait des volailles, des poissons de mer et un certain nombre de cruches de vin, mais plus ordinairement une ou plusieurs barriques entières et les valets avaient aussi leur part.

Le vin, dans toutes les occasions joyeuses, poussait souvent aux disputes, et la brutalité naturelle des mœurs ne disposait que trop au désordre les bourgeois turbulents. On les voit toujours prêts *à férir du coustel*; ils battent le guet, brisent les prisons, délivrent les prévenus, se portent à tous les excès à l'égard des femmes ; à table ils s'injurient, se soufflètent, se jettent des gobelets de vin à la tête ; ils blasphèment, courent masqués par les rues, et toujours armés de bâtons et d'armes offensives (1). Les sergents ne peuvent suffire à maintenir la paix publique. En 1456, on place dans le clocher de Saint-Vulfran un guetteur avec ordre de sonner la cloche aussitôt que des noises ou débats s'éleveront sur quelque point de la ville (2) ; et l'on prononce des peines sévères contre ceux qui se porteront à des injures ou à des voies de fait envers les collecteurs des impôts. Les cabarets, les étuves ou salles de bains étaient surtout le théâtre des plus scandaleux désordres. C'était dans les cabarets, dans les hôtelleries que se retiraient les vagabonds, les *Egyptiens*, qu'on expulsait souvent, mais qui revenaient toujours. C'était là que les bourgeois se réunissaient pour jouer aux dés et autres jeux de hasard. Le bois d'Abbeville, tous les autres bois d'alentour et les étuves servaient de repaire à la population la plus vile, aux filles de joie, aux gens sans aveu qui partageaient avec elles les produits de leur industrie. On défend vainement à ces filles de paraître de jour dans ces bois (3) ; aux étuveurs de ne recevoir pour le service des bains que des femmes âgées de cinquante ans et au-dessus ; mais malgré l'amende, le

(1) Voir les rôles des amendes dans les registres des argentiers d'Abbeville.
(2) Ibid. de 1426 à 1460. f° 110.
(3) *Registre aux délib. d'Abbeville*, année 1493 f° 20 r°.

bannissement et l'âge avancé des femmes qui servaient aux étuves, le scandale persiste, et, pour en finir plus promptement, les officiers municipaux sont obligés, en 1412, d'envoyer leurs sergents briser tous les *pots estuveurs* des bains situés près de la fontaine le Comte.

Le clergé lui même, qui donna tant de fois dans les plus mauvais jours l'exemple des plus hautes vertus, ne pouvait se soustraire à l'influence, à la contagion de ces mœurs barbares. Au XIIe siècle, et c'était cependant alors la grande ère du mysticisme chrétien, le désordre parmi les prêtres et les moines était déjà parvenu à tel point que Guillaume III, comte de Ponthieu, réclama l'intervention du pape Honorius III, pour réprimer *les meurtres que les ecclésiastiques et les laïcs commettaient en toute rencontre dans ses terres.* Le comte en appelait ainsi au souverain Pontife, parce que les prêtres opposaient à sa justice séculière leurs priviléges et leurs immunités. Le pape fit droit aux réclamations de Guillaume, et l'évêque d'Amiens reçut l'ordre de faire subir aux coupables la peine que le comte avait portée contre les homicides. (1) Le même pape, en 1218, sur la demande de Guillaume, défendit

---

(1) Voir sur l'opposition que le clergé forme à la justice séculière les actes du concile de Reims, année 1271. Bail. *Sum. Concil.* t. II, p. 589. A.

Un moine, nommé Eriarth, ayant tué en 867 un religieux de Saint-Riquier, qui était prêtre, se rendit à Rome pour être absous de ce crime. Le pape lui imposa douze années de pénitence. Pendant les trois premières, dit le souverain Pontife, il demeurera pleurant à la porte de l'église; la quatrième et la cinquième il se placera, sans

aux clercs du Ponthieu de se livrer à l'usure, et de tenir tavernes, car il en résultait un grand scandale pour les laïcs (1).

Les annales de l'abbaye de Saint-Riquier attestent que le crime profanait quelquefois la sainteté même du cloître. Un moine de ce monastère, nommé Jean de Villers, s'y trouvait prisonnier en 1284 pour avoir tué un autre moine. Il présenta dix-neuf plèges ou cautions, et il obtint sa liberté; mais à condition que sans *targier* (tarder), *il iroit oultre mer sans jamais revenir*, et qu'il payerait une amende de deux cents marcs d'argent. Cette même année, l'évêque d'Amiens s'adressa aux maire et échevins d'Abbeville, pour faire appréhender au corps plusieurs *clercs et croisés* qui avaient commis des *crimes atroces en lieu saint*. (2).

Ducange nous apprend aussi (3) que la plupart des

pouvoir communier, parmi les auditeurs (c'est-à-dire les catéchumènes qu'on admettait dans les galeries hautes des églises pour y entendre la prédication, ce qui prouve qu'au IXe siècle, il y avait encore dans le Ponthieu des habitants nouvellement convertis au christianisme); les sept dernières il communiera aux grandes fêtes, mais sans donner d'offrande; pendant ce temps il jeûnera jusqu'au soir, comme en carême, excepté les fêtes et dimanches, et ne voyagera qu'à pied. Il devrait, ajoute le pape, faire pénitence toute sa vie; mais nous avons eu égard à son repentir et à la protection des saints apôtres qu'il est venu chercher. (Voy. Flodoard, liv. II, chap. 23. — Fleury. Hist. ecclés. 1720, in-4°, t. XI, p. 181.)

(1) D. Grenier 28e paq. n° 2. - 1218. - *Hist. des mayeurs d'Abbeville*, p. 140.

(2) Inventaire des archives d'Abbeville, 1787 in-f°.

(3) *Hist. Ms^e des comtes de Ponthieu*. — On lit dans un des canons

clercs se livraient à des occupations mondaines, au commerce, à la chasse; jouaient aux dés, à tous les jeux de hasard, ou passaient le temps à boire dans les tavernes. Les monuments contemporains leur reprochent surtout d'aimer le vin et les femmes. Les décrets sévères des conciles, les satires licencieuses des trouvères, on le sait, sont d'accord sur ce point. Le poète Eustache d'Amiens, qui, en sa qualité de Picard, connaissait les habitudes du pays, nous a laissé dans un fabliau intitulé *Le Boucher d'Abbeville*, un curieux témoignage du désordre des mœurs de son temps.

Un boucher d'Abbeville, revenant du marché d'Oisemont, est contraint par la nuit de s'arrêter dans le village de Bailleul. Il va demander l'hospitalité au curé qui, seul de tous les habitants, a du vin dans sa cave, et une *meschine* ou chambrière dont il a fait *sa mie*. Le boucher, qui joue plus d'un malin tour au curé, soupe copieusement à ses dépens, et lorsqu'il est parti

---

du concile provincial de Reims, tenu en 1049, le passage suivant : presbyteris arma ferre et conjuges habere prohibuit..... Arma quidem ferre presbyteri jam gratanter desiere, sed à pellicibus adhuc nolunt abstinere, nec pudicitiæ inhærere.... Le diocèse d'Amiens était suffragant de Reims ; les membres du haut clergé de ce diocèse avaient pris part aux actes du concile, et le passage que nous venons de citer témoigne que le désordre était grave et général dans tout le ressort de l'archevêché de Reims. (Voy. Bail. Sum. concil. t. II, p. 680 col. 1.) Il serait facile d'appuyer ce que nous disons des mœurs du clergé de preuves nombreuses empruntées aux hommes les plus éminents de l'église, à Saint-Bernard, à Jacques de Vitry, et aux divers traités de discipline ecclésiastique.

à l'église pour chanter et *faire son mestier*, le boucher monte dans sa chambre, et trouvant la chambrière dans son lit, il l'aborde en lui disant :

> Com est li doyens bien venuz
> Qui o tel dame gist toz nuz... etc.

Par Saint-Germain, dit la chambrière, allez-vous en :

> Me sires aura jà chanté
> Trop se tendroit à engané
> Si en sa chambre vos trovoit
> Jamès nul jor ne m'ameroit.

Le boucher promet d'être discret ; la chambrière se rassure, et quand le curé revient de l'office il s'aperçoit qu'il a été trompé, et témoigne sa colère et sa jalousie en termes qui ne permettent ni la citation textuelle ni l'analyse (1).

Il est rare que d'autres contes du même genre, qui contiennent une intrigue galante, ne mettent en scène un prêtre. Ce sont des contes, il est vrai, mais ces contes peignent les mœurs. Guillaume III s'efforça vainement de réformer les vices du clergé, et de le rappeler à ses devoirs. On verra que les abus qu'il tenta de détruire subsistèrent fort long-temps encore.

Le 1er septembre 1403, les chartreux célébraient dans leur église le service d'un riche bourgeois, nommé Le Caucheteur. La famille, qui était riche, avait fourni, selon l'usage, un drap de grand prix

---

(1) Barbazan. *Fabliaux*, édit. de 1808, t. IV, p. 1 à 19.

pour la représentation mortuaire. Ce drap, la cérémonie terminée, devenait la propriété des chartreux; mais les bénédictins de Saint-Pierre se présentèrent pour le réclamer en vertu de leur juridiction féodale. Sans respect pour l'église, sans respect pour le mort, bénédictins et chartreux se précipitent sur le drap et se le disputent à coups de poings. Le sénéchal, qui assistait au deuil, fait avancer ses huissiers; mais les moines de Saint-Pierre s'arment de poignards qu'ils avaient cachés sous leurs robes (1), et il fallut l'intervention d'une troupe de sergents pour rétablir l'ordre. Le trésorier de Saint-Pierre, dont la violence avait allumé la lutte, fut conduit en prison, et, par sentence du 1er octobre de l'année suivante, les bénédictins furent condamnés à restituer le poêle déchiré et mis en pièces; à fournir aux chartreux un crucifix de vermeil du poids de cent marcs, une vierge et un Saint-Jean; des cierges pour brûler à perpétuité devant ces deux images; deux chandeliers d'argent; soixante livres de rente pour fonder une chapelle, et à payer en outre quatorze mille livres d'amende, dont dix mille aux chartreux et le reste au roi : mais le parlement réforma cette sentence, et prononça l'acquittement des religieux de Saint-Pierre.

Les prêtres exigeaient de l'argent, même des plus pauvres, pour administrer les sacrements, et pour

---

(1) *Pugiones sub frocsis absconderant.* (Monuments de la Chartreuse d'Abbeville, communiqués par M. de Bommy.)

visiter les malades. Ils se faisaient payer pour rédiger les testaments, car la coutume les autorisait à remplir les fonctions de notaires, et ils refusaient la sépulture à ceux qui, dans leurs largesses dernières, oubliaient l'église, à moins que les héritiers ne leur payassent *très-grand salaire*. L'évêque ne permettait pas aux nouveaux mariés de consommer le mariage pendant les trois premiers jours qui suivaient la célébration à l'église ; ce qui a fait dire à Montesquieu que le choix était bon, parce que les époux n'auraient pas été disposés à payer pour les nuits suivantes. Pour se soustraire à cette ridicule défense, les plus pauvres devaient payer dix francs, et les plus riches trente francs, sous peine d'excommunication. Les bourgeois d'Abbeville se plaignirent amèrement, et, le 19 mars 1409, après de longues discussions, le parlement fit défense à l'évêque d'Amiens de laisser sans sépulture les cadavres de ceux qui mouraient *intestat*, et d'empêcher, comme il le faisait, les nouveaux mariés de cohabiter avec leurs femmes (1). Le parlement fixa en outre le prix de tous les actes, cérémonies et sacrements de l'église, malgré les ecclésiastiques qui s'opposaient vivement à la réduction de ces prix, et se plaignaient d'être *moult pauvres*.

(1) Les abbés de Saint-Valery élevaient sur les nouveaux ménages des prétentions semblables, et il fallut l'intervention de Jeanne de Dreux, comtesse de Saint-Valery, pour mettre un terme à ces abus. (D. Grenier, 16ᵉ paq., n° 2.)

Dès l'an 1336, le roi avait déjà ordonné que l'évêque serait contraint, par la saisie de son temporel, de renoncer à ces exactions ; mais les successeurs de ce prélat n'en persistèrent pas moins à lever un impôt sur ceux qui transgressaient leur règle.

La richesse du clergé était sans doute la principale cause de la corruption de ses mœurs. En effet, le clergé possédait dans le Ponthieu des revenus considérables en biens fonds, en rentes, en grains, en droits de toute nature. Les donations arrivaient de toutes parts. En signe d'investiture, on déposait la charte de donation sur l'autel de l'abbaye que l'on aumônait. L'investiture se faisait aussi quelquefois par les rameaux de chêne (1).

Nos aïeux, dans leurs mille petits centres de libertés municipales, au milieu de guerres continuelles, se formaient vite aux luttes de la vie politique, aux fatigues, à toutes les misères durement supportées. Mais ces hommes à la rude existence, aux préoccupations tristes et graves, gardaient en vrais enfants une curiosité naïve, un besoin de jouir, de s'amuser et de voir qui persistait à travers toutes les souffrances. Les tournois, les jeux de l'arbalète étaient pour eux un source fréquente de divertissements. Arras, Lille,

---

(1) En 1210, Jean de Wisquigny donne quatorze journaux de terre à l'hôpital des pauvres de Saint-Riquier, et ratifie cette donation en plaçant un missel sur l'autel dudit hôpital. — L'investiture ou la dévestiture par le fêtu était moins commune en Picardie que dans le reste de la France.

Saint-Amand, Provins, Bruges et beaucoup d'autres villes envoyaient des messagers inviter les bourgeois d'Abbeville à se rendre à leurs joûtes. En 1444, les arbalétriers de cette dernière cité reçoivent des officiers municipaux vingt-quatre écus d'or pour les aider à faire le voyage de Bruxelles. La ville à son tour rendait à ses voisins fête pour fête. C'était un événement quand les hommes d'armes des villes d'alentour venaient lutter dans une course de lances contre ceux de la garnison d'Abbeville ; quand les archers et les arbalétriers tiraient le geai ; quand le jour du mardi gras on jouait à la cholle (1) dans le bois d'Abbeville. Les mayeurs de bannières, tous les officiers de l'échevinage, le sénéchal assistaient à ces jeux ; mais trop souvent la joie était troublée par des querelles sanglantes (2).

On trouve à Abbeville, à la fin du XIVe siècle, des jeux littéraires, désignés sous le nom de *puy d'Amour, puy des Ballades, puy de la Conception*. Le puy de la conception chantait les louanges de la Vierge ; les puys d'amour et des ballades traitaient

(1) Ballon de cuir gros comme la tête, rempli de mousse ou de son, *peint d'azur et semé des armoiries du roi, de Ponthieu et de la ville*. Il était présenté au maire par le procureur de l'échevinage. A la suite de ce jeu, qui durait vingt-quatre heures, il y avait un banquet où l'on servait toujours des *cannetiaux* (jeunes canards) *aux œufs*. En 1497, on en mangea trente-six douzaines. Les officiers municipaux et les habitants de Montreuil se livraient au même jeu, le dimanche et le mardi gras, et le jour du Bouhourdis.

(2) Registres aux délibérat. de la ville, année 1462 entre autres.

des sujets profanes et galants (1). La fête du puy d'amour, qui avait ordinairement lieu dans les villes voisines le jour de Saint-Valentin, se célébrait à Abbeville, à la Pentecôte et le jour de l'An. Des pièces de vers étaient lues et jugées publiquement. Dans ces joûtes poétiques, le vainqueur recevait une couronne, et prenait le titre de *Prince* ou de *Roi* (2). La ville aidait de ses deniers les *Princes* à soutenir les *grands frais* de leur charge ; car ils donnaient deux fois par an un dîner splendide aux sujets de leur royaume, et le sénéchal de Ponthieu, le bailli d'Abbeville, le mayeur, tous les notables tenaient à honneur d'assister à ce diner. Il est fait mention pour la dernière fois, en 1401, du puy d'amour ; mais le puy de la conception de la vierge, qui avait sa

---

(1) Un poète d'Arras, Martin Franc, qui écrivait au milieu du XVe siècle, désigne les puys d'amour comme des conciliabules dignes de mépris. — Va-t-en, dit-il dans son *Champion des dames*,

Va-t-en aux festes à Tournay,
A celles d'Arras et de Lille,
D'Amiens, de Douai, de Cambray,
De Valenciennes, d'Abbeville :
Là verras-tu des gens dix mille
Plus qu'en la forest de Torfolz
Qui servent par sales, par viles,
A ton Dieu, le Prince des Folz.

(Gouget, Bibliot. franc., t. IX, p. 215.)

(2) « As menestrielx, par courtoisie à aux faite des graces de le ville, le jour de Pentecouste qui cornoient au puy d'amour pour l'honneur et estat d'icelle ville. »

(*Compto des argentiers.*)

chapelle à Saint-Vulfran, s'est conservé jusqu'en 1764. A Abbeville, comme à Amiens, le Prince du puy faisait exposer dans la collégiale un tableau de piété portant pour légende le refrain de la pièce de vers qui avait été couronnée (1). Ce refrain contenait ordinairement une allusion, ou plutôt un jeu de mots sur le nom du donateur. En 1594, c'est Antoine Duval qui remporte le prix et qui donne le tableau, et il prend pour refrain de son palinod, pour légende du tableau qui sans doute représentait la vierge :

Du Val heureux épouse, fille et mère, etc.

Philippe de L'Estoile n'était pas moins ingénieux ; il avait trouvé pour refrain :

Le corps très pur de L'Estoile prend vie, etc.

Selon la mode et le goût du temps on fit tour à tour des ballades, des sonnets et même des odes, et, au XVIIIe siècle encore, on voit figurer parmi les rimeurs, conseillers, juges-consuls, magistrats-municipaux, chanoines et mousquetaires (2).

Les ménestrels tiennent aussi leur place dans la culture littéraire du pays. Comme toutes les bonnes gens du moyen-âge, les Abbevillois aimaient les *histoires des seigneurs anchiens* (3), et le jour des

---

(1) En 1726, les chanoines de Saint-Vulfran firent enlever tous les tableaux du puy de la conception, et les rendirent aux familles.

(2) Liste des Rois, Princes et Maîtres de la confrérie de Notre-Dame du Puy, Ms. de M. Traullé.

(3) « A Jehan Torne, chanteur en place, qui payés li ont esté de don à li fait des graces de le ville, par courtoisie à li faite, pour se

— 312 —

Caresmiaux, la foule, après avoir pris part aux jeux de la cholle ou de l'arbalète dans le bois d'Abbeville, se rendait autour de la *fosse aux ballades* (1) pour entendre les *chanteurs en place lire ou chanter* leurs romans (2). Les ménestrels, pour s'instruire et charmer les bourgeois, allaient aux frais de l'échevinage aux écoles de Beauvais, de Soissons et de Saint-Omer apprendre des chansons nouvelles (3). Les seigneurs, dans les longs ennuis du château féodal, s'amusaient comme le peuple de la poésie et du chant. Les comtes et les barons du Ponthieu avaient des ménestrels en titre d'office. Gibert de Montreuil était sans doute au XIIIe siècle le ménestrel de Marie, comtesse de Ponthieu, puisque c'est pour distraire cette princesse qu'il écrivit le *roman de la Violette*, ou *Gérard de Nevers* (4). Ce roman, l'une des plus gracieuses

paine et travail qu'il eut de canter en son romans des istoires des seigneurs anchiens, le jour des Quaresmiaux, au bos d'Abbeville parayant le cholle commenchiée... V sols. (Argentiers, 1401.)

(1) En 1346, l'un de ces ménestrels reçoit 4 sols pour avoir *canté et grand praiel au bos*; un autre 5 sols pour y avoir *veillé et canté son rouman*. (Ibid. années 1340 et 1390. — Cf. M. Leroux de Lincy. *Chants historiq. français.*)

(2) A Jehan de Dormans, chanteur en plache, qui payé li ont esté pour se paine d'avoir *canté au bos et lut* (sic) *aux boines gens* les histoires de son romans, le jour des quaresmiaux derrain passé, V sols. (Ibid. année 1397.) Les comptes des argentiers contiennent une foule d'articles semblables.

(3) Argentiers, 1422, 28, 31, 35. Après cette époque il n'est plus fait mention des ménestrels.

(4) *Roman de la Violette* ou *Gérard de Nevers*, par Gibert de

productions du moyen âge, est dédié à la comtesse Marie. C'est pour plaire à cette noble dame,

<blockquote>Qui tant set et tant valt,</blockquote>

la meilleure et la plus belle des créatures, simple, sage, sans orgueil, gracieuse pour tous, que Gibert raconte sa charmante histoire ; et le désir de plaire à la comtesse avait heureusement inspiré le ménestrel, car son roman, écrit en vers, eut au XVe siècle les honneurs d'une traduction en prose. Boccace en tira le sujet de la neuvième nouvelle de la deuxième journée du *Décaméron*, et la *Cymbeline* de Shakespeare en reproduit aussi l'idée.

Les nobles s'occupaient quelquefois eux-mêmes et avec succès de la culture des lettres. On a de Jean, comte de Dreux et seigneur de Saint-Valery, des *jeux partis* ou débats en vers sur l'amour. Comme les jongleurs et les trouvères, il avait disputé la couronne aux puys d'amour, et il est qualifié *li Rois* dans les manuscrits qui renferment ses poésies.

Les sociétés burlesques, où se révèle l'esprit profondément ironique et le cynisme du moyen âge, *Conards, Badins, Turlupins, Bandes Joyeuses de l'Abbé Maugouverne*, etc., avaient dans le Ponthieu de nombreux initiés. On trouve à Montreuil les *Enfants de la Lune*,

---

Montreuil. Paris 1834, 1 vol. in-8°. — Voir sur ce roman, *Journal des Savants*, n° de juillet 1831, p. 385. — Histoire littéraire de la France, t. XVI, p. 232.

à Abbeville le *Prince des Sots*; mais quelles étaient ses fonctions? on l'ignore. A Paris, le *Prince des Sots* présidait une troupe de baladins nommés les *Enfants sans Souci*. A Amiens, « les fonctions de ce prince, dit M. Dusevel, consistaient à jouer tout le monde, mais surtout les maris trompés. Il parcourait les rues de la ville, la tête affublée d'un capuchon orné d'oreilles d'âne, et tenant une marotte à la main. Ses suppôts l'accompagnaient montés sur des mannequins d'osier en guise de chevaux, dont ils tenaient la queue au lieu de bride : l'enseigne ou drapeau de cette troupe portait cette inscription :

Stultorum infinitus est numerus (1).

On peut conclure de là que telles étaient aussi à Abbeville les principales attributions de ce personnage.

Le Prince des Sots de cette ville, donnait quelquefois de *très-grands et très-notables* dîners à ses confrères d'Amiens. Le Prince des Amoureux de Paris envoyait aussi son poëte ou son messager inviter à sa fête, qui se célébrait le 1er mai, les sociétés joyeuses d'Abbeville.

On trouve dans l'hôpital de Rue, une confrérie de de vingt-cinq personnes dont le chef avait le titre de *Souverain Évêque de Rue*; à Abbeville un autre évêque, *l'Évêque des Innocents*; il était élu soit par les enfants de chœur de l'église collégiale de Saint-Vulfran, soit par les chanoines eux-mêmes. Cet évêque, dans le

(1) *Hist. d'Amiens*, t. 1er, p. 513.

Ponthieu comme ailleurs, imitait les évêques véritables qui jouissaient du droit de battre monnaie, et qui en faisaient des distributions lors de leur première entrée dans leur église. On a trouvé à Abbeville, en curant la Somme, une médaille qui représente *l'Évêque des Innocents*, coiffé d'un capuchon, et monté sur un âne (1).

Les farces, on le voit, étaient fort du goût de nos aïeux, et ils en faisaient une affaire sérieuse. Mais de tous ces divertissements les plus courus, les plus aimés étaient sans contredit les mystères. « Le peuple, a dit M. Magnin, se livrait aux jeux scéniques avec un emportement de plaisir effréné (2) ». Cette remarque, parfaitement juste, s'applique exactement aux populations picardes.

Dans l'origine, les représentations dramatiques, à Abbeville, comme dans le reste de la France, ont lieu dans les églises. Au XIIIe siècle, c'est à Notre-Dame du Chastel que les jongleurs établissent leur théâtre, et, en 1391 encore, la ville paye Mahiot Fourcy et plusieurs de ses compagnons pour avoir joué au *jeu des clercs* dans l'église Saint-Jacques (3). Mais en quoi consistaient ces représentations des jongleurs, ces jeux des clercs? nous l'ignorons. On voit que dans le siècle suivant le lieu de la scène avait changé. Ce n'est plus dans l'église,

(1) Cf. M. Rigollot; Monnaies des Innocents, 1827, in-8°. p. 11, 53 et *passim*.
(2) Origines du théâtre moderne. T. I, XIX.
(3) Comptes des Argentiers, 1391, 1392.

mais dans le cimetière ou sur la place publique que le théâtre est dressé, les prêtres interviennent encore comme auteurs, comme directeurs de la mise en scène, mais plus rarement comme acteurs, et ce sont les gens de métiers organisés en confréries qui montent sur les planches.

On trouve au XVe et au XVIe siècle, à Abbeville, trois sortes de représentations théâtrales, qu'on peut désigner ou diviser ainsi :

1º Les *miracles* et *mystères*, pièces dialoguées et rimées, dont le sujet était emprunté à la légende, à la bible ou au nouveau testament.

2º Les *allégories par personnages*, spectacles muets qui se jouaient aux entrées solennelles des rois ou des princes, et dans lesquelles les acteurs paraissaient avec des devises ou des tableaux analogues aux circonstances.

3º Le *jeu sur des chars* appelé aussi *jeu moral*. Ce spectacle (1) ambulant était entremêlé de chansons pour réjouir le peuple. Il avait lieu *devant les bonnes maisons* des habitants de la ville.

L'entrée ou la naissance d'un prince, une victoire, une procession étaient les occasions les plus ordinaires de ces spectacles ; on dressait le théâtre au milieu des carrefours, et ce théâtre, orné de riches tapisseries et de dorures, était gardé la nuit par des sergents de police.

(1) A maistre Charles Ducrocq, sire Nicolas Robert et sire Nicolas Cache, prestres, la somme de XLVI sols tournois.... pour leur ayder à supporter les fraictz qu'ils ont mis en jouant ung moral subz un charriot, au parmi des rues de ceste ville. » (*Argentiers* 1549.)

Un trompette à cheval parcourait les rues pour appeler les acteurs, et annoncer l'approche de la représentation ; et, quand la scène s'ouvrait, chacun prenait place selon son rang. Le maire et les échevins, les seigneurs et les dames étaient assis sur des échafauds à eux seuls destinés; tandis que les bourgeois et les manants se rangeaint sur le pavé, les hommes à droite, les femmes à gauche.

Ces drames informes, où l'on voit figurer, en 1466, jusqu'à quarante acteurs, duraient quelquefois plusieurs jours, et les officiers municipaux et les seigneurs se faisaient apporter à manger sur leurs *hourds* (1), comme les romains sur les gradins du cirque. C'était alors une solitude dans le reste de la ville, et les gardes de jour et de nuit, les sergents de la vingtaine faisaient le guet et des rondes continuelles pour veiller à la sûreté publique (2).

On ne sait guère aujourd'hui que les titres de ces poèmes dramatiques qui firent passer de si douces heures à nos aïeux peu difficiles en matière de goût ; mais les nombreux monuments qui ont été conservés ailleurs de cette littérature barbare peuvent faire juger par analogie de ce qu'étaient les pièces qu'on jouait à Abbeville et de leur nullité littéraire (3).

---

(1) Registre aux délib. d'Abbeville, année 1463.
(2) Voy. sur ces mystères, les comptes des Argentiers de 1452 à 1531.
(3) Une de ces productions dramatiques qui ont eu le plus de succès, le *Triumphant mystère des actes des apôtres*, a été principalement composé par un moine de Saint-Riquier, Simon Gréban, et représenté

En 1452, la ville achète dix écus d'or (111 fr. 60 c. au moins), le manuscrit du mystère de la Passion de Notre Seigneur, et arrête qu'il sera mis dans un coffre clos et scellé par les échevins, jusqu'à ce qu'on en ait besoin pour la représentation.

En 1457, un nommé Dieppe reçoit des officiers municipaux une gratification pour avoir apporté, « tant de bouche que par écrit, les joyeusetés et mystères qui avoient esté faites à Rouen à l'entrée de Charles VII. »

C'est dans un emplacement situé derrière l'église Saint-Gilles, et qu'on désignait sous le nom de *Camp Colart Pertris*, qu'on représenta successivement la *Passion de notre Seigneur Jésus-Christ* (1451-1455); les *Jeux de la vie de monsieur Saint-Quentin* (1452); les *Jeux de monsieur Saint-Adrieu* (1458); les *Jeux de la vie de monsieur Saint-Roch* (1493); ceux de monsieur Saint-Quirin (1499), etc.

En 1452, la *Purification de Notre-Dame* fut jouée dans le cimetière Saint-Jacques; mais nous ignorons dans quels lieux furent représentés les mystères de la *Vengeance de Jésus-Christ* (1463); la *Vengeance de sa mort* (1458); les *Histoires de Daniel* (1477); de *Joseph*, etc.

En 1453, on représente *sans parler* la *Passion de Jesus-Christ* et la vie de plusieurs saints, en réjouissance de la conquête de la Guienne et de la mort de Talbot.

---

pour la première fois en 1537, à Paris. Le *Triumphant mystère* fut imprimé, et eut plusieurs éditions. La plus complète, petit in-f°, contient 778 pages.

En 1488, on montre au peuple sur le marché les mystères de Jonas et du vieux et du nouveau Testament, pendant les processions générales faites pour préserver les habitants de la peste qui régnait autour de la ville, et demander au ciel une abondante moisson.

Les documents contemporains nous ont transmis peu de détails sur la mise en scène de ces divers spectacles. On voit seulement qu'on n'épargnait pas les frais pour donner aux costumes et aux décorations tout l'éclat possible. Les machinistes fabriquaient des fleurs dont le calice versait des eaux de senteur et de l'hypocras ; des serpents qui crachaient du vin ; des porcs-épics emplumés, des lions et d'autres animaux de bois qui marchaient ; des fontaines jaillissantes ; des mécaniques pour faire *monter de jeunes filles en l'air* et tourner des soleils.

Chaque théâtre avait son orchestre, et le plancher de la scène était recouvert d'herbes. Le Père Éternel, qui figurait souvent dans ces comédies saintes, y paraissait toujours avec une longue barbe, affublé d'une perruque et tenant un *monde* construit avec deux jattes de bois réunies par les bords.

Les convenances étaient sans nul doute ce dont on se préoccupait le moins. Les divinités païennes, les monstres mythologiques se mêlaient aux objets du culte chrétien. Les détails suivants feront juger de la bizarrerie de ce spectacle.

Quand Henri VI, roi d'Angleterre, vint à Abbeville en 1430, on avait élevé sur la place Saint-Pierre, contre les murs du prieuré de ce nom, un théâtre où l'on voyait plusieurs sirènes. Ces sirènes à coup sûr étaient de jeunes filles toutes nues, que l'on avait placées dans un bassin rempli d'eau, comme celles que l'on vit à Paris plusieurs années après, lors de l'entrée du duc de Bourgogne et de Louis XI.

En 1466, lors de l'entrée solennelle de Charles le Téméraire, on dressa sur son passage onze échafauds, remplis de personnages qui représentèrent les histoires de Job, de Gédéon, la mort de Jésus-Christ, le Jugement dernier et l'Annonciation. Ceux qui figuraient le diable s'étaient barbouillés de noir, ainsi que le témoigne ce compte de l'échevinage.

« A Waitier de Vismes, estuveur, pour ceux qui firent l'histoire des deables à l'histoire du jugement.... au hourd du marché, lesquels s'en allèrent nétoyer et estuver aux estuves dudit Waitier (1). »

Un autre compte atteste que les acteurs portaient quelquefois des masques.

Les scènes muettes paraissent avoir été spécialement destinées à solenniser le passage des souverains ou des grands personnages. Celles qui furent jouées à l'entrée de Charles VIII, en 1493, et que nous décrirons ailleurs, faisaient allusion à l'hymne *Ave maris stella*. D'autres scènes allégoriques tirées des psaumes furent aussi jouées dans le XVIe siècle.

Il y eut encore après le départ de Charles VIII, le

---

(1) *Comptes des Argentiers*, année 1466.

soir sur le marché, divers spectacles et des mystères qui devaient être représentés devant lui; mais ce prince ne fit que passer. Les registres aux délibérations de la ville contiennent une espèce d'intermède fait en cette occasion. *Chief souverain, Abbeville, Bon Désir, Jocundité et Humble Service* figurent dans ce petit drame. Abbeville ouvre la scène et dit :

> Oncques depuis que je suis née
> N'eux telle récréacion,
> Voichy une belle journée
> Plaine de consolation.
>   Louenge et jubilacion
> En soit au benoit créateur !
> Quand j'ai de mon chief vision,
> Lequel est mon vrai protecteur,
> Bon desir, seigneur débonnaire,
> Comment le dois-je recepvoir ?
> Vous congnoissez mon ordinaire.....
> . . . .

Bon Désir répond :

> Je te l'amaine par la main,
> Doulce Abbeville, prends léesse;
> Il est doulx, begnin et humain,
> Fort, puissant, remply de proesse.
> C'est le chief de toute noblesse :
> Ton espérance doit en lui
> Estre mise pour ferme adresse;
> Grand honneur te fait aujourd'hui.
> Ta maison de jocundité
> Lui dois ouvrir premièrement,
> Et ta salle de léaulté
> Ornée de beau parement.....

Le *Chief Souverain* remercie Abbeville, et la conversation continue sur le même ton et avec les mêmes agréments.

Lorsque le cardinal d'Yorck, ministre de Henri VIII, vint en 1527 à Abbeville, les *fatistes* ou poëtes de la ville, que l'on avait chargés de composer et de mettre en scène plusieurs mystères dans le goût du temps, avaient, *à l'aide du grand Orbifacteur* (du créateur), *sans lequel ne se faict nulle opéracion bonne*, placé sur un théâtre, à l'entrée de la chaussée Marcadé, un personnage représentant *nostre Dieu omnipotent assis en ung tróne*. Ce personnage ayant le monde sous les pieds, et tenant une grande *paix*, c'est-à-dire une image ou relique où l'on voyait un christ, couronné d'épines, et entouré de lis et de roses rouges, avait à ses côtés les deux emblêmes de France et d'Angleterre, une salamandre avec un léopard, qui *pour démonstration de fidelle unyon le regardoient assez doulcement*. Deux autres personnages, qui figuraient les souverains de ces deux royaumes, étaient à genoux sur le théâtre, et adressaient à Dieu ces mots :

Da pacem, Domine, in diebus nostris.

A côté d'eux l'église militante, dans la même attitude et assistée de ses fidèles enfants, Français et Anglais, *Noblesse, Marchandise et Cabène*, les mains jointes et portant sur ses traits les marques d'une profonde affliction (1), montrait à Dieu un tableau sur lequel on lisait :

> Fiat misericordia tua Domine super nos, quemadmodum speravimus in te!

Une femme représentant *Jocunde Dénonciacion* adressait le quatrain suivant à une autre femme qui figurait Abbeville :

> Abbeville regarde le légat,
> Le cardinal de paix et de concorde (2) :
> A son venir maisne (*Sic*) joie et esbas
> Il vient pour bien ; Dieu doinct qu'on s'y accorde !

Tout le reste est dans le même goût.

A l'occasion du passage de la reine Eléonore à Abbeville en 1531, il y eut encore une sorte d'intermède dont nous allons citer quelques passages comme un remarquable échantillon de l'extrême naïveté du temps. — Un personnage représentant *le Seigneur Souverain* disait à la reine :

> Abbeville beaucoup famée,
> Et de nous grandement amée,
> Toute prompte à gendarmerie,
> Donne grands coups d'artillerie,
> Nous recepvant en ses atours.
> Elle ne a chasteau ne tours
> Que pour nous n'aist tousjours gardé
> Et soigneusement regardé.....

(1) Allusion au pillage de Rome par le connétable de Bourbon et à la captivité de Clément VII.
(2) Yorck venait ratifier la ligue conclue entre la France et l'Angleterre contre Charles Quint.

La reine répondait :

> A bon droict dict grand bien d'elle,
> Regardez, elle vous salue.

La jeune fille qui figurait Abbeville, complimente ensuite le roi et la reine, et leur témoigne son affection :

> Si ne me aimiez de corps et d'âme
> Vous n'eussiez fait tels appareulx.
> Vos mystères, qui n'ont pareulx,
> Me plaisent fort et me récréent,

dit la reine, et elle l'invite à lui expliquer les mystères, ou plutôt les différentes allégories par personnages qu'on remarquait sur les échafauds ; la jeune fille obéit, et termine ainsi ses explications :

> Le roi assis en lieu sublime
> Du Saint-Esprit environné,
> Note que Dieu lui a donné,
> Pour régir ce royaume insigne
> Une onction et sacré signe
> Que n'ont aultres roys crestiens ;
> Car je veux dire et j'y soutiens
> Que, moyennant la saincte ampole
> Dont il est oingt, seul sous le pôle
> Les escroelles il efface,
> Par un singulier don de grâce, etc.

Le *Seigneur Souverain* réplique :

> Nous sommes de vous très-contens,
> Abbeville, je vous afferme (1).

---

(1) Registre aux délibér. de la ville, de 1523 à 1536, f° 396 et suiv.

On trouve encore dans le dernier siècle des traces de tous ces jeux scéniques. En 1770, la *Présentation de la Sainte-Vierge au Temple* fut jouée, à la grille du chœur de l'église de Saint-Vulfran de la Chaussée, par les petites filles de l'école paroissiale.

Nous ne pouvons préciser l'époque à laquelle Abbeville eut un théâtre dans l'acception moderne du mot. C'est dans la rue des *Pois-Pilés* que ce théâtre fut établi ; mais nous ne savons rien sur les représentations des Pois-Pilés (1). Nous nous bornerons à dire qu'avant la construction (1770) de la salle de spectacle de la rue Millevoye, les comédiens jouaient tantôt dans la cour d'une auberge de la chaussée du Bois, tantôt dans l'ancien hôpital Saint-Jacques, situé rue des Pots, et quelquefois sur la place Saint-Pierre où l'on établissait une vaste loge en planches. C'est là qu'une troupe d'acteurs représenta, en 1764, depuis le mois de mai jusqu'au mois d'août, plusieurs chefs-d'œuvre de la scène française, entre autres : *Mahomet*, *l'Avare*, *Mérope*, *Tartufe*, *Zaïre*, *Turcaret*, etc., etc.

Dans le cours du moyen âge, Montreuil eut aussi des représentations scéniques ; mais ce n'est qu'à dater

---

(1) On appelait à Paris jeux des *Pois-Pilés* les représentations théâtrales, parce que la maison où elles avaient lieu portait pour enseigne une *Pile-de-Poids* à peser. Il n'en était pas de même à Abbeville, car on voyait au-dessus de la porte de notre théâtre un singe tenant un un écriteau, sur lequel on lisait :

Ichi on s'égaudit.

des années 1547-1548, qu'on trouve dans les annales de cette ville quelques renseignements sur le théâtre ; et par malheur ces renseignements se bornent à l'énonciation de diverses sommes payées aux acteurs qui avaient figuré dans les représentations. Il résulte de ces comptes, que chaque année, à l'époque du renouvellement de la loi, le jour de Saint-Simon-Saint-Jude, les enfants de la *Grande Escole* jouaient *ung Moral* en l'échevinage, et qu'ils recevaient pour leur peine quarante sous tournois. On retrouve des traces de cet usage au XIIIe siècle. Les pèlerins de Saint-Jacques, dont la confrérie était instituée à Montreuil, dans la paroisse de ce nom, figurent également comme auteurs dramatiques dans les comptes de l'échevinage. Au XVIe siècle, les écoliers jouent encore des mystères sous la conduite d'un nommé Jean de Sains, directeur des études, que l'échevinage avait chargé de la mise en scène.

LIVRE QUATRIÈME.

CHAPITRE I.

Suite des querelles des maisons d'Orléans et de Bourgogne. — Succès des Dauphinois dans le Ponthieu. — Philippe-le-Bon vient les combattre. — Il s'empare du Pont-Remy.— Il assiége Saint-Riquier.— Bataille de Mons en Vimeu. — Siége d'Airaines. — Suite des évènements militaires. — Le duc de Warwick prend possession de Gamaches. — Convoi funèbre de Henri V. — Mission que remplit Jean Rousse, natif d'Abbeville, au nom de l'Université de Paris pendant le grand Schisme d'Occident. — Entrevue de Jean II, comte d'Alençon et du duc de Bedford dans le château du Crotoy. — Entrée de Henri VI à Abbeville. — Les Anglais s'emparent du Crotoy. — Siége de cette place par le duc de Bourgogne. — Expédition de Talbot dans le Ponthieu. — Traité d'Arras. — Souffrances du peuple.

En 1416, l'empereur d'Allemagne, Sigismond, dont la famille avait toujours été attachée aux Valois, et dont l'aïeul, le vieux roi de Bohême, avait péri à la bataille de Crécy, se rendit en Angleterre, sur les instances de Charles VI, pour y traiter de la paix.

En sortant de Beauvais, il vint loger avec une cour brillante au Pont-Remy, ensuite à Saint-Riquier, et de là à Saint-Josse ; mais au lieu de négocier la paix, comme il l'avait promis, il forma contre le roi de France une ligue secrète. On l'avait supplié de ne passer ni à Abbeville ni à Montreuil, parce qu'il était accompagné de plusieurs Anglais, ennemis de la France, et que les habitants soupçonnaient peut-être ses mauvais desseins. Peu de temps après, les ambassadeurs du roi d'Angleterre, accompagnés de soixante-dix chevaucheurs, obtinrent un sauf-conduit du roi de France, et passèrent à Montreuil et à Abbeville, en se rendant à Beauvais pour y traiter d'une trêve de quatre à cinq ans ; mais ils ne purent s'entendre. Dans le cours de l'année 1417, les sires de Fosseux, d'Humbercourt et Philippe de Morvilliers furent plus heureux en allant à Montreuil pour exciter les habitants de cette ville à se liguer avec Jean-sans-Peur, duc de Bourgogne. Leur mission eut un plein succès, et Abbeville, Saint-Riquier et les autres places du Ponthieu, auxquelles Montreuil *avoit ouvert la voie*, dit Monstrelet, firent alliance avec Jean-sans-Peur qui s'engageait à respecter leurs franchises, à supprimer d'onéreux impôts, et à faire cesser les affreux ravages que ses troupes et les Anglais, ses alliés, commettaient dans le Ponthieu (1).

Deux ans étaient à peine écoulés lorsque Jean,

---

(1) Cf. Mém. de J. Lefevre de Saint-Remi, ch. LXXVII.

duc de Bourgogne, fut assassiné par les partisans du Dauphin, qui fut depuis Charles VII. Le nouveau duc, Philippe-le-Bon, fils de Jean-sans-Peur, voulant venger la mort de son père, s'allia aussitôt avec la reine de France contre le Dauphin, et, sans égard pour les droits de ce jeune prince, reconnut Henri V, roi d'Angleterre, pour régent et héritier de la couronne de France ; mais cette reconnaissance trouva plus d'un opposant dans le Ponthieu. Jacques d'Harcourt, gouverneur du Crotoy, ne put se résoudre à servir le monarque anglais. Il donna le premier le signal de la résistance, se rangea sous les drapeaux du Dauphin, et se mit à guerroyer avec avantage contre les Anglo-Bourguignons.

La prise d'un navire chargé de blé, dont il s'était emparé dans le port d'Etaples, et qu'il refusait de rendre, vint bientôt envenimer la lutte. Le propriétaire de ce navire, Hémon de Bomber, alla se plaindre au lieutenant de Calais, et cet officier vint au Crotoy avec une flotte et des soldats brûler tous les bâtiments qui se trouvaient dans la rade. D'Harcourt, par représailles, ravagea les villes soumises au commandement d'Hémon de Bomber, et rapporta son butin dans les forteresses de Noyelles et du Crotoy.

La Hire, Poton de Xaintrailles, Rambures (1), Quiéret, Saveuse et Louis de Gaucourt secondèrent

(1) La maison de Rambures est l'une des plus anciennes du Ponthieu, ce qui ne serait pour elle qu'une gloire médiocre si elle

ses efforts. Les châteaux de la Ferté-les-Saint-Riquier, de Drugy, d'Eaucourt, de Bailleul, d'Airaines, de Rambures, de Gamaches et la ville de Saint-Valery tombèrent successivement en leur pouvoir. Ils s'emparèrent aussi du château de Mareuil, après une attaque qui leur coûta plus de cent cinquante hommes, et ils avaient reconquis tout le Ponthieu, à l'exception d'Abbeville et du Pont-Remy, lorsque le roi d'Angleterre débarqua à Calais, le 10 juin 1421, avec quatre mille gendarmes et vingt-quatre mille archers. Le duc de Bourgogne, qui séjournait alors à Domvast, résolut d'aller à sa rencontre ; mais comme il avait la fièvre, il fut contraint de s'arrêter à Montreuil. Henri V arriva le lendemain dans cette ville, descendit à l'hôtel de la Couronne, et son armée campa dans les campagnes voisines. Après trois jours de conférences, Philippe-le-Bon et le roi d'Angleterre partirent pour Domvast, et brûlèrent, en passant à Maintenay, la tour, la maison et le moulin de leur ennemi commun, Jacques d'Harcourt. Le roi d'Angleterre voulant traverser la Somme à Abbeville, le duc de Bourgogne l'y devança pour décider les habitants à le recevoir. Ils refusèrent d'abord, mais ils cédèrent enfin aux instances de Philippe, à condition que tout ce que l'armée anglaise

n'avait rendu des services éminents à la patrie. Les membres de cette maison combattaient avec tant de bravoure que le cri : *à moi Rambures !* subsista jusqu'au XVIIIe siècle. Les Rambures portaient *d'or à trois fasces de gueules.*

consommerait serait payé. Pendant ce temps le roi et les princes qui l'accompagnaient firent une grande chasse dans la forêt de Crécy. Le lendemain, Henri V se dirigea sur Saint-Riquier, et s'empara des châteaux de Drugy et de la Ferté. Il se rendit ensuite à Abbeville, où on lui fit *moult beaux présents,* dit Monstrelet, y traversa la Somme avec son armée et ses bagages, et se dirigea sur Paris.

A peine était-il parti, que les Dauphinois reprirent la ville de Saint-Riquier, le Pont-Remy et quelques autres conquêtes des Bourguignons et des Anglais. Philippe-le-Bon se hâta de revenir dans le Ponthieu avec l'argent qu'il avait reçu de Henri V. Il rassembla un corps de troupes, et parcourut les places de la Picardie pour y lever des arbalétriers. Amiens et quelques autres villes promirent de lui en envoyer; mais Abbeville, où d'Harcourt avait des intelligences se montra bien moins favorable. Le capitaine bourguignon de Cohen (1), qui y commandait, fut, un soir qu'il faisait sa ronde à cheval avec huit à dix hommes, attaqué au coin d'une rue et grièvement blessé par des gens de la ville. Un avocat du pays, qui l'accompagnait, maître Jean Dequeux, frappé à la tête par les assaillants, fut tellement étourdi du coup qu'il ne put maintenir son cheval, alla donner

(1) Louis de Berghes, chevalier, seigneur de Cohen et de Bienque, conseiller, chambellan de Philippe-le-Bon, et gouverneur de la ville de Rue, en 1422. Il avait été nommé capitaine d'Abbeville par Henri V.

contre une chaîne de fer qui barrait la rue, et fut tué raide (1). Les assaillants se sauvèrent au Crotoy ; mais on les arrêta quelque temps après, et ils périrent sur l'échafaud.

Philippe-le-Bon commença la campagne par l'attaque de l'île et du château du Pont-Remy. Le premier jour (23 juillet) ses troupes occupèrent les maisons qui couvraient les approches de la forteresse ; mais la garnison dauphinoise les en délogea presqu'au même instant, en incendiant avec des fusées ces maisons couvertes de paille. Le feu durait encore le lendemain, et les Bourguignons avait été forcés de reculer, lorsque les arbalétriers d'Amiens et un détachement de gendarmes arrivèrent par la Somme sur douze grandes barques. Les Dauphinois, à la vue de ce renfort, jugèrent prudent de ne point attendre l'assaut, et s'enfuirent précipitamment à Airaines. « Et ce même jour, dit Monstrelet, par le commandement du duc de Bourgogne, furent ars et embrâsés l'île et châtel du Pont-Remy, où il y avoit moult belles habitations (2). » Philippe-le-Bon fit brûler également les châteaux de Mareuil et d'Eaucourt que les Dauphinois avaient abandonnés à son approche.

Le duc revint à Abbeville, et en repartit vers la fin de juillet pour mettre le siége devant Saint-Riquier, où d'Offemont et Poton de Xaintrailles s'étaient enfer-

---

(1) Monstrelet, édit. Buchon, t. IV, p. 324.
(2) Ibid. p. 326.

més avec douze à quatorze cents hommes. Les Abbevillois, pour l'aider dans cette entreprise, lui prêtèrent sur sa demande *deux mille écus d'or à la couronne de France,* qu'il prit l'engagement de leur rembourser *sur l'obligation de tous ses biens, meubles et immeubles,* et qui furent employés à payer les arbalétriers, pavoisiers, charpentiers, pionniers, manouvriers, canonniers et autres envoyés au siége par la ville (1).

Le duc de Bourgogne, dont la petite armée comptait environ six mille combattants, y compris les soldats des communes voisines, fit toutes les dispositions nécessaires pour une attaque vigoureuse. Il établit ses quartiers au château de la Ferté. Jean de Luxembourg et le seigneur de Croy, ses lieutenants, investirent, l'un la porte Saint-Jean vers Auxy, l'autre la porte Saint-Nicolas vers Abbeville. Mais comme il n'y avait point assez de monde pour bloquer entièrement la place, la porte du Héron vers le Crotoy resta libre, et les Dauphinois profitèrent de cette circonstance pour faire de fréquentes sorties (2). Le duc de Bourgogne avait fait dresser contre Saint-Riquier plusieurs machines de guerre, qui effondrèrent les portes, et ouvrirent, en plusieurs endroits, de larges brèches. Les assiégés de leur côté ripostaient vigoureusement, et ils eurent souvent l'avantage. Un mois s'écoula ainsi en continuelles escarmouches. La vaillante gar-

(1) Comptes des Argentiers d'Abbeville, année 1421.
(2) Monstrelet, t. IV, p. 329.

nison de Saint-Riquier résistait toujours opiniâtrement, lorsqu'on apprit que les Dauphinois avaient réuni des forces dans les environs de Compiègne, et s'avançaient pour faire lever le siége. Le duc de Bourgogne résolut de marcher à leur rencontre avant que d'Harcourt ne les eût rejoints avec la garnison du Crotoy.

Le vingt-neuvième jour d'août, le duc détacha Philippe de Saveuse et le seigneur de Crévecœur avec cent vingt hommes, et les envoya à la découverte dans le Vimeu, en leur recommandant de le prévenir de l'approche de l'ennemi. Quelques heures après il fit atteler ses chariots, plia ses tentes, et se dirigea lui-même sur Abbeville avec le reste de son armée. Il y arriva de grand matin, après avoir tout brûlé sur sa route, et ordonna à ses gens d'armes *de boire et de manger,* mais sans descendre de cheval, car il attendait des nouvelles d'heure en heure ; en effet, il ne tarda pas à apprendre par Philippe de Saveuse et Crévecœur que les Dauphinois n'étaient plus qu'à quelques lieues, et qu'ils se dirigeaient en toute hâte sur le gué de Blanquetaque. Le duc de Bourgogne, ayant jugé qu'il n'y avait pas un instant à perdre, partit aussitôt d'Abbeville, afin d'empêcher les Dauphinois de passer la Somme, et de les combattre avant qu'ils se fûssent réunis aux garnisons du Crotoy et de Saint-Riquier. « C'est la première fois dans cette longue guerre, dit Sismondi, qu'on voit un général calculer le temps que mettront ses ennemis dans leur marche, les prévenir et les diviser par une manœuvre habile. » Peu s'en fallut cependant que le duc de Bourgogne n'eût été trompé dans ses sages prévisions. Lorsqu'il arriva en vue de Blanquetaque, cinq cents Dauphinois avaient déjà traversé le gué, et s'étaient réunis au sire d'Harcourt, qui les attendait sur l'autre rive avec une partie de la garnison du Crotoy ; mais le flux commençait à se faire sentir. Le gros de l'armée dauphinoise ne pouvant traverser la rivière, et jugeant peu prudent d'attendre l'ennemi au milieu des grèves mouvantes de la Somme, remonta dans la plaine, et se déploya entre Mons et Saigneville. Le duc de Bourgogne la suivit de près, et vint se placer au moulin de Mons, à la distance de trois traits d'arc environ (1) ; avant d'engager le combat, il se fit armer chevalier par Jean de Luxembourg, et conféra ensuite la chevalerie à plusieurs gentilshommes de son armée, parmi lesquels on remarque le père de l'historien Comines.

Il était près de midi lorsqu'on termina de part et d'autre les dispositions de la bataille. Le duc de Bourgogne envoya cent vingt lances, aux ordres de Philippe de Saveuse, pour prendre les Dauphinois en flanc ; mais ceux-ci prévinrent l'attaque, se formèrent en colonne serrée, placèrent en tête leurs hommes d'élite, et vinrent donner tête baissée sur le centre des Bourguignons. Le choc fut rude. « Il y eut, dit Monstrelet,

---

(1) Les deux armées se trouvèrent en présence le dimanche dernier jour d'août 1421, environ onze heures du matin.

à cette première assemblée grand froissis de lances, et hommes d'armes et chevaux portés en terre moult terriblement d'un côté et d'autre. » Les Bourguignons soutinrent d'abord l'attaque avec courage ; mais, saisis tout-à-coup d'une sorte de terreur panique, ils lâchèrent pied, et se mirent à fuir du côté d'Abbeville. Un valet, qui portait la bannière du duc, fut entraîné par les fuyards, et, en voyant reculer cette bannière, plusieurs chevaliers renommés par leur valeur éprouvée, et qui jusque-là avaient fait bonne contenance, s'imaginèrent que le duc lui-même quittait le champ de bataille, et tournèrent bride. Le roi d'armes de Flandre vint encore ajouter au tumulte et à l'épouvante générale, en disant que le duc de Bourgogne avait péri dans la mêlée, et qu'il pouvait certifier le fait. Les Dauphinois, en voyant cette déroute, crièrent : Victoire ! et une partie d'entre eux se lança à la poursuite des fuyards. Cette diversion sauva les Bourguignons, et les deux ailes, qui n'avaient point été entamées, reprirent l'avantage. Philippe fit des prodiges de valeur. Il reçut un coup de lance dans l'arçon de sa selle, un autre brisa son armure. Un homme d'armes dauphinois le saisit au milieu des reins, et essaya de le désarçonner ; mais il s'en débarrassa, et continua de combattre. Il fit même deux prisonniers de sa propre main ; et, secondé par les sires de Longueval et d'Herly, et quelques autres seigneurs non moins braves, il poursuivit long-temps un gros de Dauphinois, et les contraignit à regagner la vallée de Somme.

De tous les chevaliers qui entouraient le duc, aucun ne se montra aussi redoutable que le sire de Vilain, « lequel étoit du pays de Flandre, bien noble homme, de haute stature et très-puissant de corps, et monté sur un bon cheval. » Ce vaillant chevalier avait abandonné la bride, et, armé d'une hache qu'il manœuvrait à deux mains, il frappait de si grands coups que tous ceux qu'il atteignait étaient jetés bas. Il arriva ainsi jusqu'à Xaintrailles, qui était venu de Saint-Riquier prendre part à la bataille, et il eut l'honneur de faire reculer ce chevalier, qui confessa ensuite qu'il n'avait pas osé braver la terrible hache du sire de Vilain. Pendant longtemps on a montré dans la cathédrale de Lille l'armure de ce chevalier (1).

Après les plus grands efforts de courage, le duc de Bourgogne avait enfin décidé la victoire, lorsque les Dauphinois, qui, au commencement de l'action, avaient enfoncé le centre des Bourguignons, et s'étaient lancés à la poursuite des fuyards, revinrent sur le champ de bataille pensant avoir l'honneur de la journée; mais leur surprise fut grande lorsqu'ils virent les leurs en déroute, et ils se mirent à fuir aussi, les uns vers Saint-Valery et les autres vers Oisemont.

Philippe-le-Bon, maître du champ de bataille, fit dépouiller les morts des deux partis, dont le nombre, d'après Lefevre de Saint-Remi (2), s'élevait à sept

---

(1) Monstrelet, t. IV, p. 338.
(2) Jean Lefevre de Saint-Remi, seigneur de la Vacquerie,

cents environ, et revint à Abbeville avec ses prisonniers, au nombre desquels étaient la Hire, Xaintrailles, d'Offémont, Charles et Louis de Gamaches, Renaud de Fontaines, etc.

Parmi les officiers bourguignons qui s'étaient enfuis jusqu'aux portes d'Abbeville, se trouvait le capitaine de cette ville, de Cohen, souffrant encore de la blessure qu'il y avait reçue peu de temps auparavant. Il avait vainement pressé les bourgeois de l'introduire dans la place avec les autres fuyards ; ils n'en avaient voulu rien faire. « Par quoy, dit Pierre de Fenin (1), on peut supposer, que si le duc Philippe eut perdu la journée, qu'ils se fûssent rendus Doffinois ; car, ajoute t-il plus loin, la ville d'Abbeville estoit fort divisée par le moyen de messire Jacques de Harcourt, lequel en avoit trouvé de son parti grand foison. »

d'Avesnes et de Morienne, fils de Jean de Saint-Remi, dit Galois, et de Jeanne de Hardentun, n'était pas né à Abbeville, comme le dit Olivier de la Marche (Ch. XV), et d'après lui M. Buchon ; mais au village d'Avesnes en Ponthieu. La terre de Saint-Remi la Campagne, dont Jean Lefevre se disait seigneur, est à une lieue de la ville d'Eu, sur le chemin de cette ville à Dieppe. Conseiller et héraut du duc de Bourgogne, Philippe-le-Bon, et créé par ce duc premier Roi d'armes de l'Ordre de la Toison d'or, Lefevre de Saint-Remi, qui mourut en 1468, et fut activement employé dans toutes les affaires de son temps, a laissé de curieux mémoires qui commencent en 1407 et se terminent en 1436. Comme il demeurait à Abbeville, ainsi qu'on le verra plus loin, il était tout naturel qu'Olivier de la Marche l'en crût natif. — Nous devons ces renseignements à l'obligeance de M. le marquis le Ver, l'un des savants de nos jours qui connaissait le mieux le moyen âge et l'histoire de notre pays.

(1) Collect. Michaud, 2me série. t. IV, p. 610.

Philippe-le-Bon, après avoir congédié bon nombre de ses soldats, alla loger à Auxy-le-Château, et retourna peu après dans la Flandre.

La bataille de Mons-en-Vimeu porta un coup funeste au parti national, mais le résultat n'en fut pas moins accueilli avec joie par les villes qui étaient, comme Montreuil, attachées aux Bourguignons.

Les Bourguignons de cette ville et des alentours, commandés par Jean Blondel et Olivier de Brimeu, se dirigèrent aussitôt sur Dourier. Les Dauphinois qui en occupaient le château entrèrent en pourparlers au lieu de combattre, et on grossit tellement le danger de leur position, « on les servit, dit Monstrelet, de si belles et si subtiles paroles, » qu'ils remirent la forteresse entre les mains de leurs adversaires. Quelque temps après (1421), d'Harcourt s'étant avancé dans le Vimeu, à la tête de six à sept cents hommes, fut rencontré par des troupes anglaises qui venaient d'Arques et de Neufchâtel : il y eut un engagement des plus vifs ; les Français perdirent de deux à trois cents hommes, tant tués que prisonniers, et d'Harcourt n'échappa qu'à grand peine (1).

Les Dauphinois, malgré cet échec, soutinrent encore la guerre dans le Ponthieu. L'un d'eux, Jean de Caumont, s'empara du château de Mareuil par surprise, et voici de quelle manière : — Un écuyer des environs, Jean de Machy, s'était réfugié avec sa femme et ses enfants dans cette forteresse où commandait le

---

(1) Monstrelet, t. IV, p. 354.

sire de Vaudricourt, officier bourguignon. De Machy, pour son usage et pour celui du capitaine et de ses gens d'armes, y avait fait amener du vin, et par fois même il en vendait en détail. De Caumont, accompagné d'une dixaine d'hommes, se présente un jour au guichet en disant qu'il vient boire. — Etes-vous seul, lui demande Machy? — Oui, répond le Dauphinois. — Le guichet s'ouvre, « et prestement ledit Caumont enjamba le seuil, » et fit entrer ses hommes que l'on n'avait pas aperçus (1).

Quarante Français, vers la même époque, s'étaient jetés dans le château du Quesnoy, près d'Airaines, et, appuyés par la garnison de ce bourg, ils ravageaient le pays depuis Amiens jusqu'à Abbeville. Jean de Luxembourg vint les assiéger. Leur chef les trahit en conseillant une capitulation, et en promettant que chaque soldat aurait la vie sauve; mais à peine la forteresse était-elle rendue que les prisonniers, conduits dans une maison du village, y furent pendus en partie, les autres envoyés au bailli d'Amiens, qui les fit pendre également (2). Luxembourg, en quittant le château du Quesnoy, y fit mettre le feu. Il se dirigea ensuite vers Gamaches avec son armée. Deux ou trois cents Anglais, sous la conduite de Raoul le Bouteiller, vinrent le joindre, et il soumit avec eux plusieurs forteresses du Vimeu, Hélicourt et Lonroy, entre autres; puis il alla assiéger les

---

(1) Trésor des chartes, registre coté VIII^{xx} XII, pièce 353.
(2) Monstrelet, t. IV, p. 363.

forteresses d'Airaines. Ce bourg avait alors deux châteaux. Les Dauphinois, qui les gardaient, mirent à plusieurs reprises le feu dans le bourg, pour en déloger Jean de Luxembourg (1). Le siége traînait en longueur, mais au commencement de 1422 les Bourguignons reçurent des renforts. Les assiégés, désespérant d'être secourus, sortirent de la place, et se retirèrent à Gamaches, au Crotoy, à Saint-Valery et autres lieux de leur obéissance. L'un des deux châteaux fut détruit, l'autre reçut une garnison bourguignonne.

Luxembourg ayant quitté le pays, d'Harcourt recommença ses courses du côté de l'Authie jusqu'à Auxy-le-Château, et ramena au Crotoy des prisonniers et du butin.

Les succès de Henri V engagèrent bientôt le dauphinois Louis de Thiembronne à traiter de la reddition de Gamaches aux conditions suivantes : il obtiendrait un sauf-conduit pour se retirer lui et les siens où bon leur semblerait, avec leurs chevaux, bagages, or, argent et joyaux ; il laisserait dans la ville et le château les canons, poudres, arbalètes ou autres armes et munitions qui s'y trouvaient ; les prisonniers seraient rendus ; les habitants ne souffriraient aucun dommage, et, pour assurer l'exécution de ce traité, les Anglais recevraient des ôtages, savoir : pour le château six gentilshommes, des plus marquants après le capitaine, et pour la ville, quatre des bourgeois les plus notables. En vertu de cette

---

(1) Cf. Mém. de P. de Fenin, édit. de Mlle Dupont, p. 178 et suiv.

convention, signée dans le château de Lonroy, le comte de Warwick, à la tête de trois mille hommes, prit possession de Gamaches, le 11 juin 1422, en ramenant sains et saufs les ôtages qui lui avaient été livrés (1). Il y reçut pour Henri V le serment des bourgeois, plaça pour capitaine un de ses officiers, nommé Felton, avec des gens d'armes et des archers, et se dirigea ensuite sur Saint-Valery. Cent cavaliers, sortis de cette place, chargèrent son avant-garde. Il y eut de part et d'autre *de grands estours, hommes d'armes navrés terriblement, et aucuns pris prisonniers de la partie des Anglois*; mais Warwick accourut au secours des siens, investit la ville, s'établit dans l'abbaye, et fit dresser contre les murs plusieurs machines de guerre : pendant ce temps, les assiégés faisaient de nombreuses et vives sorties. Cependant Warwick, dénué de vaisseaux pour bloquer le port, et ne pouvant empêcher les Dauphinois d'aller chercher des vivres et des renforts au Crotoy et ailleurs, demanda des vaisseaux, et une escadre anglaise arriva bientôt pour fermer la rade. La ville promit aussitôt de capituler, si, le 4 septembre suivant (1422), le duc de Touraine ne se présentait avec des forces suffisantes. On convint en même temps d'une suspension d'armes. Aucune troupe ne s'étant présentée, le 4 septembre, pour secourir les Dauphinois, la ville ouvrit ses portes. Ces sortes

---

(1) Trésor des chartes, registre coté VIII^{xx} XII, pièce 360.

de traités étaient alors fort en usage, comme on le verra plus loin.

D'Harcourt ne pouvant plus tenir la campagne, se renferma dans le Crotoy qui, seul avec Noyelles-sur-mer, était resté, *depuis Paris jusqu'à Boulogne* (1), attaché au parti du dauphin. D'Harcourt, qui avait pris le titre de lieutenant général du roi en Picardie, n'en continuait pas moins de garder obstinément le Crotoy. On lui envoya, pour l'engager à se rendre, Jean d'Harcourt, évêque d'Amiens, son frère, et l'évêque de Beauvais, Pierre Cauchon, qu'on retrouve ainsi mêlé à toutes les affaires honteuses de cette époque; mais cette mission n'eut aucun résultat.

Henri V étant mort le 31 août 1422, ses restes furent transférés en Angleterre. Le convoi, qu'accompagnaient les princes du sang royal et un grand nombre de chevaliers anglais, traversa les villes d'Abbeville et de Montreuil. Le char funèbre, traîné par quatre chevaux, offrait l'image du roi *en cuir bouilli, peint moult gentillement*, une couronne d'or sur la tête, un sceptre et une pomme d'or à la main. Cette image, la face tournée vers le ciel, gisait sur le char en un lit, dont la couverture était de drap de soie vermeil, enrichi d'or. Le corps du défunt fut déposé dans l'église Saint-Vulfran, où une quantité de prêtres, la nuit et

(1) La seigneurie de Noyelles-sur-Mer appartenait à Jacques d'Harcourt, ainsi que celles de Conteville, d'Hiermont et autres, du chef de son aïeule maternelle Blanche de Ponthieu, fille de Jean de ce nom, comte d'Aumale.

le jour, en *chevauchant, cheminant ou s'arrêtant*, chantèrent l'office des morts, comme ils faisaient partout durant le voyage (1).

On sait la place importante qu'occupe dans l'histoire des XIVe et XVe siècles le grand schisme d'occident, qui commença en 1378, et qui eut pour cause l'élection simultanée de deux papes, Benoit XIII et Grégoire XII. Pendant près d'un siècle, la chaire de Saint-Pierre fut disputée par plusieurs concurrents, et la France, comme l'Europe, se trouvait sous Charles VI partagée en deux factions ; l'une pour la papauté italienne, représentée par Urbain VI ; l'autre pour la papauté française, représentée par Clément VII. — L'université de Paris, qui prenait en France le grand rôle dans cette querelle, voulut travailler à la réunion. Dans ce débat elle avisa aux moyens de convoquer un concile national, et choisit unanimement, pour en faire la proposition au roi et aux seigneurs, maître Jean Rousse, natif d'Abbeville. C'était un homme d'une intrépide fermeté, aussi savant qu'habile. Il accepta sans balancer ; mais le duc d'Anjou, régent du royaume, qui s'était déclaré pour Clément VII, le pape français, craignait la réunion qui pouvait nuire à ses vues sur le royaume de Naples, dont il méditait la conquête ; et, pour la prévenir, il fit saisir maître Jean Rousse. « Au milieu de la nuit les gens du roi, dit le religieux de Saint-Denis, entrèrent de force dans sa maison, brisèrent les portes de sa chambre,

---

(1) Monstrelet, t. IV, p. 408.

et, levant leurs épées, l'arrachèrent de son lit à demi vêtu, l'accablèrent d'outrages, et l'enfermèrent dans le plus noir cachot du châtelet royal. »

L'université se récria contre la violation de ses priviléges, et les maîtres les plus distingués de toutes les facultés, le recteur à leur tête, allèrent trouver plusieurs fois le duc pour réclamer Jean Rousse avec d'instantes prières. Le duc ne consentit à lui rendre la liberté qu'à condition que l'université tout entière reconnaîtrait Clément. Rousse se rendit à Rome avec quelques amis, vit Urbain VI, lui parla de sa conduite et des dispositions de l'université, et ce pontife, flatté de l'espoir de mettre dans ses intérêts le corps le plus savant de la chrétienté, accueillit très-bien Rousse, et le renvoya avec un bref de félicitation pour ce corps, qu'il exhortait à se déclarer courageusement pour l'unité de l'église. Rousse revint secrètement à Paris, et lut ce bref en pleine assemblée. Le régent, le duc d'Anjou, instruit de ce qui se passait, envoya des gardes pour l'arrêter; mais il s'était caché, et peu de jours après il quitta Paris pour retourner à Rome, où il fut suivi par plusieurs docteurs d'une grande réputation, et bientôt revêtu de charges importantes (1).

La mort de Charles VI suivit de près celle de Henri V, et le fils de ce prince, encore au berceau, fut proclamé roi de France, sous la régence du duc de

---

(1) Chronique du religieux de Saint-Denis, t. 1, p. 87, dans la collect. des documents inédits. — Du Boulay, t. IV, p. 583.

Bedford. Les partisans qui couraient le royaume portaient la désolation dans les campagnes. Anglais, Bourguignons, Français semblaient faire assaut de brigandages. Le 20 mars 1423, les soldats de Charles VII, qui s'étaient portés de Rue sur Domart, investirent le château de ce bourg, et s'en emparèrent par escalade. Ils y trouvèrent de l'or, de l'argent et un si riche butin qu'ils *en eurent grand merveille;* et, depuis ce moment jusqu'au jour où ils abandonnèrent la place, ils ne cessèrent de transporter à Rue *des biens sans nombre;* mais craignant d'être bientôt assiégés à leur tour, ils se retirèrent à Rue, emmenant prisonniers Jean de Donqueur, Simon de Boulainvillers et plusieurs autres gentilshommes. Le Borgne de Fosseux, seigneur du lieu, et Jean de Craon, son beau-fils, étaient parvenus à s'échapper (1). Le pays était livré à tous les ravages; tandis que d'Harcourt courait le Vimeu, le Ponthieu et notamment l'Artois, où les riches laboureurs n'osaient coucher chez eux ni cultiver leurs champs, d'autres bandes, cantonnées dans le comté de Guise, allaient et venaient fréquemment au Crotoy et à Rue, et ruinaient aussi le pays.

Au commencement de cette même année (1423), le duc de Bedford, frère de Henri V, s'était rendu à Amiens avec les ducs de Bourgogne et de Bretagne, et y avait conclu avec eux un traité d'alliance. Avant de se séparer, les négociateurs résolurent d'investir promptement le petit nombre de places que les par-

(1) Lefevre de Saint-Remi, chap. CXXIII.

tisans de Charles VII occupaient encore dans le Ponthieu.

Six à sept cents Anglais, commandés par le bailli de Caux, arrivèrent à Abbeville au mois de mai, et commencèrent leurs opérations par le siége du château de Noyelles-sur-mer, dont la garnison capitula peu de temps après, à condition qu'elle serait libre de se retirer sans être inquiétée avec tous ses bagages (1). Aussitôt la prise de ce château, d'Harcourt donna l'ordre à ses troupes d'abandonner la ville de Rue, où les Anglais entrèrent de suite, et par *moult de manières travaillèrent les simples gens qui y étoient demeurés.*

Vers la Saint-Jean, Raoul le Bouteiller, à la tête de mille Anglais, vint mettre le siége devant le Crotoy, pendant que plusieurs vaisseaux, montés par cinq cents hommes de guerre, stationnaient vers *la fosse de Cayeux* (2), afin d'intercepter les secours par mer. Après un grand nombre de combats meurtriers, livrés sous les remparts jusqu'à la mi-octobre, d'Harcourt consentit à livrer la place aux conditions suivantes :

Les trois premiers jours du mois de mars 1424, les Anglais devront se trouver en armes, depuis le lever du soleil jusqu'à trois heures après midi, dans les champs

(1) Les Anglais ayant voulu vers ce temps passer la Somme à Blanquetaque, un de leurs détachements fut complètement battu par Renauld de Fontaines, à la Neuville, près Saint-Valery.

(2) P. de Fenin, édit. de Mlle Dupont, p. 205.

entre Rue et le Crotoy; et si, dans cet espace de temps, ils ne sont attaqués par d'Harcourt ou ses alliés, et contraints de reculer sur le champ de bataille, la forteresse du Crotoy leur sera délivrée le troisième jour, à trois heures après midi.

Les chefs et les soldats de la garnison pourront se retirer librement avec tout ce qu'ils possèdent, et guerroyer encore pour leur parti, excepté les *consentants de la mort* de Jean-sans-Peur, duc de Bourgogne, qui devront être livrés, s'il s'en trouve dans la place.

D'Harcourt laissera toutes les poudres et toutes les armes, sans rien gâter ni dépécer, sauf vingt trois arbalètes et quelques autres munitions de guerre.

Ceux qui voudraient rester dans la ville, à condition de prêter serment de fidélité au duc, conserveront leurs biens meubles et immeubles; aucune hostilité ne sera commise de part et d'autre jusqu'au mois de mars; cependant d'Harcourt pourra, si bon lui semble, aller combattre au de-là de la Seine et de la Loire.

Il est permis aux marchands du Crotoy *d'aller en marchandises* à Abbeville, à Rue et à Saint-Valery, avec l'autorisation des capitaines de ces différentes villes. Ils pourront également trafiquer par mer, faire venir des vins ou autres denrées; mais pour la consommation seulement des habitants et de la garnison, pendant la trêve.

Les Anglais ou ceux de leurs alliés qui auraient besoin d'aller au Crotoy devront y être admis. Jusqu'au mois de mars cette ville et son château ne seront ni fortifiés ni démolis, et ne pourront recevoir aucun renfort, soit par terre, soit par mer (1).

D'Harcourt, pour sûreté de sa parole, livra des ôtages, puis vendit tous ses biens, et, laissant au Crotoy son lieutenant-général de Cambronne, il s'embarqua sous prétexte d'aller demander des secours au roi de France, mais dans le but de se rendre au château de Parthenay, qui appartenait à son oncle ; de le faire prisonnier et de lui enlever ce château. Prévenu de sa trahison, le sire de Parthenay le fit saisir par ses gens d'armes, qui le tuèrent ainsi que ses complices, Jean de Harcelaine, Jean de Caumont, Philippe de Neuville et Jean de Francières entre autres (2).

A la fin du mois de février, le duc de Bedford vint à Abbeville, à la tête d'un grand nombre de gens d'armes pour *tenir la journée* entre Rue et le Crotoy, comme le portait le traité qu'on vient dire : mais ayant su que d'Harcourt n'existait plus et que l'ennemi ne se présenterait pas, il remit le commandement à Raoul le Bouteiller, qui prit possession du Crotoy le 3 mars, à midi, après être resté jusqu'à ce moment à attendre les Français sans les voir paraître ; ce qui consterna tous les habitants du Vimeu, du Ponthieu et de l'Artois ; car d'Harcourt et ses gens leur avaient fait souffrir de *grands martyres*, et ils craignaient d'être encore plus maltraités par les Anglais. Contraints de prêter serment de fidélité

---

(1) Monstrelet, t. V, p, 47.
(2) Ibid, t. V, p. 51.

à leurs nouveaux maîtres ou d'abandonner leurs foyers, les habitants du Crotoy furent en outre dépouillés de la plus grande partie de tout ce qu'ils possédaient.

Le duc de Bedford revint à Abbeville en 1425, et y séjourna quelque temps. Il se rendit ensuite au Crotoy où le duc d'Alençon, Jean II, était prisonnier. Fils et petit-fils de princes morts pour la patrie, Jean avait aussi servi l'état avec gloire, et avait été pris à la bataille de Verneuil. Bedford le fit amener en sa présence, et promit de lui rendre tous ses biens et la liberté s'il voulait reconnaître le jeune Henri de Lancastre, ajoutant que s'il rejetait ses propositions, *il demeureroit en grand danger tous les jours de sa vie.* Le duc préféra la captivité au déshonneur en refusant de traiter avec Bedford, et déclara qu'il ne reconnaîtrait jamais d'autre souverain que Charles, roi de France. Bedford déconcerté le fit aussitôt reconduire dans sa prison (1).

En 1429, les députés d'Abbeville, de Montreuil et de Saint-Riquier se rendirent avec les députés d'Amiens auprès du duc de Bourgogne, pour obtenir une réduction d'impôts. Cette réclamation ne fut point agréée; mais on leur dit que le duc, dans un bref délai, appuyerait leur demande auprès du roi d'Angleterre.

Au mois de juillet 1430, Henri VI, roi d'Angleterre, âgé de huit ans, et venant de Calais pour se rendre à Rouen, fit son entrée à Abbeville. Le corps municipal, les mayeurs de bannières et les bourgeois *vestus de bleus et*

---

(1) Monstrelet, t. V, p. 129.

de vert, allèrent au-devant de lui, les uns à cheval, les autres à pied, jusqu'à la ferme de Saint-Nicolas-des-Essarts. Le clergé des paroisses et les cordeliers, portant croix et bannières, s'étaient joints au cortége. Les religieux de l'abbaye de Saint-Pierre, où le jeune monarque devait loger, étaient restés chez eux pour le recevoir. A la porte Marcadé on avait placé des *chantres qui y cantèrent*. On gratifia le royal enfant de trois muids de blé, de trois muids d'avoine, trois pipes de vin et trois bœufs gras ; présents bizarres, mais qui étaient consacrés par le cérémonial du temps (1).

Les magistrats municipaux d'Amiens vinrent à Abbeville pour féliciter le jeune monarque. Ils logèrent chez Jacques Clabaut, qui les accueillit parfaitement, et la ville d'Amiens, pour le remercier de son hospitalité, lui offrit une aiguière d'argent, émaillée et dorée, qu'il refusa par courtoisie (2).

Cependant la guerre continuait toujours dans le Ponthieu. Au commencement de l'année de 1431, le château de Rambures et quelques autres tombèrent au pourvoir des Français. Un de leurs chefs, nommé Blanchefort, causa peu de temps après de grands ravages dans le Vimeu, et fit un désert de cette malheureuse contrée. D'autres bandes, qui occupaient les forteresses d'Hornoy, d'Airaines et du Pont-Remy, rui-

---

(1) Registre aux délibérations d'Abbeville, année 1430, f° 16. — Monstrelet, t. V, p. 294.

(2) Decourt. *Mém. historiq. d'Amiens.* — Mss. dom Grenier, paq. 1, n° 1., t. I, p. 392.

nèrent aussi le pays, *par feu et par épée*, et les habitants des campagnes, traqués de toutes parts, ne savaient où chercher un asile (1).

Au mois de février 1432, quatre-vingts Français, commandés par Renaut de Verseilles, s'approchèrent du château de Domart sans être aperçus du guet, et y entrèrent par escalade, en criant : forteresse gagnée ! Le châtelain, Jacques de Craon, qui était couché près de sa femme, se leva précipitamment, croyant pouvoir se défendre encore : mais il ne put rallier sa faible garnison, et les Français le firent prisonnier avec plusieurs des siens; les autres se sauvèrent par dessus les murailles. Les Français s'emparèrent de l'or, de l'argent, des bijoux et des meubles qu'ils trouvèrent dans le château, et se dirigèrent sur Picquigny. Les habitants de Domart, au nombre de deux cents, les poursuivirent, les attaquèrent au moment où ils passaient la Somme, et les mirent en déroute après en avoir tué ou noyé une partie; mais Renaud de Verseilles, qui avait pu traverser la rivière, parvint à s'échapper, entraînant avec lui Jacques de Craon, son prisonnier.

Au milieu de tant de misères, Jeanne d'Arc parut enfin ; elle donna des jours de triomphe à la France ; mais ses merveilleux succès furent de courte durée. Elle fut prise par l'ennemi sous les murs de Compiègne, et les Anglais la conduisirent dans le château de Drugy, où elle était visitée par les principaux bourgeois de la

(1) Monstrelet, t. VI, p. 56.

ville de Saint-Riquier, et par les anciens religieux, *qui en avoient grand compassion*, dit une chronique de l'abbaye, *car elle étoit fort innocente.* On la transféra ensuite dans la forteresse du Crotoy. Nicolas de Quenneville, chancelier de l'église d'Amiens, docteur en droit civil, y était également détenu sans qu'on en dise le motif. Jeanne, toujours pieuse, allait à confesse à lui, et entendait la messe. Cet ecclésiastique dit à plusieurs personnes qu'elle était bonne chrétienne et très-dévote (1). Les dames d'Abbeville, touchées de son malheur, allaient aussi la visiter. Vivement émue des marques d'intérêt qu'elle recevait chaque jour, l'infortunée s'écria plusieurs fois : Ah ! plaise à Dieu que ma liberté me soit rendue, et je finirai mes jours dans ce pays (2) ! Mais ses vœux ne furent point exaucés. Un détachement anglais vint la prendre dans son cachot, la jeta dans une barque, lui fit traverser Saint-Valery, et la conduisit à Rouen, dans une cage de fer. Parmi les soixante assesseurs choisis à dessein pour la condamner, on trouve *maistre Geofroy du Crottoy.*

Malgré la captivité de l'héroïne, la lutte continuait encore. En 1435, Gaucourt se présenta devant Saint-Valery avec trois cents hommes, et emporta la place au point du jour par escalade. Ses soldats, fidèles aux coutumes barbares de cette époque, s'y livrèrent aux plus odieux désordres, et traitèrent les habitants en

---

(1) Notices des Mss. de la Bibliothèque du roi, t. III, p. 342.
(2) Hist. des mayeurs d'Abbeville, p. 490.

ennemis. Au mois de juillet de la même année, Pierre de Luxembourg, comte de Saint-Pol, à la tête de douze cents Anglo-Bourguignons, força Gaucourt à capituler après trois semaines de siége (1).

L'année suivante, au commencement de janvier, Charles Desmarêts, commandant du château de Rambures, se présenta sous les murs de Saint-Valery, et s'en empara par surprise, en l'absence du gouverneur et de ses principaux officiers; car il y avait eu « si grande mortalité, dit Monstrelet, que peu de gens s'y osoient tenir (2); » mais peu de temps après les Bourguignons, commandés par le comte d'Etampes, Jean de Croï et le vidame d'Amiens, vinrent à leur tour assiéger Desmarêts, qui fut contraint de rendre la place au bout de six semaines.

Les succès et les revers des deux partis se balançaient ainsi sans cesse, et tous deux s'affaiblissaient dans une foule de petits combats qui n'amenaient rien de décisif. Nous citerons seulement l'engagement qui eut lieu entre Cambron et Mautort, et dans lequel un détachement français de cent vingt hommes fut presqu'entièrement détruit par deux cents Anglo-Bourguignons (3).

---

(1) Les Abbevillois furent imposés à la somme de deux mille cinq cents livres pour les frais du siége, et tenus de fournir en outre du pain, de la bière, des hottes, des pioches, des pelles, des sacs de cuir pour mettre de la poudre, etc.—La ville d'Amiens donna pour sa quote-part deux mille huit cents livres parisis.

(2) Monstrelet, t. VI, p. 109.

(3) Ms. de Formentin.

Au commencement de 1435, des aventuriers français, commandés par Bressai, de Braquemont et de Longueval, passèrent la Somme, pendant la nuit, au gué de Blanquetaque, arrivèrent secrètement sous les remparts de Rue, les escaladèrent et se répandirent dans la ville au point du jour, à la grande surprise des habitants, qui ne s'attendaient guère à leur réveil à trouver de pareils hôtes dans leurs murs. Ces aventuriers, qu'on commençait alors à désigner par le nom d'*Ecorcheurs*, pillèrent la ville et quelques Anglais qui s'y trouvaient. Ils se mirent ensuite à courir la campagne où ils *firent innumérables maux et dommages par feu et par épée* (1); le Ponthieu, le Marquenterre, l'Artois et le Boulonnais furent tour à tour le théâtre de leurs expéditions. Le duc de Bedford venait de donner ordre au comte d'Arundel de les expulser, quand il apprit que Bressai, avec une grande partie de son monde, était tombé dans une embuscade auprès de Montreuil; qu'il avait été fait prisonnier, et que sa bande était réduite à trop peu de chose pour être encore redoutable. Cependant quelque temps après, Charles Desmarêts, avec les débris de la garnison de Rue et un nouveau corps de partisans Français, surprit et attaqua la garnison anglaise que Bedford avait mise à Crécy, la passa au fil de l'épée, et réduisit le bourg en cendres.

Cette même année (1435), Philippe-le-Bon, revenu à des sentiments plus généreux, se détacha enfin de ses

(1) Monstrelet, t. VI, p. 147.

anciens alliés les Anglais, et fit la paix avec Charles VII, qui s'engageait à lui céder les villes situées sur les deux rives de la Somme, c'est-à-dire Amiens, Abbeville, Montreuil, Doullens, Rue, Saint-Riquier, le Crotoy, Saint-Valery, Péronne, Roye, Montdidier, etc., avec tous leurs revenus, en se réservant toutefois la souveraineté, la foi, l'hommage, le ressort de la justice, et la faculté, pour lui ou pour ses successeurs, de racheter ces villes moyennant quatre cent mille écus d'or (quatre millions sept cent trente-quatre mille francs environ de notre monnaie actuelle).

Cette paix, signée à Arras, fut à Abbeville le signal d'une joie universelle qui se manifesta pendant plusieurs jours et plusieurs nuits par le son de toutes les cloches, par des feux allumés sur différents points (1), et des processions auxquelles assistèrent tous les nobles des environs, et où furent portées, avec plusieurs *corps saints* de la ville, les bannières du roi de France et du duc de Touraine, comte de Ponthieu. On se flattait que le pays allait enfin jouir de quelque tranquillité; mais les Anglais, mécontents de ce que le duc s'était fait céder des villes qui la plupart avaient reconnu le roi d'Angleterre, et lui avaient prêté serment, recommencèrent les hostilités avec plus d'ardeur que jamais.

(1) On amassait anciennement une grande quantité d'os d'animaux pour les brûler en feux de joie à la Saint-Jean ou dans les fêtes publiques; de là dérive le nom de *feux d'os* que donne le peuple d'Abbeville aux petits feux de paille que les enfants de cette ville allument pour se jouer au milieu des rues.

La garnison anglaise du Crotoy se mit à courir les campagnes, et, malgré l'échec que lui fit essuyer le brave capitaine de Rue, Richard Richeaume, dans une rencontre auprès de Forêt-Montier, elle continua ses ravages dans le pays, entre la Canche et la Bresle.

Florimond de Brimeu, sénéchal du Ponthieu (1), Richard Richeaume et Robert Duquesnoy, capitaine de Saint-Valery, résolurent de mettre un terme à ces brigandages. Abbeville et quelques autres places du Ponthieu leur fournirent des vivres et de l'argent. Ils réunirent quatre cents hommes environ, et, à la tête de ce faible corps, ils se dirigèrent sur le Crotoy à la faveur de la nuit. La place était trop fortement gardée pour tenter un coup de main. Ils eurent recours à la ruse, et voici le stratagème qu'ils employèrent. Au point du jour, Robert Duquesnoy monta sur un bateau avec une trentaine d'hommes, passa sous les murs du Crotoy, et alla échouer à une demi-lieue environ au-dessous de cette forteresse ; « et mêmement dix ou douze de ses gens sortirent en l'eau, qui faisoient semblant de vouloir bouter icelui batel du lieu où il étoit assis. » Les Anglais les aperçurent du haut de leurs murailles, et sortirent pour les prendre ; mais Florimond de Brimeu, qui s'était embusqué dans les dunes avec sa petite troupe,

---

(1) La maison de Brimeu, connue depuis le XIIe siècle, tirait son nom de la terre de Brimeu-sur-Canche, en Ponthieu. Ses armes étaient *d'argent à trois aigles de gueules, membrés et becqués d'azur.*

les assaillit vigoureusement, et leur coupa la retraite. Soixante-quatre Anglais furent tués sur la place, un bon nombre resta prisonnier, et *par ainsi demeura icelle ville du Crotoy fort dégarnie de gens* (1).

Florimond de Brimeu ayant appris par les prisonniers qu'il ne restait dans la place qu'une très faible garnison, résolut de tenter un coup décisif. Il demanda des renforts, donna l'assaut peu de jours après, et la place fut emportée d'emblée. Les Anglais se retirèrent dans le château, et Florimond de Brimeu essaya en vain de les en déloger. Il ne tarda point à lever le siége, et revint à Abbeville après avoir fait raser une partie des fortifications du Crotoy : mais à peine était-il parti que la garnison du château recommença ses courses. Les habitants d'Abbeville firent de grandes instances pour être délivrés de ces incommodes voisins. Ils demandèrent de nouveaux secours aux Amiénois, qui les refusèrent. Vers la fin de l'année suivante (1437), le seigneur d'Auxy, capitaine général des frontières du Ponthieu, voulant décidément en finir, rassembla des troupes, et le château fut assiégé une seconde fois. On l'avait assuré qu'il n'y avait pas de provisions dans la ville pour un mois; il comptait beaucoup sur cet avis qui était faux (2); car ce n'était pas chose facile que de réduire cette forteresse. Les assiégeants reconnurent bientôt l'insuffisance de leurs

---

(1) Monstrelet, t. VI, p. 310 et suiv.
(2) En ce temps là vindrent nouvelles
Que les Anglois dedens Crotoy

moyens d'attaque, et ils s'adressèrent au duc de Bourgogne, pour requérir son aide et lui demander des vaisseaux, afin de bloquer entièrement la place, et de s'en emparer par famine. Philippe-le-Bon donna ordre aux marins de Dieppe, de Saint-Valery et de toute la côte de se rendre avec leurs navires dans le port du Crotoy, pour en fermer l'entrée aux Anglais. Il envoya aussi quelques renforts sous le commandement du sire de Croï, et tout fut disposé pour un siége en règle. Beaudouin de Noyelles, l'un des plus habiles officiers bourguignons, fit construire autour de la ville, suivant l'usage du temps, une enceinte de bois, garnie de bastilles, sur lesquelles on disposa des batteries. Philippe-le-Bon lui-même vint au Crotoy, pour veiller au succès de l'entreprise. Les Anglais, de leur côté, mirent tout en œuvre pour conserver cette forteresse, qui défendait l'entrée de la Somme. Le célèbre Talbot, lord Falconbridge, sir Thomas Kiriel accoururent à son secours avec un nombreux corps de troupes, et parvinrent jusqu'à Saint-Valery avec un convoi de vivres qu'ils firent entrer dans la place.

Dès que le duc de Bourgogne fut informé de la marche de Talbot, il laissa devant le Crotoy une partie de ses troupes, et alla se poster avec le reste

N'avoient à menger deux prunelles,
Et qu'on les prendroit à réquoy.
(Poésies de Martial de Paris. — Vigiles de Charles VII. Paris 1724, t. 1er, p. 161.)

sur le bord de la Somme, pour en disputer le passage ; mais Talbot s'élança dans le fleuve à marée basse, avec de l'eau jusqu'à la ceinture, et inspira un tel élan à ses troupes, que les Bourguignons n'attendirent pas même le choc et lâchèrent pied. Ceux que Philippe avait laissés devant le Crotoy, intimidés par cette défaite, n'eurent pas le courage d'attendre que Talbot vint attaquer leurs lignes. Ils s'enfuirent honteusement jusqu'à Rue, aux grandes huées de la garnison anglaise, qui les poursuivit en les chargeant d'injures sur leur lâcheté. Le duc lui-même s'était enfui jusqu'à Abbeville, après avoir couru le plus grand danger (1).

Talbot entra triomphant au Crotoy, et fit réduire en cendres les bastilles que les Bourguignons avaient construites autour de la ville. Après cette expédition, l'une des plus hardies dont l'histoire de ces guerres fasse mention, les Anglais, qui avaient été déjà porter le meurtre et l'incendie jusqu'aux abords d'Hesdin, livrèrent aux flammes et au pillage le bourg d'Auxy-le-Château, et vinrent peu de jours après repasser la Somme pour se retirer en Normandie (2).

---

(1) Cf. Rapin Thoyras, *Hist. d'Angleterre*, édit. de La Haie, in-4°, t. IV, p. 81. — Daniel, *Hist. de France*, 1755, in-4°, t. VII, p. 149. —Villaret, ibid. 1783, in-12, t. XV, p. 239.

(2) Le gué de Blanquetaque donnait aux Anglais, maîtres du Crotoy, le moyen de pénétrer facilement en Normandie. « Personne n'ignore, disent les députés du pays de Caux, aux États-Généraux de

Mais le départ de Talbot ne délivra pas le Ponthieu des maux qui l'accablaient. Demeurés maîtres du Crotoy, les Anglais se répandaient au loin, soit pour se procurer des subsistances, soit pour surprendre quelque place. Les partisans français eux-mêmes ne se faisaient aucun scrupule de violer le territoire d'un prince qui avait fait la paix avec la France. En 1440 (1), un de ces chefs de bandes, Pierre Regnault, frère bâtard de La Hire, vint ravager les environs d'Abbeville, attaquer le seigneur d'Eaucourt, s'emparer de sa personne et piller son château. Trois cents hommes, commandés par divers officiers bourguignons, sortirent d'Abbeville et se mirent à sa poursuite ; mais quand il vit que ces troupes ne se composaient en grande partie que de milices communales, il se précipita vivement sur elles, et les mit en déroute, après leur avoir tué vingt ou trente hommes, et fait plusieurs prisonniers de marque, qu'il rançonna comme s'ils eussent été Anglais.

La même année les sires d'Auxy, d'Airaines, de Rambures, La Hire et plusieurs autres capitaines de renom s'assemblèrent à Abbeville pour y réunir un corps de troupes avec lequel ils se proposaient d'aller délivrer Harfleur. Après s'être suffisamment

1484, que par là presque toujours la destruction est arrivée chez nous. » (Docum. sur l'hist. de France. Journ. des Etats-Généraux de 1484, p. 551.)

(1) Thomas Le Ver, maire d'Abbeville, fut député en 1439 aux négociations de la paix qui se traitait à Orléans.

concertés, pourvus d'armes, de munitions et de vivres, ils se mirent en marche pour la Normandie ; mais cette entreprise échoua, et les habitants d'Harfleur et de Montivilliers, chassés par les Anglais, se réfugièrent à Abbeville, avec leurs femmes et leurs enfants. Ils demandèrent aux officiers municipaux l'autorisation d'y demeurer deux ans et plus, avec exemption de tailles, aides, etc., et jouissance des mêmes franchises et libertés que les bourgeois ; cette demande fut accueillie, en considération de leurs malheurs (1).

Pendant que Rambures, qui avait obtenu des Anglais un sauf-conduit, traitait de la reddition d'Harfleur, et stipulait que les habitants de cette ville en sortiraient, chacun un bâton à la main, les Picards, ses frères d'armes, marchaient à grandes journées pour revenir à Abbeville. Le duc de Bourgogne leur envoya l'ordre de ne point rentrer dans ses états, à cause des *grands dommages* qu'ils y avaient commis, et leur notifia en outre que, s'ils persistaient à y revenir, il les en expulserait par la force des armes. Ils y revinrent, et le duc, selon qu'il le leur avait promis, les en chassa vivement.

Les hostilités continuaient ainsi de part et d'autre au grand détriment du pays. Les Anglais, souvent attaqués, résistaient toujours au Crotoy. Cependant

---

(1) Henri V, en 1415, les avait déjà *boutés dehors* en leur donnant à chacun 5 sous et une partie de leurs vêtements, et peut-être encore, à cette époque, avaient-ils reçu chez les Abbevillois la même hospitalité.

ils furent bientôt resserrés à tel point par le duc de Bourgogne, qu'ils capitulèrent en 1450.

Malgré la cession d'Abbeville au duc Philippe, cette ville et celles de la Somme étaient encore soumises à l'autorité du roi. On lui fournissait des hommes et des subsides ; et, en septembre 1455, les marins abbevillois allèrent, d'après les ordres des officiers municipaux, chercher à Laviers douze gribannes, pour empêcher l'armée de Philippe-le-Bon, campée près de Saint-Riquier, de passer la Somme, et de brûler le Vimeu, comme elle venait de brûler le pays sur l'autre rive jusqu'à l'Authie (1).

Jamais la France n'avait été plus malheureuse qu'à cette époque. Le Ponthieu surtout eut une large part dans ces misères publiques. L'historien Amelgard assure que d'Abbeville jusqu'à Laon, et de Laon jusqu'aux frontières d'Allemagne, la campagne était absolument déserte et inculte (2). En 1411, la porte Saint-Gilles, à Abbeville, resta fermée pendant six mois ; pendant sept mois en 1421. Cette même année, les Abbevillois exposèrent au roi que, par suite des ravages des gens de guerre, *il y avoit eu si grand*

Cf. Lefevre de Saint-Remi, édit. Buchon, t. VII, p. 494. — *Registres aux délib. d'Abbeville*, année 1440, f° 62.

(1) *Comptes des Argentiers d'Abbeville*, année 1455.

(2) En 1448, la maladrerie du Val-les-Buigny possédait à Morlaix, à Noyelles-sur-mer et autres lieux, des terres qui depuis plus de trente ans étaient en *non valoir*. Toutes ses propriétés tombaient en ruines. (Archiv. d'Abbeville. Comptes de la maison du Val, année 1448.)

défaut de tous biens dans leur ville, que l'on y trouvait à peine du vin pour célébrer la messe. En 1429, la ville de Saint-Valery était ruinée au point que ses habitants l'abandonnèrent. M. de Barante nous apprend aussi que « tout le royaume, jusqu'à la Loire, était devenu comme une vaste solitude. Il n'y avait plus d'habitants que dans les bois et dans les forteresses ; encore les villes étaient bien plutôt des logis pour les gens de guerre que des demeures pour les citoyens. La culture était délaissée, hormis à l'entour des murailles, sous l'abri des remparts, et à la portée de la sentinelle du clocher (1). Dès qu'elle voyait venir l'ennemi, les cloches étaient sonnées, les laboureurs en toute hâte rentraient dans les villes ; les troupeaux, aussitôt qu'ils entendaient le son du tocsin, avaient pris l'instinct de s'enfuir d'eux-mêmes, et se pressaient aux portes pour se mettre en sûreté. » — La famine s'ajouta bientôt aux malheurs de la guerre. En 1438, une femme fut brûlée vive à Abbeville, pour avoir égorgé ses enfants, et mis leur chair en vente après l'avoir salée (2).

(1) A Jehan Pohier, guette du cloquier de Saint-Wulfran, XXXVII livres parisis... pour avoir esté par chacun jour durant l'an... oudit cloquier, depuis le matin jusqu'à vespres pour sonner une des cloques quand il veoit venir... gens à queval vers le ville, afin que chacun fust sur sa garde, et pour le seureté de le ville vers les portes et places où il apercevoit lesdits gens à queval et qu'il monstroit par signes sur les plombs dudit cloquier. » (*Comptes des Argentiers d'Abbeville*, année 1433.)

(2) Monstrelet, t. VII, p. 15. — *Cartulaire des Chartreux d'Abbeville.*

CHAPITRE II.

Séjour de Louis XI dans le Ponthieu. — Charles-le-Téméraire se rend à Abbeville. — Il destitue les officiers de l'échevinage. — Mécontentement des habitants. — Placards séditieux. — Renouvellement de la guerre. — Les Bourguignons s'emparent d'Abbeville par surprise. — Excès qu'ils y commettent. — Incendie d'Airaines et d'Oisemont. — Le maréchal d'Esquerdes vient s'établir à Saint-Riquier. — La peste se déclare dans cette ville. — Terreur panique des Bourguignons et des Français auprès de Domvast. — Leurs ravages et leurs cruautés à Saint-Riquier. — Récits divers. — Le comté de Ponthieu est réuni à la couronne.

Le Ponthieu, on l'a vu, était passé par le traité d'Arras entre les mains de Philippe-le-Bon, duc de Bourgogne, à condition que Charles VII ou ses successeurs pourraient le recouvrer, ainsi que les autres villes de la Somme, moyennant quatre cent mille écus d'or. A peine Louis XI était-il monté sur le trône qu'il s'occupa du rachat du comté. Des négociations ayant été entamées à ce sujet, il se mit en route pour Hesdin où le duc de Bourgogne lui avait donné rendez-vous, et il arriva à Abbeville par la porte d'Hocquet, le 27 septembre 1463. Les chefs de la commune, vêtus de robes bleues, allèrent à cheval au-devant de lui jusqu'au de-là de la banlieue, à la tête de trois mille bourgeois en armes (1) et d'un nombreux cortége parmi lequel on remarquait les écoliers de la ville, *honnestement habillés*, et conduits par leurs maîtres, les sergents de ville avec des torches allumées ; le clergé avec la châsse de Saint-Vulfran, et quantité d'autres reliques. Des tapisseries fleurdelisées ornaient les rues ; le pavé était jonché de fleurs, de romarin, de sauge, de camomille et d'autres plantes. Le peuple criait Noël ! A l'entrée de la ville, le roi aperçut un théâtre

---

(1) M. de Barante donne sur l'entrée de Louis XI à Abbeville plusieurs détails curieux ; mais son récit, dont il n'a pas cité la source, diffère en quelques points des documents que nous avons sous les yeux.

« Louis XI, dit-il, voyageait avec un fort petit train, sans nulle pompe, sans rien d'auguste ni de royal. Il ne pouvait souffrir le grand appareil.... tellement qu'à Abbeville, où il était attendu par la foule des habitants réunis sur la grande place et dans les rues adjacentes, il entra le premier de son cortége, seul, à pied, comme un voyageur. Dans le faubourg, on lui demanda s'il avait vu le roi sur la route, et quand il allait arriver. Il répondit que c'était lui qui était le roi. Le voyant si mal vêtu, avec son habit de gros drap et son petit manteau qui descendait à peine au bas des reins, son vieux chapeau, et en outre sa mine railleuse, qui semblait d'un bouffon plus que d'un roi ou d'un seigneur, ces gens se prirent à rire, à se moquer de lui, et à le traiter injurieusement jusqu'à ce que son cortége le fît reconnaître. »
(Hist. des ducs de Bourgogne. Bruxelles, 1838, t. II, p. 202.)

où l'on jouait des joyeusetés et mystères. Parvenu à l'église Saint-Paul, il y trouva un nouveau spectacle; un autre avait été dressé au pont Talance, devant l'hôtel des frères mineurs (cordeliers); un quatrième *sur la pierre de l'hôtel de la Couronne*, et ainsi de suite. Le roi marchait sous un dais de soie bleue, semé de fleurs-de-lis, et orné de franges et de galons d'or. Quatre échevins portaient ce dais.

Louis XI alla loger dans une maison de la place Saint-Pierre, chez le sieur Jean Vilain, son avocat en Ponthieu. On offrit au roi, selon l'usage, trois bœufs gras, trois muids d'avoine, trois muids de vin de Beaune et un fromage de Marquenterre *de la grant fourme*. Le vin lui fut présenté dans trois pintes d'étain, l'avoine dans trois picotins d'azur parsemés de fleurs-de-lis. On remit le reste à ses écuyers. Les autres officiers de sa maison se partagèrent les bœufs; le maître d'hôtel eut pour sa part le dais de soie bleue.

La journée se termina par des réjouissances, des feux de joie, des festins au milieu des rues. Le lendemain, Louis XI prit la route d'Hesdin où le duc de Bourgogne le reçut avec magnificence. Les quatre cent mille écus d'or, qui avaient été déposés à Abbeville, furent remis au comte d'Eu, expédiés de suite à Hesdin (1), et le duc donna aussitôt des ordres pour la restitution des places.

---

(1) Cf. M. Dusevel; lettres sur le départ. de la Somme, 1840, in-8°, p. 354.

Louis XI alla remercier Notre-Dame-de-Lheure (1), lui fit présent d'un beau calice, de plusieurs ornements et d'un tableau où il s'était fait peindre, à genoux devant elle, lui adressant ces mots :

> Dame de paix et de pitié,
> Je vous requiers très-humblement
> Que je vive en tranquillité,
> Ci bas et éternellement.

On lisait plus bas :

> Louis, par la grâce de Dieu,
> Noble roi de tous les François,
> Vint visiter ce digne lieu
> L'an mil quatre cent soixante-trois.

Le 19 octobre, Juvénal des Ursins, chancelier de France, accompagné des commissaires de Philippe-le-Bon vint notifier à l'échevinage d'Abbeville le remboursement des villes de la Somme, et faire connaître que ces villes allaient, en conséquence, passer sous la domination du roi.

Louis XI avait promis au duc de ne point destituer les gouverneurs des villes rachetées ; mais à peine l'avait-il quitté qu'il se hâta de changer les officiers bourguignons, et de demander de nouveaux serments de fidélité aux habitants.

Montreuil était alors mal fortifiée, dépeuplée, difficile à garder. Elle avait, comme les autres villes,

---

(1) Le souvenir du pélerinage du roi à Notre-Dame-de-Lheure s'est conservé dans ce village jusqu'à nos jours.

souffert des maux sans nombre par la peste et la guerre (1). Il y venait des soldats, des étrangers oisifs et turbulents qui commettaient toutes sortes d'excès. Louis XI voulant maintenir la tranquillité dans la ville, afin que les habitants fûssent plus enclins à la garder, la mit ainsi que leurs biens sous sa sauvegarde. Il les autorisa en outre à se défendre par voies de fait dans le cas où de pareilles gens viendraient dans leur ville, à crier *bourgeoisie!* et à s'aider les uns les autres sans pouvoir encourir aucune peine, si aucun de ces hommes était blessé ou tué (2).

Dès que le comte de Charolais, unique héritier de Philippe-le-Bon, avait su qu'on traitait du rachat des villes de la Somme, il avait fait représenter à son père combien il serait nuisible aux intérêts de la maison de Bourgogne de perdre des villes aussi importantes. Mécontent du traité, il recherchait l'occasion d'éclater. Les principaux seigneurs de France, que Louis XI voulait abaisser, poussaient vivement le jeune prince à la révolte. Louis XI, informé de leurs desseins, s'efforça de conserver toute l'amitié du duc Philippe, qui résidait

(1) Il y avoit eu alors en Picardie, dit un contemporain, tant de gens morts et occhis, tant de filles pucelles et vierges violées, polluées, souillées, tant de religieuses ostées de leurs églises, que c'étoit pitié à dire et à recorder. (Arsenal, titres de Picardie; Mss. histoire, n° 332, f° 216.)

(2) Montreuil « qui nous appartient de notre domaine ancien, » dit Louis XI dans une ordonnance de 1464, était alors *enclavée de toutes parts entre les comtés d'Artois, Boullenoys et Ponthieu, sans avoir pays appendant à elle.* (V. ordon. t. XVI, p. 108 et 234.)

toujours à Hesdin, dans le château que Jean-sans-Peur y avait fait construire. On a lieu de croire que ce fut principalement dans ce but que le roi resta si longtemps avec toute sa cour à Nouvion. Il s'y trouvait à même, non seulement de s'occuper de la prise de possession des villes de la Somme, mais d'y recevoir encore des informations sur les menées et sur les projets de ses ennemis, et de conférer au besoin avec le duc. Nouvion lui plaisait d'autant plus qu'il était passionné pour la chasse, et qu'il allait courir le cerf et le sanglier dans la forêt de Crécy. Il s'y trouvait depuis quelque temps avec un petit corps de troupes, et cette circonstance, jointe à certain mouvement qu'on remarquait autour de lui, causait de l'inquiétude à la cour de Bourgogne. Louis quitta Nouvion après y avoir ratifié, le vingt-deux décembre 1463, le traité qu'il avait conclu, n'étant encore que dauphin, avec François Sforce, duc de Milan (1). Il se rendit ensuite à Rouen, puis il revint dans le Ponthieu, et s'arrêta quelque temps à Rue, où il avait promulgué l'année précédente, sur les remontrances du parlement, une ordonnance (2) par laquelle il défendait qu'on envoyât dorénavant de l'argent à Rome, pour obtenir des bénéfices, voulant

---

(1) Le 27 novembre de la même année, Louis avait renouvelé à Abbeville l'alliance que son père avait contractée avec les cantons suisses.

(2) Voir le *Recueil des ordonnances*, t. XVI, depuis la pag. 108 jusqu'à la page 155. — *Ibid.* p. 244-246 et passim, pour les divers édits promulgués par Louis XI pendant son séjour dans le Ponthieu.

en quelque sorte rétablir la pragmatique sanction qu'il avait révoquée peu de temps auparavant, et mettre un terme aux exactions de la cour pontificale.

Après un assez long séjour à Rue, Louis XI revint encore à Nouvion, suivi de quelques troupes, et envoya prévenir Philippe-le-Bon qu'il se proposait de faire un nouveau voyage à Hesdin, pour s'entendre avec lui sur divers objets. Mais bientôt le bruit se répand que le roi a envoyé un certain bâtard de Rubempré en Hollande pour y assassiner le jeune comte de Charolais ; que Rubempré s'est embarqué à Dieppe, sur un bâtiment monté par cinquante hommes ; qu'après avoir mouillé au Crotoy (1), il a fait voile pour Gorcum, où il a été arrêté, et que le complot est découvert. Cette nouvelle jette le trouble à la cour de Philippe. On s'inquiète de le voir si près du roi avec une faible garde ; on croit que Louis XI, environné de soldats, se prépare à le surprendre, et on le presse de se mettre en garde contre ses tentatives.

Louis XI était Abbeville lorque le sire de Lannoy vint lui donner connaissance de ces bruits. Dans l'espoir de tranquilliser le duc, il lui fit dire qu'il viendrait le lendemain, 9 octobre (1464), le trouver à Hesdin ; mais Philippe, loin de l'attendre, se hâta de quitter cette ville le jour même. Pour calmer la frayeur du duc, le

---

(1) D'après Jacques Duclerq, liv. V, ch. 12 et 14, Rubempré, dont le frère était gouverneur du Crotoy, était parti de ce port sur un bâtiment monté par des pêcheurs d'Abbeville.

roi se retira de son côté jusqu'à Rouen, et y appela les députés d'Abbeville, d'Amiens, etc., auxquels il déclara combien il était indigné des propos qu'on tenait contre lui. Il avertit ensuite ces députés que les magistrats de leurs villes avaient reçu l'ordre d'arrêter, et de lui envoyer, pour les punir avec sévérité, ceux de leurs compatriotes qui se permettraient de le calomnier à l'occasion de Rubempré, et de chasser de la ville ceux qui, sans répéter les mêmes propos, y ajouteraient foi.

Malgré ces dénégations, le duc de Bourgogne n'hésita pas à se joindre à la coalition qui se formait contre Louis XI, sous le nom de *Ligue du Bien Public* (1), et il fut le premier à faire marcher des troupes sous les ordres du comte de Charolais. Louis fut bientôt contraint de signer le traité de Conflans qui livrait, au jeune comte et à ses successeurs, Abbeville et les autres villes de la Somme, avec faculté de rachat au moyen de deux cent mille écus d'or. Le roi envoya deux commissaires aux Abbevillois pour leur apprendre qu'ils venaient encore de changer de maître. Ils reçurent cette nouvelle avec peine.

Le 2 mai 1466, le comte de Charolais, qui se trouvait alors à Rue, devant faire son entrée solennelle à Abbeville, le corps municipal et le clergé allèrent à sa rencontre jusqu'à la ferme de Saint-Nicolas. Le comte, avant de franchir la porte Marcadé, s'arrêta pour jurer qu'il garderait loyalement, « comme prince doit faire, »

---

(1) Cf. *Mém. de la soc. d'Emul. d'Abbeville*, années 1836-37, p. 129.

les droits de l'église, du roi et de la cité. Il jura de plus qu'il respecterait, à l'exemple de ses prédécesseurs comtes de Ponthieu, les libertés et franchises des bourgeois et de leurs magistrats. Ce serment fait et reçu, il entra dans la ville, et alla loger chez Jean Lefevre de Saint-Remi, dit Toison-d'Or, près la porte Comtesse (1). On avait dressé sur son passage onze *hourds* ou échafauds remplis de personnages qui exécutaient des mystères. A peine était-il arrivé, qu'au mépris du serment qu'il avait fait de respecter les priviléges de la cité, il destitua les officiers municipaux, en établit d'autres, et nomma gouverneur du pays le sire d'Auxy, son premier chambellan. Cette violation de la foi promise et de droits qui leur étaient précieux exaspéra les Abbevillois. Pourquoi d'ailleurs les livrait-on à ce prince déloyal ? n'étaient-ils pas Français ? devaient-ils cesser de l'être. Trop faibles pour secouer le joug, sous lequel la peur venait de les placer, ils épuisèrent contre leur nouveau maître leur verve satirique, et Louis XI lui-même ne fut pas épargné. On traçait à la craie des caricatures et des satires sur les murailles. Il y avait lieu de craindre des troubles, et défense fut faite à son de trompe par les rues et carrefours de rien écrire contre l'honneur du roi et de M. de Charolais (2). Louis XI, par son mauvais

(1) Registres aux délib. de la ville. Année 1466, f° 182 v°. Jean Lefevre demeurait depuis long-temps à Abbeville ; mais il avait changé d'habitation, car on voit dans un cartulaire de Saint-Vulfran que son hôtel, en 1437, était situé *rue de l'Escolle*.

(2) Voici le texte de l'arrêté municipal contre ces pasquinades :

« Sur ce qu'il est venu à la congnoissance des officiers du roy et de

gouvernement et par sa perfidie, avait dès le commencement de son règne révolté toutes les clases ; la sévérité des magistrats abbevillois ne mit pas ce prince à l'abri des injures populaires ; car l'année suivante, les sergents à masses allèrent dans chaque maison de la ville enjoindre de respecter la majesté royale, et de ne pas insulter le comte (1).

Devenu duc de Bourgogne après la mort de Philippe, en 1467, le comte de Charolais, qui fut désigné dès lors sous le nom de Charles-le-Téméraire, avait refusé de recevoir les deux cent mille écus d'or au moyen

---

la dite ville, que plusieurs habitants de ladite ville disent plusieurs paroles contre l'honneur du roy et de M. de Charolois, et font merques et escriptures en marle contre huis, parois, fenestres et autrement, qui pourroient tourner à esclandre et dérision ; pour à ce pourvoir, il a esté conclud et délibéré que ce qui par ci-devant a esté fait en ces choses demourra comme nul et non advenu, et que l'on fera publier de par le roy et M. de Charolois, mayeur et eschevins, à son de trompe, par les quarfours de ladite ville, que doresnavant on ne die, escripve ne fasse chose qui soit contre l'honneur desdits seigneurs, et dont commotion de peuple se puist enssuivre, sur les peines en tel cas introduites ; et que se aucun est ataint cy-après faisant le contraire, il en sera pugny, selon l'exigence du cas. » (*Regist aux délib. de la ville.* 6 juin 1466, f° 134, v°).

(1) « A Raoul Roussel et autres sergents du roy, nostre sire, en Ponthieu, Enguerran Potier et autres sergents à mache de ladite ville, la some de trente solz à eulx donnée des grâces et courtoisies de la ville, pour leur peine et salaire d'avoir alé par les maisons des habitants.... faire déffence, de par le roy, lesdits mayeurs et échevins et de M. le Sénéchal de Ponthieu, que ils ne parlent aulcunement contre l'honneur du roy et de M. le duc de Bourgogne, sur les paines ou cas appartenant... » (*Comptes des Argentiers.* 10 juillet 1467).

desquels Louis XI s'était réservé le droit de racheter toutes les villes de la Somme. C'était en quelque sorte une déclaration de guerre. Le roi s'y prépara de longue main ; mais préférant les négociations aux combats, il alla à Péronne, suivant le perfide conseil de La Balue, trouver Charles-le-Téméraire qui le retint prisonnier. Louis vint à bout cependant de fléchir ce prince. Il signa un traité qui avait pour base ceux d'Arras et de Conflans. Le duc de Bourgogne obtint la seigneurie pleine et entière, avec le droit de lever des aides et d'assembler les vassaux dans le Vimeu, dans les villes de la Somme et autres territoires (1). Mais après la rupture du traité de Péronne, Louis XI fit déclarer à son terrible ennemi la saisie de la seigneurie de Vimeu, et la guerre se ralluma.

Charles-le-Téméraire, craignant que Louis XI ne tentât quelque entreprise sur Abbeville, envoya le sire d'Esquerdes, l'un de ses plus habiles officiers, avec un corps de trois mille hommes pour s'assurer de cette place ; mais comme elle était alors *plus pour le roi que pour le duc,* les habitants refusèrent d'ouvrir leurs portes à d'Esquerdes, en déclarant qu'ils se défendraient bien sans garnison, et qu'ils n'en voulaient point *ni de l'un party, ni de l'autre.* Cependant d'Esquerdes, qu'on surnomma le Pyrrhus du siècle de Louis XI, ne se laissa point décourager par ce refus. Il resta dans le faubourg de Rouvroy avec sa

(1) Cf. Ordon., t. XVII, p. 140.

troupe, et chargea l'un de ses officiers, le bâtard d'Auxy, qui connaissait le portier de la ville, de voir cet homme, et de le faire consentir à laisser entrer dans la place un très petit nombre de soldats bourguignons, qui n'y viendraient qu'isolément, et pour s'y procurer des vivres. La proposition ayant été acceptée, dix ou douze de ces soldats venaient chaque jour à Abbeville et s'en retournaient ; mais au moment fixé pour l'exécution du complot, *pendant que chacun dinoit*, ceux qui se trouvaient dans l'intérieur se réunirent à la porte d'Hocquet, égorgèrent le poste et livrèrent passage au sire d'Esquerdes, qui se tenait en embuscade avec son monde, à quelques pas de la porte. Pierre-le-Prêtre, abbé de Saint-Riquier, à qui nous devons le récit de cet évènement, rapporte qu'il était à Abbeville ce jour là, et qu'il s'y éleva à l'instant même de si lamentables cris qu'il en tomba malade de frayeur et qu'il ne put, depuis ce temps, recouvrer la santé (1).

D'Esquerdes s'empara aussitôt des clés de la ville, du marteau de la grosse cloche du beffroi, des armes que possédaient les habitants, et il fit exécuter cette

(1) Cronique (*sic*) des faits, tant de France, d'Angleterre, comme de M. le duc Phelippe de Bourgogne, et Charles, comte de Charolois, son fils, commenchant à l'an mil IIIIe XLIII jusques à l'an mil IIIe LXXVII, par Pierre le Prêtre, abbé de Saint-Riquier.— Ms. sur papier gr. in-4°, écriture du XVe siècle, renfermant 317 feuillets. — Cette chronique est à Abbeville, dans la bibliothèque de M. Delignières de Bommy.

mesure avec tant de rigueur *qu'ils conservèrent à peine,* dit Pierre-le-Prêtre, *un couteau pour tailler leur pain.* On ordonna bientôt à son de trompe, à tous ceux qui avaient atteint l'âge de dix-huit ans, de se réunir dans un lieu qui n'est point indiqué pour y prêter serment d'être « bons et loyaux au duc Charles et à la ville, et d'y faire bonne garde, comme ils l'avaient déjà promis et juré » (1). Il fallut obéir ; on avait tout à craindre, en effet ; car d'Esquerdes, en prenant possession de la ville, avait fait abattre les maisons de deux cents bourgeois, qu'il soupçonnait d'être hostiles à son maître. Cet acte de rigueur excita de vifs ressentiments. Charles s'apercevant que son joug devenait de plus en plus odieux aux habitants, avait fait, en 1469, construire un château fort pour les contenir (2) ; mais cette atteinte portée à leurs franchises municipales les irrita encore. Ils allaient livrer leur ville au roi de France, lorsque Charles y envoya de nouveau le sire d'Esquerdes avec un corps de troupes. Cet officier fit exécuter plusieurs bourgeois de marque, et le 15 janvier 1471, il assista du haut du balcon du Boùrdois au supplice de Jean Levasseur et d'autres habitants dont nous ne connaissons pas les noms (3). Il fit brûler les faubourgs pour garantir la place de

(1) Comptes des Argentiers, année 1470.
(2) Cette forteresse était située sur la rive droite de la Somme, entre les portes d'Hocquet et Marcadé.
(3) « Item, la somme de IX^s pour pain, vin et mouton desjuné ou petit eschevinage par messire Philippe de Crevecœur (d'Esquerdes),

toute surprise, et détruisit de fond en comble plusieurs quartiers de la ville, dont une partie venait d'être récemment encore brûlée par d'autres bandits que les documents ne font pas connaître. « Incontinent, dit Pierre-le-Prêtre, que une maison estoit trouvée du parti contraire, les Bourguignons la tiroient (jetaient bas) jusqu'à ce que ce fût sans remède, quelque bonne qu'elle fût. » Et comme l'hiver était alors fort rigoureux, ils se chauffaient autour des débris. Plus de dix-sept cents maisons furent ainsi brûlées, *comme les gouverneurs de la ville certifièrent,* ajoute l'auteur que nous venons de citer.

Les excès de ce genre restaient ordinairement impunis ; mais cette fois ils prirent un caractère de gravité tel, qu'on dût recourir à des mesures sévères. Une ordonnance, publiée à son de trompe dans tous les carrefours, enjoignit aux gens de guerre de cesser leurs ravages et de ne plus empêcher les habitants d'éteindre les incendies qui pourraient éclater à l'avenir. On leur défendit en outre, sous peine de mort, de mettre le feu sur aucun point des alentours, à moins qu'ils n'en reçussent l'ordre de leurs capitaines (1). Ces capitaines étaient sans doute le bailli de Saint-Quentin, Jacques de Harchies et Olivier de La Marche, que le duc de Bourgogne chargea de défendre Abbe-

messire Olivier de La Marche et plusieurs autres le jour que l'on exécuta Jehan Levasseur sur le marchié d'icelle ville. » (*Comptes des Argentiers* du 15 janvier 1471.)

(1) Comptes des Argentiers.

ville, peu de temps après que d'Esquerdes s'en fût emparé. Ils commandaient trois cents hommes d'armes, formant un effectif de deux mille quatre cents hommes, « moult beau à voir; et nous les entretinsmes en si bon ordre, dit Olivier de La Marche (1), et en telle discipline de guerre que nous en eusmes plus d'honneur que de honte. » Ils désolèrent cependant le Vimeu, et brûlèrent Gamaches, parce que ce bourg appartenait à l'un des officiers généraux du roi de France, Joachim Rouault (2).

Les Anglais, à la même époque, occupaient Saint-Riquier; ils dévastèrent aussi cette place « en abattant arbres ès gardins, ès allées... et tout le bos à carpenter.. et plusieurs méchants maisons de ladite ville... et faisant merveilleux dommage au bos de l'abbaye; car continuellement y avoit gens sans nombre de jour et de nuit, tant gens d'armes comme gens de commune, copant et abattant tous les plus beaux arbres sans pitié... lesdits Anglois durant l'iver mangèrent même tous les cats de ladite ville, et disoient en leur langage qu'ils les aimoient mieux que conins (lapins), et si prindrent par engins tous les lièvres, conins et pertris du pays environ; car ils avoient gens à ce propices et savoient la manière de les prendre (3). »

(1) Coll. Michaud. t. III, 1re série, p. 516.
(2) Seigneur de Gamaches, maréchal de France, commandant des troupes qui gardaient la haute Normandie et la Picardie, au commencement de la guerre du *Bien public.*
(3) Pierre le Prêtre, loc. cit., f° 287, v°.

Pendant que les Bourguignons exerçaient dans Abbeville de si grandes cruautés, Louis XI s'emparait d'Amiens et de Saint-Quentin. Cette circonstance avait déterminé le duc à convoquer à Abbeville les états des Pays-Bas. Ils s'étaient ouverts le 22 juillet 1471. Le duc y représenta le danger de sa position et le besoin qu'il éprouvait de nouveaux subsides. Il obtint cent vingt mille écus au de-là des impôts ordinaires, et leva de nouvelles troupes. Peu de jours après il s'empara de la ville de Saint-Valery, « sans assaut ni effusion de sang » (1). Louis XI alors proposa la paix. Des négociations furent entamées dans le château du Crotoy, et on y conclut, le 3 octobre, un traité par lequel le roi consentait à restituer Amiens, Saint-Quentin et la prévôté du Vimeu au duc de Bourgogne, mais Louis XI, qui n'avait cherché qu'à gagner du temps, refusa bientôt de ratifier la paix. Charles était au Crotoy lorsqu'il y apprit cette nouvelle, le 15 mai 1472. Justement irrité de la mauvaise foi du roi de France, il résolut de recommencer la guerre. Après avoir échoué devant Beauvais, il se rejeta, avec une armée de quatre-vingt mille hommes, sur le Ponthieu où il exerça de terribles représailles, car la plupart des chevaliers de ce pays s'étaient joints aux Français. On avait aussi profité de son absence pour attaquer le Crotoy, et cette forteresse, dépourvue de forces suffisantes, avait été contrainte de capituler.

(1) Comptes des Argentiers d'Abbeville, du 27 juillet 1471.

Airaines et Oisemont retombèrent dans les mains de Charles, qui les brûla sans pitié, ainsi que les villages de Fresnes, de Frucourt, de Doudelainville et de Saint-Maxent. Le château de Gamaches fut emporté de vive force, par un des lieutenants les plus célèbres de Charles-le-Téméraire, Olivier de la Marche, et le Vimeu totalement pillé et mis en proie ; Saint-Valery seul, que les Français avaient repris et bientôt évacué, fut occupé sans résistance et ne souffrit aucun dommage. Le sire de Rambures vint de lui-même offrir au duc les clés de son château, et le duc y mit à l'instant garnison, car ce château « *est à merveille fors,* dit la chronique de Pierre-le-Prêtre, *et à grant peine l'avoit-on sans affamer.* »

Charles se dirigea ensuite sur la Normandie. Pendant son séjour dans cette province (août 1472), une troupe de Bourguignons, sous le commandement du maréchal d'Esquerdes, vint s'établir à Saint-Riquier, et y resta jusqu'au moment où le duc revint dans le Ponthieu, vers la mi-septembre. Ces Bourguignons se répandaient dans les campagnes et coupaient les blés sur pied. Les habitants réclamaient en vain contre ces excès ; on ne répondait à leurs plaintes que par des actes de violence. L'église et l'abbaye de Saint-Riquier furent converties en casernes. L'abbé Pierre-le-Prêtre pria le duc de faire déloger ses soldats : il y consentit, mais les chefs refusèrent d'obéir. Pendant ce temps la peste se déclara parmi les Bourguignons, et sept à huit mille d'entre eux périrent bientôt, ce qui fut regardé comme une punition du ciel.

Les choses en étaient là lorsque Charles, affaibli par la désertion, les combats, les maladies et la famine, fut obligé de quitter la Normandie. La fureur avec laquelle il faisait la guerre avait achevé la ruine de son armée, qui ne trouvait plus à subsister dans les lieux qu'elle avait ravagés. Au rapport de Pierre-le-Prêtre, cette armée était tellement dénuée de vivres, qu'un pain de quatre deniers y valait plus de quinze sous parisis. « Il y morut maint homme, ajoute-t-il, et l'on ramenoit ceux qui avoient de quoy malades en cars et en carettes à Abbeville, à Hesdin et ailleurs. »

Charles, hors d'état de combattre, s'était replié sur Picquigny vers la mi-septembre. A la fin d'octobre les Français, commandés par Joachim de Rouault, avaient déjà repris la ville d'Eu, Saint-Valery, Rambures et plusieurs autres châtellenies(1). Crèvecœur, bailli d'Amiens, arriva la nuit de la Toussaint à Abbeville, avec un corps de troupes pour secourir les places menacées; mais il était trop tard; les garnisons s'étaient retirées dans la capitale du Ponthieu, sans chefs, sans ressources, et dans un tel état de misère qu'elles ne savaient pas même comment quitter le pays.

Cette même nuit de la Toussaint, Pierre-le-Prêtre, voulant profiter de la trève qui venait d'être conclue entre Louis XI et Charles, partit d'Hesdin, où il était resté malade depuis long-temps, pour se rendre dans

---

(1) Cf. *Chron. de Jean de Troyes*, édit. Michaud, t. IV, série 1, p. 302.

la seigneurie que le monastère de Saint-Riquier possédait près du Crotoy. Il s'acheminait vers ce port, traîné sur un chariot, lorsqu'il aperçut, en approchant de Domvast, environ trois cents soldats des garnisons des villes d'Eu, de Saint-Valery et du château de Rambures, qui s'en allaient en Flandre, en longeant la forêt de Crécy. Les habitants des villages voisins se sauvaient en criant au bos! au bos! à ce cri les Bourguignons s'imaginèrent que les Français étaient à leur poursuite, et ils s'enfuirent aussi dans la forêt. Pierre-le-Prêtre s'était sauvé comme les autres; mais bientôt profitant de la terreur des Bourguignons, il regagna son chariot, qui était resté au milieu de la route, sans que ces derniers eussent songé à piller ses bagages, ce qui fut, dit le pieux abbé, une grande grâce de Dieu (1).

Charles-le-Téméraire était rentré à Abbeville avec une partie de ses troupes, les équipages de guerre et un grand nombre de seigneurs. Après un assez long séjour dans cette ville, il alla mettre le siége devant le Crotoy, qui se rendit bientôt faute de vivres, et partit ensuite pour la Flandre.

Au mois de mai 1475, le sire de Picquigny, vidame d'Amiens, se présenta devant Saint-Riquier, à la tête d'un corps considérable de troupes françaises; Picquigny fut reçu dans la place, à condition que les bourgeois et les habitants des campagnes qui s'y étaient réfugiés ne seraient inquiétés ni dans leurs personnes ni dans

(1) Loc. cit., f° 294, r°.

leurs biens, et que les officiers et les soldats de la garnison auraient la faculté de se retirer avec leurs bagages. Mais à peine les bourgeois avaient-ils fait le serment de fidélité au roi de France que les soldats livrèrent la ville au pillage. Picquigny lui-même, au moment de son départ, fit enlever les meubles de l'abbé, ainsi que les portes et les fenêtres de l'abbatial, qui furent chargées sur différentes voitures, et transportées à Amiens.

Il y avait dix jours que la malheureuse ville de Saint-Riquier avait capitulé, et, pendant ce temps, les soldats de Picquigny n'avaient cessé de se livrer au brigandage, sous prétexte que ceux qu'ils pillaient n'avaient pas fait serment d'obéissance, et qu'on devait les traiter en ennemis. Ils partirent enfin, et le lendemain, jour de la fête Dieu, Picquigny croyant se mettre sans doute à l'abri de tout reproche, envoya dire qu'il blâmait la conduite de ses soldats, et qu'il ferait restituer tout ce qu'ils avaient enlevé, *pourvu que les habitants fussent toujours bons et fidèles au roi.*

Les troupes françaises n'étaient encore qu'à peu de distance de Saint-Riquier, lorsque d'Esquerdes envoya Jacques de Courteville, à la tête d'un détachement nombreux, sommer cette place de rentrer sous l'autorité du duc de Bourgogne. Après quelques pourparlers, les Bourguignons furent introduits au bruit des cloches de l'abbaye et du beffroi. Les bourgeois leur préparèrent des vivres, allumèrent des feux et prêtèrent serment d'obéissance au duc Charles, sans s'inquiéter du serment qu'ils venaient de faire au roi.

Sur ces entrefaites, Édouard IV, roi d'Angleterre, excité par les intrigues de Charles-le-Téméraire, se disposait à débarquer en Normandie. Louis XI, prévenu de son arrivée prochaine, envoya des forces à Dieppe et à Eu pour défendre la côte, et se rendit lui-même aux environs de Neufchâtel, tandis qu'une partie de son armée brûlait et ravageait tout le pays jusqu'à la mer, afin d'affamer l'ennemi, si on ne pouvait l'arrêter. « Il me semble que pour parvenir à rompre le propos qu'ont les Anglais de venir en Normandie, écrivait Louis à Dammartin (1), je devais envoyer mes gens courir en Picardie, afin de détruire tout le pays d'où les vivres auraient pu leur venir. Je les ai envoyés par le Pont-Remi, parce que le passage de la Blanquetaque n'est pas sûr pour une grande compagnie. Ils ont tout brûlé depuis la Somme jusqu'à Hesdin, et de là sont venus faisant toujours leur métier jusqu'à Arras. »

Les Bourguignons, en recevant avis de l'approche des troupes du roi, évacuèrent aussitôt Saint-Riquier, et se retirèrent à Abbeville. Ils furent suivis par les garnisons des châteaux de Drugy et de la Ferté. Saint-Riquier resta ainsi sans défense, et les troupes du roi, commandées par l'amiral de France, y entrèrent sans aucune opposition. Vers le soir, l'amiral ordonna sous peine de mort, aux vieillards, aux hommes, aux femmes et aux enfants, de se rassembler le jour suivant à six heures du matin, hors de la ville, près de la porte Notre-Dame,

(1) Lieutenant-général en Picardie.

pour être conduits *là où il les voudroit mener* (1). Les habitants s'étant réunis le lendemain, à l'heure prescrite, à l'endroit indiqué, les Français leur firent prendre la route d'Amiens, et, à peine avaient-ils fait une lieue que déjà les flammes s'élevaient de plusieurs points de la ville déserte, tandis que les soldats s'y livraient au pillage, *à leur aise et plaisir*. Une grande partie des bâtiments du monastère, sa belle église et l'abbatial furent entièrement brûlés; et l'Hôtel-Dieu seul, avec trois maisons voisines, échappa au désastre. Le château de Drugy, une partie de ce village, Buigny-l'Abbé, tous les lieux d'alentour jusqu'à la Vacquerie-le-Bouq, au de-là de l'Authie, et plusieurs autres villages « qui trop longs seroient à escripre, » dit la chronique de Pierre-le-Prêtre, furent entièrement livrés au flammes, ainsi qu'un grand nombre de fermes appartenant à l'abbaye.

Pierre-le-Prêtre ne dit pas quel fut le sort des habitants de Saint-Riquier, et il interrompt brusquement son récit sans se préoccuper davantage de ces malheureux qu'on entraînait loin de leur ville.

Edouard, débarqué en France, n'y trouva point les forces que le duc de Bourgogne lui avait promises, parce que ce prince était en guerre avec le duc de Lorraine, et qu'il venait d'être battu à Neuss. On savait d'ailleurs que le connétable de Saint-Pol, qui avait aussi sollicité l'entreprise d'Edouard, n'osait point éclater en se voyant privé

(1) Pierre-le-Prêtre. Loc. cit. f°. 301.

de l'appui de Charles. Saint-Pol faisait depuis longtemps consister toute sa politique à flotter entre Louis et son adversaire pour mieux tirer parti des événements. Il se rapprocha du roi qui tenta de se débarrasser d'Edouard en négociant. Les conférences étaient ouvertes ; mais le connétable, qui trahissait tous les partis, envoya son confesseur dans le camp du roi d'Angleterre pour engager ce prince à exiger des garanties, lui insinuant que Louis XI cherchait à le tromper, et qu'il devait avant tout réclamer quelques unes des places du littoral, telles que Saint-Valery et Eu. Louis, averti des menées du connétable, résolut de brûler ces deux villes pour que le roi d'Angleterre ne les lui demandât pas. Joachim Rouault, seigneur de Gamaches, Jean de Bellai son neveu, Charles de Briquebec et autres capitaines furent chargés de cette mission. Eu, Saint-Valery et Cayeux furent brûlés le même jour, 14 juillet 1475, comme l'avait été récemment Saint-Riquier.

Quelque temps après Louis XI eut une entrevue avec Edouard, sur le pont de Picquigny, dans une cage partagée par de gros barreaux de bois, *comme aux cages de lions,* dit Comines. Les deux princes se parlèrent à travers ces barreaux, et Louis acheta une trêve honteuse pour un tribut annuel de cinquante mille écus d'or.

Edouard promit, en vertu de ce traité, de retourner dans ses états ; mais jusqu'au moment fixé pour son départ, ses troupes restèrent en garnison dans les villes de la Somme, entre autres à Abbeville et à Saint-Riquier

(1). Ces troupes se répandaient dans les campagnes, et, sans respect pour la trêve signée, s'y livraient au pillage. Les habitants, réduits au désespoir, commençaient à leur faire la guerre lorsque Edouard reprit le chemin de Calais.

Le duc de Bourgogne, privé de l'alliance des Anglais, fit à son tour un traité avec le roi qui brûlait de se venger du connétable de Saint-Pol, son beau-frère. On a vu que ce premier officier de la couronne, auquel Louis XI avait donné la seigneurie de Nouvion, n'avait cessé de tromper tous les partis pour profiter de leurs dissensions. Les deux princes s'aperçurent à la fin qu'il les trahissait l'un et l'autre, et ils le déclarèrent leur ennemi commun. Charles promit par un article secret de le livrer au roi, s'il était le premier à se saisir de sa personne, et Louis, pour prix du sang qu'il voulait répandre, s'empressa de restituer au duc de Bourgogne Saint-Quentin et les autres villes de la Somme qu'il avait conquises. Le duc étant mort peu de temps après, Louis XI chargea Torcy, grand maître des arbalétriers de France, de faire connaître cet événement aux Abbevillois, et de les sommer de rentrer sous son obéissance. Torcy, accompagné de plusieurs autres commissaires, se présenta à la porte Saint-Gilles, et fit remettre aux magistrats des lettres par lesquelles le roi s'engageait formellement à confirmer leurs priviléges, et à n'in-

---

(1) Un cartulaire de l'Hôtel-Dieu de Saint-Riquier, daté de 1476, parle de *la grande destruction* de cette ville par les Anglais, peu de temps avant cette même année.

quiéter qui que ce fût pour *les cas advenus, tant en faits qu'en paroles, durant les divisions et guerres passées* (1). Les Abbevillois, qui regrettaient toujours la France, ne demandaient pas mieux que de lui tendre les bras ; mais ils avaient chez eux une garnison de quatre cents Flamands qui s'opposaient à leurs desseins. Le maire n'en conféra pas moins avec Torcy, et il se disposait à les expulser, lorsque l'historien Comines et le bâtard de Bourbon arrivèrent à la tête d'un faible détachement, et promirent de la part du roi de l'argent et des pensions aux capitaines et officiers de la garnison. Ces chefs se laissèrent gagner, et prirent le chemin de la Flandre avec leurs troupes, après avoir été conduits jusqu'au de-là des portes par les archers, le corps municipal et un grand nombre d'habitants.

On fit entrer ensuite le général français. Cette circonstance détermina Louis XI à refuser le payement des sommes promises aux officiers flamands, sous prétexte que ce n'était pas d'eux qu'il avait reçu la ville ; le même jour, 17 janvier 1477, les officiers municipaux prêtèrent entre les mains de Torcy le serment de fidélité au roi. Cet officier reçut ensuite le serment du peuple réuni sur le marché, au bruit des salves d'artillerie tirées sur les remparts. Un *Te Deum* et des feux de joie terminèrent la journée. Le lendemain on fit une procession générale en actions de grâces, puis on remit les clés de la ville et du château aux chefs de la com-

(1) Registre aux délib. d'Abbeville, année 1477.

mune ; et, pour donner aux habitants des marques de sa vive satisfaction, le roi les exempta du ban et de l'arrière-ban. Il voulut en outre les dédommager de leurs pertes en supprimant plusieurs droits onéreux. Les habitants de Montreuil *se réduisirent libéralement et de grant vouloir en l'obéissance* de Louis XI (1); ceux de Rue prêtèrent aussi serment de fidélité entre les mains de Torcy. Le roi cependant ne s'était pas contenté d'envoyer des agents en Picardie ; il 'y était venu lui-même pour prendre la direction des affaires. Après s'être assuré du Crotoy, et des autres places du Ponthieu, il entra dans l'Artois (2), et fit conduire à Abbeville une grande quantité de blés pour l'approvisionnement de son armée ; mais l'effectif de cette armée se trouvant bientôt considérablement diminué par suite de la trève qu'il avait octroyée au duc d'Autriche, les blés étaient restés à Abbeville où ils se perdaient ; il ordonna de les vendre à son profit ; mais les commissaires qu'il avait nommés à cet effet n'avaient pu parvenir à trouver des acheteurs, ce qui lui aurait causé un *très-grand dommage*, s'il n'avait employé un autre expédient : il ordonna donc que les blés fûssent *donnés et distribués* par ses commissaires aux habitants d'Abbeville et des autres lieux circonvoisins, qui seraient « tenus de les prendre à prix raisonnables tels que par iceux commissaires seroit advisé. » Il défendit en même temps à

(1) Ordon., t. XVIII, p. 554.
(2) Cf. *Mém. de la Soc. d'Emul. d'Abbeville*, années 1836-1837, p. 139.

qui que ce fût d'amener dans ces mêmes lieux d'autres blés jusqu'à ce que les siens fussent entièrement vendus; « et si aucun est trouvé faisant le contraire, dit-il, dans ses lettres, faites en pugnition telle et si grieve que les autres en preignent exemple (1) ».

(1) Archives d'Abbeville. — *Lettres datées du Plessis du Parc, le 9 octobre* 1478.

CHAPITRE III.

ORGANISATION FÉODALE.

§ 1. Comté de Ponthieu.

Nunquam polluta, sans tache, telle était la devise des comtes de Ponthieu, qui s'intitulaient aussi comtes de Montreuil et abbés de Saint-Vulfran. Ces comtes, qu'on trouve quelquefois désignés dans l'origine sous le titre de ducs, et qui prirent aussi le nom de *consul* (1), portaient *d'or à trois bandes d'azur* (2). Fiers d'une

---

(1) *Guido consul Pontivensis*, dans une charte par laquelle le comte Gui confirme, en 1144, des aumônes faites à l'église de Saint-Jean d'Amiens. Ce titre est traduit par celui de comte.

(2) Les bandes d'azur sur un sable d'or signifient selon, Malbrancq, la Canche, l'Authie et la Somme, qui sont les principales rivières du Ponthieu, et le champ d'or, la fertilité du pays. (De Morinis, t. 1er,

hérédité qui remontait au VII⁰ siècle, ils appuyaient leur puissance comme les rois sur le droit divin, et comme eux ils avaient adopté la formule par la grâce de Dieu, *Dei patientia comes* (1). Leur principal château, défendu par des fossés et des murailles, était situé à Abbeville, et compris en 1281 dans l'enceinte de cette ville (2), sur l'ancienne prison dite *Cour Ponthieu*. C'était là leur résidence habituelle; mais en cas de danger sérieux ils se retiraient dans le château de Montreuil, qui présentait une plus sûre défense. Ils possédaient aussi un hôtel à Paris que l'on nommait, sous le règne de Philippe-le-Bel, la maison au *conte de Pontif* (3). Leur cour, presque royale, se composait

p. 75.) — Les armes qui ont été portées par les princes de la première maison de Bourgogne jusqu'à son extinction, en 1361, et qui sont *bandé d'or et d'azur, de six pièces à la bordure de gueules*, ont été substituées aux anciennes armes du Ponthieu et de la ville d'Abbeville, qui portait comme les comtes. On a ainsi changé l'or en azur, l'azur en or. D'où vient ce changement? Nous ne saurions le dire. (Voir le chapitre intitulé : *Privilèges des villes*.)

(1) Chron. Ms. de Rumet, liv. II.
(2) Rymer, t. 1, pars 2, p. 193, col. 1.
(3) Cet hôtel était situé sur la partie orientale de la rue des Fossés-Saint-Germain-l'Auxerrois, comprise entre la rue de l'Arbre-Sec et la rue de la Monnaie. A une époque antérieure la rue *au conte de Pontif* et la rue de Bethisy n'en formaient qu'une seule. L'hôtel-Ponthieu devint plus tard l'hôtel Coligny, de si funeste mémoire. Au temps de la Saint-Barthélemy, il s'appelait encore l'hôtel Ponthieu, et il appartenait à Antoine Dubourg, chancelier de France. En 1617, il fut acheté par le duc de Montbazon, et il devint la demeure de la duchesse de Montbazon, si tendrement aimée de l'abbé de Rancé. C'est encore dans cet hôtel qu'habitait, en 1747, le fameux peintre Vanloo, et plus tard

de connétables, de maréchaux, de bouteillers, d'échansons, d'écuyers, de chambellans et d'autres officiers qui tenaient leurs charges à titre de fiefs. Ainsi que les comtes de Flandre et de Champagne ils avaient un certain nombre de vassaux investis de fiefs de même rang, et désignés sous le nom de pairs (1). Ces pairs les assistaient quand ils prenaient possession de leur terre, les suivaient à la guerre, leur donnaient des conseils, et jugeaient avec eux les causes qui concernaient les seigneuries. Dès l'an 1016, il est question des pairs du Ponthieu (2). En 1289, ils sont encore mentionnés; on remarque parmi eux le comte d'Aumale, le vidame de Picquigny, les sires de Ponches, d'Auxy, de Labroye, de Drucat, de Boubers, de Vismes, du Pont-Remy, de Laviers, de Nouvion, de Villers-sur-Authie, etc. Le seigneur de Maintenay avait quatre hommes-liges que l'on appelait *les pairs de la pairie de Montreuil.*

Les comtes de Ponthieu battaient monnaie à Abbeville en leur nom, et ils jouissaient de ce droit au moins dès le XIme siècle (3). De puissantes alliances

---

Sophie Arnould. Une lettre de cette femme célèbre nous apprend qu'elle y a reçu le jour dans la chambre à coucher de l'amiral Coligny. (Cf. Félibien. *Hist. de Paris*, t. 1, p. 638. — Géraud. *Paris sous Philippe-le-Bel*, in-4°, p. 193. — Journal des Débats, 8 janv. 1844.)

(1) Cf. M. Guizot. *Hist. de la civilis. en France*, 1830, t. IV, p. 314.

(2) *Mém. de l'Acad. des inscrip.*, nouv., série, t. X, p. 606.

(3) On a récemment trouvé des deniers frappés à Abbeville, au nom de Gui Ier. Voici la description de ces pièces : † WIDOCOMES, croix. R. ABBATIS VILLA; dans le champ une croisette autour de laquelle se voient les lettres OTO, OTO, disposées circulairement. Ce type mo-

les rattachaient aux couronnes de France, d'Angleterre, de Castille et de Léon, et ils comptaient au

nétaire reproduit plutôt le nom d'Otton que celui d'Eudes, et tout ce que dit à ce sujet M. Rigollot est fort juste. Il y a dans l'arrangement des lettres une analogie frappante avec quelques pièces d'Otton. On sait combien de types monétaires ont été fournis par le monogramme de ce prince. Mais pourquoi le retrouve-t-on dans le Ponthieu? nous ne saurions le dire. Quoiqu'il en soit, c'est le type local par excellence, et tous les caractères bizarres qu'on remarque sur quelques pièces postérieures n'en sont que des altérations. Il a été souvent interrompu par d'autres types, que certaines raisons ont fait adopter; mais il reparaît encore sous les rois d'Angleterre, qui possédèrent le comté. Les pièces de Gui, mal frappées pour la plupart, ont des légendes fort barbares. Les lettres sont quelquefois à rebours, ou le nom d'Abbeville s'y trouve plus ou moins altéré; ainsi, sur quelques unes il est rendu par ABVSPILLA, ABIVSPILLA. — Il faut ensuite descendre jusqu'au règne de Jean, pour trouver des monnaies des comtes de Ponthieu. Jean suivit dans les pièces qu'on a de lui l'ancienne empreinte, mais en la défigurant : ✝JOHANES COMES; croix cantonnée de quatre besans; R. — ABBATIS VILLE; croisette à l'extrémité des branches de laquelle se trouvent deux fleurs-de-lis et deux objets indéterminés, tenant évidemment la place des lettres OTO, OTO. — Guillaume III, contemporain de Philippe-Auguste, s'apercevant que la monnaie parisis frappée à Saint-Omer et Arras par son puissant voisin, jouissait dans ses terres d'un grand crédit, abandonna le type local pour calquer la monnaie du roi. Cette imitation des parisis par Guillaume était une fourberie très-pratiquée à cette époque, comme le témoignent les pièces d'Eléonore d'Aquitaine, de Renaud de Boulogne, Robert de Dreux et autres. Il y a tout lieu de croire que de là est née l'inscription bi-linéaire dans le champ des deniers de Ponthieu. Il faudrait examiner si le système Guiennais, à l'époque anglaise, n'a pas joué un rôle à Abbeville. Quoiqu'il en soit, les seules pièces qu'on ait de Guillaume, sont de véritables parisis :

WILELM COMS; dans le champ $\frac{PON}{AII}$; R. ABBATISVILLE; croix cantonnée de deux besans au deuxième et au troisième canton.

premier rang de leurs vassaux les comtes d'Eu, de Saint-Pol, de Nesle, d'Aumale, les sires de Saint-

Jean de Nesle, qui épousa la comtesse Marie, inscrivait sur ses deniers son titre, autour d'une croix cantonnée de deux ou de quatre besans, et le nom d'Abbeville en deux lignes dans le champ :

IOH. COMES. PONTI., croix cantonnée; R. $\dfrac{\dagger}{\underset{\dagger}{\text{ABATI VILLE}}}$ ou $\dfrac{\dagger}{\underset{\dagger}{\text{MONET ABISVI}}}$

Le Ponthieu, comme on l'a vu, passa ensuite par alliance au pouvoir du roi d'Angleterre, et, en 1283, Philippe-le-Hardi permit à Edouard 1er de frapper monnaie à Abbeville, à condition que sa monnaie serait du même poids et du même aloi que celle des anciens comtes et qu'elle n'aurait pas cours ailleurs que dans ses terres. Les deniers d'Edouard furent d'abord au type des anciens comtes de Ponthieu; on en trouve la preuve dans une monnaie que possèdent quelques curieux d'Angleterre. Plus tard ce roi adopta l'empreinte de Jean de Nesle; et son fils et son petit-fils suivirent cet exemple, jusqu'à ce que Charles V leur eût ravi le Ponthieu en 1369, et eût, par ce fait, aboli la monnaie locale. C'est à ces princes qu'il faut attribuer les deniers dont la description suit :

1° EDOARDS REX, croix cantonnée d'un croissant au quatrième canton.

R. $\dfrac{\dagger}{\underset{\dagger}{\text{MONETA PONTIV}}}$

2° ✝ EDVARDS REX. Croix cantonnée de deux besans et de croissants.

R. $\dfrac{\text{MONETA.}}{\underset{\text{PONTIV.}}{\text{Léopard.}}}$

Ducange attribue encore à Abbeville la pièce qui suit :

ABBEVILLE. Écu chargé de trois bandes.

R. ✝ SIT NOMEN DNI BENEDICTUM. Croix cantonnée d'une fleur-de-lis au premier et au quatrième canton; et d'un K au deuxième et au

Valery (1), de Rambures, d'Auxy, de Noyelles et de Beaurain.

Nous avons donné précédemment l'histoire politique du comté, et suffisamment indiqué ses différentes transmissions par suite d'alliances ou de traités. Nous n'avons donc à nous occuper ici que de l'organisation féodale; mais les documents sont loin d'être complets, et plus d'un souvenir intéressant est perdu sans retour.

Les exactions les plus arbitraires formaient dans l'origine une bonne partie des revenus des comtes. Ils vivaient de guerre et de pillage. Quand les chartes de

troisième. Cette pièce, frappée aux armes de la ville, est fort intéressante. Quoique d'argent, elle semble être plutôt un jeton qu'une véritable monnaie. Elle appartient certainement au XVe siècle. — (Renseignements fournis par M. Duchalais, employé au cabinet des médailles. — Voir aussi le Diction. Encyclopéd. de la France de M. Ph. Lebas, au mot *Ponthieu*.)

Le P. Ignace, dans son *Histoire ecclésiastique d'Abbeville*, p. 50, a aussi donné le dessein de plusieurs anciennes monnaies de cette ville, dont une est à l'effigie de l'un des trois Edouards, rois d'Angleterre. Les coins de ces monnaies existaient à l'échevinage au XVIIe siècle, et aujourd'hui même on y conserve encore un acte original de 1186, par lequel Jean de Ponthieu, Guillaume son fils et Béatrix son épouse cèdent à divers habitants le droit de battre monnaie et de faire le change par toute leur terre.

(Voir, sur les monnaies du Ponthieu, Tobiesen Duby; Monnaies des barons, t. II, p. 29. — J. Lelewel; Numismatique du moyen âge, t. Ier, p. 197 et 207. — Les Olim, t. II, p. 233 et 870. — Lettres des rois, reines, etc., t. Ier, p. 227 (dans la Coll. des docum. inédits). — Notice sur une découverte de monnaies picardes du XIe siècle, par MM. Mallet et Rigollot, 1841, in-8° de 83 pag.)

(1) On trouve dans les Mss. de dom Grenier (16 paq., 2me liasse) une notice complète sur les seigneurs de Saint-Valery.

commune eurent réglé les droits respectifs de la noblesse et du tiers-état, les redevances légales remplacèrent les extorsions; ces redevances elles-mêmes n'en restèrent pas moins de longtemps encore une charge ruineuse, et elles justifièrent pleinement ce dicton féodal : « Seigneur de beurre mange vassal d'acier. » Tout est trafic entre les mains des comtes, même la liberté de leurs sujets. A Waben, à Saint-Josse, à Villeroye et dans d'autres lieux, les faibles garanties individuelles consacrées par l'affranchissement leur sont payées pour chaque tête d'habitant, au prix d'un setier d'avoine et d'une poule. En octroyant la charte d'Abbeville, le comte Jean stipula que les habitants seraient obligés de lui fournir trois assistances, savoir : cent livres de la monnaie de Ponthieu pour faire son fils chevalier; autant pour marier sa fille et la même somme pour payer sa rançon (1). Après avoir concédé la justice aux mayeurs, ils continuent de s'attribuer une partie des amendes et des confiscations. Les officiers municipaux d'Abbeville leur servent à Noël, à Pâques et à la Saint-Jean-Baptiste une rente pour les moulins à vent, les frocs, les meubles et les cateux. Cette rente au XVe siècle était pour chaque année de cent quatre-vingt-dix-neuf livres dix sous.

(1) D'après la coutume du Ponthieu, chaque seigneur avait le droit de réclamer une fois en sa vie les mêmes assistances sur ses tenants féodaux et cottiers (roturiers). Les premiers lui devaient alors soixante sous, les seconds une somme égale à la redevance qu'ils payaient annuellement pour ce qu'ils tenaient de lui.

Le village de Saint-Josse leur donne le jour de la fête patronale une vache écorchée ; et, si cette fête arrive un jour où l'usage des viandes n'est pas permis, un cent d'œufs et une livre de poivre. A Rue ils perçoivent sur l'acheteur et le vendeur deux setiers de vin par baril, deux béliers sur chaque troupeau de dix moutons ; un certain nombre de fagots sur les chariots de bois, une mesure d'avoine sur chaque maison, excepté sur les maisons de pierre ; vingt sous sur les navires qui jetaient l'ancre dans le port, et chaque habitant de la même ville acquitte en outre à leur profit un tribut *de pudore sui corporis*. La plus grande partie des droits régaliens leur appartient dans tout le comté. Ils ont la banalité, la chasse dans les garennes du Crotoy et de Maïoc, le droit de tourbage dans la plupart des marais, la police des poids et mesures, et les profits de cette police. Au Crotoy on ne peut, sans leur permission, prendre des galets sur le rivage. Les tanneurs de Montreuil sont tenus de leur fournir chaque année trois cuirs de génisses vierges (1).

Le comte d'Eu devait au comte de Ponthieu le service de trois chevaliers qu'il présentait lui-même en armes lorsqu'il en était requis, et il recevait chaque année pour ce service quarante sous parisis qui se payaient encore au XVIIe siècle à Abbeville. La connaissance

---

(1) Le vicomte allait faire lever le cuir des cuves jusqu'à ce qu'il eut trouvé ces trois cuirs. En 1415, Jean-de-France, duc de Touraine et comte de Ponthieu, convertit cette redevance en une rente de soixante sous parisis.

des crimes de lèse-majesté divine et humaine et de fabrication de fausse monnaie, commis dans le ressort du comté d'Eu appartenait en outre au sénéchal de Ponthieu en son siége à Abbeville (1).

D'après la loi féodale, les vassaux étaient tenus d'assister aux cours solennelles des comtes ; ce que témoigne un titre d'Enguerrand, vicomte du Pont-Remi, de l'an 1274. L'abbé et les moines de Valloires reconnaissent par ce titre qu'ils sont obligés de loger ledit Enguerrand et sa suite dans les maisons qui leur appartiennent à Abbeville, le jour de la Pentecôte, et les trois jours suivants, et de lui fournir des étables, deux charettes de fourrage, des cuisines, des tables et des nappes (2). On sait aussi que les sires de Boubers étaient astreints au même devoir, et qu'ils avaient droit de gîte pour eux et pour leur gens pendant quarante jours et quarante nuits dans le monastère du Béguinage.

Lorsque que le comte de Ponthieu faisait la guerre au comte de Boulogne, l'abbé de Saint-Josse conduisait à son service, entre la Canche et l'Authie, les vassaux de son église, et les bouchers de Rue gardaient pendant deux jours et une nuit les bêtes à cornes qu'il avait prises dans ses expéditions.

Les sires de Saint-Valery, en lui rendant hommage, juraient de combattre pour lui contre la France et l'Angleterre.

(1) Coutume d'Eu, art. II.
(2) Des cours et des fêtes solennelles des rois de France, par Ducange; collect. Leber, t. VIII, p. 56.

Les habitants des campagnes étaient tenus de contribuer à une grande chasse aux canards sauvages et autres oiseaux aquatiques. Cette chasse avait lieu tous les ans sur les étangs du pays (1), au mois de juillet, lorsque ces oiseaux ont des jeunes, et que par l'effet de la mue ils prennent difficilement leur vol. Les paysans, nus et rangés sur une même ligne, entraient dans l'eau, la frappaient avec des bâtons, forçaient le gibier de fuir, et s'avançant toujours à travers les roseaux, le poussaient jusque dans les filets que l'on avait tendus de distance en distance. Quand la chasse était achevée, on portait les oiseaux à Abbeville, et la journée finissait par une fête générale. Cet usage subsistait encore au XVIIe siècle.

Les comtes, pour leur part, avaient aussi à l'égard du roi, comme suzerain, des obligations à remplir. Comme ses vassaux immédiats, ils assistaient à son sacre, et lui devaient l'hommage-lige et le service de cinq chevaliers pendant quarante jours.

Érigé en fief héréditaire en 696, le comté de Ponthieu, qui se trouvait, par cette date reculée, le plus ancien fief héréditaire du royaume, ressemblait, quant à son état politique, aux principautés de l'empire d'Allemagne. C'était un petit état indépendant de la couronne de France, qui n'en avait que la suzeraineté.

(1) Les plus vastes de ces étangs étaient ceux de Rue et du Gard, près de cette ville, qui contenaient, le premier quatre cents journaux, et le second cent cinquante-neuf. Ils existaient encore en 1710, et on y pêchait alors une grande quantité de carpes.

Après avoir passé successivement dans les maisons d'Alençon, de Castille et dans la maison royale d'Angleterre, ainsi qu'on l'a vu plus en détail dans l'histoire politique, il fut réuni à la couronne de France en 1369, cédé depuis à la maison de Bourgogne, et réuni de nouveau et sans retour à la couronne sous le règne de Louis XI (1).

(1) Nous donnons ici l'indication de diverses pièces qui existent en Angleterre ; voici ce qu'on trouve, entre autres à *Chepter-House-Library*.

L. 1. 4.

Accounts of the balliage of Abbeville, 1300-1301.

The Expences of the seig^r de Varennes esteant en l'oste de Flaundres pour mon seig^r de Ponthieu, 1302.

Allowances payed by the Frescobaldi as receivers of Ponthieu.

Dechais des rentes de Pontif del an tierch.

Ouvrages à Rue, etc., 1306.

Repair of Cressy, 1306.

Expences of the receivers of Ponthieu, 1301.

L. 1. 5.

Receiptes de Pontif faites par Renaut Berart, etc., 1289-1300.

Receipts of the bailif of Wauban, 1301.

Expences of repairs at Abbeville, etc.

Allowances payed by the Frescobaldi seur l'acoute del an tierc.

Parcelles des tourberies de Rue, etc.

Expences of Work et repairs at Abbeville, 1306.

Works at Araines, 1306.

Works at Waben, 1306.

Works at Tristre (le Titre) del an VIII.

L. 1. 43.

4. 1305-6. The accounts of the Company of the Frescobaldi of Florence receivers of Ponthieu containing all the mises, liveries et expences of the county.

§ 2. Fiefs et arrière-fiefs.

Sous le règne de Philippe-Auguste il y avait dans le Ponthieu soixante chevaliers bannerets, et les sires de Saint-Valery et de Noyelles figurent parmi les cinquante-neuf barons qui se trouvaient alors en France (1). Le nombre des fiefs était beaucoup plus considérable en Ponthieu que partout ailleurs. Un mémoire rédigé en 1698 par M. Bignon, intendant de Picardie, porte qu'il y en avait deux cent cinquante mouvants immédiatement de ce comté, et que les arrière-fiefs étaient au nombre de quatre cents (2). La plupart des

---

5. Arcines, Cressy et chalenges et objections taken to the accounts of the receivers.

Registre de la correspondance d'Edouard III pendant la vingtième année de son règne, 1346-1347. B. 1. 18.

Comptes des receptes du Ponthieu, de 1361 à 1365. B. 3. 21.

Trente-six lettres concernant le Ponthieu. B. 3. 20.

Compte des recettes des différentes villes du Ponthieu, 1365 à 1367, parchemin, 540 feuillets, très-curieux. B. 3. 23.

Un volume contenant *les revenus du Ponthieu*, feuillet 276 à 335. B. 4. 1.

Voir également : sir Francis Palgrave, the Ancient Kalendars and inventories of the treasury, 1836. t. 1er, p. 143.

(1) Ragueau. *Gloss. du droit français*, revu par de Laurière, 1704, in-4°, t. 1, p. 141.

(2) L'élection d'Abbeville, d'après ce même mémoire, comptait alors quatre-vingts familles nobles et le gouvernement de Montreuil soixante.

possesseurs de ces fiefs devaient à leur seigneur dominant l'hommage de bouche et de main, *fœdus sit et dextræ copulantur*.

Suivant la coutume de Montreuil, lorsque l'hommage n'était pas rendu après quarante jours et quarante nuits, le seigneur pouvait faire saisir le fief. La saisie avait également lieu lorsque l'aveu n'était pas servi dans le délai voulu.

Il serait curieux de présenter le tableau complet de ces fiefs et arrière-fiefs, de reconstituer leurs rapports de dépendance ; mais il est presqu'impossible, avec les documents qui nous restent, d'arriver à un résultat complet. Nous devons donc nous borner à choisir ce qui nous a paru offrir le plus d'intérêt. Nous suivrons dans ce travail les registres du bureau des finances d'Amiens des années 1377 à 1381 environ, qui ont été analysés par D. Grenier (1).

On trouve en grand nombre dans le Ponthieu des seigneuries, des châtellenies et des vicomtés. On y trouve aussi un comté (2), des pairies, des demi-pairies et des pairies et demie, des marquisats, des baronnies, etc.

Des droits ordinaires et insolites, utiles ou purement honorifiques sont attachés à ces divers fiefs. Parmi les droits ordinaires, communs à plusieurs autres pro-

---

(1) 15ᵉ paquet, nº 2.
(2) Le comté de Vimeu, *comitatus Vimacensis*, se trouve mentionné en 1165 dans un acte du pape Alexandre, en faveur des priviléges de l'abbaye de Saint-Valery.

vinces de la France, et qui sont consacrés par les usages de la féodalité, on remarque les *corvées* d'hommes et de chevaux, c'est-à-dire un certain nombre de jours de travail au profit du seigneur ; la garde dans les châteaux, soit en cas de guerre, soit pour veiller les prisonniers ; le *minage*, droit sur le mesurage des grains ; le *travers*, qui se percevait sur les marchandises en transit ; le *tonlieu*, sur les marchandises exposées en vente ; la pêche, le pâturage ; le *cens*, rente annuelle et foncière à laquelle on ne pouvait se soustraire qu'en abandonnant l'immeuble (1) ; les *censives*, autre rente en argent ou en denrées ; le *forage*, droit sur le vin mis en vente, particulièrement sur le vin vendu en détail ; le *cambage*, qui se percevait sur la bière ; le *champart*, abandon fait au seigneur d'une certaine partie des produits agricoles ; le *vif-herbage*, dîme imposée au profit du seigneur sur les bêtes à laine ; c'était la dixième, la vingtième ou la vingt-cinquième tête de bétail, à prendre sur chaque troupeau qui se trouvait la nuit de Noël en sa juridiction. Quand le troupeau ne s'élevait pas jusqu'à dix moutons, on payait une maille par tête ; c'est ce qu'on appelait le *mort-herbage* (2) ; le droit de garenne, en vertu duquel le

(1) Les statuts des charpentiers d'Abbeville leur défendent sous peine de prison, d'amende arbitraire ou de privation du métier, d'abattre pendant la nuit, aucun édifice dans la ville ou sa banlieue sans autorisation du maire ou des seigneurs auxquels les censives étaient dues.

(2) Coutume de Ponthieu, art. 92. — De Montreuil, art. 33. — De

seigneur haut-justicier a la chasse et le passage dans les bois qui appartiennent à ses vassaux ; la *banalité*, c'est-à-dire le droit d'établir soit un moulin (1), soit un four public, où les habitants étaient tenus de faire moudre la farine ou cuire le pain, à la charge par eux d'en abandonner une part au seigneur ou de lui payer une certaine somme d'argent ; les *litres* ou ceintures funèbres qui se voyent encore sur les murs de plusieurs églises ; le *service à roncin*, c'est-à-dire l'obligation de fournir un cheval pour aller à la guerre ; la *fouache, foaca*, espèce de galette ou de gâteau ; les *queutes à court*, contributions de lits de plumes et de couvertures que le seigneur avait droit d'exiger de tous ses tenants roturiers pour coucher les chevaliers qu'il recevait dans son château ; le *relief* et le *chambellage*, droits en argent que le vassal payait à son seigneur en certains cas de mutations de la propriété inféodée (2) ; l'*hostise*, redevance payable par les *hostes*, c'est-à-dire par les personnes libres à qui le seigneur accordait des terres, sous une redevance déterminée.

Dans les temps antérieurs au XIIe siècle, les comtes de Ponthieu, les abbés de Saint-Josse, les

---

la prevôté de Saint-Riquier, art. 4. — De la prevôté de Vimeu, art. 3 et 4.

(1) Coutume de Ponthieu, art. 95.

(2) Suivant l'art. IV de la coutume de Ponthieu, tout fief qui doit 60 sous de relief et 20 sous de chambellage est fief noble. La coutume n'admet que cette espèce de fief, qui avait justice, château

sires de Cayeux et de Saint-Valery jouissaient du droit de *lagan* (1), c'est-à-dire du droit de s'emparer des navires, des marchandises et des hommes que la tempête jetait à la côte ; mais malgré leur rapacité ils reconnurent eux-mêmes toute la barbarie d'un pareil usage ; ils l'abolirent en 1191 pour le salut de leurs âmes. Philippe-Auguste et Guillaume, archevêque de Reims, confirmèrent cette abolition. L'archevêque prononça même l'excommunication contre ceux qui reviendraient à cette *odieuse coutume* (2).

A Drucat, au XIIIe siècle, lorsqu'un vassal était mort, et qu'il avait reçu la sépulture, les héritiers ne pouvaient rentrer dans sa maison sans la permission du seigneur, à peine de soixante sous d'amende.

Lorsqu'un étranger épouse une femme du village, il ne peut également coucher avec elle sans autorisation, sous peine d'une pareille amende. On voit, d'après les coutumes du bailliage d'Amiens, que les exigences du sire de Drucat allaient beaucoup plus loin encore ; le nouveau marié devait céder au seigneur la *dame de Nœupches*, pendant la première nuit, ou lui donner, pour se dispenser de la cession, un plat de viande et deux pots de breuvage, tels qu'on en

---

fort et autres marques de dignité, et les fiefs *restreints*, c'est-à-dire ceux qui étaient dépouillés de tout droit de justice et qui devaient au seigneur dominant une reconnaissance annuelle. (Voy. Denizart, *Collect. de décisions nouvelles*, 1765, t. II, p. 124, col. 2.)

(1) Cf. Bull. de la Société des Antiquaires de Picardie, année 1844, n°s 1 et 2, p. 21 et 48.

(2) Ducange, Titres de Picardie; Arsenal, Ms. 333-106.

avait servi au repas de mariage. Ce droit honteux, se nommait le droit de *cullage*, et les sires de Drucat affirmaient qu'ils en avaient joui si long-temps *qu'il n'estoit mémoire du contraire*; les bers d'Auxy, les sires de Gamaches, de Brimeu-sur-Canche et du Pont-Remy en jouissaient comme eux (1).

Quand le seigneur passait la nuit dans le château de Drucat, les vassaux devaient battre l'eau des étangs pour empêcher les grenouilles de lui faire *noise* (2).

Chaque année, à la Saint-Christophe, un tenancier du sire de Mareuil devait lui apporter une douzaine d'*estœufs blancs*; d'autres lui devaient à différentes époques du poivre, du cresson, des oies, des poules, des couronnes de plantes odoriférantes et de fleurs variées ; et, comme à beaucoup d'autres seigneurs des environs, plusieurs fractions de volailles, un quart ou un huitième de poule, une demi-poule, le tiers de deux chapons, etc. (3).

Le seigneur de Long percevait au pont de ce village un droit de travers sur les marchandises passant tant en Vimeu qu'en Ponthieu. Ce droit, en certaines circonstances, pouvait se racheter par une prière, et les gens qui conduisaient des vivres acquittaient leur travers en disant une *patenôtre* à la croix du pont de Long.

(1) C'est au village de Laleu, près d'Airaines, que les sires de Gamaches jouissaient de ce droit.
(2) Congrès scientifique de Douai, 1836, in-8°, p. 568.
(3) Comptes des cens, revenus, etc. de la seigneurie de Mareuil, 1513, in-4°. Ms.

Le seigneur de Boubers était, en 1343, chargé de la garde des livres de piété dans les paroisses de sa pairie, l'une des plus considérables du Ponthieu, et qu'il tenait en fief du roi. Il pouvait, lorsqu'il s'ennuyait, obliger ses vassaux à jouer à la cholle pour le divertir.

A Domart, on devait ses soins et ses animaux au seigneur, aux principales époques des travaux de la campagne.

Le seigneur de Nouvion, comme pair de ce village, prenait une poignée de cierges à la paroisse le jour de la chandeleur ; quatorze sous et trois oboles le jour de Notre-Dame en septembre ; et, en cas de non payement, il pouvait saisir le bétail du *commun* et le tenir en fourrière.

Dans la pairie de Labroye, différentes terres aux champs devaient douze chapeaux de roses vermeilles et douze chapeaux de *venques* (1). Le tenancier qui apportait ces chapeaux au seigneur devait dîner à ses dépens.

A Saint-Valery, tous les bourgeois donnaient annuellement à leur seigneur un setier d'avoine et un chapon.

Vers la fin du XIVe siècle, le roi de France devait, en sa qualité de comte de Ponthieu, payer annuellement douze livres parisis aux seigneurs de Laviers pour la pairie et terre de Rue que possédaient ces

---

(1) *Vinca*, pervenche.

mêmes seigneurs. Si le monarque manquait à cette obligation, le châtelain de Laviers pouvait fermer la porte de la ville de Rue par laquelle on sortait pour se rendre à Abbeville, et emporter les clés de cette porte. Vers ce même temps, la charge de maréchal héréditaire de Ponthieu était attachée à la pairie de Laviers.

Le propriétaire d'un fief sis à Montreuil, et tenu du seigneur de Maintenay, avait le droit de prendre le *hanap*, c'est-à-dire la coupe où buvait l'abbé de Saint-Saulve de Montreuil le jour de son élection. Il avait en outre la tenderie aux oiseaux sur tout son fief, les fruits d'un arbre à son choix dans les jardins de Saint-Josse, et la dépouille d'un pommier au jour de Saint-Josse dans les mêmes jardins.

Le jour de la Saint-Lieffait, le prieur de Ray devait à dîner au seigneur de Labroye et à ses hommes-liges, et, après le dîner, à chacun une poignée de chandelles de cire.

Chaque année, le jour de la Fête-Dieu, un habitant de Gamaches était tenu de se procurer de l'herbe pour *parer* les rues de ce bourg ; de donner en outre deux chapeaux de roses, l'un pour le Saint-Sacrement, l'autre pour le prêtre qui le portait, et au seigneur un verre de vin ou quatre deniers pour la valeur. Un des vassaux de ce même seigneur devait offrir à ses officiers, dans le village de Laleu, le jour du Bouhourdis, un arc, deux flèches, un geai, une boule, une paire de gants (1).

(1) *Registre des revenus de la seigneurie de Gamaches*, année 1456.

D'après la coutume de Ponthieu (art. 106), les ablais (1) ne peuvent être charriés ni emportés avant le lever du soleil ni après son coucher, à peine de soixante sous d'amende, si ce n'est en vertu du congé du seigneur. Tout vassal, qui doit les droits de gerbes, ne peut emporter ses grains coupés sans évoquer le seigneur, ses commis ou ses fermiers, sous la même peine.

Abbeville, parmi les fiefs compris dans son enceinte, comptait plusieurs vicomtés. Le revenu de la vicomté du bourg du Vimeu consistait en un droit de travers sur l'eau d'Abbeville (la Somme), qui relevait immédiatement du roi de France. En 1314, Jean de Bailleul, roi d'Ecosse, vendit à la commune d'Abbeville ce droit que l'on appela dès lors l'*acquit de Bailleul*, et qui se percevait sur les navires chargés de vins, remontant ou descendant la Somme. Il était de deux deniers parisis pour chaque pièce, grande ou petite.

Au XIVe siècle, le vicomte du Pont-aux-Poissons (2) touchait un droit sur diverses marchandises vendues ou débarquées dans la mouvance de son fief. — Chaque mercier lui devait un couteau pour son étalage et une obole lorsqu'il vendait œuvre tissue de soie, de fil ou de laine. Les marchands de faucilles de la ville ou du dehors une faucille par an ; les marchands de toiles deux

---

(1) Grains coupés qui sont encore sur le champ.
(2) La vicomté du Pont-aux-Poissons, dite anciennement *de Ponthieu et du roi*, était comprise entre les quatre anciennes portes de la ville.

deniers pour la vente de chaque pièce. Le vicomte ne pouvait préveler aucune taxe sur les armures qui traversaient la ville, lorsqu'on les conduisait *en l'ost* (à l'armée); mais il touchait ses droits quand l'armurier livrait ces objets au commerce. Les bestiaux qu'on amenait au marché lui payaient également des droits; mais le jeudi la vache exemptait son veau, la jument son poulain, la brebis son agneau. Chaque voiture de blé en gerbes, passant pendant le mois d'août sur le Pont-aux-Poissons, lui devait demi-gerbe, à moins que le blé n'eût été récolté sur les terres d'une église ou d'un noble; en pareil cas il y avait franchise.

La vicomté de Menchecourt occupait à peu près le territoire du faubourg de ce nom. Du côté de la vallée la Somme formait la limite, et le vicomte déterminait cette limite en se plaçant sur le bord de la rivière, un pied dans l'eau et l'autre à sec, et une lance à la main. Sa juridiction s'étendait aussi loin que le fer de la lance pouvait atteindre.

On comptait également à Rue, à Waben, à Montreuil (1), au Crotoy, à Saint-Riquier, dans le Marquenterre plusieurs vicomtés. Ce sont toujours les mêmes exactions. Quelques uns de ces fiefs furent rachetés par les communes.

On trouve aussi des mairies au nombre des fiefs du Ponthieu. Ces mairies étaient des fiefs sans assiette ni

---

(1) Le titre sans juridiction de *vicomte héréditaire de Montreuil* a été porté jusqu'à nos jours par une famille de ce pays.

domaine, consistant en simples droits pécuniaires et revenus démembrés d'une seigneurie plus considérable. L'abbaye de Saint-Riquier possédait dans sa mouvance un assez grand nombre de ces mairies féodales. Il résulte d'une bulle du pape Innocent III que les moines pouvaient prêter de l'argent en prenant pour gage ces sortes de fiefs jusqu'à restitution de la somme prêtée. En 1260, Aléaume d'Oneux et Marie, sa femme, reconnaissent avoir reçu des moines de Saint-Riquier douze livres parisis de prêt, et, pour sûreté de cette somme, ils engagent envers le couvent toute la mairie d'Oneux. Les mairies de Drugy, de Maison-Roland, Buigny-L'abbé, Bussu, etc. étaient ainsi tenues en fief des moines de Saint-Riquier (1).

Nous ne nous étendrons pas plus longuement sur les diverses redevances et servitudes auxquelles étaient soumises les terres inféodées ; nous nous bornerons à donner ici l'état complet de ces redevances pour les villages de Ponches et de Long.

Ponches, qui comptait soixante-neuf maisons, devait au seigneur chaque année à Noël quatre-vingt-neuf chapons *et demi*; en rentes d'argent neuf livres dix-neuf sous parisis ; soixante douze pains ; soixante-treize corvées de bras, un setier de blé, huit setiers et demi d'avoine, cinq quarterons de poivre, une paire d'éperons de fer, deux paires d'éperons dorés, soixante œufs, sept poules et deux oisons.

(1) *Inventaire des titres de l'abbaye de Saint-Riquier*, f° 232, v° et passim.

Le fief de Long était tenu, au terme de la Saint-Remi, pour une paire d'éperons et soixante livres ou environ ; à Noël pour trente-huit sous, quatre cent quarante-six chapons, trente-neuf poules et deux paires d'éperons de fer. Long-Pré devait au seigneur, aux mêmes termes, quatre cent soixante chapons, et cent quarante poules.

Les maires d'Abbeville jouissaient, à raison des frocs et flégards, de certains droits honorifiques.

Jacques de Belloy, qui demeurait au XVe siècle rue Saint-Gilles, leur devait, le jour de la Saint-Barthélemy, une rose pour une petite portion de terrain qu'on lui avait concédée sur la voie publique.

Pierre Hayron, pour les nocs de son jardin, devait un verre à boire le jour du Bouhourdis (1).

Quand le mayeur d'Abbeville, nouvellement élu, passait devant l'église Saint-Vulfran de la Chaussée pour aller chevaucher autour de la forteresse, les marguilliers de cette paroisse étaient tenus de lui présenter un bouquet de violettes pour quelques pieds de terrain que l'échevinage leur avait concédés, afin d'élargir leur église (2). Même hommage était dû par les églises de Sainte-Catherine et de Saint-André.

Les abbayes et les chapitres jouissaient aussi de divers droits seigneuriaux. Les abbés de Saint-Josse prenaient, comme l'abbé de Corbie, le titre d'abbé et de comte. Ils s'appelaient comtes de Saint-Josse, et ils étaient dans leur

(1) *Comptes de la maison du Val de Buigny*, année 1451.
(2) *Registres aux délibérations d'Abbeville*, de 1426 à 1460, f°, 40 v°.
— *Comptes de l'héritage et de l'aumône*, années 1449-50.

territoire seigneurs hauts-justiciers (1). Les habitants de Beaumerie, vassaux de l'abbaye de Saint-Saulve, fournissaient à cette abbaye tout ce qu'elle devait au roi pour droit de gîte. Ils veillaient les moines après leur mort et les enterraient à leurs dépens; et, soumis au servage dans toute sa rigueur, ils ne pouvaient marier leurs enfants sans le consentement de l'abbaye. — Par charte du 27 octobre 1220, Aimeric, abbé de Saint-Saulve, fit remise aux habitants de Beaumerie de toutes les redevances féodales, moyennant cinquante livres au profit de l'église. Il leur permit en outre, par la même charte, de faire partie de la commune de Montreuil. (2). L'abbaye de Saint-Saulve avait obtenu du comte et de la comtesse de Ponthieu toute justice, haute et basse, dans ses murs et enclos, et sur la place Saint-Saulve.

Les abbés et le couvent de Saint-Valery avaient le cinquième denier sur les ventes et mutations d'immeubles de leurs vassaux. Dès l'an 1206, les chanoines de Saint-Vulfran avaient les seigneuries d'Epagnette, d'Onicourt et de Vauchelles (3). A une autre époque leur doyen était pair de Laviers et le censier de ce village, le jour des Brandons, lui présentait dans sa stalle un bouquet dans un verre.

(1) *OEuvres de René Chopin*. Paris, 1635, in-f°, t. 1er, p. 63.
(2) Collect. particulière de M. Ch. Henneguier.
(3) Le jour de la fête patronale de Vauchelles, le sergent du chapitre se rendait au pied d'un orme sur la place où les habitants de ce village se réunissaient pour danser, et, de par les chanoines, il ordonnait

Mais entre tous les établissements religieux l'abbaye de Saint-Riquier tenait le premier rang. Dès l'an 831, sa juridiction temporelle s'étendait sur quarante villages ; et, lorsque Louis-le-Débonnaire se fit représenter le polyptique de l'abbaye, il y trouva cent nobles tenant tous du monastère des maisons de campagne, des terres, des rentes en bénéfice sous la condition qu'eux et leurs hommes feraient le service militaire toutes les fois qu'ils en seraient requis par l'abbé. Sans doute, par suite des temps, l'abbaye perdit de sa puissance et de ses richesses ; mais elle dut à l'ancienneté de sa fondation, à sa splendeur première, aux faveurs royales dont elle fut l'objet, de conserver une place importante dans la hiérarchie féodale. Cette abbaye, qui ne recommandait à ses prônes que les rois de France, comptait des vassaux jusqu'en Angleterre. Elle avait dans la Grande-Bretagne, au prieuré de Pagrave, trois hommes liges qui lui devaient à Pâques vingt sous *d'esterlings* ; à Esperly, dans le même royaume, trente-sept hôtes qui livraient chaque année à Noël deux chevaux chargés de *brais* (1). Elle y avait également droit de corvée dans son domaine d'Acre (2).

Dans le Ponthieu, les abbés de Saint-Riquier jouissaient aussi des prérogatives les plus étendues, et il est à remarquer que les papes interviennent pour confirmer

« que nul n'eut à porter bâton et faire noise et débat pendant la fête, à peine de soixante sous d'amende ».

(1) Le grain destiné à faire de la bière.
(2) *Inventaire des titres de l'abbaye de Saint-Riquier.*

leurs droits féodaux. Les habitants de Boisbergues sont obligés de tenir leurs plaids dans l'abbaye, et les crimes commis dans ce village doivent être jugés à la cour des moines, dans leur église, ou à Saint-Riquier par le jugement de leurs francs-hommes, *per francos homines* (1).

Le prêtre qui desservait la léproserie du Val-de-Saint-Riquier devait une fois en sa vie se présenter avec un cierge de cire neuve, du poids de deux livres, devant les moines, dans leur église, au commencement de la messe, le jour de Saint-Riquier, au mois d'avril, et placer ce cierge devant les reliques du saint, après avoir donné trente sous parisis de cens pour les terres que l'abbaye avait léguées à la chapelle de Sainte-Marguerite, fondée dans cette maladrerie (2).

A Noyelles-en-Chaussée, les moines, comme seigneurs de ce village, ont le jour et la nuit de la fête patronale le droit de faire *corner* et *piper* les menestrels ; de défendre qu'on s'y présente avec des épées ou des bâtons ferrés, et de constituer prisonniers ceux qui auraient enfreint leurs ordres.

A Mayoc, au Crotoy, à Monchy-le-Breton (3), à Saint-Aubin-sur-Canche, à Chevincourt, près de Compiègne, à Feuquières en Vimeu, à Huppy et dans un grand nombre d'autres localités, ils prennent la dîme, per-

(1) Nobles qui tenaient des fiefs du seigneur dominant et qui composaient sa cour.
(2) Elle était desservie par des frères et des sœurs, et ses biens régis par les maire et échevins de Saint-Riquier.
(3) Arrondissement de Saint-Pol.

çoivent des rentes, exercent la haute, moyenne ou basse justice, et tous les droits que la seigneurie leur attribue.

Les abbés de Saint-Riquier sont, avec le roi de France, co-seigneurs de cette ville et de sa banlieue ; mais la police de la voirie est attribuée aux abbés seuls. Il faut obtenir leur congé pour reconstruire la façade d'une maison, pour faire un seuil, un nouvel appentis, lequel ne peut être plus bas qu'un homme à cheval (1) ; pour *piquer et houer* sur les frocs et flégards chaque fois qu'il y a des joyeusetés, des joûtes, des représentations de mystères ou que l'on solennise quelque grande fête (2), ou le passage des pélerins *allans et venans en lointains pélerinages*. Les religieux de Valloires sont tenus de leur envoyer annuellement au 8 octobre, jour de la fête de Saint-Riquier, cinq cents anguilles salées.

En 1193, un de leurs vassaux devait, moyennant le revenu d'une prébende de moine, dix setiers de blé, un agneau à Pâques et de la viande à certains jours, fournir à l'abbaye sa provision de poissons ; mais il en fallait une si grande quantité qu'il ne savait où en recouvrer suffisamment. D'ailleurs, ce service qu'il tenait d'elle en fief l'avait ruiné, et, depuis ce temps, tout le poisson qui arrivait à Saint-Riquier devait être acheté

---

(1) Cf. les Olim, t. II, p. 561 et suiv.
(2) Parmi les fêtes solennelles de Saint-Riquier on remarque le Saint-Sacrement, l'Ascension, la Trinité, la Pentecôte, les fêtes de Notre-Dame, de Saint-Benoît, de Saint-Nicolas, de Saint-Riquier et de Saint-Mauguille.

par les moines, à l'exclusion des autres habitants de la ville ou du dehors, jusqu'à l'heure où commençait la grand'messe, dans l'église du couvent.

Les abbés de Saint-Riquier devaient donner, à leur avénement, un anneau d'or au seigneur de Vignacourt; eût-il été fort léger, celui-ci ne pouvait refuser de le prendre; car il suffisait qu'il fût d'or; et les seigneurs de Vignacourt, en le recevant, s'obligeaient à rendre hommage à l'abbé, et à défendre le monastère envers et contre tous, excepté le roi de France, le comte de Ponthieu et le vidame de Picquigny.

En 1220, Girard Bruhier de Drugy tenait en fief une grande culture dans ce village. Il s'éleva une difficulté entre ce tenancier et les moines, et la culture fut remise à condition que Bruhier recevrait annuellement du monastère six setiers de blé, six setiers d'avoine, quatorze pains chaque semaine, une écuelle de potage et de la bière tous les jours; et quand les moines avaient *soupe en eau grasse,* il en devait avoir comme eux. Il lui était dû de plus *aux caresmiaux* une pièce de lard, comme aux autres valets; à Pâques, outre sa prébende ou portion quotidienne, la moitié d'un agneau écorché; aux Rogations trois flans, et à la Saint-Riquier d'octobre une échinée de truie pleine, cuite à la broche; mais quand un moine mourait, il était tenu de passer la nuit en prières auprès du corps avec les autres serviteurs, et pour sa veille il recevait un pain blanc de trois quarterons (1).

(1) Inventaire des titres de l'abbaye de Saint-Riquier, f° 100, r°.

§ 3. Justices seigneuriales.

Le droit de justice en France n'appartenait qu'au roi ; mais par suite des inféodations ce droit passa aux seigneurs, soit par concession royale, soit par usurpation. Les comtes de Ponthieu, comme tous les grands feudataires, avaient le droit de justice ; mais ne voulant pas exercer ce droit en personne, ils établirent des officiers pour rendre la justice en leur nom et sous leur autorité. On nomma ces officiers sénéchaux, vicomtes, baillis (1). En 1290, le sénéchal de Ponthieu, qu'on désignait sous le nom de *Senescallus* ou de *Dapifer*, exerçait dans le ressort du comté au nom, sous l'autorité et par procuration du comte (2). En matière criminelle, le sénéchal jugeait souverainement ; mais en matière civile, les justiciables pouvaient appeler de ses décisions par-devant les prévôtés de Saint-Riquier et de Vimeu, ou par devant le bailliage d'Amiens.

« Les comtes de Ponthieu se réservèrent à Montreuil une partie des droits de justice, et y établirent une vicomté pour la perception de leurs droits, et les plaids

---

(1) Voir, pour les rétributions du vicomte de Ponthieu, la charte d'affranchissement d'Abbeville, les coutumes et la justice municipale.
(2) Commission du sénéchal de Ponthieu, 1307 ; Rymer, *Fædera publica*, 1745, t. 1er, pars 4, p. 114, col. 2.

sur la *Motte le comte* dans la ville de Montreuil, dont les appellations ressortissaient par devant le sénéchal de Ponthieu. Ils avaient cédé une autre partie de leurs droits à l'abbaye de Saint-Saulve, et donné le reste en fief à différents seigneurs. Tous les produits vicomtiers de Montreuil appartenaient, avant 1200, à un puîné de Ponthieu dont les descendants prirent le titre de Maintenay. La vicomté de Fauquemberg, dans Montreuil, démembrement de celle de Maintenay, comprenait une grande partie de la ville, qui était en Ponthieu. » (1).

Une charte de Saint-Louis, donnée en Egypte au camp devant la Massoure (2), en 1249, fixe du côté de l'Authie les limites de la justice des comtes de Ponthieu et des comtes de Flandre. Il serait difficile de reconnaître ces limites. Le milieu de l'eau de l'Authie est indiqué comme ligne de démarcation.

Lors de la réunion du comté à la couronne, en 1369, la sénéchaussée fut érigée en justice royale, et distraite ainsi de l'autorité des comtes; autorité que l'affranchissement des communes et les envahissements légitimes de la royauté avaient affaiblie depuis longtemps déjà.

Tous les fiefs en Ponthieu n'emportaient point le droit de justice; mais ceux qui en jouissaient étaient nombreux, ce qui donnait lieu à de fréquents débats; car il arrivait quelquefois que la justice, dans une même localité, était partagée, par suite de transactions, entre plusieurs sei-

(1) *Mercure de France*, Novemb. 1740.
(2) *Actum in Egypto in castris juxta Mansoram*; Arsenal, 332, Mss. franç. 190.

gneurs (1) ; ainsi par un accord de 1285, passé en la cour du roi de France, entre Edouard, roi d'Angleterre, comte de Ponthieu, et les religieux de Dommartin, on voit que la haute justice, dans tout le ressort du comté, appartenait au comte ; mais que les religieux de Dommartin avaient aussi cette même justice dans tous les lieux de leur mouvance féodale. Il fut décidé que les religieux auraient le droit de prononcer les jugements; mais que *les exécutions des corps et de la maison* appartiendraient au comte. Il fut décidé de plus que les héritages et les biens confisqués reviendraient aux religieux ; que le comte n'aurait aucun droit de justice à réclamer dans tous les lieux appartenant à l'abbaye, qui seraient entourés de murs, de haies ou de fossés, et que ces enclos seraient considérés comme lieux saints, c'est-à-dire que le droit d'asile y serait attaché (2).

La connaissance du duel, dans la seigneurie de Saint-Josse appartenait à l'abbaye de ce nom ; mais les droits de haute justice s'y trouvaient partagés entre elle et les comtes de Ponthieu. Les cas non criminels étaient de la juridiction des moines.

L'abbaye de Valloires possédait à Abbeville un hôtel ou refuge (3) dans lequel les malfaiteurs trouvaient

(1) Voir les lettres concernant la justice du seigneur de Mautort dans le *Recueil des ordonn.*, t. III, p. 293, et l'arrêt du parlement qui fixe les droits respectifs des officiers municipaux et des religieux de Saint-Riquier, dans *les Olim*, t. II, p. 561 et suiv.

(2) Archives d'Arras. Cartul, coté D, France, 1666, 307 bis et suiv.

(3) Voir l'*Etat physique*.

un asile contre les poursuites de la justice municipale. L'abbaye et la commune firent entre elles, en 1256, un traité qui porte entre autres dispositions :

1° Si un homicide, un larron, ou un ravisseur s'enfuit dans la maison du refuge de l'abbaye, la commune pourra l'y suivre, le prendre et le juger selon les lois de la ville.

2° Tout séculier qui habitera ladite maison, en payant loyer à l'abbaye, soit qu'il soit homme de la commune ou non, sera justiciable de la commune, à moins qu'il ne fasse partie de la maison de l'abbé.

3° Si les gens et les serviteurs de l'abbé ont débat entr'eux, et se font des blessures jusqu'à effusion de sang, la justice communale pourra connaître du délit, à moins que la blessure ne soit mortelle ; mais elle dénoncera le fait à l'abbé, qui fera justice et percevra l'amende du forfait.... Si la plaie est mortelle, le malfaiteur sera jugé et puni selon la loi de la ville (1).

En 1250, l'abbé du Gard avait déjà reconnu que toute justice civile et criminelle sur les laïcs qui demeuraient dans son hôtel, rue Barbafust, appartenait aux magistrats municipaux. Quelques années plus tard, les religieux de Saint-Acheul d'Amiens, qui possédaient également à Abbeville un refuge situé devant le cimetière Saint-Sépulcre, déclarent que tous les séculiers qui habitent cette maison sont, ainsi que leurs immeubles, justiciables de la commune et sujets à sa loi.

(1) Cf. *Mém. de la Soc. des Antiq. de Picardie*, t. II, p. 221.

Avant le XIIIe siècle, et sans doute plus tard encore, la justice dans le Ponthieu, comme dans la Champagne et le Vermandois, était administrée par des pairs, ainsi nommés parce qu'ils étaient de la même condition que les parties qui plaidaient (1); mais quand le titre de pair, au lieu de simple office de judicature qu'il était d'abord, devint une dignité féodale, la justice des fiefs fut rendue par des officiers particuliers. Ces officiers étaient dans le Ponthieu le bailli, le lieutenant, le procureur fiscal, le sergent. Les trois premiers étaient reçus par le lieutenant-général de la sénéchaussée de Ponthieu, les autres par le bailli de la seigneurie (2).

La coutume reconnaissait trois sortes de justice, haute, vicomtière et foncière ou basse. On sait ce que c'est que la haute justice. Quant à la justice vicomtière, elle participait en quelque sorte de la haute justice, puisque le juge vicomte avait la connaissance du sang et du larron, c'est-à-dire du meurtre sans guet-à-pens, et du vol. Le seigneur foncier n'avait que la justice réelle et non la personnelle. Il ne ne pouvait condamner qu'à sept sous six deniers d'amende.

Les habitants de Saint-Valery étaient, en 1230, dépendants de la justice de l'archevêque de Reims, et obligés de venir plaider à sa cour (3), sans doute comme

---

(1) Denisart. *Collect. de décisions nouvelles*, 1765, in-4°. t. II, p. 435 et 436.

(2) *Coutumes de la sénéchaussée de Ponthieu*, publiées par M. Delegorgue, 1766, in-12, t. 1er, p. 318.

(3) Anquetil. *Hist. de Reims*, 1756, in-12, t. II, p. 20. — Posté-

vassaux de Robert de Dreux, vassal lui-même de l'archevêque.

Aucune justice seigneuriale en Ponthieu ne relevait directement au parlement. Les seigneurs hauts justiciers avaient le droit de dresser dans leurs domaines des fourches patibulaires à deux piliers. La police des poids et mesures leur appartenait avec tous les profits (1). Ils avaient de plus, par un privilége particulier, le droit d'aubaine et la confiscation des biens dans les condamnations pour homicide ; mais il convient de faire remarquer que depuis la réunion du Ponthieu à la couronne, on ne reconnaissait dans ce comté d'autre seigneur haut-justicier que le roi, si l'on ne justifiait d'une concession particulière de ce droit faite par le roi lui-même.

En 1372, les seigneurs de Nouvion, de Port et de Noyelles-sur-mer, entre autres, avaient la haute justice.

La justice vicomtière ou moyenne justice, qui est la plus commune en Ponthieu, connaissait outre le sang et le larron du *petit criminel* jusqu'à soixante sous d'amende. Elle s'étendait sur les frocs et flégards (2), sur les chemins et les lieux publics. Les arbres y croissant appartenaient au seigneur vicomtier, qui avait droit

rieurement la haute, moyenne et basse justice de Saint-Valery et de Cayeux appartenaient aux marquis de Gamaches, qui les faisaient exercer par des officiers à leur nomination.

(1. *Coutumes de la sénéchaussée de Ponthieu*, t. II, p. 31 et 147.

(2. Places communes qui le plus souvent tiennent aux chemins.

de connaître par ses officiers de toutes les causes personnelles, civiles, réelles, possessoires, mixtes et de police; des scellés, des inventaires et des actes de tutelle.

Les appellations des justices vicomtières relevaient à la sénéchaussée de Ponthieu, sans que les hauts-justiciers ou les baillis prévôtaux en aient pu connaître, soit au civil, soit au criminel. La confiscation appartenait au seigneur vicomtier pour les cas de larcin.

Ceux qui demeuraient dans le chef-lieu d'un fief ayant justice vicomtière, étaient exempts de la banalité du four et du moulin. La coutume accordait même, dans chaque chef-lieu de cette justice, à une famille roturière, des priviléges qui n'étaient attribués ailleurs qu'à la noblesse; ainsi cette famille privilégiée pouvait avoir un colombier, une mare, un taureau et un verrat (1).

Par l'article XXV de la coutume de Montreuil, il est dit que le seigneur Vicomtier ne peut donner audience ni procéder à aucun acte de justice s'il n'est assisté de son bailli ou de son lieutenant, de trois de ses hommes féodaux, de quatre échevins ou de trois juges.

« Chaque homme féodal, dit la coutume de Ponthieu (article LXXX), ayant justice haute, moyenne et basse en son fief, peut l'exercer et tenir ses plaids par tout son dit fief, en tel lieu de sa terre qu'il lui plaît. Si c'est seigneur qui ait hommes féodaux sous soy, peut sur leurs fiefs et arrière-fiefs et sur les cottières, tenues

(1) *Coutumier général*, 1724, in-f°, t. 1er, p. 91.

en sa juridiction, tenir et faire tenir ses plaids et exercer sa juridiction sans que le vassal puisse l'empêcher. »

Dans l'Amiénois et le Ponthieu la justice se rendit vraisemblablement pendant longtemps en plein champ, sur des mottes que les lois rurales nomment *tombes* (1). On trouve, dit don Grenier, de ces mottes féodales dans le Vimeu, à Grébaut, au Caurroy et ailleurs. On les désignait encore au XVIIIe siècle sous le nom de *la Salle*, lieu où l'on rend la justice.

§ 4. Forteresses féodales.

Dans le Ponthieu, comme partout ailleurs, lorsque la féodalité fut établie, les possesseurs de fiefs, qui avaient obtenu la permission de se fortifier chez eux, accordèrent à leur tour cette permission à leurs vassaux, et les châteaux s'élevèrent par milliers autour de la forteresse du suzerain.

On remarque sur différents points du Ponthieu, et notamment à Vismes-au-Mont, à Saint-Maxent, à

(1) Curiæ sive tumbæ faciendæ in rure occasione habitationis domini et rusticorum. (Petrus Crescentius, lib. I. De Agriculturâ, cap. 6). — Domûs et tumbæ seu areæ et curiæ magnitudo fieri debet in rure secundum domini facultatem. (Ibid. Lib. II, cap. 6.) Ce qui revient à ce que dit Maillard, dans ses notes sur la coutume d'Artois, que la motte seigneuriale est l'endroit où le seigneur est censé résider, et avoir le siége de sa seigneurie, quand même ce lieu ne serait point bâti.

Trenquies, dans la garenne du Titre et au Plouy-Douqueur, des buttes en forme de cône tronqué, entourées d'un rempart de terre. Une tour s'élevait au sommet de ces buttes, et le rempart, surmonté de palissades et muni d'un fossé, en défendait l'approche. Telle était à peu près la forme des châteaux aux Xe et XIe siècles.

A partir du XIIIe siècle, on n'éleva plus de mottes en terre. Les bâtiments prirent une plus grande extension. A l'époque qui nous occupe, le château des comtes de Ponthieu était situé près de la porte Saint-Gilles, et, comme tous ceux du même temps, fortifié par une enceinte de fossés et de murailles, garnies de tours et couronnées par des machicoulis. Un donjon formidable et des souterrains qui se seraient étendus jusqu'à Saint-Riquier, s'il fallait en croire la tradition populaire, attestent l'ancienne importance de ce monument, et la terreur qu'il devait inspirer (1).

En 1283, Edouard Ier, roi d'Angleterre et comte de Ponthieu, qui introduisit un nouveau genre de châteaux dans son royaume, fit réparer la forteresse d'Abbeville, et la rendit plus somptueuse et plus commode, tout en la rendant plus formidable. Il n'en reste que quelques loges voûtées sous le rempart

---

(1) Il est certain que les forteresses contenaient alors des souterrains qui avaient une issue éloignée à une grande distance dans la campagne. (Voy. Monteil, *Hist. des franc. des div. états*, 1re édit., t. 1er, p. 153.)

du *Mail*, qui servaient de cachots, et le nom de *Cour Ponthieu*, donné à la prison construite sur une partie de son emplacement. Une grosse tour carrée et plusieurs autres vestiges existaient encore en 1637, près du bastion de Retz, au de-là du mur d'enceinte. Le château de Ponthieu renfermait une chapelle, du titre de Sainte-Croix, qui attirait un grand nombre de fidèles, et qui subsistait encore en 1646.

Les châteaux de *le Porte*, de Montreuil, et d'Esquincourt, dans le marais de Saint-Martin, près de cette ville, appartenaient aux Boort Kiéret, dont le joug pesa long-temps sur la commune, mais qui plus tard furent obligés de plier sous ses lois, et de s'engager même à ne plus construire de château-fort à Esquincourt.

Nous citerons en outre les châteaux de Domart, du Gard, près de Rue, qui appartenait aux comtes de Ponthieu, de Waben, d'Auxy, de Gamaches, d'Airaines, d'Hiermont, de Dourier, Boufflers, Maintenay, Senarpont, Beaurain-sur-Canche, Drugy, Rambures, Noyelles-sur-mer, Dompierre, Eaucourt-sur-Somme, Mareuil, la Ferté-les-Saint-Riquier, etc.

Le château de Drugy, reconstruit en 1272 par l'abbé de Saint-Riquier, était flanqué de quatre grosses tours et de huit petites, et aux abords s'étendait un parc peuplé de bêtes fauves; des jardins, des fontaines et plusieurs étangs, le tout entouré de murailles. Le roi, de qui émanait le droit de haute justice, avait donné ordre à l'abbé de suspendre les travaux, attendu qu'il n'avait pas demandé son consentement ; mais sur les instances de l'abbé et des moines, le roi leur permit d'achever cette forteresse. Vers ce temps, les abbés de Saint-Riquier avaient fait un château-fort dans leur abbaye même, et en 1260 ils en construisirent un troisième à Oneux (1).

En 1361, l'abbaye donna quatre cents écus d'or pour la garde et les réparations du château de Drugy; en 1465, il était encore bien gardé et *bien répu de murs*, de tours, et défendu par un pont-levis. Les moines y avaient mis alors vingt-quatre hommes de guerre sous le commandement d'Ivan de Boubers. Au mois de septembre de la même année, Jean de Teuremonde vint s'y loger, et y commander par ordre du roi. Les moines protestèrent, Teuremonde saisit leur temporel ; mais le parlement, auquel les moines en avaient appelé, obtinrent main levée. Il ne reste du château de Drugy qu'un très-faible vestige.

Le château de Domart, élevé d'abord par Hugues-Capet et reconstruit en 1174 par Bernard de Saint-Valery, contenait dans son enceinte un prieuré. Après avoir long-temps servi de refuge pendant la guerre à la population, il fut brûlé le 17 octobre 1645 ; mais nous n'avons aucun détail sur sa destruction. Le souterrain, taillé dans le roc, descend, par une pente rapide, des caves de cette ancienne forteresse vers la partie basse du bourg.

(1) Cf. *Les Olim*, t. Ier, p. 91.

Le château de Rambures, composé de quatre grosses tours et d'un donjon octogone, établi dans un angle de la cour inférieure, subsiste encore dans toutes ses parties. C'est sans contredit un des monuments les plus curieux et les mieux conservés de l'architecture militaire du XVe siècle. Des souterrains où se trouvaient des écuries, des boulangeries, des puits, des magasins capables de fournir aux besoins d'une longue défense, et des cachots où l'on descend par une trappe, annoncent quel était jadis l'état des prisonniers. Thomas Delacourt, vingt-cinquième abbé de Sery, y fut long-temps captif.

Le château de Wiry-au-Mont fut détruit en 1330 pendant une invasion des Anglais ; celui de Beaurain, vers l'an 1538. On voit encore ses ruines à gauche de la route d'Hesdin à Montreuil. On dit que les souterrains existent encore.

En 1358, il y eut une inspection générale des forteresses du Ponthieu. On répara celles qui furent jugées tenables, on rasa les plus faibles. On détruisit tous les moulins et bâtiments qui pouvaient servir de refuge aux bandes de la Jacquerie, et c'est alors que fut rasé l'un des châteaux d'Hiermont, celui qu'on appelait *le château d'Aumale,* établi sur un monticule au centre de cette ville, et qui avait été bâti peu de temps auparavant par Jean de Ponthieu, comte d'Aumale. Ce château, de forme triangulaire, flanqué de trois tours, chacune de quarante pieds de hauteur environ, et distantes l'une de l'autre de douze toises, avait une enceinte de grès et de pierres de taille de neuf à dix pieds d'épaisseur, que protégeait un large fossé.

En 1419, les Anglais qui avaient pris Rouen, projetèrent de venir dans le Ponthieu et de s'en emparer. On donna ordre de visiter tous les châteaux et d'abattre ceux que l'on jugeait devoir favoriser leur entreprise.

Louis XI, dont la politique tendait à détruire la puissance des grands feudataires, ne dût pas favoriser le rétablissement des forteresses; mais il y en avait encore de son temps un très-grand nombre, car depuis 1417 jusqu'en 1450, les capitaines qui commandaient les troupes anglaises en France en avaient fait réparer plusieurs. C'est pendant ce laps de temps (en 1436) que fut reconstruit le château d'Eaucourt-sur-Somme, dont il reste encore quelques ruines.

En 1464, Louis XI, qui avait déjà fait quelque séjour au château de Dompierre avec le duc de Berry, le comte d'Eu, le chancelier de France et une multitude de barons et de chevaliers, invita les ambassadeurs d'Angleterre à venir le trouver dans ce château, où il était avec la reine, pour y traiter de la paix, ou du moins d'une longue trêve, et les ambassadeurs vinrent y conférer avec lui, « et y furent deux nuits, dit Chastelain (1), festés et honorés au possible et raisonnable. »

---

(1) Collect. Buchon, t. II, p. 22. On y trouve des détails intéressants sur les entretiens du roi avec les Anglais.

Le 30 juin de la même année, Louis XI promulgua dans le château de Dompierre une déclaration contre les transgresseurs de l'ordonnance du parlement qui défendait la levée des droits prétendus par les collecteurs du pape sur les successions des ecclésiastiques décédés (1).

Le règne de Louis XIII fut une époque de destruction pour les châteaux ; et souvent, pour les démanteler, on pratiquait dans les murailles et les tours des espèces de brèches pour les mettre hors de défense (2). Ainsi fut démantelé le château de la Ferté-lès-Saint-Riquier. Cette forteresse, qui avait appartenu aux maisons de Châtillon, de Roye et de Roncherolles entre autres, était encore, en 1673, entourée de murailles flanquées de tours à demi ruinées, au pied desquelles était le fossé à fond de cuve, rempli d'eau, avec un pont-levis. Au centre de l'enceinte s'élevait le donjon, accompagné de quatre tours et d'un corps-de-logis à trois étages, le tout fort élevé, et couvert en ardoises.

Un assez grand nombre de ces châteaux existait encore, en partie du moins, au commencement du XVIIIe siècle.

(1) Isambert, *Recueil des anc. lois franc.*, t. X, p. 493.
(2) Cf. M. de Caumont, *Archit. milit.*, p. 336 et passim.

CHAPITRE IV.

Droit civil et coutumier.

Long-temps avant la rédaction des coutumes, les principales décisions qui faisaient loi en matière civile étaient consignées sur des registres spéciaux, que l'on conservait dans les échevinages et autres siéges de justice, et qui formaient une sorte de code coutumier (1). On trouve au *Livre-Rouge* divers jugements rendus par les officiers municipaux d'Abbeville (2). Comme dans le droit criminel, il y a absence de théories élevées, de principes constants ; et les dispositions législatives ne sont jamais présentées à l'état de formule. Les procès, leurs circonstances diverses, les jugements sont toujours très-

---

(1) Klimrath. *Etudes sur les coutumes*, 1837, in-8°, p. 28.
(2) Voir le § intitulé : *Chi commenchent le jugement deritage*, f° 41. — Voir aussi f° 100 et suiv., et l'*Ancien coutumier inédit de Picardie*, publié par M. Marnier, Paris, 1840, in-8°.

longuement racontés. Tout imparfaite que fût cette législation, la coutume de Ponthieu en reproduit en bien des points l'esprit, et l'on peut croire que le travail de rédaction de cette coutume consista principalement à faire passer le récit des faits à l'état de principe.

Voici en matière de succession les dispositions les plus remarquables consacrées au XIIIe et au XIVe siècles par les usages du pays.

Le mari survivant à la femme morte sans enfants a l'usufruit du principal manoir acquis pendant le mariage, tandis que l'héritier de la femme est saisi des autres conquêts. — Le mari ne doit point le rapport de la dot de la femme décédée quand, durant le mariage, il y a eu enfant pleurant, c'est-à-dire dont on ait pu entendre les cris. — Le père est héritier mobilier de son fils ; la douairière n'est qu'usufruitière à charge de cens. — Le bâtard n'a point de père, et personne du côté du père ne peut hériter d'un bâtard. — Les cadets n'ont qu'un quint-viager (1) dans tous les biens en succession directe ; mais les père et mère peuvent disposer en leur faveur par dons entre-vifs. — En collatérale, l'aîné, quoique venant d'une femme, l'emporte sur le puîné. — Les héritiers n'ont jamais recours sur les immeubles légués en aumône, quand même ils justifieraient d'une promesse de donation de ces mêmes immeubles ; mais pour les biens donnés à cens le retrait lignager peut

(1) Pour les personnes complètement étrangères aux questions de droit nous expliquerons plus loin quelques uns des termes de jurisprudence ancienne employés dans le dispositif de la coutume.

avoir lieu pendant sept ans. — L'héritier doit avoir les armures sans partage. — Le deuxième testament annule le premier, à moins que le deuxième ne maintienne la valeur du premier, etc.

Les officiers municipaux ne connaissaient pas des matières civiles d'une manière absolue et indépendante. On a vu par la charte de commune que les procès relatifs aux effets mobiliers étaient portés devant le vicomte de Ponthieu ou devant le seigneur de la vicomté dans laquelle le défendeur avait son domicile. On voit encore, par les ordonnances postérieures, que les procès pour biens meubles entre les bourgeois d'Abbeville sont jugés, soit par les maire et échevins, soit par le vicomte au choix des parties (1).

La cour des bourgeois avait donc pour chefs de justice, à Abbeville comme ailleurs, un vicomte et un bailli, l'un nommé par le roi, l'autre par le corps municipal, seigneur haut-justicier ; mais le vicomte empiétait souvent sur les droits de l'échevinage, et il en résultait de nombreux conflits (2).

On sait dans quel désordre était tombé le droit civil à travers la barbarie du moyen-âge. La renaissance des études du droit romain au XIIIe siècle n'avait excercé sur la pratique aucune influence. On sentit enfin l'urgente nécessité de porter la lumière dans ce chaos. Charles VII, par lettres de 1453, ordonna que toutes

(1) Charles V, 1376, ap. *Ordon.* t. VI, p. 190.
(2) Cf. *Mém. sur l'origine du droit coutumier en France*, par M. Pardessus, dans les *Mém. de l'acad. des inscrip.*, t. X, 2me série, p. 666.

les coutumes du royaume fussent écrites et accordées par les praticiens de chaque pays; puis examinées et et accordées par le grand conseil et le parlement (1).

La coutume de Ponthieu fut rédigée en 1494 (2) ; c'est donc la première coutume qui fut écrite dans le royaume. Cinq personnages notables, élus par les trois états du comté, furent chargés de la mise en ordre, de l'interprétation et de la rédaction. Les délégués des trois états et les délégués des cinq bailliages se réunirent à Abbeville le 20 janvier 1494. Ce même jour comparurent, au siége de la sénéchaussée, le sénéchal, ses officiers, un grand nombre de conseillers praticiens, des nobles, des bourgeois, cent à cent vingt personnes environ. Les membres de l'assemblée prêtèrent serment de dire la vérité sur les coutumes du pays, et tout ce qu'ils savaient en matière de droit de toute ancienneté, et les usages législatifs qu'ils avaient vu garder et observer dans le Ponthieu. La coutume, ainsi rédigée, fut envoyée au roi. Carmone et Cartellier en commencèrent, en 1506, la publication ; mais elle ne fut définitivement décrétée et promulguée comme loi que l'année suivante (3).

La coutume de Ponthieu régissait ce comté dans toute son étendue, moins les prevôtés de Saint-Riquier,

(1) De Ferrières, *Dict. de Droit*, 1740, in-4°, t. 1er, p. 565, col. 2.
(2) Cf. Ordon., t. XX, p. 432.
(3) Cette coutume se trouve dans le *Coutumier général*, 1724, in-f°, t. 1er, p. 81 et suiv. et dans le *Coutumier de Picardie*, 1726, in-f°, t. 1er, avec des notes et des remarques par Gosset.

du Vimeu et de Montreuil, qui faisaient partie du bailliage d'Amiens. Les villes, bourgs et villages avaient en outre des coutumes locales dont nous parlerons plus tard.

Malgré le soin qu'on avait apporté à la rédaction de la coutume de Ponthieu, ce code se ressentait encore de l'ignorance du temps. Il en est à peu près de cette coutume comme des chartes de commune des XIIIe et XIVe siècles, qui ne présentent ni ordre, ni méthode. On n'y trouve aucun arrangement logique; les matières y sont dispersées, entrelacées les unes dans les autres; les dispositions mal digérées; et, de la comparaison de plusieurs articles, il résulte souvent des contradictions (1). Il ne pouvait guère en être autrement, puisque ce n'était d'un côté qu'un coup d'essai dans les voies d'une législation nouvelle, et de l'autre la consécration d'usages vieillis qui ne se trouvaient plus en harmonie avec les mœurs et les progrès de certaines idées.

Voici les principales dispositions de la coutume de Ponthieu. Ces dispositions ont cela de particulier qu'elles ne présentent presqu'aucun rapport avec la

---

(1) C'est ce qui a déterminé plusieurs jurisconsultes à commenter cette loi. Ces commentaires assez nombreux sont restés inédits. Au XVIIIe siècle, M. Delegorgue, avocat à Abbeville, a publié sur ces mêmes coutumes un excellent travail qui répondait à tous les besoins de la pratique. En voici le titre : *Coutumes générales de la sénéchaussée de Ponthieu, et celles locales d'Abbeville*, avec les notes de M. Duchesne, Amiens, 1766, 2 vol. in-12. On y trouve la table de tous les lieux régis par la coutume.

coutume de Paris et avec celles de l'intérieur du royaume, mais qu'elles se rapprochent essentiellement des coutumes de la Belgique.

Dans le Ponthieu, la majorité tant féodale (1) que commune est fixée à quinze ans accomplis pour les mâles et à onze ans pour les filles (art. 58). L'âge de vingt-cinq ans n'est exigé que pour l'aliénation des immeubles, non pour la jouissance et l'administration des biens, ni pour disposer des meubles.

Homme et femme conjoints par mariage sont communs en tous biens meubles et conquêts (2), immeubles et fruits des immeubles propres, ainsi qu'en toutes dettes mobilières, tant actives que passives, chacune pour moitié (3). — Le mari est chef et seigneur de la communauté, et il peut en disposer entre-vifs à sa volonté, sans le concours ou le consentement de la femme, ensorte qu'il semble que celle-ci n'est rien durant le mariage. La communauté conjugale était de droit commun en France.

La communauté est dissoute par la mort de l'un des époux. La femme survivante ou en général le survivant prend hors part, ou emporte même, en cas de

(1) La majorité féodale est l'âge où le vassal peut lui-même relever le fief et le servir, et avant lequel le seigneur peut bailler souffrance, si le fief n'a été relevé par un gardien ou baillistre qui en fait les fruits siens. (Voy. Klimrath, loc. cit., p. 88.)

(2) Biens acquis durant la communauté entre le mari et la femme.

(3) La communauté conjugale, entièrement inconnue aux Romains, était établie dans les Gaules du temps de César. (César, De Bello Gallico, lib. VI, cap. XIX.)

renonciation à la communauté, une partie de ses vêtements ou autres objets mobiliers (art. 48).

Le douaire coutumier est de la moitié des fiefs et du tiers des immeubles cottiers (roturiers). Ce douaire est acquis à la femme dès qu'elle met le pied au lit pour coucher avec son mari (art. 32).

L'obligation de la femme non autorisée ou contrainte est de nulle valeur.

Deux conjoints peuvent, par contrat de mariage ou par testament, se donner réciproquement tous leurs meubles, acquêts et conquêts, et le quint-viager ou hérédital de tous les biens qu'ils possèdent en ladite comté (art. 23).

La coutume consacre le droit de primogéniture et de masculinité. Ces droits ont lieu entre toutes sortes de personnes, pour toutes sortes de biens. Dans le Ponthieu, à l'aîné mâle, et, à son défaut, à l'aînée des filles (1) appartiennent en ligne directe, tous les meubles et tous les immeubles féodaux ou cottiers propres (2) ou d'acquêts (3), sauf aux puînés un quint-viager (4), qui retourne à l'aîné à leur mort, sans accroissement entre les puînés. — Entre collatéraux pareils en

(1) Art. 1, 3, 13, 15, 59, 60.
(2) Les biens propres étaient la propriété de la famille. Ils consistaient tous en immeubles ou meubles immobilisés. Ils devenaient tels par leur transmission du parent d'une ligne à un autre parent de cette même ligne.
(3) Biens acquis pendant le mariage par l'un ou l'autre des époux.
(4) La jouissance pendant leur vie de la cinquième partie des biens de la succession de leurs père et mère

degrés, l'aîné seul est héritier des meubles acquêts, ainsi que des propres venus de son côté et ligne. Le quint de vivre naturel ne saisit point (1). La coutume permet cependant d'avantager les puînés sans distinction entre nobles et roturiers (art. 1, 24, 25, 60).

La représentation n'a lieu en aucune manière (2), ni en ligne directe, ni en ligne collatérale (art. 8).

Les ascendants sont préférés aux collatéreaux en meubles et acquêts (art. 7).

Le bâtard peut léguer ses meubles et acquêts à qui bon lui semble (3), et appréhender les legs et dons à lui faits (art. 17).

Sous les coutumes générales de la sénéchaussée et comté de Ponthieu on ne peut vendre, charger, hypothéquer ni autrement aliéner ses immeubles propres, si ce n'est du consentement de son héritier apparent ou par nécessité jurée (4) par le vendeur, et vérifiée par deux témoins dignes de foi. Si le père de famille aliénait le propre, le parent du côté et ligne, dont l'héritage aliéné dérivait, avait le droit de faire rescinder

---

(1) Un seul héritier était le principe dominant : *fuit antiquus mos Francorum, ut filius primogenitus succederet ex asso* : (à titre de légataire universel) *etiam inter filias*, dit Cujas, *De feudis*. Lib. II, tit. 2.

(2) Cette disposition est de l'ancien droit français. (Voyez Pasquier, *Recher. de la France*, liv. IV, ch. 19.)

(3) Un bâtard ne pouvait demander d'aliments quand il savait un métier convenable.

(4) Misère impérieuse et authentiquement attestée. (Voyez sur l'orig. et l'antiq. de la nécessité jurée, *Leg. Saxon.*, tit. 52. — *Leg. Bajuv.* tit. 13. *Spicil.* édit. de 1655, t. 1er, p. 101.

l'aliénation, moyennant restitution du prix, et de reprendre le propre des mains de l'acquéreur étranger. C'est le droit connu sous le nom de *retrait lignager*. L'action en retrait ne pouvait être intentée que dans l'intervalle d'un an et d'un jour (art. 131).

La coutume de Ponthieu accorde la complainte (1) pour chose réelle ou mobilière ; mais il faut lire immobilière.

Lorsqu'un aubain, c'est-à-dire un étranger, meurt dans le Ponthieu *testat* ou *intestat*, tous ses biens appartiennent au roi par droit d'aubaine (art. 18).

La prescription est fixée à vingt ans., avec ou sans titre entre présents ou absents (art. 115).

Les rentes et fermages sont quelquefois censés meubles avant l'échéance, sitôt que les fruits pour lesquels ils sont dûs ont été coupés et recueillis (art. 57).

Il n'est pas permis dans une paroisse d'avoir autant que l'on veut de bêtes à laine. On ne peut en avoir qu'une par journal de terre à la sole.

La coutume de Ponthieu, outre les articles que nous venons de citer, règle encore les redevances féodales, les formes de la procédure civile (2), et les poursuites

---

(4) Dans les lois barbares on trouve la possession imposée à toute translation de propriété ; toute propriété n'est transmise qu'après une investiture. La possession d'un an et d'un jour donne le droit d'exercer l'action possessoire dite de *complainte*, pour recouvrer la possession enlevée de vive force ou pour la retenir en cas de trouble.

(2) La forme de procéder dans le Ponthieu différait de celle observée au parlement de Paris ; car ce comté, pendant près d'un siècle (1279-

criminelles. Nous en avons extrait, pour le chapitre de la féodalité et pour la justice municipale, les dispositions les plus remarquables, et nous nous sommes exclusivement borné ici aux matières de droit civil. Cette coutume était loin de remplir son but, et de régler dans tous les points les questions qui pouvaient naître dans une société régulièrement constituée. On sentait depuis long-temps la nécessité d'une révision, d'une réforme. Dès 1614, les états-généraux de Picardie avaient signalé ses vices. Les expressions obscures, ambiguës, souvent inintelligibles de son texte mettaient en défaut les jurisconsultes eux-mêmes.

Au XVIII° siècle on sentit mieux que jamais toutes les imperfections de cette loi que l'on traitait de barbare et de marâtre. « Est-il tolérable, dit l'auteur d'un savant mémoire auquel nous avons fait de nombreux emprunts (1), est-il tolérable, sous le régime de la coutume de Ponthieu, que dans une maison de dix mille livres de rente, l'aîné de dix enfants ait huit mille livres de revenu en propriété actuelle, les neuf autres puînés deux mille livres viagères entre eux ? Est-ce assez d'y ajouter un quint héréditaire, qui, en restreignant

1369), avait appartenu à l'Angleterre. En effet, tout y était laissé au jugement des hommes, et la jurisprudence de la cour de Ponthieu, séant à Abbeville, se ressentait plus des mœurs antiques que celle de la cour du roi à Paris. (Voy. M. Marnier. Loc. cit.)

(1) *Mémoire contenant les motifs de la déclaration au roi par les officiers de la sénéchaussée d'Abbeville, les maire et échevins, et les juges consuls de la même ville, sur l'exécution de divers articles de la coutume de Ponthieu*, 1768, in-4° de 116 pag.

le revenu actuel de l'aîné, lui laissera six mille quatre cent livres, tandis que de la manière dont se fournissent les quints héréditaires et viagers, chaque cadet n'aura que deux cent vingt-deux livres quatre sous de propriété, et cent soixante-six livres treize sous quatre quatre deniers viagèrement? »

La consécration de ce droit absurde de primogéniture blessait à tel point toutes les affections de famille que l'aîné, par une réaction injuste, se trouvait souvent dépossédé. Les pères et mères étaient très-attentifs à ne point mourir *intestat*, et ils instituaient fréquemment les puînés pour légataires universels. Une simple demande en délivrance de legs suffisait à priver l'aîné de tout héritage.

Les démembrements du Ponthieu, dit le mémoire que nous avons déjà cité, unis au bailliage d'Amiens, ont opéré un mélange de ressorts et de coutumes si grand que la coutume d'Amiens pénètre dans Abbeville et sa banlieue; que celle de Ponthieu entre dans Oisemont, siége de la prévôté royale la plus étendue de ce bailliage; dans Montreuil, l'un des siéges principaux de ce même bailliage; motif qui a donné lieu à l'établissement de deux siéges en cette ville pour chaque ressort.

« Le même village, le même terroir, le même hameau est partie Ponthieu, partie bailliage d'Amiens. Les maisons sont entrelacées, les terres encore plus ; ce n'est qu'à l'inspection des lieux que l'on s'instruit de la coutume dominante. Une même maison est bâtie sur deux terrains, Ponthieu et Bailliage d'Amiens. Les notaires, incertains s'ils instrumentent ou non dans leurs ressorts, vont faire signer leurs actes en pleine campagne, sur des terrains qu'ils sont certains être de leurs ressorts. On y porte les moribonds, pour y signer les testaments, au péril d'expirer.

« Le même mélange se trouve encore avec la Normandie et le Ponthieu, auquel est annexé le bailliage prévôtal d'Arguel, distrait du duché d'Aumale (1). »

Au XVIIIe siècle, la coutume de Ponthieu avait subi de nombreuses modifications. En 1623, les articles 111, 112, 113 et 114 avaient été supprimés; d'autres étaient complètement tombés en désuétude. Une déclaration du roi, du 23 juillet 1777, avait déterminé le sens véritable de plusieurs articles « pour procurer aux habitants des lois fixes, et faire cesser les incertitudes qui peuvent le plus troubler le repos des familles. » Des 182 articles dont elle se composait dans l'origine, un titre avait été entièrement abrogé par des lois positives, un titre adouci par la jurisprudence, et ce qui restait encore en vigueur était le sujet de nombreuses réclamations. On demandait sa suppression entière, et l'adoption de la coutume d'Amiens. La population du Ponthieu allait sans cesse en diminuant, et voici comment on explique cette décroissance continue.

« On n'est plus dans les siècles où les personnes du sexe se prenaient sans dot ou sortaient de la maison pa-

___
(1) Voir sur les divers démembrements du Ponthieu, *Mercure de France*, Novembre, 1740.

ternelle avec une modique pension alimentaire. Celles du Ponthieu restent sans établissement, étant réduites à un quint-viager. Celles qui ont de la prévoyance ne veulent que des époux assez aisés pour assurer leurs reprises et un douaire ; et, comme ces circonstances se trouvent rarement réunies, le célibat est préféré. La population du Ponthieu, comparée aujourd'hui à celle du commencement du siècle, se trouve diminuée d'un tiers. Ramenée au temps de Sanson, c'est moitié de différence, et deux tiers au seizième siècle, sous Charles IX. Ce résultat se fait sentir dans tous les lieux soumis à la coutume de Ponthieu. A quoi attribuer cette perte, si ce n'est à la rigueur de cette coutume destructive de toute société, et qui l'aurait été bien plus encore si elle n'eut été tempérée (1) ? »

Les diverses localités du Ponthieu avaient encore, outre la coutume générale, des coutumes particulières qui ne faisaient loi que dans le ressort d'une commune ou d'une juridiction féodale restreinte. Ces coutumes sont appelées locales, et, dans le Ponthieu comme dans le reste de la France, les coutumes locales étaient des exceptions à la loi générale. Leurs dispositions législatives étaient beaucoup moins étendues que celles de la coutume générale ; mais cette dernière décidait ce qu'elles n'avaient pas prévu.

On croit que les coutumes locales d'Abbeville, qui ne portent point de date, furent accordées peu de temps

---

(1) Mém. déjà cité.

après l'homologation des coutumes générales de Ponthieu. La force de l'usage leur avait donné seule une sorte d'authenticité; car elles ne furent jamais décrétées, ni publiées, ni déposées au greffe du parlement.

Ces coutumes, composées de cinquante-quatre articles (1), règlent les amendes féodales, les droits des officiers municipaux en matière civile et criminelle, de police et de voirie; les formes des diverses procédures; les punitions en cas de blessure avec effusion de sang; celles qu'on inflige pour les injures, etc. Elles déclarent en outre qu'il n'y a point d'arrêt de corps dans la ville et banlieue sans l'autorisation du maire et des échevins. Les quatre premiers articles, qui dérogent aux coutumes générales, sans néanmoins en repousser le principe, sont les plus importants. Ils concernent le douaire, les donations entre époux et celles que les pères et mères font en immeubles à leurs enfants.

M. Raynouard dit que certaines villes firent de la liberté municipale l'article essentiel de leurs coutumes, et que « toutes les fois que la faculté d'établir des réglements où les avantages particuliers de quelque juridiction, soit civile, soit criminelle, étaient dans les attributions de leurs magistrats municipaux, ces villes mirent un juste intérêt à ce que ces priviléges spéciaux fûssent reconnus». (2) Cette remarque s'applique particulièrement aux diverses localités du Ponthieu.

(1) Coutumier général, t. 1er, p. 104.
(2) Hist. du droit municipal en France, t. II, p. 331.

Les coutumes de la prevôté de Montreuil avaient été une première fois révisées en 1467, voici ce qu'on lit dans un manuscrit du *Britich Museum* qui les renferme :

« A tous ceulx qui ces présentes lettres verront, Anthoine, seigneur de Crevecœur...., conseiller et chambellan de mon très-redouté seigneur, monseigneur le comte de Charolois, bailly d'Amiens pour le roi notre sire, par mondit seigneur le comte, salut. Savoir faisons que pour mettre et tenir la prévôté royale de Montreuil et le pays à l'environ en bon ordre et justice, et adfin de relever la prevôté de exactions et charges extraordinaires, nous, par l'advis et délibération des conseillers et advocats du roi, notre dit sire, et de mon dit seigneur de Charolois et autres conseillers et practiciens notables ; assisteurs avœuc nous ès assizes dudit Montreuil, tenues par nous ce mois d'apvril et de may l'an mil IIIIe LXVII, après Pasques, avons renouvellé et fait, faisons et renouvellons les ordonnances et statuts d'assizes cy-après déclariés..... suivent soixante-neuf articles (1).

Les coutumes de la prevôté de Montreuil (2) furent écrites en présence des trois états, au château de cette ville, le 20 septembre 1500, et publiées le 15 janvier 1509. Elles consacrent les dispositions fondamentales de la coutume générale de Ponthieu, le droit d'aînesse

---

(1) Britich museum ; Mss. Arundel, n° 12, in-f° parvo, XVe siècle, f° 9 à 13.
(2) Coutumier général, t. 1er, p. 138.

et de masculinité ; mais ce droit n'a pas lieu pour toutes sortes de biens. Les héritages cottiers (roturiers) se partagent également entre les frères et sœurs, entre les neveux et nièces (art. XIII). Les mêmes coutumes admettent la communauté conjugale, le retrait lignager et rejettent la représentation. Divers droits féodaux y sont aussi réglés, et on y voit qu'on peut donner au fils aîné, en avancement d'hoirie, ses héritages ou acquêts féodaux ou cottiers.

Les coutumes particulières de la prevôté de Montreuil fixent les sommes dues au seigneur en certains cas, les obligations des vassaux, et divers points de jurisprudence féodale sans intérêt. Elles règlent en outre la voirie, les successions des bâtards, les dons entre-vifs ou par testament, quelques dispositions de droit civil, et prononcent la confiscation pour les crimes d'hérésie et de lèse-majesté.

Le jurisconsulte Dumoulin a écrit que le manuscrit qui renfermait les coutumes de la prevôté de Vimeu avait été mangé par le levrier de Saint-Delis, lieutenant-général du bailliage d'Amiens. On croit que Saint-Delis imagina cette fable pour substituer la coutume générale à celle de la prevôté, qui contredisait la première dans ses dispositions les plus essentielles. Nous ne savons si cette conjecture est fondée ; mais toujours est-il que les coutumes de la prevôté de Vimeu existent encore au greffe de la cour royale d'Amiens (1). « Tandis que la coutume du bailliage,

(1) Ces Coutumes vont être publiées par M. Bouthors.

dit M. Bouthors, admettait en matière de succession *ab intestat* le partage des meubles et acquêts mobiliers possédés en roture, les coutumes de la prevôté de Vimeu, comme celles de la sénéchaussée de Ponthieu, posaient d'une manière absolue le principe de l'indivisibilité de ce genre de succession. Le mensonge de Saint-Delis eut donc pour conséquence l'application d'un droit plus libéral (1). »

Les coutumes locales de Gamaches, rédigées au XVe siècle (2), portent que tout homme tenant une maison à loyer dans ce bourg est justiciable du maire et des échevins. Le retrait lignager n'y a pas lieu après un an et un jour de possession paisible. Toute blessure avec effusion de sang, et faite avec une arme, est punie de neuf livres d'amende. Nous ne connaissons que ces seules dispositions.

Les coutumes de la prevôté de Saint-Riquier, approuvées en 1507, et publiées le 15 janvier 1509, ne renferment que neuf articles qui dérogent aux coutumes générales du bailliage d'Amiens. Le plus important consacre le droit de primogéniture ; les autres concernent quelques droits seigneuriaux qui n'ont rien de remarquable. Il en est de même des trois articles dont se composent les coutumes locales de la même prevôté (3).

---

(1) Bullet. de la Soc. des Antiq. de Picardie, 1844, n° 1, p. 23.
(2) Mss. Dom Grenier, 14e paq., n° 7, p. 76.
(3) Coutumier général, t. Ier, p. 151 et 193.

Les coutumes du Marquenterre (1) déclarent (art. V) que les mayeur et échevins ont, dans le ressort de ce canton, les mêmes attributions administratives, civiles et criminelles que ceux d'Abbeville, et qu'ils jouissent en outre des mêmes droits de seigneurie. — Les biens meubles et immeubles des bannis et condamnés leur sont acquis (art. X). — Le droit civil, dans le Marquenterre, fixe la majorité à l'âge voulu par la coutume générale de Ponthieu. — Chacun peut, de ses acquêts et terres, disposer à sa volonté, soit entre-vifs, soit par testament. — Toutes femmes peuvent, après le décès de leurs maris, appréhender la moitié des biens en payant la moitié des dettes. — Si quelqu'un vend un immeuble cottier dans la banlieue, le vendeur et l'acheteur doivent au seigneur, de qui ledit immeuble est tenu, huit pots du meilleur vin et huit autres de moindre qualité, comme celui dont on se sert pour célébrer la messe.

La coutume de Rue renferme quarante-six articles (2). Les actes de vente, les obligations, etc., sont rédigés devant les magistrats municipaux et signés par eux. — On ne peut arrêter personne pour dettes, saisir des meubles, exploiter sans leur demander assistance, et en avoir obtenu l'autorisation. — Ils ont la connaissance de tous les crimes et méfaits commis sur leur territoire, haute, moyenne et basse justice. Cette

(1) Coutumier général, t. 1er, p. 109.
(2) Archiv. d'Abbeville, registre coté : *Coutume de Ponthieu*, in-f°.

justice leur a été octroyée par les comtes de Ponthieu.
— La blessure à sang courant est punie de dix livres d'amende ; la maison du coupable est abattue, mais il peut la racheter en payant cent sous. — Les magistrats municipaux peuvent faire bans, statuts, etc., et les modifier, les abroger, si bon leur semble. — On ne peut faire paître aucune bête, même sur ses propres terres, dans les limites de la banlieue, sans leur congé, à peine d'amende ; — eux seuls doivent faire enlever ou enterrer les morts ou les noyés que l'on trouve dans ces mêmes limites, et aux abords de Rue (1). — Quiconque transgresse leurs ordonnances, paye une amende.

La coutume locale de Rue contient en outre quelques dispositions de police et de droit civil peu importantes, et règle certaines formalités judiciaires.

A Noyelles-sur-Mer (2), si quelqu'un n'acquittait pas les cens, le seigneur pouvait, avec le congé du maire et des échevins, et assisté de leur sergent à verge, enlever les portes et les fenêtres du tenancier-débiteur, les apporter à l'échevinage ou en autre lieu de sûreté, et faire ajourner ce débiteur par devant les officiers municipaux, pour le contraindre à racheter ces portes et ces fenêtres, en soldant sa dette (3).

(1) Le roi et le comte de Ponthieu avaient seuls le droit de faire, sur tous les autres points de ce comté, la levée des cadavres. (Les Olim, t. Ier, p. 715.)
(2) Archiv. d'Abbeville, registre cité plus haut.
(3) Ce droit seigneurial existait à Abbeville et dans un assez grand nombre de villages du Ponthieu.

Les maire et échevins de Noyelles ont la police des métiers de cette ville et banlieue, et font publier chaque année, le jour des brandons (1), les statuts des corporations industrielles, ce qui indique qu'à une époque encore assez rapprochée, le village de Noyelles avait quelque importance.

Nous ne pousserons pas plus loin l'analyse des coutumes locales, attendu qu'elles contiennent un grand nombre de dispositions pareilles, et qu'elles ne présentent souvent qu'un intérêt médiocre. « Les objets généraux sont la sûreté des particuliers, procurée par la punition des crimes et délits ; l'ordre des successions, les conditions des mariages, la protection accordée au débiteur contre les vexations du créancier, aux créanciers contre la mauvaise foi ou la négligence du débiteur, enfin les formes de procéder que, dans tous les temps l'injustice obligea de prescrire pour assurer l'observation de la loi. Toutes ces coutumes, variées à l'infini, quant aux détails, offrent, quant au fond, une ressemblance.... qui indique manifestement une source commune. » (Ordon. t. XII, préf. x et suiv.) Il doit suffire de quelques citations pour en faire connaître l'esprit.

---

(1) C'était le premier dimanche de carême, et on l'appelait ainsi parce qu'au moyen-âge les jeunes gens couraient dans les champs avec des torches allumées.

APPENDICE.

I.

Lettre de Philippe-Auguste à Guillaume III, comte de Ponthieu.

Philippes, par le grace de Dieu, rois des Franchois à sen féel ami et frère Willaume, conte de Pontieu, salut et amour. Sachiez que de le contencion qui est entre nous et nostre chier et féel léveske d'Amiens, des clercs markeans de vostre terre, avons diligiaument enquis que de ches coses il est ainsi à Paris; chest assavoir que nous, les markeaudises des clers, hors d'église et de chimentiere, poovons arreester, pour autretant faire enviers nous, come li autre markeant font, sans che nekedent que on ne meche main el clerc. Pour quoi nous vous mandons que vous poes che faire des markeandises des clers de vo terre. Che fu fait à Paris l'an de grace mil CC. et VIII, el mois de décembre.

(Archives d'Abbeville, Livre Blanc, f° XXXIII, v°)

II.

Bulle du Pape Grégoire IX adressée à Robert de Dreux, seigneur de Saint-Valery, relative aux troubles survenus en cette ville et aux attaques à main armée dirigées contre les moines de l'abbaye de ladite ville, par le mayeur et les jurés.

GREGORIUS episcopus, servus servorum Dei, dilecto filio, nobili viro Roberto, comiti Drocarii, salutem et apostolicam benedictionem. (1) . . . .
Sanè gementes accepimus et turbati, quòd dilecti filii abbas et conventus monasterii Sancti-Gualerici suprà mare, quod ad romanam ecclesiam, sicut asserunt, nullo pertinet mediante, quia majoris et juratorum villæ Sancti-Gualerici Ambianensis diocesis asperis et amaris injuriis quas clericis crucesignatis et viduis ejusdem villæ ac cæteris hominibus dicti monasterii miserabiliter inferebant, sœpiùs urgebantur: idem abbas, auctoritate ordinaria quam optinere dinoscitur in [eisdem, post monitionis instantiam ad eorum proterviam clidendam, in ipsos excommunicationis sententiam promulgavit, qui tàm homines prædictæ villæ quàm alios accedentes ad illam, ut vivendi facultas dictis abbati et conventui tolleretur, nè ipsis aliqua venderent, banniuerunt; sed tandem contritorum effigiem prætendentes, cùm post prestitam juratoriam et fidejussoriam cautionem quòd de illatis injuriis satisfactionem debitam exiberent, abbatis beneplacito proùt de jure competenter parituri ab ipso absolutionis beneficium obtinerent; ipsi, contempto prestito juramento, eò quòd, sint

(1) Afin d'abréger, nous avons supprimé les formules, et nous nous sommes tenus aux imples détails des faits.

virtutum et fidei contemptores, satisfactionis solvere debitum recusarunt. Propter quod cùm idem abbas in eos excommunicationis sententiam iteraret, ipsi, servientibus monasterii carceri mancipatis et tractatis turpiter ab eisdem, quos capientes illius et per violentiam detinentes, quosdam portarum et murorum ecclesiæ custodiæ deputarunt; ut ingressûs et exitûs facultate sublata, monachorum animas ac eorum familiæ (*sic*) gladius famis extingueret, dùm illis in clausura mœrentibus nullus necessaria ministraret. Ad hæc, cùm idem abbas fretus concilio peritorum, ne fortè sancta domini manus sacrilegæ contrectarent comtemptibiliter, ad parrochialem ecclesiam Sancti-Martini in supradicta villa positam processionem sollempnem per monachos suos fieri faceret, ut indè salutis nostræ viaticum, crisma, et oleum sanctum cum debita reverentia deportarent. Dicti major et jurati, communitatis campana pulsata, in eosdem monachos cum gladiis et fustibus irruentes, ipsos in domum presbyteri ejusdem ecclesiæ retrudendo, ad januas et fenestras illius lignorum congerie posita, ne indè monachis exitus ut ingressus aliquibus præberetur, ipsos, quibusque sibi victualibus denegatis, inclusos ibi per triduum tenuerunt : quibus ad exinanitionis extremæ discrimina jam deductis, cùm mortis amaræ periculum immineret, quod non absque quadam orribilitate referimus, potum amaritudinis et orroris, urinam videlicet, facti humanæ compassionis immemores propinarunt. Hiis quidem miseriis perpetratis, sœpè dicti major et jurati, ut se non solum erroneos, sed hæreticos potius propalarent, cum quibusdam quos eis Satanæ suggestio colligavit, in modum processionis circà memoratam parrochialem ecclesiam incedentes, impositis sibi ordinum et officiorum titulis quibus ecclesiastica dignitas decoratur, quasi dementes, profundis clamoribus ærem verberantes, ac illudentes conditori omnium et collegio supernorum, aqua maledictionis consecrata loca per circuitum aspergebant. Imò ut nequioribus signis exponerent suæ perfidiæ quantitatem, ecclesiæ supradictæ januis redactis in cinerem, gloriosæ Genitricis Dei et Beati Evangelistæ Johannis yconam venerabilem flammæ ignis ad nostri Redemptoris injuriam dampnabiliter, et undiquè manibus versantes eamdem eidem venerandæ Virgini calefac..., misera miseriæ filii Dei dicere præsumebant. Cœterùm, cùm quidam villæ prædictæ puerulus de viventium numero soluto carnis debito tolleretur, duo excommunicati laici de collegio prædictorum, quorum unus prioris et alter præpositi titulum assumpserant, in opprobrium monachorum stolam sibi de stramine facientes, aqua maledictionis habita præ manibus in similitudine benedictæ corpus ejusdem pueruli multis præsentibus sepulturæ ecclesiasticæ, tradiderunt. Eccè, si hæc omnia veritatis optinerent fulcimentum, quidem egemus testibus, quin tàm nephandi homines sint Antichristi perditi præcursores. Quomodò tàm detestanda facinora sanctæ catholicæ fidei multipliciter inimica passus Dei filius pro salute fidelium patietur, nisi fortè pro ipsis pœnitentiæ humilitas intercedat? Qualiter, nos ipsi qui, superna providentia disponente, reginem ac curam suscepimus animarum tantæ impietatis actores tollerare possumus, quin, per nos et alios, ipsos correctione debita castigemus, ut saltem digna severitate correcti, non fiant pænis perpetuis obligati; porrò ut per evidentiam operis recognoscant, quòd possit mater ecclesia ulcisci filiorum injuriam, et angustias justitiæ consolantis dulcedine relevare, nobilitatem tuam rogamus et obsecramus in Domino Iehsu Christo ac in remissionem.......... prædictos sacrilegos sacris legibus dampnabiliter inimicos, necnon fautores ipsorum qui sub temporali jurisdictione tua consistere referuntur, ab injuriis dicti monasterii taliter tradita tibi potestate conpescas ; monasterium..... tuæ gratia confovendo, quòd ipsi tuæ probitatis dextera comprimantur, et status ejusdem monasterii reparetur : illaque plena gratia, et omnis sanctitatis muneribus insignita, divinæ receptaculum majestatis, vita gentium et gaudium angelorum, ecclesiæ sanctæ speculum et corona virgo.. mater omnium conditoris, de illata sibi per prædictos perfidos injuria tàm enormi, sicut tuo credis honori competere, qui videtur ex hoc maculam non modicam contraxisse, eò quòd expressa temeritas hujusmodi reproborum extimetur, ab aliquibus tui favoris..... præsidium, vindicetur. Sicque fiat, quòd ipsis et cœteris dictæ villæ impiis timentibus amodò ad injuriam procedere creatoris, tibi, meritis ejusdem gloriosæ Virginis, prosperitatis augmentum, sedis apostolicæ favor et gratia, nec non post decursum præsentis vitæ spatium benedictionis æternæ, munera conferantur..... Datum Lateranis, idiis Julii, pontificatûs nostri anno septimo. »

(Archiv. d'Abbeville, liasse intitulée : Hist. ecclésiastique, à la date de 1232.)

TRADUCTION.

GRÉGOIRE, serviteur des serviteurs de Dieu, à son fils chéri noble homme Robert, comte de Dreux, salut et bénédiction apostolique. . . . .

Nous avons appris avec gémissement et avec trouble que nos chers fils l'abbé et les moines du monastère de Saint-Valery sur la mer, lequel relève directement comme ils disent, de l'église romaine, ont été l'objet d'insultes graves et violentes, ainsi que les clercs, les croisés et les veuves de la même ville, et les autres hommes dudit monastère, de la part du mayeur et des jurés de la ville de Saint-Valery, au diocèse d'Amiens; et, comme ces violences devenaient plus fréquentes, ledit abbé, en vertu de l'autorité ordinaire qu'il a en de semblables matières, prononça, après un délai d'avertissement, une sentence d'excommunication contre le même mayeur et les mêmes jurés, qui avaient banni les hommes de Saint-Valery et d'autres qui venaient dans cette ville, afin d'enlever à l'abbé et au couvent les ressources nécessaires à la vie, en défendant qu'on leur vendît quelque chose : prenant enfin tous les dehors du repentir, ils s'engagèrent sous caution et avec serment à donner la satisfaction qui était due pour les violences qu'ils avaient commises, et à se soumettre comme ils le devaient légitimement au bon plaisir de l'abbé qui, en raison de cette conduite, leur donna l'absolution; mais bientôt au mépris du serment prêté, car ils sont contempteurs des vertus et de la foi, ils refusèrent la satisfaction qui était due : l'abbé renouvela donc contre eux la sentence d'excommunication. Ils jetèrent alors en prison et traitèrent honteusement les serviteurs du monastère, s'emparèrent de leurs personnes, les retinrent de force, et placèrent des gardes aux portes et aux murs de l'église, afin que la faculté d'entrer et de sortir étant enlevée, le glaive de la faim fît périr les moines et leurs gens qui, se lamentant dans la séquestration, ne pouvaient recevoir de personne les choses nécessaires à la vie; c'est pourquoi ledit abbé, appuyé des conseils d'hommes experts, et voulant éviter que des mains sacriléges ne profanassent les choses saintes, fit faire par ses moines une procession solennelle à l'église paroissiale de Saint-Martin, qui est située dans ladite ville, afin d'en rapporter aussi révérencieusement que faire se doit le viatique de notre salut, le chrême et l'huile sainte. Le mayeur et les jurés, après avoir sonné la cloche, se précipitèrent sur les moines avec des épées et des fouets, les refoulèrent dans la maison du curé de l'église de Saint-Martin, et entassèrent aux fenêtres et aux portes une grande quantité de bois, afin qu'aucun des moines ne pût entrer ou sortir. Ils les tinrent ainsi renfermés pendant trois jours en leur refusant des vivres ; et déjà les moines étaient menacés d'une mort cruelle, lorsqu'oubliant toute compassion, nous ne pouvons rapporter ce fait sans frémir, ils leur présentèrent une boisson amère et horrible, c'est-à-dire de l'urine. Après avoir commis toutes ces infamies, le mayeur et les jurés, non contents de se conduire comme des vagabonds, mais voulant encore se montrer hérétiques, firent, après s'être adjoints quelques hommes qui s'étaient réunis à eux par la suggestion de Satan, une espèce de procession autour de la paroisse susdite. Ils se donnèrent à eux-mêmes des fonctions et des titres ecclésiastiques ; et, comme des fous, en poussant de grands cris, et en se moquant du créateur de toutes choses et de la cour céleste, ils aspergèrent les lieux consacrés de l'eau de malédiction. Il y a plus : pour montrer par les actes les plus coupables combien était grande leur perfidie, ils réduisirent en cendres les portes de l'église susdite, et, se passant de main en main l'image vénérable de la glorieuse mère de Dieu, ils la présentèrent à la flamme, et ils disaient des choses misérables de la misère du fils de Dieu. Un enfant de la même ville étant mort, deux laïcs excommuniés, qui faisaient partie de la commune, prirent, l'un le titre de prieur, l'autre le titre de prevôt, et, pour outrager les moines, ils revêtirent des étoles de paille, prirent dans leurs mains une eau de malédiction, comme si cette eau eût été bénite, et, en présence d'une grande foule, ils donnèrent à l'enfant la sépulture ecclésiastique. Si toutes ces choses sont conformes à la vérité, certes, quoique nous manquions de témoins, des hommes aussi coupables sont d'abominables précurseurs de l'Antechrist. Comment le fils de l'homme, qui a souffert pour le salut des fidèles, pourrait-il tolérer des forfaits aussi grands, et tant d'actes hostiles à la foi catholique, si une humble pénitence n'intercède pour les coupables ? Comment nous-mêmes qui, par la volonté de la providence, avons pris le gouvernement et le soin des âmes, pourrions nous laisser impunis ceux qui ont pris part à de si grandes impiétés? Nous devons par nous-mêmes et par les autres leur infliger la punition qu'ils méritent, afin que corrigés par une juste sévérité ils n'ayent point à acquitter la dette des peines éternelles; et que par l'évidence des faits ils reconnaissent que notre mère l'église peut venger les outrages de ses enfants et adoucir les remords par la douceur d'une justice consolante; nous nous adressons donc à ta noblesse, et nous te supplions dans le seigneur Jésus-Christ, et pour la rémission.... (1) les sacriléges susdits, ennemis des lois saintes, et ceux qui les ont excités et qui sont, dit-on, soumis à ta juridiction temporelle. En vertu de la puissance qui t'est confiée, sauve le monastère des violences auxquelles il est en butte; que par ton intervention et ton bon vouloir les coupables soient réprimés; que le monastère soit remis en son premier état, et que la Vierge pleine de grâce, cette Vierge décorée de tous les dons de la sainteté, ce vase où s'est incarné la Majesté Divine, cette vie des nations, ce miroir et cette couronne de la Sainte-Eglise, cette mère du créateur de toutes choses, soit vengée, comme tu jugeras convenable à ton honneur, qui paraît avoir reçu de ces évènements une grave atteinte, attendu qu'il y en a qui pensent que tu as favorisé la témérité de ces méchants. Qu'il en soit ainsi, afin que les impies de ladite ville s'abstenant à l'avenir d'outrages envers Dieu, tu obtiennes par les mérites de la glorieuse Vierge la faveur et la bienveillance du siége apostolique, et, après cette vie, la bénédiction éternelle!.... Donné à Saint-Jean de Latran aux Ides de Juillet, la septième année de notre pontificat.

(1) Le sens des mots déchirés est sans doute quelque chose comme : pour la rémission de tes péchés de punir les sacriléges, etc.

III

Acte du serment prêté par Edouard Ier, roi d'Angleterre, aux magistrats municipaux d'Abbeville.

Edouars par le grace de Dieu, rois d'Engleterre, sires d'Yrlande, duc d'Aquitaine, cuens de Pontieu et de Monsteruel, et Alyenor par chele meisme grace, royne, dame et contesse des lieux devant dis, se feme ; à tous présens et avenir faisons savoir : que comme par le mort de noble dame Jehane jadis royne de Castele et de Lyon, contesse de Pontieu, de Monsteroel et d'Aubemale, le terre et le contée de Pontieu nous soit eskeu, et nous soions venu à le vile d'Abbevile pour nos homages, sairemens et fianches à prendre du maieur, des eskevins et de toute le communité d'Abbevile en no venir ; li devant dit maires, eskevins et toute le dite commuigne, pour le révérence de nostre royale majesté, nos sairemens par procureur en nos ames ont recheu, nous personnelement presens et consentans, comment que nous fussons tenu, si comme il disoient, faire les sairemens devant dis en nos personnes, et ne volons mie pour chou que il tourt a préjudice a aus, à leurs lettres et instrumens, que il ont eu de nos anchiseurs contes de Pontieu, ne a leurs privilèges, usages et coustumes : et leur ottrions pour nous et pour nos successeurs contes de Pontif que li dit successeur conte de Pontieu, qui que il soient, par raison de le contée de Pontieu, fors les rois d'Angleterre, fachent sairemens en leur venir as devant dis maieur, eskevins et à toute le communité devant dite, si come nos anchiseurs conte de Pontieu ont accoustumé à faire, et que à cheste fois les sairemens que nous avons fait à aus par procureur ne leur puist nuire, et que les coses devant dites parmaignent fermes et entières dore en avant. Nous avons commandé chest present escrit estre confremé et enforchié du muniment de nos seaus. Donné à Abbevile, le sisime jour de juing l'an de grâce, mil CC. et LXXIX.

(Archiv. d'Abbeville, Livre Rouge, f° XVI, v° et Livre Blanc, f° XV, v°)

TABLE ANALYTIQUE

DES MATIÈRES

CONTENUES DANS LE PREMIER VOLUME.

A

Abbaye de Saint-Josse : charte des priviléges de cette abbaye, 184.
Abbaye de Port : détruite par les Normands, 64.
Abbaye de Saint-Riquier : sa description au IXe siècle, 52 ;—dénombrement de ses biens, 59 ;—cérémonies liturgiques qui avaient lieu dans cette abbaye au IXe siècle, 60.
Abbayes du Ponthieu au VIIe siècle, 40.
Abbés-Comtes de Saint-Riquier : leurs attributions, 48.

Abbeville : citée p. 3, 4 ; mentionnée pour la première fois en 831, p. 60 ; — détails sur l'origine de cette ville, 76 ; — Godefroi de Bouillon y passe la revue des croisés, 126 ; — Robert II, duc de Normandie, la choisit pour sa place d'armes, 123 ;— traité conclu dans cette ville entre Louis IX et Henri III, roi d'Angleterre, 163 ; — Guillaume Talvas vend aux bourgeois leurs libertés, 171 ;—Jean de Ponthieu leur donne une charte, 172 ; — analyse de cette charte, ib.; — plusieurs articles sont empruntés à la charte d'Amiens, 176 ;—résultat de l'affranchissement communal à Abbeville, 177; — sceau de cette ville, 178; — débats des habitants avec les officiers du roi d'Angleterre en 1281, 207; — ils chassent de leur ville le bailli d'Edouard, 208; — ils accordent à ce monarque le droit d'élever une forteresse dans l'enceinte de leur ville, 208; — la commune est suspendue par Edouard II, 215; — résistance des habitants au roi d'Angleterre, 216; — la commune est suspendue par Isabelle, 217; — les habitants, en 1345, s'insurgent contre les Anglais et les forcent à capituler, 220; — les habitants se concertent avec Charles V, 264; — ils prennent les armes, et chassent les Anglais de leur ville, 265; — tableau de la misère des Abbevillois au commencement du XVe siècle, 277; — population d'Abbeville en 1385, 278; — cette ville se ligue avec Jean-sans-Peur, 328; — aide Philippe-le-Bon à prendre Saint-Riquier, 333; — les habitants refusent l'entrée de la ville aux déserteurs de la bataille de Mons-en-Vimeu, 338; — embûche tendue au capitaine de cette ville, 331; — état malheureux d'Abbeville au XVe siècle, 363; — les Bourguignons s'en emparent par surprise, 375; — excès qu'ils y commettent, 377; — Charles-le-Téméraire y fait construire un château, 377; — y convoque les états des Pays-Bas, 380; — Torcy vient en prendre possession au nom de Louis XI, 389. Voyez *Ponthieu, armoiries.*

ABLAIS, 441.

ADÈLE DE PONTHIEU, 141; — analyse du roman où son aventure est racontée, 142.

AGACHE : indique à Edouard le gué de Blanquetaque, 224.

AIRAINES : confirmation des franchises des habitants, 194; — Edouard III, roi d'Angleterre y fait reposer ses troupes, 221; — les deux châteaux de ce bourg tiennent le parti du Dauphin, 340; — siége de ces deux forteresses, 341; — le bourg est incendié, ib.; — il est pris et brûlé par les Bourguignons, 381.

ALCAIRE, comte de Ponthieu : prend le titre de *dux Franciæ maritimæ seu Ponticæ*, 17.

ALÉAUME de Fontaines : prend part à la troisième croisade, 139; — fonde l'église de Longpré, ib.

ALENÇON (Jean II, duc d') : détenu dans le château du Crotoy, refuse de traiter avec le duc de Bedford 350.

ANGELRAMNE, INGELRAM, abbé de Saint-Riquier, 50, 51.

ANGILBERT, comte-abbé de Saint-Riquier : combat les hommes du nord 47; — fonde une école dans son monastère, 49; — y établit une bibliothèque, 52; — reconstruit l'abbaye, ib.; — sa mort, 55.

ANGLAIS : sont vaincus dans une bataille auprès d'Abbeville, 137; — s'emparent de Saint-Valery, 149; — attaquent le village de Mers, 220; — prennent le château d'Hélicourt, ib.; — attaquent le Pont-Remy, 221; — brûlent les villages de Fontaines et de Longpré 222; — sont battus par les bourgeois d'Abbeville, 223; — brûlent les villages du Vimeu, ib.; — s'emparent d'Oisemont, ib.; — attaquent Saint-Valery et sont repoussés, ib.; — forcent le passage de Blanquetaque, 225; — s'emparent de

Noyelles, 226; — du Crotoy, ib.; — sont chassés d'Abbeville après trois jours de combats, 266;—reviennent dans le Ponthieu sous les ordres du duc de Lancastre, 268;—s'emparent de Hugues de Châtillon, 269;— sont battus par Duguesclin, 271;—prennent le château de Noyelles-sur-Mer, 347; — s'emparent de Rue, ib.; — assiégent le Crotoy, 347. (Voy. *Crécy*, *Edouard* III.)

ANGLETERRE : peuplée, suivant Sanson, par les Britanni, anciens habitants du Ponthieu, 3.

ANSCHER, abbé de Saint-Riquier, 51.

ANSELME de Cayeux : détails qui le concernent, 154.

ANTIQUITÉS CELTIQUES et ROMAINES : voy. *Buste*, *Epées*, *Haches*, *Moules*, *Pirogue*, *Tombelles*, *Vases*.

ARMOIRIES : d'Abbeville, 393, note; — du Crotoy, 81; — de Gamaches, 88; — d'Hiermont, 86; — de Montreuil, 76;—du Ponthieu, 392; — de Rue, 84; — de Saint-Riquier, 72; — de Saint-Valery, 83.

ARNOUL, comte de Flandre, s'empare des reliques de Saint-Valery et de Saint-Riquier, 103;—fait assassiner Guillaume Longue-Epée, 104.

ARRIÈRE-FIEFS : leur nombre dans le Ponthieu, 403.

ASILE (droit d'), 422.

AUBAINE (droit d'), 442.

AUGUSTA, village du Vimeu, 6.

AULT (le bourg d') cité, 6, 36; — une charte de commune est accordée aux habitants de ce bourg.

AUMÔNES faites par la ville d'Abbeville, 293.

AVOUÉS des monastères, voy. *Abbés-Comtes*.

B

BAILLEUL (Jean de), originaire du Ponthieu : détails sur ce prince, 209, note.

BANALITÉ, 406.

BEDFORD (le duc de), cité, 346, 350, 355. Voy. *Crotoy*.

BÉNÉDICTINS DE SAINT-PIERRE, se battent avec les Chartreux d'Abbeville, 305.

BERNARD DE SAINT-VALERY : se croise pour la Terre-Sainte, 139.

BERNAVILLE : ses habitants obtiennent une charte semblable à celle de Domart, 196.

BÊTES A LAINE : On ne peut dans le Ponthieu avoir qu'une seule bête à laine par journal à la sole, 442.

BIBLIOTHÈQUE de Saint-Riquier, 52.

BLANQUETAQUE (gué de) : détails sur ce gué, 224, 360, note; Godemard du Fay en garde le passage avec 12,000 hommes, 224.

BLÉS, amassés par Louis XI à Abbeville; ordonnance y relative, 390.

BOIS d'Abbeville, 68;— de Bruile, id.; — de Roundel, ib.;— de Saint-Nicolas, ib.;— du Sénéchal, ib.

BOURBON (Jacques de), comte de Ponthieu ; détails sur sa vie, 228, note; —se dessaisit du Ponthieu, 262.

BOURGEOIS D'ABBEVILLE, 172, 173, et suiv.

BOURGEOISIE (droit de) : détails concernant l'obtention et l'exercice de ce droit à Abbeville, 200.

BRITANNIA : dissertation de Sanson sur cette ville, 8.

BUSTE de Cybèle trouvé à Tours, 14.

C

CAMBAGE, 405.

CALAIS : secouru par les Abbevillois

CAMMPS ROMAINS : leur emplacement, leur description, 7, 8.
CAUMONT (Jean de) : s'empare du château de Mareuil, 339.
CAYEUX : brûlé par Louis XI, 387.
CENS, 405,
CENSIVES, ib.
CENTULE : est nommée Saint-Riquier, 40 ; — description de l'abbaye de cette ville, bâtie par Angilbert, 52, 53 ; — redevances payées par les habitants à l'abbaye, 57.
CERCUEILS DE PIERRE, 13.
CHAMBELLAGE, 406.
CHAMPART, 405.
CHANT TEUTONIQUE, 97.
CHANTEURS en place à Abbeville, 312.
CHAPEAUX DE ROSES, 409 ; — de Venques, ib.
CHAPELLES DU PONTHIEU au VIIe siècle, 40.
CHARLEMAGNE : cité, 53, 54 ; — séjour de ce prince à Saint-Riquier, ib.
CHARLES-LE-MAUVAIS : cherche à se faire un parti dans le Ponthieu, 257 ; — il y trouve des complices 258 ; — ses partisans s'emparent de Saint-Valery, 259.
CHARLES V, roi de France : donne ordre à Châtillon de s'emparer du Ponthieu, 265 ; — il accorde aux Abbevillois des priviléges, 268.
CHARLES VI, roi de France : séjour de ce prince à Abbeville, 272.
CHARLES-LE-TÉMÉRAIRE : cité, 374, 375, 377, 383.
CHAROLAIS (le comte de) 369, 372, 373, 374. Voyez CHARLES LE TÉMÉRAIRE.
CHARTES DE COMMUNE D'ABBEVILLE, 172 ; — d'Ault, 192 ; — de Bernaville, 196 ; — de Crécy, 181 ; — du Crotoy, 187 ; — de Domart, 194 ; — de Doullens, 183 ; — d'Ergnies, 194 ;

— de Feuquières, 197 ; — de Fontaines-sur-Somme, ib. ; — d'Hiermont, 179 ; — de Saint-Josse, 184 ; — de Long, 199 ; — de Maisnières, 192 ; — du Marquenterre, 182 ; — de Montreuil, 178 ; — de Noyelles-sur-Mer, 180 ; — d'Oisemont, 200 ; — Ponthoile, 183 ; — Port, 192 ; — Rue, 189 ; — Saint-Riquier, 166 ; — Saint-Valery, 191 ; — Villeroye, 191 ; — Vismes, 192 ; Waben, 181 ; — Wavans, 186.
CHARTREUX D'ABBEVILLE : attaqués et battus par les bénédictins de Saint-Pierre, 305.
CHASSE : obligatoire pour les vassaux des comtes de Ponthieu ; 401.
CHAUSSÉES ROMAINES, 13, 14.
CHEVALIERS BANNERETS : leur nombre dans le Ponthieu, 403.
CHOLET (le cardinal Jean) : détails qui le concernent, 139.
CLERGÉ : ses mœurs au moyen-âge, 302.
CLODION : étend sa domination jusqu'à la Somme, 17.
COHEN, capitaine d'Abbeville, 331, 338.
COMMUNAUTÉ CONJUGALE : dispositions de la coutume de Ponthieu y relatives, 439.
CONFLANS (traité de), 372.
CORVÉES, 405.
COTRON (Dom), continuateur d'Hariulfe, 48.
COUR des bourgeois d'Abbeville, 436.
COUTUME DE PONTHIEU : détails relatifs à la rédaction de cette coutume, 437 ; — étendue de son ressort, ib. ; — règle les redevances féodales, les formes de la procédure civile et les poursuites criminelles, 443 ; — ses vices sont signalés par les états-

généraux de Picardie en 1614, ib.; — confusion jetée par le démembrement du Ponthieu dans le ressort de la coutume, 444 ; — modifications qu'elle subit à différentes époques, 445 ; — ce qu'en disent les jurisconsultes du XVIIIe siècle, 443.

COUTUMES PARTICULIÈRES OU LOCALES : ce que c'était dans le Ponthieu, 446 ; —Coutumes locales d'Abbeville. Détails y relatifs, ib.; — Coutumes de la prevôté de Montreuil, 448 ; — leurs principales dispositions, ib.; Coutumes locales de Gamaches, 450; du Marquenterre, 450; —de Noyelles-sur-Mer, 452 ; — droit qu'elles donnent au seigneur sur ses tenanciers pour le paiement des dettes, ib.; — Coutumes locales de Rue, 451 ; — de la prevôté de Saint-Riquier, 450 ; — du Vimeu, 449.

CHRISTIANISME : on ignore à quelle date il fut prêché pour la première fois dans le Ponthieu, 23 ; — propagé dans le comté par les missionnaires irlandais, 25.

CRÉCY : existait dès l'an 630, p. 85 ; — Les rois Francs y possédaient un palais, 22 ; — une charte de commune est accordée à ce bourg par Guillaume III, 181.

CRÉCY (bataille de) : récit de cette journée, 227. Voy. *Blanquetaque.*

CROTOY (le) : origine de cette ville, 80 ; — citée, 136 ; — détails relatifs à l'organisation municipale de cette ville, 187 ; — les Anglais s'en emparent, 226, — citée, 254 ; — assiégée par les Anglais, 347 ; — capitule ; à quelles conditions, ib., — entrevue du duc de Bedford avec Jean II, duc d'Alençon, dans le château de cette ville, 350 ; —Jeanne d'Arc y est détenue par les Anglais, 253 ; — la ville est prise par Florimond de Brimeu, 357 ; —les Anglais restent maîtres du château, ib.; — le duc de Bourgogne vient les y assiéger, 359 ; — Talbot s'empare de la place, 360 ; — Louis XI et le duc de Bourgogne y signent un traité, 380 ; — citée, 383 ; — Assiégée et prise par Charles-le-Téméraire, 383 ; — Reprise par Louis XI, 390.

CULLAGE (droit de), 408.

D

DOMART : origine de ce bourg, 85 ; — Hugues-Capet le fait fortifier, ib. ;— les habitants reçoivent de Jean, comte de Dreux, une charte de commune conforme à celle de Saint-Quentin, 194 ; — analyse de cette charte, 195 ;—pris par les Français, 346, 352 ; — château de ce bourg, 430.

DOMPIERRE (château de), 432, 433.

DOMVAST ; cité, 330, 383.

DOULLENS : cette ville reçoit une charte calquée sur celle d'Abbeville, 183, 184.

DROCHTRIC, comte de Ponthieu : fait ouvrir le tombeau de Saint-Josse, 19 ; — sa punition, ib.

DROIT CIVIL, 434.

DROIT COUTUMIER, 434 ; — coutume de Ponthieu, est la première coutume écrite dans le royaume, 437.

DROITS FÉODAUX des comtes de Ponthieu, 398;—des maires d'Abbeville, 414 ; — des abbés de Saint-Josse, ib. ; — de Saint-Saulve, 415 ; — de Saint-Valery, ib.;—de Saint-Riquier, 416;—du chapitre de Saint-Vulfran, 415. — Des seigneurs de Boubers,

409 ; — de Domart, ib.;—de Drucat, 407; — de Gamaches, 409; — de Labroye, 410; — de Laviers, ib.; — de Long, 408, 414 ; — de Maintenay, 410; — de Mareuil, 408 ; — de Nouvion, 409 ; — de Ponches, 413.

DRUGY : cité 331, 385, 386 ; — château de ce village, 429.

DRUIDISME : détails sur ce culte dans le Ponthieu, 31, 32.

DUGUESCLIN : combat les Anglais dans le Ponthieu, 271.

E

EAUCOURT (château d') : saccagé par l'ordre du duc de Bourgogne, 332.

ECHEVINS d'Abbeville, 174 et suiv. ; — leurs attributions juridiques, 436. —du Marquenterre : ce qu'en disent les coutumes, 451. Voy. *Chartes d'affranchissement*.

ECOLE MONASTIQUE de Saint-Riquier, 49 ; — de Saint-Valery, ib., note.

ECORCHEURS : leurs ravages dans le Ponthieu, 355.

EDOUARD Ier, roi d'Angleterre, épouse Eléonore, comtesse de Ponthieu, 205 ;— prête serment aux bourgeois d'Abbeville, 206; — acte de ce serment, 462.

EDOUARD II, roi d'Angleterre : fait hommage au roi de France pour le comté de Ponthieu, 211.

EDOUARD III : débarque en Normandie, 221 ;—se replie sur le Ponthieu, ib.; — marche sur Abbeville, vient reconnaître la place, 222 ; — gagne la bataille de Crécy sur Philippe de Valois, ce qu'il fait pendant cette bataille, 229 et suiv.

EDOUARD IV, roi d'Angleterre, 385, 386.

ELÉONORE, comtesse de Ponthieu, épouse Edouard Ier, roi d'Angleterre, 205; — sa mort, 209.

ENGUERRAND Ier, comte de Ponthieu : détails sur sa vie, 116.

EPÉES ANTIQUES, 12, 13.

ESQUERDES (le sire d'), 375, 376 et suiv.

ETAT PHYSIQUE DU PAYS depuis le VIIIe siècle jusqu'au XIIe, 66. Voy. *Forêts*.

ETUVES, 301.

EVÊQUE D'AMIENS : ses droits sur les nouveaux mariés à Abbeville, 307.

EVÊQUE DES INNOCENTS à Abbeville, 314.

EVÊQUE DE RUE, ib.

F

FABLIAU du curé de Bailleul et du boucher d'Abbeville, 304.

FATISTES : auteurs de mystères, 322.

FEUQUIÈRES : les habitants reçoivent une charte de commune, 196.

FEUX D'OS, 356, note.

FIEFS : leur nombre dans le Ponthieu, 403.

FLORENT, comte de Ponthieu, 94.

FOIRES tenues près d'Abbeville, pillées par les Anglais, 149.

FONTAINES-SUR-SOMME: charte d'affranchissement de ce village, 197;—il est brûlé par les Anglais, 221.

FORAGE, 405.

FORÊT de Crécy, 67; — de Vicogne, ib.; du Crotoy, 68; — de Guaden, ib.; — de Cantastre, ib. ; — de Mons-Boubers, ib.; — de Vron, ib.; — détails sur la chasse d'un cerf dans la forêt de Crécy, 69, note.

FORMENTIN : auteur d'une histoire inédite des comtes de Ponthieu ; appréciation de cet ouvrage, 122.

FOUR BANAL, 406.

Francs (les), première apparition de ces peuples dans le Ponthieu, 16, 17.

G

Gamaches, cité 44 ; — origine de ce bourg, 87 ; — ses murs, 88 ; — son château, ib.; — sa collégiale, ib.; — le duc de Warwick s'empare de ce bourg, 342; — il est emporté d'assaut par Olivier de La Marche, 381.

Gard (hôtel du) 423.

Garenne (droit de) 405.

Gérard d'Abbeville : détails qui le concernent, 153.

Gervin Ier, abbé de Saint-Riquier, 51.

Gervin II : obtient l'évêché d'Amiens du roi Philippe Ier, 124; — désordre de son administration dans l'abbaye de Saint-Riquier, ib.; — il est réprimandé au concile de Clermont, 125.

Gibert de Montreuil : dédie son roman de la Violette à Marie, comtesse de Ponthieu, 312.

Grégoire IX : bulle de ce pape relative aux attaques dirigées contre les moines de Saint-Valery par les habitants de cette ville, 192 et 456.

Guaramond, chef normand, est battu par Louis XIII à Saucourt, 93.

Gui Ier, comte de Ponthieu : ses guerres contre Guillaume de Normandie, 117 (voyez *Harold*); est représenté sur la tapisserie de Bayeux, 118; — fournit des secours à Guillaume pour la conquête de l'Angleterre, 122; — lettre par laquelle il informe l'évêque d'Arras qu'il doit armer chevalier à Abbeville l'héritier de la couronne de France, Louis-le-Gros, 127; — commentaire sur cette lettre, ib. ; — Gui répare en mourant les torts qu'il avait causés aux moines, 128.

Gui II, comte de Ponthieu : se croise avec Louis-le-Jeune, 435; sa mort, 136.

Guillaume Ier, comte de Ponthieu : détails sur sa vie, 106.

Guillaume II, comte de Ponthieu : guerres qu'il soutient, 133 ; — il se croise avec Louis VII, 134 ; description de son tombeau, ib.

Guillaume III, comte de Ponthieu : son mariage, 147 ; — ses différends avec Thomas de Saint-Valery, 148 ; — se ligue avec Philippe-Auguste contre Richard, roi d'Angleterre, 149 ; — se croise contre les Albigeois, 150 ; — combat à Bouvines, 153 ; — sage administration de ce comte, 156.

H

Haches de pierre, 12.

Halgrin (le cardinal Jean) : détails qui le concernent, 153.

Harcourt (Geoffroy d'), 223, 226, 231, 239, 245.

Harcourt (Jacques d') : tient garnison au Crotoy, 329 ; — fait la guerre aux Anglais et aux Bourguignons, ib.; — traité de la reddition du Crotoy, 347 ; — donne des ôtages, 348 ; — quitte le Crotoy, va visiter le seigneur de Parthenay, son parent ; il est tué, 349.

Harfleur : les habitants de cette ville viennent se réfugier à Abbeville, 362.

Hariulfe : auteur d'une chronique de Saint-Riquier, 48, note.

Harold : naufrage de ce prince sur les côtes du Ponthieu, 117 ; — il est retenu prisonnier par Gui, 118.

Harnid, abbé-comte de St.-Riquier, 55.

Hastings, chef normand : bat les Français près d'Amiens, 101.
Haymon, comte de Ponthieu : réside à Mayoc, 18 ; — fonde l'abbaye de Saint-Josse-sur-Mer, 39.
Helgaud, abbé-comte de Saint-Riquier, 63 ; — dresse des réglements généraux pour le comté de Ponthieu, 64.
Helgaud II, comte de Ponthieu : combat contre les Normands, 101 ; — fait fortifier Montreuil, ib.
Herbage (vif et mort), 405.
Hercule et Antée, groupe de bronze trouvé dans la vallée de Somme, 14.
Héritage. Voyez *Succession*.
Hélisachar, abbé de Saint-Riquier, 56, note.
Henri V, roi d'Angleterre : traverse le Ponthieu avec son armée, 276 ; — fait assaillir vainement le Pont-Remy pour y avoir passage, 277 ; — assiége Saint-Riquier et les châteaux de Drugy et de la Ferté, 331 ; — traverse la Somme à Abbeville, 330 ; — passage du convoi de ce prince dans le Ponthieu, 343.
Henri VI, roi d'Angleterre, passe à Abbeville, 350.
Herluin Ier, comte de Ponthieu, 93.
Herluin II, comte de Ponthieu : détails sur sa vie, 102.
Hiermont : son enceinte fortifiée, 86 ; — ses rues, ib.; — ses châteaux, 86 et 431 ; — ses armoiries, 87 ; — Guillaume III accorde une charte aux bourgeois de cette ville, 179.
Hilduin, comte de Ponthieu, 108.
Hugues Ier, comte de Ponthieu, 112, 114.
Hugues II, comte de Ponthieu, 116.
Hugues Capet : voit Saint-Valery en songe ; le saint lui donne ordre de rapporter ses reliques dans le Ponthieu, 109 ; — enlève divers domaines à l'abbaye de Saint-Riquier, 112 ; — jugement porté par le Dante à ce sujet, 115.
Hugues de Camp d'Avesne : brûle la ville de Saint-Riquier, 134 ; — l'abbé de Saint-Riquier porte plainte contre lui au concile de Reims, 135 ; — il est condamné à parcourir après sa mort les lieux qu'il a dévastés, ib.
Hugues de Chatillon : saisit Abbeville au nom de Charles V, roi de France, 266 ; — traité que lui font signer les habitants, 267 ; — il s'empare des autres villes du Ponthieu, 268 ; — est pris par le Anglais dans une embuscade près de Mautort, 269.

I

Incendies : combattus par des processions, 281.
Investiture dans le Ponthieu (formalité de l'), 308.
Isabelle, reine d'Angleterre : vient résider à Abbeville, 212 ; — lève un corps de 500 hommes dans le Ponthieu pour aller combattre en Angleterre Edouard II, son mari, 214 ; — reçoit pour sa pension les revenus du comté, 211.
Isambard, seigneur de la Ferté-lès-Saint-Riquier : vient avec les Normands saccager le Ponthieu, 94 ; — il est tué à la bataille de Saucourt, 95 ; — les moines jurent de ne point troubler ses cendres, 96.

J

Jacquerie : se propage dans le Ponthieu, 236 ; — supplice d'un habitant

à l'occasion de cette révolte, 257.
JARRETIÈRE (ordre de la), 250.
JEAN, comte de Ponthieu ; ses démêlés avec Bernard de Saint-Valery, 136 ; — prend part à la troisième croisade, 138 ; — fonde l'Hôtel-Dieu d'Abbeville, 140 ; — donne à cette ville le droit de commune, ib. ; — se porte garant des sommes prêtées aux habitants d'Abbeville qui l'avaient suivi en Palestine, 139, 140.
JEAN, roi de France : passe à Abbeville, 263 ; — lettres d'abolition qu'il donne aux habitants, ib.
JEAN DE FRANCE, duc de Touraine, comte de Ponthieu : faits qui le concernent, 278, note.
JEAN LEFEVRE DE SAINT-REMY : détails sur ce chroniqueur, 337, 373.
JEAN ROUSSE d'Abbeville : mission qu'il remplit pendant le grand schisme d'Occident, 344.
JEANNE, comtesse de Ponthieu : épouse Ferdinand III, roi de Castille et de Léon, 163 ; — autres détails qui la concernent, 164.
JEANNE D'ARC : est conduite par les Anglais dans les châteaux de Drugy et du Crotoy, 352.
JEU DE LA CHOLLE, à Abbeville et à Montreuil, 309.
JEU MORAL : ce que c'était à Abbeville, 316.
JEUX de l'arbalète, 308 ; — des clercs, 315 ; — jeux-partis, 313.
JUSTICES SEIGNEURIALES, 420.

L

LA FERTÉ-LÈS-SAINT-RIQUIER (le château de) : tombe au pouvoir des Dauphinois, 320 ; — est pris par Henri V, 331 ; — destruction de ce château, 433.

LAGAN (droit de) : ce que c'était, 117 ; — abolition de ce droit, 407.
LAURETTE DE SAINT-VALERY, dame de Fontaines ; son portrait, 139.
LECAUCHETEUR (Colart), député d'Abbeville aux états-généraux de 1356, et partisan de Charles-le-Mauvais, est condamné à mort, 258.
LEMOINE (le cardinal Jean), fonde le collége de ce nom à Paris, 210.
LEUCONE : est nommée Saint-Valery, 40.
LITRES, 406.
LIVRE ROUGE : contient divers jugements rendus par l'échevinage d'Abbeville, 434.
LONG : détails relatifs à l'organisation municipale de ce village, 199.
LOUIS-LE-DÉBONNAIRE : voyage de ce prince dans le Ponthieu, 56.
LOUIS III : bat les normands à Saucourt, 95.
LOUIS-LE-GROS : se rend à Saint-Riquier, en 1226, à l'occasion de la commune, 167.
LOUIS IX. Voyez *Abbeville*.
LOUIS XI : arrivée de ce prince à Abbeville, 366, — ce qu'il y fait, 368 ; — prend les habitants de Montreuil sous sa sauve-garde, 369 ; — il séjourne à Nouvion, 370 ; — il est insulté à Abbeville dans des placards et des caricatures, 373 ; — fait brûler une partie du Ponthieu, 385 ; — prend possession de ce comté, 389.
LOUPS : nombreux dans le Ponthieu au moyen-âge, 69, note.
LUXEMBOURG (Jean de), roi de Bohême : combat à Crécy ; il y est tué, 242, 248.

M

MAIRE d'Abbeville : ses attributions juridiques, 436. Voyez *Chartes d'affranchissement*.

— 472 —

Maires de Noyelles-sur-Mer : ont la police des métiers, 452.

Mairies féodales, 412.

Maisnières : suppression de la commune de ce village, 192.

Majorité : à quel âge elle est fixée dans le Ponthieu, 439.

Marant, marin d'Abbeville : porte des secours à Calais, assiégé par Edouard, 253.

Marcadé, chef des routiers anglais : son invasion dans le Ponthieu, 149.

Marie, comtesse de Ponthieu : épouse Simon de Dammartin, comte d'Aumale, 157 ; — signe un traité avec Louis VIII, 148 ; — se remarie avec Mathieu de Montmorency, 162.

Marquenterre : les habitants reçoivent de Guillaume III la loi d'Abbeville, 182.

Masculinité. Voy. *Primogéniture.*

Mayeur du Marquenterre : ce qu'en disent les coutumes, 451.

Mayoc : détails relatifs à l'organisation municipale de cette commune, 187.

Médailles : carthaginoises, romaines, 14, 15.

Ménestrels à Abbeville, 311.

Mestriel : marin d'Abbeville, porte des secours à Calais, assiégé par Edouard III, 253.

Meules de poudding, 12, 13.

Miannay : Carloman vient y camper pour arrêter les hommes du nord, 99.

Miracles des apôtres et des saints du Ponthieu, 41 et suiv.

Miracle de Saint-Germain l'Ecossais, 24.

Moeurs et usages du XIIe au XVIe siècle, 280.

Monnaies ; — d'Abbeville, 395 ; — de Montreuil, 75 ; — des comtes de Ponthieu, 394 et suiv.

Mons en Vimeu, (bataille de) ; récit de cette journée, 335.

Montivilliers : les habitants de ce bourg viennent se réfugier à Abbeville, 362.

Moulin banal, 406.

Montreuil : nom primitif de cette ville, 72 ; — détails sur son origine, 73 ;— les rois y possédaient un palais et un atelier monétaire, 75, 76 ; — est fortifiée par Helgaud II, comte de Ponthieu, 101 ; — assiégée par Herbert comte de Vermandois, 102 ; — prise par Arnoul, comte de Flandre, 103 ; — rendue à Herluin II, comte de Ponthieu, par Guillaume Longue-Epée, ib. — Assiégée par Louis d'Outremer, 105 ; — prise par le comte de Flandre, 106 ; — reprise par Lothaire, 107 ;— la reine Berthe est retenue prisonnière dans cette ville, 123 ; — tradition relative à sa détention, 124 ; — Philippe-Auguste donne une commune aux bourgeois de Montreuil, 178 ; — Guillaume, comte de Ponthieu, leur accorde des franchises nouvelles, 179 ; — il fixe les limites de la banlieue, 179 ; — les habitants refusent le serment de fidélité à Edouard II, 212; ils se liguent avec Jean-sans-Peur, 328 ; —rentrent en l'obéissance de Louis XI, 390 ; — (Voy. *Sceau, Coutumes*).

Montreuil (le comté de); dissertation a ce sujet, 102.

Musée d'Abbeville, 15.

Mystères : dans quelles occasions ils sont représentés à Abbeville, 316;— comment ils sont annoncés, 317 ; — détails sur ces jeux scéniques; 316

— 473 —

et suiv. ; — titres de ceux qui furent joués à Abbeville, 318.

N

Nicolas d'Abbeville, chef des inquisiteurs de Carcassonne, 161; — troubles que ce moine suscite dans cette ville, ib.

Nicolas de Louvain, sénéchal anglais: faits qui le concernent, 268, 269.

Nithard, abbé - comte de Saint-Riquier, 55.

Noms propres: remarques sur ces noms, 294, note.

Normands: leurs invasions dans le Ponthieu, 48, 49; — détruisent Quentovic, 62; — brûlent en 1844 diverses abbayes du Ponthieu, 63; — perdent contre Louis III la bataille de Saucourt, 94; — entrent dans la Somme avec leurs barques, 100; — viennent s'établir à Amiens, ib.; — se rembarquent à Boulogne, ib.; — reviennent dans le Vimeu; Charles-le-Simple les y attaque; il est battu, 101.

Noyelles-sur-Mer: Guillaume III accorde une charte à cette commune, 180; — le château de ce village est livré à Charles-le-Mauvais, 259.

O

Oratoires du Ponthieu au VIIe siècle, 40.

Oisemont: étymologie du nom de ce bourg, 87; — les habitants du Vimeu s'y réfugient, 223; — Edouard III y loge, ib.

P

Pairs du Ponthieu, 394, 424.
Palais de Crécy, 22; — Leudesius y est tué par Ebroïn, ib.

Palinods à Abbeville, 311.

Pestiférés, 296.

Philippe de Valois: perd la bataille de Crécy, 242.

Philippe de Navarre: se réfugie dans le château de Long, 261.

Philippe-le-Bon, duc de Bourgogne, cité 329, 330, 532. 333, 334, 336, 337, 338, 339, 355, 359, 360.

Pierre Leprêtre, abbé de Saint-Riquier, auteur d'une chronique relative à l'histoire de la maison de Bourgogne, 376, 382.

Pirogue celtique: trouvée à Etrebeuf, 11.

Pois-Pilés. Voy. *Théâtre*.

Pont-de-Talance, 22.

Ponthieu: noms primitifs de ce comté, 2; — étymologie de ce nom, 2, 3; — faisait partie de la cité des Ambiani, 5; — ses anciennes limites, 6, 107; — son hérédité date de 696, 21; — passe par alliance dans la maison d'Angleterre, 205; — Edouard Ier investit le prince de Galles de ce fief, 211; — Edouard II, roi d'Angleterre fait hommage à Philippe-le-Bel pour ce comté, 213; — saisi en 1319 par Philippe-le-Long, 212; — saisi de nouveau par Charles-le-Bel, ib.; — cédé par Edouard II, au comte de Chester, 212; — Edouard III prête serment pour ce comté à Philippe de Valois, 220; — en vertu du traité de Brétigny, le Ponthieu est cédé à l'Angleterre, 622; — cédé à Charles VII par Philippe-le-Bon, duc de Bourgogne, 356; — racheté par Louis XI, 365; — cédé par ce prince au comte de Charolais, 372; — réuni à la couronne de France, 389.

Ponthieu (comté de): **organisation**

féodale de ce comté, 392 ; — détails sur la cour des comtes, 393 ;—leurs châteaux, ib. et 428 ; — leur hôtel à Paris, ib.;—leurs droits, 394;—leurs vassaux, ib.;—leurs alliances, ib.;— prêtent serment aux bourgeois de respecter leurs franchises, 206. Voy. *Monnaies.*

POPULATION DU PONTHIEU : sa diminution progressive au XVIIIe siècle est attribuée aux mauvaises dispositions de la coutume, 446.

PONTHOILE : la charte de cette commune est conforme à celle d'Abbeville, 183. Voy. *Sceau.*

PONT-REMY (le) : assiégé et brûlé par Philippe-le-Bon, 332.

PORT : la charte de ce village est la reproduction de celle d'Abbeville, 192.

PORTUS ITIUS, 3.

Q

QUENTOVIC : emplacement de cette ville, 27.

QUEUTES A COURT, 406.

R

RAMBURES (maison de), 329, note.
RAMBURES (château de), 431, 481.
RELIEF, 406.
RELIQUES : détails y relatifs, 282.
REPAS municipaux, 298, 300 ; — de noces, 299;— de confréries, ib.
RETRAIT LIGNAGER, 435; —dispositions de la coutume y relatives, 442.
RINGOIS, bourgeois d'Abbeville : refuse de prêter serment de fidélité à Edouard III, roi d'Angleterre, 264 ; — il meurt victime de son attachement à la France, ib.
ROBERT, surnommé *Talvas*, comte de Ponthieu, de Bellême et d'Alençon, 130 ;—portrait de ce comte, ib.; —sa cruauté, 132;— ses expéditions en Angleterre, en Normandie, dans le Perche, 131;—sa mort, 132.

ROBERT DE DREUX, avoué de Saint-Valery, 192.

ROBERT KNOLLES, général anglais, envahit le Ponthieu, 271.

ROBERT L'ERMITE vient trouver le roi Charles VI à Abbeville et le presse de signer la paix, 273.

RODOLPHE, abbé-comte de Saint-Riquier, 63.

ROGER ou ROTGAIRE, comte de Ponthieu : détails sur sa vie, 105.

RUE : origine de cette ville, 83; — elle avait un port, 84; — les habitants achètent de Jean, comte de Ponthieu, le droit de commune , 189 ; — en 1214, Guillaume III leur donne une charte écrite, ib.;—analyse de cette charte, 189 ;—citée, 221, 225;—elle est prise par les Français, 355 ;— ouvre ses portes à Hugues de Châtillon, 268;— cité, 346, 355;— attributions de ses magistrats municipaux 431; — légende du crucifix de cette ville , 287 ; — citée, 348, 349, 370, 372 ; — les habitants prêtent serment de fidélité à Louis XI, 390; — pairie de cette ville, 409. Voyez *Coutumes, Armoiries.*

RUMET (Nicolas) : son opinion sur le comté de Montreuil, 102.

S

SAINT-ACHEUL (refuge de), 423.
SAINT-BERNARD d'Abbeville, 152.
SAINT-BLIMOND : quitte le monastère de Bobio pour s'établir dans le Ponthieu, 30 ; — est élu abbé de Saint-Valery, ib. ; — détruit les idoles, 31.

Saint-Boniface : débarque à Quentovic, 26.

Saint-Colomban : s'arrête à Centule, 25.

Saint-Condé ou Condède, prêtre et ermite : se retire aux environs de Leucone, 25.

Saint-Frichor, missionnaire irlandais : prêche dans le Ponthieu, 23.

Saint-Fursy : ressuscite le fils du duc Haymon, 18; — querelle entre le duc et le maire du palais, Erchenoald, à l'occasion des reliques de ce saint, 26.

Saint-Germain l'Ecossais : souffre le martyr dans le Ponthieu, 24.

Saint-Gervin, abbé de Saint-Riquier, 51.

Saint-Honoré : né au village de Port, propage le christianisme dans le Ponthieu, 24.

Saint-Jérôme, cité, 16.

Saint-Josse : est chargé par le duc Haymon de desservir sa chapelle, 18; — il embrasse la vie solitaire dans le Ponthieu, et bâtit divers oratoires, 38; — ses miracles, 41, 43; — sa vie écrite par Isambard et Orderic Vital, 38, 39, note.

Saint-Josse (le village de) : concession d'une commune aux habitants, 184; — brûlé par les Anglais en 1346, 249.

Saint-Loup : relégué par Clotaire au village d'Ancennes, 32; — convertit les païens, ib.

Saint-Mauguille : se retire à Monstrelet-sur-l'Authie, 27.

Saint-Milford, évêque irlandais, est l'un des apôtres du Ponthieu, 25.

Saint-Pol (le connétable de), 386, 387, 388.

Saint-Riquier : sa naissance, 33; — ses travaux apostoliques, 34, 35, 36 : — il fonde un monastère dans le lieu de sa naissance, 35 ; — sa mort, 37 ; — sa vie écrite par Paschase Radbert, Ingelram et Hariulfe, 33, note ; — ses miracles, 43 ; — translation de ses reliques, 37, 108.

Saint-Riquier (ville de) : son origine, 71 ; — ses habitations et ses rues au IX° siècle, 57, 58 ; — brûlée par Hugues de Camp d'Avesne, 134 ; — les habitants reçoivent une charte d'affranchissement des moines, 166 ; — troubles dans cette ville en 1126, 167 ; — analyse de la charte donnée par Louis-le-Gros et l'abbé Anscher, 167 ; — Philippe-Auguste donne la *paix* aux bourgeois, 168 ; — détails relatifs à l'organisation municipale de Saint-Riquier, ib.; — banlieue de cette ville en 1340, 170 ; — priviléges accordés par le roi Jean, ib.; — les habitants se révoltent contre les moines, 218 ; — ils sont condamnés à l'amende par le Parlement, 219 ; — actes sacriléges qu'ils commettent en 1263, p. 286 : — la ville est dévastée par les Anglais, 379 ; — occupée par les Bourguignons, 381 ; — prise et pillée par les Français, 384 ; — reprise par les Bourguignons, ib.; — incendiée par les Français, 386. Voyez *Sceau, Armoiries*.

Saint-Saulve : fonde un monastère à Montreuil, 38.

Saint-Sépulcre (église de) : érigée à Abbeville en mémoire des Croisés, 126.

Saint-Valery : détails biographiques sur ce Saint, 29 ; — il s'établit à Leucone, ib.; — fonde l'abbaye de Saint-Valery vers 613, ib.; — sa mort, 30 ; — sa vie écrite par Raimbert, 28 ; — ses miracles, 41, 42, 43 ; — délivre un condamné à Gamaches, 44 ; — Eglises et chapelles bâties sous son invocation, 31, note.

Saint-Valery (ville de) : appelée primitivement Leucone, 82 ; — origine de cette ville, 81 ;—elle est prise d'assaut par Arnoul, comte de Flandre, 103 ; — Guillaume s'embarque dans ce port pour l'Angleterre, 121 ; — saccagée par Richard-Cœur-de-Lion, 149 ; — insurrection des bourgeois contre l'abbaye, 160 ; — bulle du Pape Grégoire IX à cette occasion, ib. et 456. — La ville est déchue du droit de commune, 192 ; — détails relatifs à son organisation municipale, 193 ; — elle est attaquée par les Anglais, 223 ; — prise par les Navarrois, 259 ; — assiégée et reprise par les Dauphinois, 260 ; — citée, 330, 337, 341 ; — assiégée par le duc de Warwick, 342 ; — capitule, ib.; — elle est prise de nouveau, 353 ; — reprise, 354 ; — attaquée par charles Desmarest, id.; — brûlée par Louis XI, 387.

Saint-Vulgan, évêque de Douvres : meurt à Monstrelet en 685, p. 27.

Saint-Vulphy : ermite et patron de la ville de Rue, 37.

Saucourt (bataille de) : gagnée par Louis III sur les Normands, 95.

Sceau d'Abbeville, 178 ; — du village d'Ergnies, 194 ; —de Guillaume III, comte de Ponthieu, 157 ; — de la ville de Saint-Riquier, 171 ; — de Montreuil, 179 ; — de Pouthoile, 183 ; — d'Eléonore, comtesse de Ponthieu, 209.

Scènes muettes : ce que c'était à Abbeville, 320.

Sigefroi, comte de Ponthieu : bat les Huns près d'Hesdin, 20.

Simon de Dammartin, comte d'Aumale et de Ponthieu : combat à Bouvines contre la France, 157 ; — est banni du royaume, ib.

Sigismond, empereur d'Allemagne : loge au Pont-Remy, 328.

Sociétés burlesques à Abbeville et à Montreuil, 313.

Succession (dispositions du droit civil dans les XIIIe et XIVe siècles relatives au droit de), 435.

T

Talbot : attaque les Bourguignons qui assiégaient le Crotoy et les force à la retraite, 359, 360.

Testaments : formule de ces actes au moyen-âge, 297.

Thomas Conecte : prêche à Abbeville, 290.

Thomas de Saint-Valery : sa conduite à la bataille de Bouvines, 154, 155.

Tombe d'Isambard, 96, 97, note.

Tombelles, 9, 10, 11.

Tourmond, normand chrétien et apostat, 106.

Tournois à Abbeville, 309.

Touvoyon (Firmin de), mayeur d'Abbeville : attaque les Anglais et les expulse de cette ville, 263.

Translay : charte de commune de ce village, 199.

Travers, 403.

V

Valloires (refuge de), 422.

Vases celtiques, 11.

Vavasseurs : possesseurs de fiefs libres ; ne peuvent être reçus dans la commune que du consentement des seigneurs dont ils relèvent, 175.

VICOMTE : officier de justice des comtes, 173.
VICOMTE d'Abbeville, 411 ; — de Menchecourt, 412 ; — de Ponthieu ; connaissait des procès relatifs aux effets mobiliers, 436.
VICOMTÉS, 411, 412.
VILLAGES du Ponthieu (origine des), 89, 90, 91.
VILLEROYE : Les habitants reçoivent de Guillaume III une charte conforme à celle d'Abbeville, 191.
VILLES du Ponthieu (origine des), 71.
VILLES de la Somme : Voy. *Ponthieu*.
VISMES : établissement de la commune de ce village, 191.

WABEN : existait dès l'an 988, 84 ; — avait un port et un château, ib.;— la charte de cette commune est calquée sur celle d'Abbeville, 181 ;— les habitants vendent le droit de commune à leur seigneur, 182 ;—la ville est brûlée par les Anglais, 249.
WALBERT, comte de Ponthieu : détails biographiques, 19 ;—est canonisé, 20 ; — donne à l'abbaye de Saint-Bertin le comté d'Arques, ib.
WAVANS : les habitants obtiennent une charte de commune, 186.
WÉLAND, chef normand : ravage le Ponthieu, 63 ; — conclut un traité avec Charles-le-Chauve, 64.

FIN DU PREMIER VOLUME.

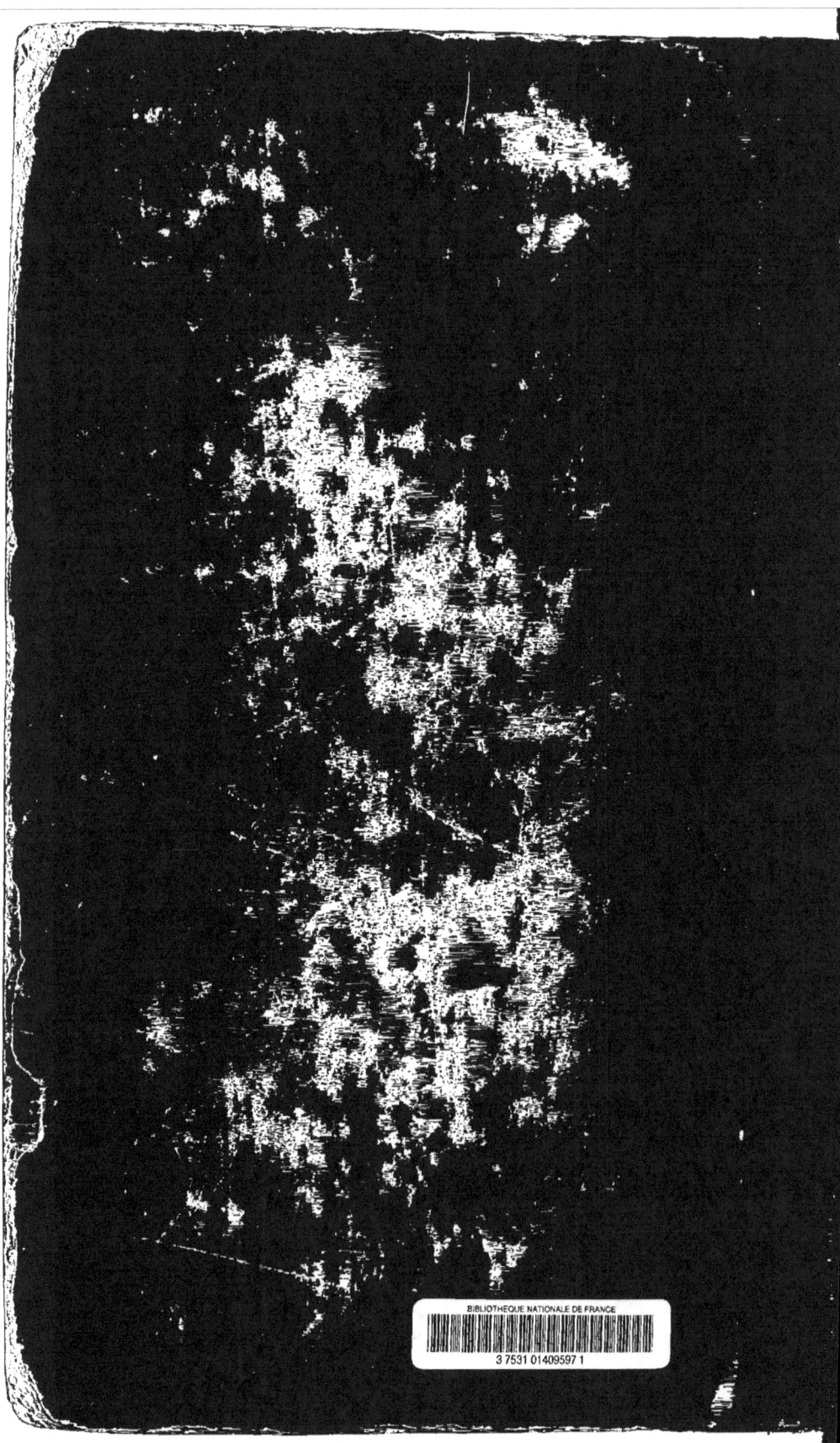

www.ingramcontent.com/pod-product-compliance
Lightning Source LLC
Chambersburg PA
CBHW050604230426
43670CB00009B/1260